博雅方略®
BOYA STRATEGY

博雅方略®
BOYA STRATEGY

文旅产业讲稿（一）

行向远方

窦文章◎著

旅游教育出版社
·北京·

策　　划：赖春梅
责任编辑：赖春梅

图书在版编目（CIP）数据

文旅产业讲稿．一，行向远方／窦文章著．--北京：旅游教育出版社，2020.9

ISBN 978-7-5637-4159-5

Ⅰ．①文…　Ⅱ．①窦…　Ⅲ．①文化产业-产业发展-研究-中国　②旅游业-产业发展-研究-中国　Ⅳ．①G124　②F592.3

中国版本图书馆CIP数据核字（2020）第161606号

文旅产业讲稿

文旅产业讲稿（一）：行向远方

窦文章　著

出版单位	北京旅游教育出版社有限责任公司
地　　址	北京市朝阳区定福庄南里1号
邮　　编	100024
发行电话	(010) 65778403　65728372　65767462（传真）
本社网址	www.tepcb.com
E-mai	tepfx@163.com
印刷单位	天津雅泽印刷有限公司
经销单位	新华书店
开　　本	787毫米×1092毫米　1/16
印　　张	20.75
字　　数	395千字
版　　次	2020年9月第1版
印　　次	2020年9月第1次印刷
定　　价	75.00元

（图书如有装订差错请与发行部联系）

目录
CONTENTS

代序

窦文章：站在学者和企业家的交点上

文/《经济日报》社《经济》杂志记者 张军红

2019年3月23日，对于窦文章而言，日程安排得有些满，行程有些匆忙。

刚刚结束上午授课的他匆匆赶到中国职工之家，作为中国经济·高质量发展高峰论坛的演讲嘉宾，他滔滔不绝地讲了半个多小时，随行人员告诉《经济》记者，PPT的内容直至前一天晚上才最终确定下来。会议结束之后，他还要再次返回北京大学，晚上6点钟学生们还在等他上课。

从北大教授到北京博雅方略文旅集团创始人，一天之内，窦文章在这两个角色之间不停地切换，十几年如一日，或许他早就习惯了，或许他还在习惯中。

无心插柳柳成荫

窦文章从来没想过自己会当老师，至少在大学毕业之前，他没有这种想法。

1984年，从小酷爱数学化学的窦文章高考不理想，考入西北大学地理系自然地理专业，当时的他对这门学科一无所知。“大学第一节课是一位留苏的地理学家讲授的，让我感觉很新颖，对学科也有了初步的认知，一下子就喜欢上了这个专业。”正因如此，窦文章在后来教授学生时，也特别重视第一节课的印象。大学期间，窦文章不仅认真学习地理学相关专业知识，而且还选修了大量的数学专业、经济学专业的课程，这为他今后的社会咨询与教学科研工作打下了坚实的基础。

大学毕业之后，窦文章被分配到山西老家，由于父母都在电力系统工作，也希望他能够从事电力行业，但是他却没有依从父母的安排，而是从山西省教育厅改配到了山西大学。当时山西大学正在筹备组建山西大学师范学院，需要地理系教师，窦文章就被分配到了那里。

现在回想起来，窦文章将这个转折称为机缘，一个改变他人生轨迹的机缘。在山西大学师范学院，窦文章一边工作一边继续读研深造，同时还积极参加了多个国家课题，1995年他被评选为山西省跨世纪青年学者带头人，这个荣誉给他提供了又一次深造的机会，“一是出国，二是到国内知名院校进修”，最终窦文章选择了去北大做访问学者。

1997年窦文章如愿考入北大城市与环境学院，攻读人文地理学博士学位，师从著名区域经济学家杨开忠教授，开始了北京、太原两地跑的生活。“太原工资低，北京消费水平又高，什么都需要花钱。”刚来北京的窦文章并不习惯这里的生活，同样不习惯的还有他的思维方式。于是，从做访问学者到博士期间，导师的一系列“洗脑”式的训练。“在短时间内让我密集地做研究，从中吸取大量的知识，还让我参与《中国地理》中小学教科书的编纂工作。这个很不容易，因为需要在大量的现有素材中汲取知识，形成自己的思维体系，既要高度凝练又要通俗易懂。”虽然过程很痛苦，但是这种训练方式让窦文章受益匪浅，乃至在后来的教学中他也一直借鉴这种方式——“一年级的研究生寒暑假不许早回家，半个月内要读几百篇中英文文献，完成5万字的文献综述报告”，因此他也自称是“一位严厉的老师”。

2000年，博士毕业后的窦文章面临两个选择，一是回山西大学继续任教，二是留在北大继续深造，窦文章选择了后者，进入北大应用经济学博士后流动站工作。两年后，窦文章博士后出站，被导师推荐留校任教，开始了他在北大的教学生涯。

“之前没有想过会当老师，没想到后来就一辈子都从事这个行业，并且一发不可收拾，舍不得离开了。”窦文章告诉记者，粗略算来，仅他在北大从教到现在，亲自指导过毕业论文的学生达300多名，“可以自豪地说，我是北大教学生最多的老师之一”。

这个老板不太严

从教之外，窦文章还是一位企业家，虽然至今他仍未习惯这个称谓。

2001年，在国家鼓励创业的浪潮下，窦文章与两位合作伙伴成立了北大校办企业——北京北大博雅咨询有限公司（2005年校办企业改制后，更名为北京博雅方略管理咨询有限公司），开始了创业之路。“当时也没有明确的商业模式，在业务上做了很多尝试，一开始是做规划，ISO质量管理体系认证，之后是培训和管理咨询、信息化咨询。”然而无论业务方向怎么调整，窦文章始终都把目光锁定在文旅行业上。

“一方面与我所学的地理学、区域与城乡规划专业密切相关，读博期间我也参与承担过洛阳市旅游发展总体规划研究，对城市规划、土地利用规划、资源普查等都有所了解；另一方面，旅游行业开始由观光旅游向休闲度假转型，对市场有较强的吸引力。”

经过一段时间的探索，2006年博雅方略最终确立了以“管理咨询、信息化和旅游规划”为主要方向的业务体系，开始正规化管理运营；2009年通过“三化”即集团化、规模化、专业化战略转型，博雅方略走上稳定发展道路。

说起这其中的困难，窦文章直言心态上的变化是最让他难以接受的。“教师是一个受人尊重的职业，但创业者就会遇到很多问题，这种心理上的落差一开始很难适应。”不过后来他想通了，不管是教师还是企业家，其实都是做服务的，教师传道授业解惑，让更多的学生获得知识，愿意上自己的课，这与服务客户是一个道理。

但是误解也是难免的，最让窦文章耿耿于怀的是，2005年为配合北大校办企业改制，博雅方略引进新的合作伙伴，但最终因经营理念不同导致合作失败；在博雅方略早期几年发展过程中，有一些合作伙伴陆续退出了公司，其中主要原因是“你是北大教授，不太商业化，也不可能为公司全力以赴”。

说窦文章不够商业化，他承认“我不是一个纯粹的商人”，在公司里员工们甚至一直称他为“窦老师”。但是要说他不全力以赴，他觉得很委屈。“咨询行业很难吸引投资者的眼球，随着公司规模不断壮大，资金和发展无法匹配，只能靠公司自身积累和循环滚动。”创业初期，为了让公司平稳渡过难关，窦文章无数次东奔西走、四处筹措，如今回忆起来他摇头不语。

与“严厉的老师”不同，窦文章自认为并不是一位严格的老板，“我对员工的执行力和效率没有严格要求，一个项目，如果两个月赶出来效果不尽如人意，倒不如花三个月打磨出精品。”但是这个“不严格”也是有底线的，在服务水平和专业水平上，窦文章对员工的要求近乎苛刻。“我们之前做过一个大连的项目，规划服务结束两年后，对方又找我们帮忙修订规划，当时的项目经理去过一次，沟通效果不错，但是当对方提出第二次沟通时，他就不耐烦了，说服务期已经结束，也没有额外付费，没有义务再提供帮助。”得知此事后，窦文章严厉批评了项目经理，并亲自率领团队为对方提供了无偿服务。“业界之所以对博雅品质有这么高的评价，就是因为我们的优质服务，做得好不好是能力问题，但是服务好不好就是态度问题。”窦文章对《经济》记者说。

创业先就业

在北大，除了日常教学之外，窦文章还有另一个身份——创业导师。

近年来，我国一直在鼓励创新创业，今年《政府工作报告》中也再一次强调，要进一步把大众创业万众创新引向深入。大学生创业的基础是什么？在窦文章看来，要创业得先就业。

“没有经过任何训练的大学生，我们一般不会鼓励其创业，只有经过行业的洗礼，知道企业如何管理运营，明白行业本质是什么，再去创业，成功概率才会提高。”窦文章的这一理论源于他的自身经历，博雅方略创立初期，由于创始人都没有公司就职经历，在管理运营上一度比较迷茫。为了打破这种困境，窦文章决定去大企业取取经，而恰好他的博士论文研究方向是电信经济，博士后方向也是电信市场定价。于是便应聘到了中国移动工作。在中国移动研发中心工作的一年半时间里，窦文章对企业规章制度、管理运营有了充分的认识，在参与项目的过程中也接触到了很多优质企业，如麦肯锡、普华永道等，这对博雅方略后来的发展影响很大。

“必须要经过历练，这是对学生的基本要求。因为创业岗位不固定，什么业务都会接触，久而久之就成了万金油，树就容易长乱，然而成才是需要砍掉一些旁枝末节的，主攻一个发展方向才能成功。”因此，窦文章也会给学生提供学习平台，“到博雅方略来，看看我们怎么干，知道企业怎么运营，积累够了经验再出去创业”。

企业运营的秘诀是什么？窦文章认为，不同发展阶段的企业，目标是不同的。“初创阶段，企业的首要目标是活下来，因此要保证自己的产品和服务质量，夯实基础；发展到一定规模之后，要进一步加强内部管理，规范运营。”他告诫创业者们，切忌在没有充分调研的情况下盲目扩张，“常规的市场竞争基本上不会给企业带来致命打击，一般都是企业内部出了问题，才给他人提供了可乘之机。企业发展一定要循序渐进，这期间可能会少挣钱，路走得慢一点，但是发展会更稳健、更长久”。

说起对窦文章的印象，周围人都不约而同地用“低调”来形容他，但是他自己却并不认同。“应该是随和，作为大学教授、学者，我也会很高调地发表自己的学术观点。”他笑着对记者说。现在的窦文章每天工作16个小时，大部分时间都被教学科研、咨询讲学、企业管理占据着。“我不是一个成功的企业家，也不是一个成功的学者，站在两者的交点上，既置身其中又置身其外，在得失之间平衡取舍。”他自我评价是“一个踏踏实实用脚丈量土地的实干家”。

为方便大家更好地理解书稿中提到的观点，更多地了解文章中所举案例的应用场景，以上面我本人的采访稿作为拙著代序。

是为序！

窦文章

2020年3月28日于北大燕园

第一篇

旅游发展战略

大众旅游时代海南国际旅游岛发展的若干建议

本文系作者在2017年8月“海南旅游开放大行动”讨论会上的发言稿整理

海南国际旅游岛建设不断加快，伴随着“海上丝绸之路重要枢纽”建设和“全域旅游示范省”创建，海南旅游迎来最佳发展时机。我国目前已进入大众旅游时代，“美丽中国”“美丽乡村”“旅游+”“全域旅游”“品质旅游”等众多时代元素融入旅游产业发展中，立体化旅游产业体系趋势凸显。海南如何推动旅游供给侧改革，实现从知名目的地到国际目的地跨越发展？这是海南旅游业界共同面对的难题。在此正值海南旅游大讨论之际，解放思想，创新思维，结合博雅方略编制完成的《海南全域旅游发展规划》实践经验，我谈若干建议。

一、落实规划内容，工作重点从“点”逐步转移到“线”与“面”

落实海南全域旅游发展规划，要以“点”“线”“面”结合的方式推动全域旅游建设，实现“日月同辉满天星，全省处处是美景”。“日月同辉”，即海南省在“多规合一”改革中推进“海澄文”“大三亚”区域一体化，打造辐射带动全省发展的龙头；“满天星”，即首批打造100个特色产业小镇、1000个美丽乡村，使美丽村镇成为宜居宜游的景点，遍布全省。

未来海南全域旅游建设重点要实现从“点”到“线”“面”的转变。近年来，海南逐步落实“点”的建设，包括景区、度假区、旅游城市、旅游小镇、乡村旅游点等所有吸引物节点的开发建设，打造大旅游的支点。接下来要从“点”及“线”，落实“线”的建设，一方面完善“线”的通达性，扩大通达面，提升舒适性和便捷性；另一方面丰富“线”的功能，做好沿线的景观建设，在合法合规的前提下开发“线”的经营价值。最后是“面”的建设——面由硬件和软环境构成。其中，硬件建设包括国际化的旅游信息和咨询服务网络、标识体系、旅游厕所、集散中心等基础设施建设；软环境建设包括旅游服务标准化、旅游服务标准化培训、职业教育、环境治理、公民旅游素质提升等，成为全国旅游软环境的“风向标”。

二、关注南海诸岛，围绕“大海南”IP打造国际旅游产业集群

注重南海诸岛的开发，谋划“大海南—南海战略”。海南是中国走向海洋强国的关键。广大的南海海域、岛屿是海南旅游的天然宝库。“大海南”由海南岛、西沙群岛、中沙群岛、南沙群岛的岛礁及海域共同组成，包含3.54万平方公里陆地、约200万平方公里海域在内。海南要在保护海洋生态环境的前提下，有序发展海洋旅游、群岛旅游，开展邮轮、登岛、空中、海底不同形式的项目开发，联手东盟打造“环南海旅游经济圈”，让南海成为贸易之海、和平之海、合作之海、旅游之海。

目前，海南已经建立了以“三亚、海口、三沙”代表的城市旅游IP，以“亚龙湾、博鳌、五指山、海棠湾、三亚湾、观澜湖、蜈支洲岛等”为代表的景点IP群，以“琼剧、椰雕、儋州山歌、崖州民歌、龙塘雕刻等”为代表的非物质遗产IP群，以“文昌公期、热带雨林节、欢乐节、国际椰子节、国际婚庆节等”为代表的节庆IP群，以“三亚世界小姐大赛、环海南岛国际公路自行车赛、环海南岛国际大帆船赛、斯诺克海口世界公开赛等”为代表的赛事IP群。但这些IP市场知名度参差不齐，我们通过百度关注度（又称百度指数）比较，“三亚”和“海口”两个城市IP明显比“三沙”关注度高，分别在2千万级，而三沙只有1千万级；在景点类IP中，亚龙湾、博鳌、五指山、海棠湾等关注度平均在1.0–1.6千万级，而黎村苗寨、崖州古城、石花水洞等平均在2.0 3.0百万级；非物质遗产类又比景区类关注度相对低得多，一般在10万级；另外节庆、赛事的“吸睛”作用发挥不足，除了四个省级节庆活动百度指数在40万级之外，其余大多在3.0–6.0万级。因此，海南旅游IP体系尚未得到系统整合，各旅游IP之间互动不活跃，超极化作用没有显现。在空间分布上，三亚和海口集中大多数的旅游IP。“大南海”IP的旅游潜力和影响力没有得到充分挖掘和开发。

首先，海南要围绕“大海南、大南海”创造“海南国际旅游IP集合”，就像云南打造“七彩云南”IP集合一样。云南通过“七彩云南”整合“从旅游景点景区到酒店民宿，从旅游服务到旅游交通，从娱乐休闲到购物商品”的所有IP，形成云南IP集合。其次，海南旅游IP集合要着重“三沙岛屿及海域”的IP提炼与创造，确立“三亚、海口、三沙”三足鼎立的IP格局。最后，海南IP集合要关注“非物质遗产类”IP

的创意与打造，保护和维护“海南旅游的底色”。

三、重视产品生命周期规律，推动旅游产品的持续创新与品质提升

与生命机体一样，旅游产品也具有生命周期，从起步、发展、繁荣，到衰落、消亡。短周期产品有“复兴”避免衰落的机会，而长周期产品预示着衰落之前存在着多个“复兴”的可能性。当前，海南有五大组合性旅游产品，即蓝色浪漫之旅、绿色神奇之旅、潇洒高尔夫之旅、风情温泉之旅和民族文化之旅；进一步可细分为十大旅游产品，如滨海度假休闲、海洋温泉度假、高尔夫休闲、自驾观光、会议奖赛、热带森林探奇、购房置产、节庆文化、朝圣、邮轮以及海岛观光等。如何运用产品生命周期规律做好旅游产品的持续创新？

（1）短周期产品延长“繁荣”——品质化。首先是把“质”做好，即打造卓越的产品，在规划开发之初，就把产品设计好、建设好。其次是“品”的打造，即服务的优化与提升。实践中人们过多强调硬件设施，而忽视软环境“服务”，往往会使项目走上偏离“品质”的死胡同。再次，品质化要充分发挥“双创”的带动作用，发挥“新经济”政策优势，培育和鼓励旅游小微企业的创业与业态创新，不断向老的“旅游产品”补充“新动能”，以推动品质持续提升。

（2）长周期产品维持生命力——旅游+、创意+。一方面，要做活“旅游+”，旅游与美丽乡村、特色小镇、互联网科技、农业、工业、生活服务业等产业融合发展；另一方面，做到“创意+”，捕捉“国际流行元素”用于“复兴”旅游产品。例如张家界利用“阿凡达哈利路业山”享誉全球，再到“玻璃栈道”吸引数以万计的游人络绎不绝，一轮一轮的“流行捕捉”推动张家界旅游的持续增长。

四、创新体制机制，推动海南旅游产业的整体提升

2016年的“呀诺达”罢免董事长事件，将海南旅游品牌保护与旅游产权问题摆到桌面上。解决品牌发展与IP保护机制，成为海南旅游持续发展的第一要务。海南作为“国际旅游岛”“全域旅游示范省”，旅游体制机制的创新可以动作更大一些。第一，积极推动机制创新，运用产权分离机制、法人治理结构等现代企业管理手段，规范旅游企业行为。将知识或智力引入分配机制，从源头减少类似“呀诺达”事件

的发生。第二，提高行业准入门槛，用“标准化”规范行业准入，保证“海南品质”服务的实现。如旅行社服务市场、客运服务市场、地接服务市场等等，用“有法（规）可依，有法（规）必依、执法（规）必严”规范行业准入。第三，深化体制改革，积极推进政企分离，切实维护体制内外一视同仁的竞争环境。第四，转变政府职能，从管理者走向服务者，做好政务服务的“最后一公里”。最后，旅游部门具有创新精神，不断通过行动丰富“1+3+N”的N，推动海南旅游的“百鸟争鸣、百花齐放”。

五、优化人才结构，引进国际高端人才

（1）优化旅游人才结构，提升人才素质。规划至2020年，海南旅游人才总量实现大幅度增长，总量达到66万人，其中行政管理人才、经营管理人才、专业技术人才、服务技能人才分别达到500人、11.75万人、7.2万人和47万人。旅游人才结构要进一步优化，旅游人才竞争力要进一步增强，旅游人才发展环境要进一步改善，形成人才辈出、人尽其才的良好局面。

（2）选准配强旅游部门领导班子。切实按照综合协调、经济发展的基本定位加强旅游部门干部队伍建设。优选使用德才兼备的旅游干部，使一批有能力、有干劲的旅游干部充实到相关岗位上去。大力培育旅游从业队伍。紧紧围绕旅游业发展的需要，着力抓好行政管理人才、职业经理人才、紧缺专业人才、从业人员四大队伍建设，提升旅游业整体水平 。积极引进专业型人才。加强与相关部门、相关行业的合作，建立有效的旅游人才资源统计体系和完善配套的旅游人才评价体系。

（3）积极引进国际高端旅游人才。充分利用国际服务贸易创新政策，放宽对聘用外籍人才的政策管理规定。建立旅游人才专家信息库，全面发挥专家学者对旅游业发展的智力支持和示范引领作用，重点加强旅游人才引进和培养的顶层设计。加强对旅游行业管理和服务人员国际习惯、国际标准和国际礼仪培训，提高接待入境游客的能力和水平；开设专题班，有针对性地对各市县、乡镇、重点旅游区、旅游院校、旅游企业负责人进行全域旅游专题轮训。以全域旅游建设为契机，加强社会公德、职业道德、家庭美德和个人品德教育。在全社会营造树文明之风、建文明之岛的良好氛围，切实提升全民文明素质。

六、聚焦国际旅游岛，构建国际经济合作和文化交流平台

海南建设国际旅游岛6年多取得了长足进步，但仍需练内功。需要进一步建设具有国际水平的基础设施，引入与国际标准并行的旅游服务标准化系统，吸引职业经理人并培养高素质从业人员，提升政府旅游管理的国际化水平，打造“世界一流的海岛休闲度假旅游目的地”。

具体措施包括：

（1）创造“国际”可进入性：改善对外基础交通的互联互通，不断加大国际机场、国际港口、国际邮轮、国际信息门户建设；顺应“一带一路”倡议，下好“海上丝路”一盘棋，进一步开放口岸签证政策，完善口岸建设；争取“外商投资旅行社许可权限”等。

（2）积极举办各类国际性会议、展会和赛事，提高海南的知名度和影响力。博鳌经济论坛做得很好，未来需要更多的“博鳌”向世界亮相。

（3）塑造国际旅游产品。瞄准海外旅游客源市场，大力发展邮轮旅游、帆船旅游等项目，以及温泉、中医理疗、高尔夫等旅游精品产品。以博鳌乐城国际医疗旅游先行区项目为先导，充分依托中医药和海南气候资源，打造世界独特的养生胜地；建设三亚、海口、琼海等六大主客共享的国际滨海旅游城市；打造海棠湾、亚龙湾、清水湾等九大国际滨海旅游度假区；建设海上丝绸之路博物馆、潭门南海风情小镇等一批海丝文化旅游项目；开发海上丝路“邮轮游线”，建设一批游艇码头和游艇俱乐部等等。

（4）国际标准：完善海洋旅游、滨海旅游、海岛旅游等多项旅游标准体系的建设，争取成为引领世界海洋旅游发展的国际标准。

（5）新媒体营销：在Facebook、twitter等国际社交媒体创建门户，主动营销海南旅游。不断制造互动话题，如邀请国际知名旅游者到海南体验，并发帖跟踪，引发轰动。

吉林省建设全域旅游示范省的战略思考

本文系作者于2018年7月在2018中俄边境城市展览会
暨吉林省全民休闲国际文化旅游节上的发言整理

2018年全国旅游工作会议指出，我国“旅游正面临从高速增长转向优质发展的关键节点，旅游发展亟需从注重速度与规模，转向注重品质与质量，要奋力迈向优质旅游发展新时代”。2018年3月，文化和旅游部正式组建，文化旅游产业迈向全面融合阶段。2018年3月22日《国务院办公厅关于促进全域旅游发展的指导意见》【国办发（2018）15号】印发。自2016年1月29日全域旅游概念提出以来，历经二年多的创建工作，全域旅游正式上升为国家战略。

一、新时代：抓住历史机遇建设全域旅游示范省

首先，随着人均GDP不断增加，我国旅游业进入大众旅游时代，旅游需求从观光向休闲度假转变。因此，我国旅游产业进入了一个新时代，表现在以下几个发展趋势：一是新供给，按照全域旅游总体部署，盘活区域各种资源，加强优质供给。二是新产业，发挥产业之间的跨界融合、内生增长优势，形成“旅游+、科技+、创意+、资本+”大产业格局。三是新活力，借助田园综合体、特色小镇、休闲农业等行业热点，促进旅游产业上台阶。四是新空间，在更高层面上深入拓展，如加强一带一路地区联系，拓展国际化市场；在区域城镇体系上，做到点－线－面结合；充分发挥旅游扶贫优势，实现乡村振兴。五是新体制，继续推进旅游管理体系改革，加强旅游诚信体系的建设。六是新格局，站在国际视野，旅游标准化对标国际水平，增加各旅游目的地的国际化程度，提高国际知名度，争取更多更大的国际话语权。

其次，我国正在开启优质旅游新局面。自从原国家旅游局提出“515”战略以来，

我国旅游产业发展进入快车道，前不久又提出“三步走”+“10年”的发展阶段，从2020年比较集约型旅游大国经过20年发展，到2040年建设成为高度集约型世界旅游强国，2050年全面提升优质旅游发展水平。优质旅游是高质量的体验旅游，包括视觉、听觉、触觉的全身心体验，优质旅游要求旅游产品供给的产品质量做到极致、心灵契合，服务过程做到细致入微、无缝衔接。

再次，文化和旅游产业进入全面融合阶段。组建文化和旅游部，既是旅游局的职级升格，也是文化部的职能升级。文化和旅游本来就不分家，旅游本质上是一种文化体验、文化认知与文化分享的重要形式。与此同时，文化又需要通过旅游来创新、传承与传播。通过合并，文化旅游成为一家，在一定程度上消化了原来部门之间的矛盾，促进文化旅游优势互补，文化的价值性优势与旅游的综合性优势、产业性优势相得益彰。因此，原来“小马拉大车”的旅游部门，通过合并赋予了文化新引擎；“老戏难新唱”的文化部门，升级了转型新舞台。

最后一点就是今天的演讲主题，全域旅游战略。国办发（2018）15号文件中提出发展全域旅游要落实好8个方面重点任务，包括：促进融合发展、创新产品供给；加强旅游服务、提升满意指数；加强基础配套、提升公共服务；加强环境保护、推进共建共享；实施系统营销、塑造品牌形象；加强规划工作、实施科学发展；创新体制机制、完善治理体系；加强环境保护、推进共建共享。从文件提出的八个重点来看，就是通过全域旅游创建工作，进一步促进文旅融合。近期，文旅融合+全域旅游，是我国优质旅游发展主旋律。在全域旅游创建过程中，实施主体成为新的文旅机构，基于全域本底资源，通过“旅游+文化”协同推进，骨干大型企业引领、小微企业创新突破，以文化人，共建共享，最终实现文化旅游优势发展的目标。

基于博雅方略多个全域旅游示范单位创建规划实践，我们提出全域旅游是指将一定区域作为完整旅游目的地（旅游目的地是指在一定的地理范围内，具备旅游者感兴趣的旅游吸引物或吸引物组合的地域空间），集合旅游产品、旅游接待设施、旅游服务为一体，为满足游客“吃、住、行、游、购、娱”+“商、养、学、闲、情、奇”等需求而构建的由统一的目的地管理机构进行管理的综合性区域。全域旅游是旅游发展的高级形式，要求一定的产业基础。全域旅游最终目的是实现全域空间城乡美、全业融合产业美、全优产品体验美、全民共享生活美，即“四全四美”。

近年来，吉林省文化旅游发展进入了快车道，是我国东北旅游板块重要一极。2017年8月3日在西安召开的第三届全国全域旅游推进会上，有五省进入了全域旅游创建名单，加上先期的海南与宁夏，全国目前共有七省（区）成为省级全域旅游创建单位。很遗憾吉林省没有入选。但是我们认为，吉林省是最具有条件成为省级全域旅游示范单位的！

二、新理念："发挥优势、扬长避短"创建全域旅游示范省

1. 吉林省建设全域旅游示范省的优势条件

今天的大会主题表明，吉林省创建全域旅游示范省，是推进"一带一路"国际区域合作的重要支撑，也是落实《中蒙俄经济走廊经济带建设规划》，推进大图们江区域国际与区域旅游合作升级创新，积极搭建国际、区域旅游合作大平台，深化中俄旅游战略合作和东部陆海丝绸之路经济带建设做出的具体行动。同时，创建全域旅游示范省，也是吉林省构建旅游业"东延西拓，北联南发"发展新格局的一个重要抓手。

吉林已经具备了全域旅游发展必须的"5个一"。①吉林省旅游资源基底优且品位高。吉林有美轮美奂的大山川、大湿地、大森林、大湖泊、大田园，也有享誉全国的东北民俗曲艺、歌舞美食，更有世界级生态旅游目的地长白山，同时拥有丰富的人文资源，如伪满皇宫纪念馆、长影世界城等。这种资源优势"生态+文化+世界级生态旅游目的地"，加上"东北亚桥头堡"的优良区位，其组合优势在全国是属上乘之条件，吉林省具有全域旅游创建的优质资源条件。②"有一批较为成熟的景区/点"。全省现有5A景区6家，4A景区47家，3A景区30家，2A景区1家。其中吉林省冰雪旅游发展势头好，为业界称赞，在市场上也已成为一种消费时尚。按照规划，到2020年全省初步建成以"冰雪旅游、冰雪体育、冰雪文化"为核心的"3+X"冰雪全产业链，使冰雪产业成为吉林省经济发展新的战略增长极。具体行动中，吉林省在全国率先建成年接待超100万人次的世界级滑雪度假综合体，形成"玩雪到吉林"的市场号召力，打造长白山"世界冰雪旅游目的地"品牌。同时，集中建设二道白河、松江河2个国际冰雪旅游度假名镇，10个冰雪旅游小镇，建设中国第一条雪地穿越旅游廊道。全省住宿接待满足多元需求，床位数量达到50万张以上。2017年全省冰雪旅游接待人数达到1亿人次，年均增幅18%；冰雪旅游总收入达到2300亿元，年均增幅25%。③"有几个文旅龙头以及一批有活力创新型小微企业"。吉林已形成以万达、万科、长影为核心的文旅龙头企业，和一大批以民间曲艺、手工艺为基底的文创小微企业以及旅行社、农家乐、民宿等旅游相关服务业集群。④"一下

子能进入的交通条件”。吉林省铁路、公路、航空、水运“四位一体”的立体交通网络已初步形成。吉林省可进入性有了极大地改善。⑤“有一个团结真心做旅游的领导班子”，吉林省委、省政府高度重视旅游产业发展，在高位全力推动。例如，2017年11月吉林省人民政府在《关于对全省旅游工作情况的报告的审议意见》里，要求形成“打破壁垒、部门联动、快速分办、及时反馈、有效监督”的工作机制，目前相关工作已有序展开。

2. 吉林全域旅游发展的瓶颈

（1）发展空间需突破。首先全省旅游格局需要进一步解决西拓问题。一个龙头很难带动全省域旅游发展。长白山国际度假区位于全省东部，难以辐射中部、西部地区。其次，目前各景区之间缺乏联动，山水名胜与民族文化、历史遗迹、红色文化、生态旅游融合发展不充分，主要景区发展水平差异大。再次，吉林作为东北之心、东北亚地区几何中心、大图们江区域国际合作开发中心、面向东北亚开放的重要门户以及东北地区链接东部沿海发达地区的重要节点，这些区位优势未能充分发挥出来，进而有力地促进区域旅游经济发展（图1）。

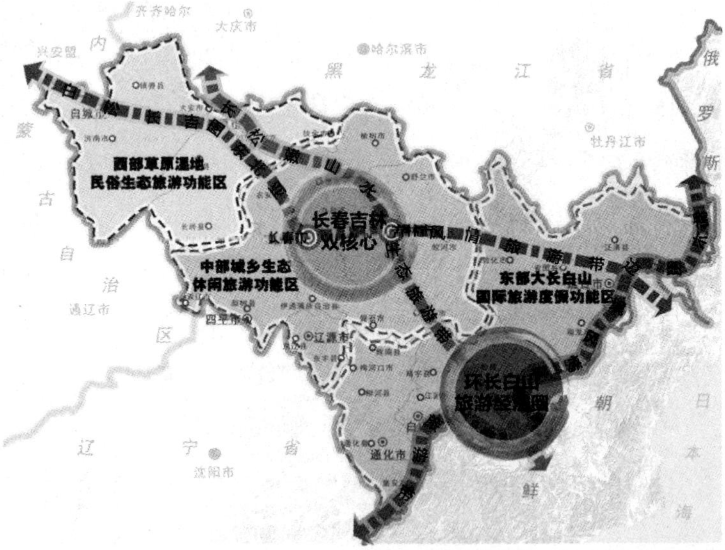

审图号：GS（2016）2923号

图1　吉林省旅游发展总体规划空间结构图

（2）旅游产品结构单一，业态创新不足。目前，全省旅游产品结构单一，开发粗放。多观光少休闲，有游览少体验，多产品少精品，有白天缺晚上。旅游传统要素（吃住行游购娱）开发类型单一，档次低，服务品质仍需提升。而一些市场反应较好、时尚的新型业态产品（旅游新六要素）目前还没有形成规模（图2），如国家风景道、森林走廊、郊野公园、农业园区、汽车营地、婚纱摄影基地、特色小镇、田园综合体、民宿业态等。

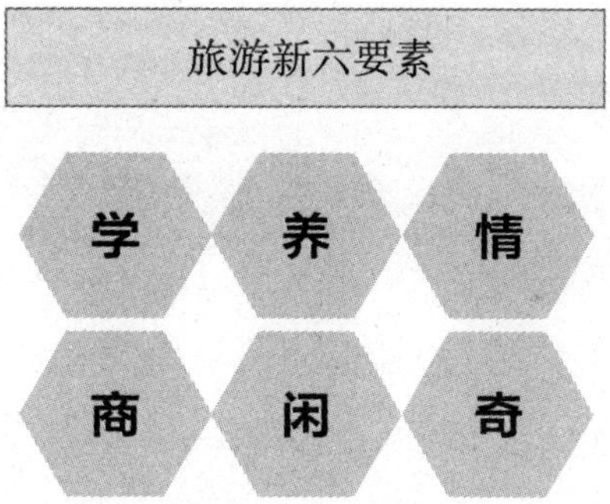

图2　旅游新六要素业态产品

（3）旅游基础设施和公共服务设施欠账多，表现在全省旅游服务标准规范执行不到位，接待水平良莠不齐。各旅游景区（点）硬件和软件设施配套建设都存在不同程度的欠缺，旅游服务（包括旅游信息咨询服务、旅游安全保障服务、旅游交通便捷服务、旅游便民惠民服务、旅游行政服务等）体系不健全，公共设施及社会化服务存在缺口。

（4）市场营销力度需加强，品牌形象不突出。在营销手段和渠道上需进一步拓展，营销力度不够，营销效果不显著。受长白山旅游的“遮蔽效应”影响，吉林省旅游“长白山之外不见他物”。例如，我们以吉林“八景”进行百度搜索指数排名，长白山达1610万条，向海811万、净月潭357万、查干湖211万，其他的都不足百万，仅属于一个地方品牌级。市场关注度及品牌影响力与其高品质的资源本底远远不相匹配。

三、新吉林：构建全域旅游示范省新格局

吉林省目前已有19家市（区、县）列入国家全域旅游示范单位名录，根据吉林省旅游局“以旅游供给侧改革推动全域旅游发展”的总体精神，结合我们对全域旅游基本认知和建设框架，吉林省要通过八大工程打造“全景吉林·全域旅游”。

1. 目的地吸引物体系建设工程

首先要进一步明确吉林全省旅游产业总体定位。根据博雅方略编制完成的总体规划，吉林旅游发展要成为“世界知名的山地河湖型生态旅游目的地”。我们建议在此基础上，增加一个新的定位，即创建“国内一流的全域旅游示范省”。“十三五”期间，吉林旅游按照“树立创新理念，激发旅游发展活力；发挥协调功能，提升旅

游发展质量；坚持绿色为本，建设生态旅游大省；扩大开放格局，推进旅游合作共赢；发展共享经济，推动旅游普惠民生”五大理念，从“创新发展业态引领，产品升级创新模式，产业扩容投资驱动，项目支撑品牌引领，节事发力机制创新”五个方面，完善“3个系统”，即旅游产品系统、旅游产业系统、市场营销与开发系统，着力打造“全域旅游示范工程”。

如何做到“业态引领产品升级”？要突出“生态、冰雪、文化、边境”四大核心资源优势，全力打造“生态旅游产品、冰雪旅游产品、文化旅游产品、边境旅游产品”，形成核心支柱产品体系，发展延伸核心产品产业链。①生态旅游产品要做亮，就是开发多种形式的生态旅游产品，如生态观光、生态研学、休闲度假、运动探险、温泉康养、森林狩猎等复合叠加延展生态旅游的外延；②冰雪旅游产品要做优，大力发展冰雪观光、冰雪体验、冰雪娱乐、冰雪运动、冰雪度假等旅游产品，推动冰雪旅游基础产品向高级别的“度假形态”“生活形态”发展，扩大“滑雪、雾凇、冬捕”三大品牌影响力；③文化旅游产品要做强，系统培育具有地域特色的多元文化旅游产品，重点发展民族民俗文化、文化遗产、红色文化、宗教文化等旅游产品；④边境旅游产品做活，加快培育以吉林省为集散地的跨境旅游产品，打造以“边境观光旅游为基础、休闲度假旅游为重点，跨国旅游购物为吸引”的三大边境旅游产品。

同时，做好“六大旅游新业态、四类精品线路”。新业态要“做强城市旅游，做好中医药养生养老旅游，做新低空飞行旅游，做响自驾车房车旅游，做精研学旅游，做美水上旅游”。四类精品游线包括：①四大省内区域串联旅游线路：东北部人美长白山经典组合线路、西部草原湿地生态精品游线、中部环长吉都市圈休闲精品游线、南部自然和文化遗产组合观光线路；②四大省内主题型旅游线路：激情冰雪体验之旅、避暑休闲度假之旅、生态山水休闲之旅、多彩文化体验之旅；③四大东北精华串联旅游线路：东北草原驰骋之旅、东北林海生态之旅、东北名城文化之旅、东北冰雪体验之旅；④三条边境、跨国旅游线路：风情界江之旅、一游三国之旅、环日本海邮轮之旅（图3）。

要做好“项目带动，完善吸引物体系”。按照规划，全省要建设打造若干个国家级品牌旅游景区，这其中，要打造一个“长白山国家公园和中国国际生态体验旅游目的地”国家公园；创建七个国家级生态旅游示范区，包括莫莫格国家级湿地生态旅游示范区、红石国家森林公园、大黑山风景名胜区、伊通二道石门水库风景区、大孤山旅游风景区、辽源国家矿山湿地公园、敦化雁鸣湖生态旅游示范区；新增三个国家级5A级景区（集安高句丽文物古迹、长春世界雕塑公园、吉林松花湖景区）和三个国家级旅游度假区（万科松花湖国际旅游度假区、吉林北大壶旅游度假区（目前为省级旅游度假区）、延边敦化六鼎山文化旅游度假区（目前为省级旅游度假区））；塑造八个国家级特色文化旅游区，包括万达影视文化街区、新民大街历史文化街区、乌拉街满族民俗及雾凇观光旅游区、伊通县萨满世界文化旅游生态园区、四平市国家历史文化公园及观光带、集安市高句丽古城、辽代皇帝“春捺钵”文化产业观光园、白城市军事文化产业园区；以及打造20个精品特色旅游小镇，包括长春新华联奥特莱斯级欧陆风情小镇、长影世纪城三期snow小镇、莲花山冰雪温泉小镇、吉林市四季祥康温泉小镇、吉林市（松花湖）丰满风情小镇、北大壶旅游小镇、辽源市关东风情小镇（鸳鸯湖）、通化市东昌区万峰龙溪谷健康旅游小镇、叶

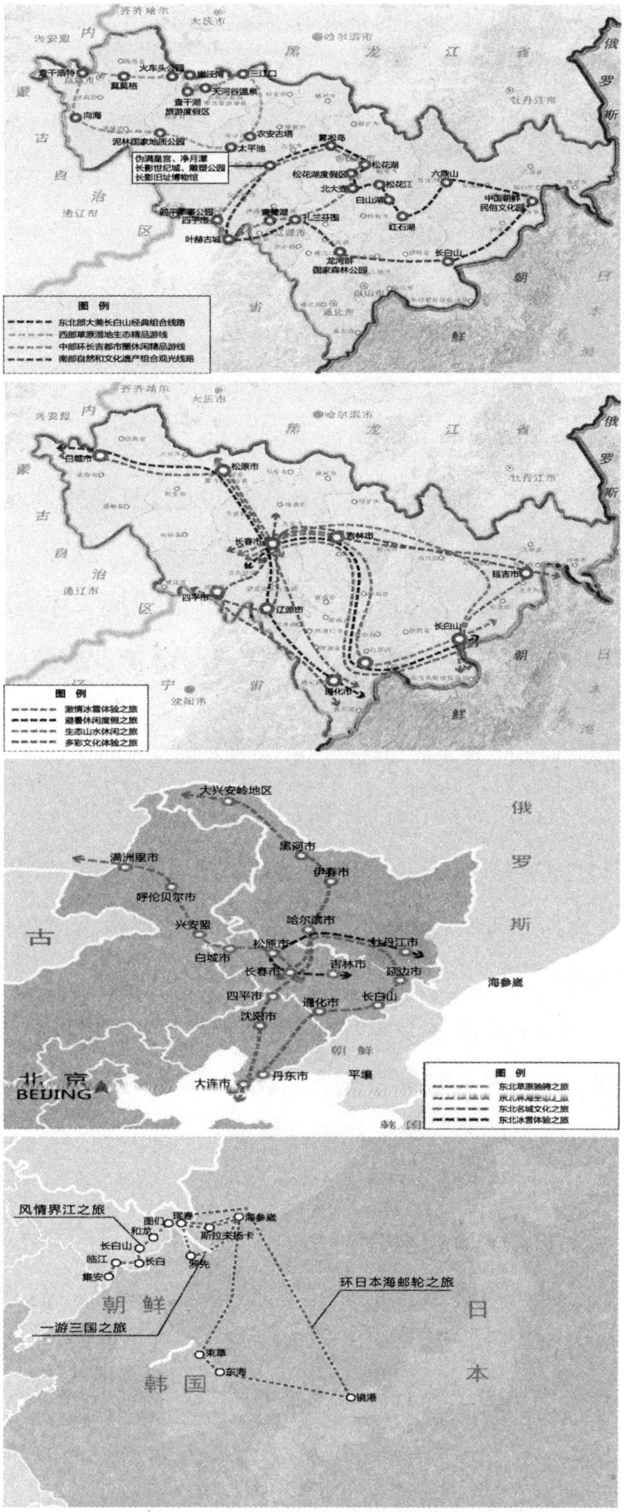

审图号：GS（2016）2923号

图3　吉林省四类精品线路规划图

赫满族镇、集安青石风情小镇、龙湾金川旅游小镇(辉南龙湾旅游度假区)、松原市天河谷温泉旅游度假小镇、松原市三江口湿地慢生活小镇、延边州安图宝石小镇、安图明月湖滑雪小镇、雁鸣湖原生态湿地风情小镇、白山市仙人桥温泉旅游小镇、长白山保护区关东风情商业小镇、漫江风情小镇、池西区半岛小镇等等。

2. “旅游 +”产业链延展工程

吉林需要充分发挥产业优势，通过“旅游＋”产业融合将优势转化为旅游竞争力。吉林需要在“旅游＋现代农业”“旅游＋文学艺术”“旅游＋运动休闲”以及“旅游＋健康养生”四个方向有所突破。

（1）旅游＋现代农业：一方面通过打造一批现代农业旅游园区，如公主岭国家农业科技园、乐色生态农业园、金丰现代农业园、缘山湖农业园，推动旅游与农业产业的深度融合；另一方面，农家乐、采摘、农事活动、农事体验、教育科普、节庆民俗、创意等融合叠加，不断丰富现代农业旅游产品类型。

（2）旅游＋文化艺术：推动旅游与文学、美术、书法、摄影、曲艺、戏剧、音乐、舞蹈、影视、民间文艺的融合发展。

（3）旅游＋运动休闲：从配套运动设施场馆、发展运动培训、植入旅游装备生产、举办赛事庆典四个维度构建运动休闲旅游产业链条，因地制宜开展一些重点发展方向，如低空观光、跳伞、滑翔、攀岩、滑雪以及山地徒步、山地自行车等体育运动赛事。

（4）旅游＋健康养生：依托山水生态资源以及长白山温泉度假营造康养环境氛围，引入专业康养机构，打造多样类型的康养园区，开发类型如休闲度假、森林康养、温泉康养、中医药康养等等。

3. 旅游要素提升工程

以“高铁、高速、机场、景区”为核心，以区域联动为抓手，按国家4A级以上标准进行高品质打造，围绕“吃住行游购娱”和“商养学闲情奇”，建设一批旅游集聚区，如四平红色旅游产业集聚区、延边朝鲜文化旅游产业集聚区、长春影视城产业集聚区、长白山度假区产业集聚区等。

传统旅游要素方面：①“食”做精“满族八大碗、农家酱蘸菜、新八大菜系、朝鲜冷面”等特色餐饮。②“住”要凸显吉林人文风貌，围绕古村落、新农村打造精品民宿，对接自驾游市场，沿交通线打造系列营地。③“行”要构建完善的旅游集散系统，对接高速、高铁及机场做一站式接驳，对接城际、公交及共享单车做足“低碳出行”。④“游”注重吸引物组合与线路设计，针对不同的需求提供差异化定制线路。⑤“购”既有大自然馈赠的“人参、貂皮、鹿茸”的“东北三宝”，也有根雕、树皮画、剪纸等民间手工艺品。⑥“娱”凸显“冰雪”，冰雪休闲娱乐项目与民间节庆融合，形成特色休闲产品。

新的业态要素：①“商”方面凸显中俄朝边贸特色，打造“一带一路”吉林版。②“养”方面依托温泉、森林、中医药，打造温泉养生、生态康养、中医药养生、森林康养等业态。③“学”方面凸显历史文化、红色文化、民族艺术三大板块，打造考古历史研学、红色研学、民间艺术研学、民族文化研学等业态。④“闲”方面依托“冰雪、温泉、森林”形成特色休闲业态。⑤“情”方面围绕民族风情、红色激情打造特色情感记忆、亲子游产品。⑥“奇”方面依托雾凇奇观和冬捕打造猎奇业态。

4. 基础设施与公共服务配套建设工程

全域旅游功夫在景区外，吉林要“以人为本，提升服务”。具体从信息咨询服务（旅游网路信息、旅游信息咨询、旅游标识解说）、安全保障服务（餐饮住宿卫生安全、消防安全、安全应急机制）、交通便捷服务（风景绿道、旅游骑步道、旅游集散中心）、便民惠民服务（免费游憩场所、旅游惠民政策）、旅游行政服务（行业规范标准、旅游从业培训、消费保障服务）等五个成面，提升全省旅游公共服务水平。

总的来说，在基础设施和服务设施方面，要做到“硬件提升，服务提质”。近期重点一是要在全省构建“1+5+10”网络化集散中心体系（图4）；二是要加强连通景区道路和停车场建设（图5）。

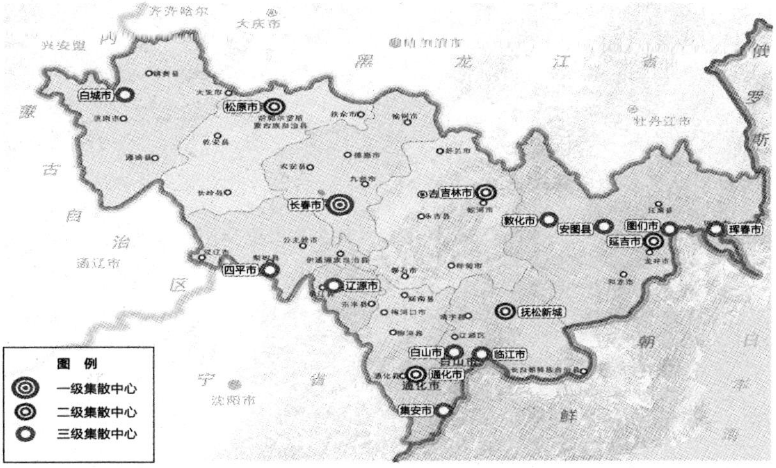

审图号：GS（2019）3333号

图4　吉林省网络化集散中心体系规划图

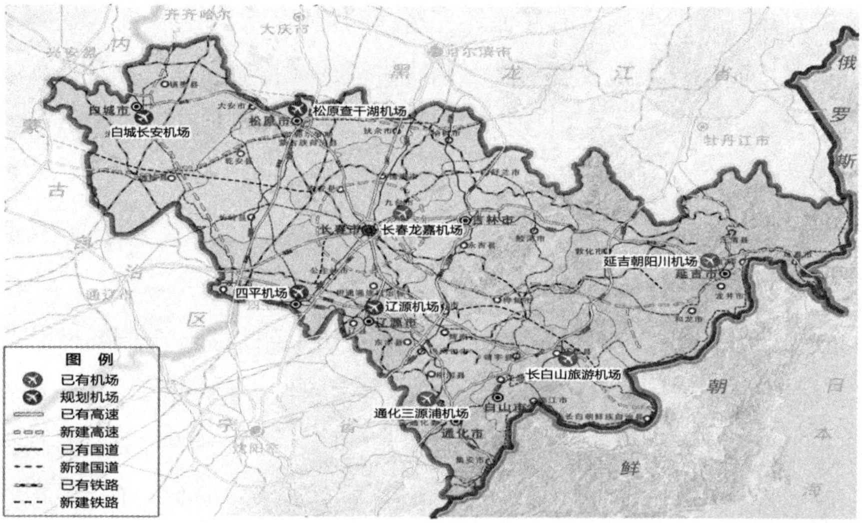

审图号：GS（2019）3333号

图5　吉林省旅游景区与交通枢纽联系规划图

5. 文化形象与市场渠道建设工程

文化是旅游的灵魂，要在旅游开发中展现“文化自信、文化创意、文化导向、文化包装、文化神韵”。最终通过多维度的市场渠道推广，让东北之心“亮”起来，让开放门户“活”起来（图6）。

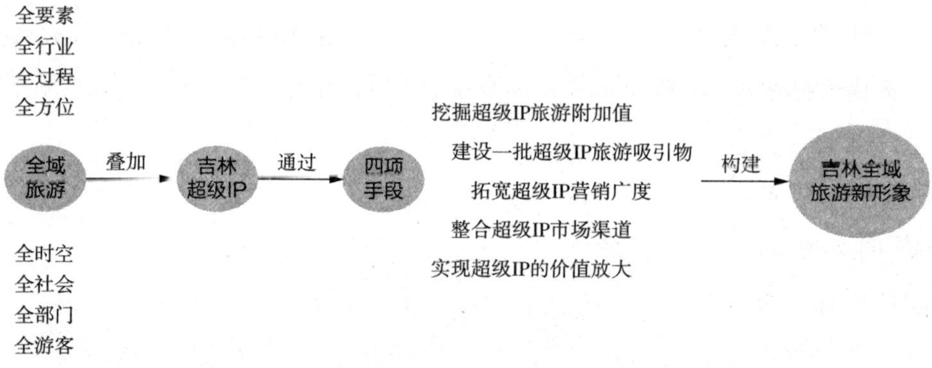

图6　吉林省“全域旅游＋超级IP”的营销新模式

（1）深挖历史文化，运用多种形式讲好吉林故事。历史文化内容的整理挖掘是一个系统工程，需要长期持续推进。在文化展示形式上，通过“文化演艺＋文化影视＋文化节庆”三举并行，给游客较好的文化体验。文化影视包括商业文化类影视、传统纪录类影视（如舌尖上的吉林等）、音乐文化类影视（如吉林曲艺文化等）。文化演艺重点推出：朝鲜族特色文化演艺，时尚前卫的娱乐演艺，吉剧、秧歌等非遗演艺，捕鱼文化、嫁娶文化演艺等。文化节庆活动，如长白山号子特色文化民俗节、多民族文化博览会、时尚体验活动、各种体育赛事（马拉松长跑节等）以及避暑消夏文化节。与此同时，要迎合年轻消费主体的体验偏好与消费习惯，在讲好历史文化故事的同时，充分运作科技技术，加强文化创意与文化时尚的表现。

（2）构建IP业态结构，关注场景的美学设计。要高度重视吉林旅游IP塑造工作，通过“文化+、产业+、创意+、科技+”等打造吉林旅游超级IP。在文化方面，包括文化遗产（伪满皇宫等）、查干湖文化、绿色生态（长白山、净月潭等）、红色文化（四平等）、冰雪文化；在产业方面，有工业旅游（长春一汽、丰满水电）、研学旅游（火山、地质、湖泊、湿地）、创意产业以及文化产业（综艺、演艺、影视、著作）等；在创意方面，包括创意旅游产品、创意旅游项目、创意旅游服务、创意旅游商品等；在科技方面，包括AI技术（AI接待、AI互动）、VR技术（虚拟旅游、VR体验）等（图7）。

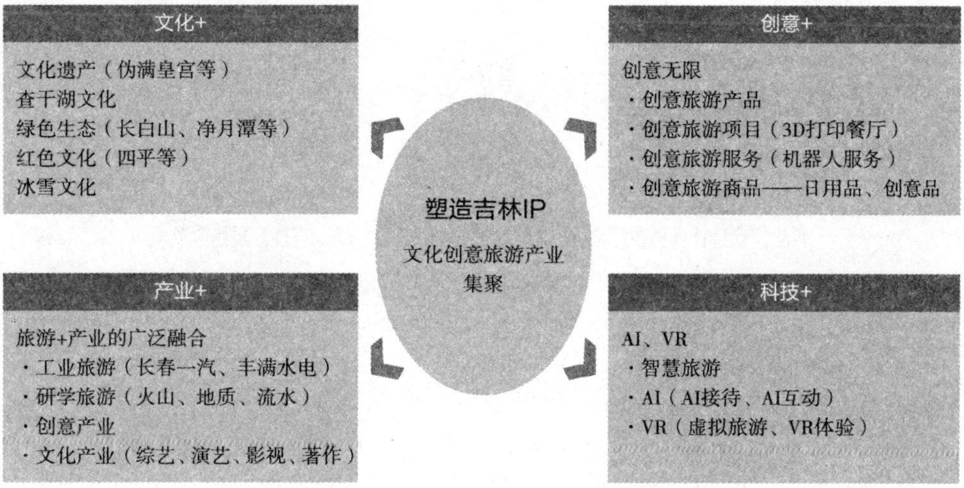

图7　吉林省旅游IP业态结构

（3）构建完整的市场开发系统，通过全媒体营销、节事发力，全域营销吉林旅游产品。首先，根据市场营销的4P理论，区域旅游营销体系包括市场产品定位、产品定价与渠道建设与促销活动（图8）。首先，要塑造吉林全域旅游形象，我们建议为“吉山吉水，真情吉林”，可以通过影视作品、宣传片、宣传图册、导游图、形象标识、特色产品等方式进行打造。其次，在营销方式上要多样化。既有传统地推——推介会、展销会，传统营销——电视、报纸、广告牌、公交广告，还有互联网营销——微信、微博、社交网络、自媒体。更重要的是，要进行全方位、多渠道、大

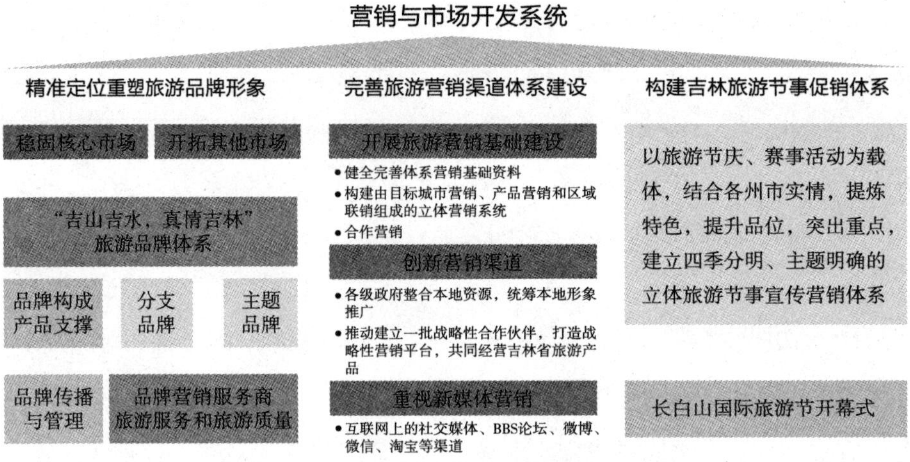

图8　吉林省区域旅游营销体系

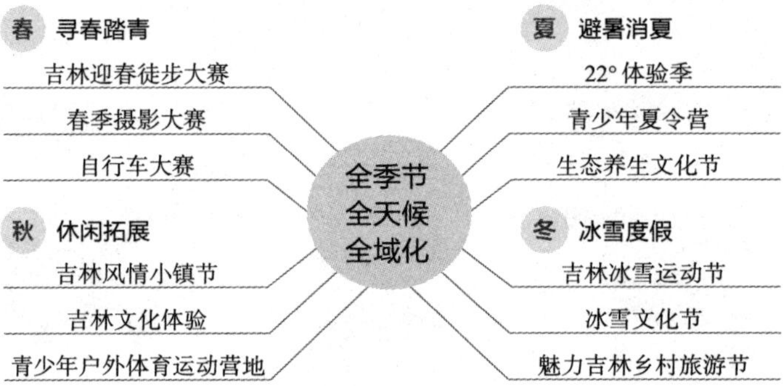

图9　吉林省全季节庆活动策划

密度地宣传推介，从旅游形象塑造到营销宣传造势都是不可忽视的环节。最后，梳理“全域、全季、全天候”的节庆活动，打造主题季，借力常态化的品牌节事活动，助力吉林的全域旅游发展（图9）。

6. 城市生态双修工程

城市生态双修工作，包括城市自然生态修复、城市人文环境修复，是一个系统的工作，也是建设智慧宜居城市工程的重要组成部分。城市生态双修工程有多种实践路径（图10）。

全域旅游建设，重点是城市环境建设。城市生态双修工程，注重凸显吉林长春市、吉林市等城市的战略地位，强化城区旅游综合服务功能，大力发展高端商务旅游，强化城市休闲度假旅游目的地体系建设；通过对接现代休闲旅游市场发展和全域

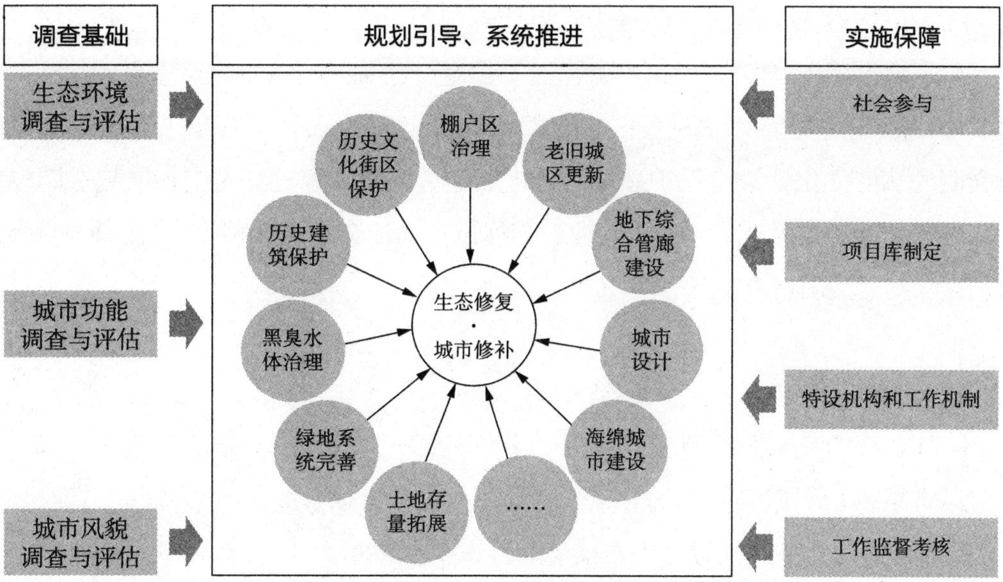

图10　城市生态双修一般路径

旅游建设的新需求，重点从“游城、滑雪、消夏、逛街、活夜、尚文”六个方面全面完善城市旅游休闲功能，实施品质旅游工程。最后，通过城市文化修复工作，恢复历史遗迹、文化记忆、传承非遗载体等，要让吉林厚重的历史文化写在大地上！

7. 体制机制创新工程

这方面要谈的话题较多，这里只谈三个方面：

（1）建立健全旅游产业发展综合协调机制。一是依托“全域旅游示范区”创建工作，对有条件的地区支持开展“1+3”模式，即在成立旅游委的基础上，设立旅游警察、工商旅游分局、旅游巡回法庭，形成运转高效、联动得力的依法治旅模式。二是创新区域旅游合作机制，建立大长白山生态文化旅游圈合作机制和西部生态文化旅游合作圈合作机制，优化中朝俄边境旅游合作机制。

（2）出台低碳旅游激励机制。一是完善监测问责补偿机制，加强过程控制，定期或不定期监测景区环境。同时建立领导问责的管理模式，进一步完善生态补偿制度。二是尽快建立绿色旅游标准体系，建立吉林省绿色标准化体系，指导吉林省旅游业向绿色标准化发展。重点建立包括绿色旅游饭店、绿色旅游景区、绿色休闲农庄、绿色旅游产品在内的认证体系。与此同时，完善绿色出行预约制度，建立绿色消费奖励机制，探索旅游者碳足迹补偿机制。

（3）积极落实《游客文明行为记录管理暂行办法》。一是做好“游客不文明行为”信息采集工作，建立媒体“曝光台”。二是经常性开展旅游志愿者服务行动，创建100家旅游志愿者活动先进景区，招募4000名高素质旅游志愿者。三是积极推动健康文明的消费文化，推行保护环境、尊重民众、服务游客的旅游道德文化。四要发挥旅游对文化的传播功能，使旅游业成为展示吉林社会文明和精神风貌的重要平台，打造全国旅游文明建设示范省。

8. 平台搭建工程

吉林创建全域旅游示范省，有三个平台需要搭建。第一是解决钱从哪里来，要做好融资平台。利用好多元化的融资工具，构筑社会融资（上市）、产业引导基金、PPP、项目信托、资产证券化等多渠道的融资平台（图11）。要改变以政府投资为主的投融资模式，做到BOT、PPP多种融资模式并举（图12），形成政府资金引导，社会资本、民间资本为主体的旅游投融资格局。同时，在旅游项目建设上积极引进市场准入机制，改善营商环境，要让更多的投资跨过山海关。

第二做好人才培养、项目引智平台，旅游行业与大专院校产学研联合培养定向人才，组织专业人才招聘活动，开展行业人才培训，保障全域旅游走向“优质旅游”。人才保障工程是全域旅游走向优质旅游的内在动力。

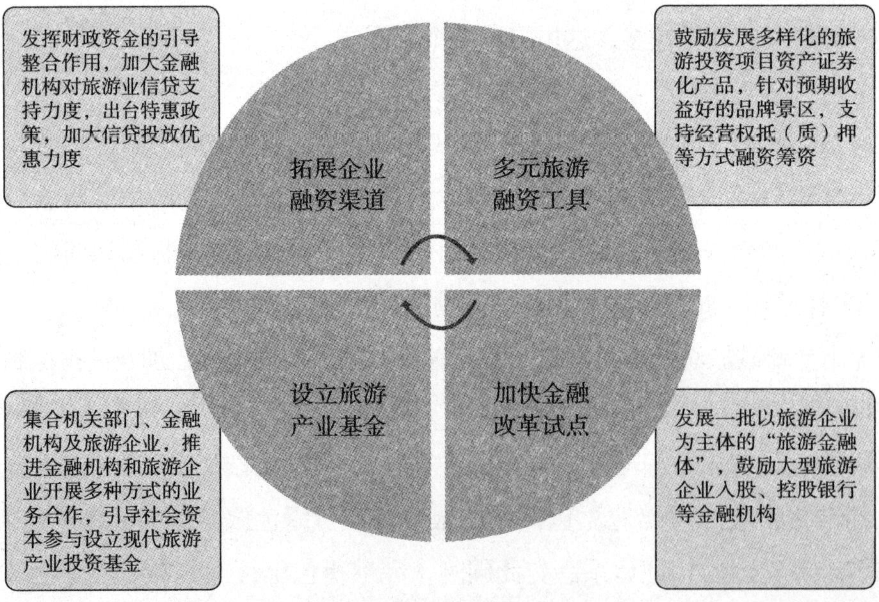

图11　融资平台建设的工作内容

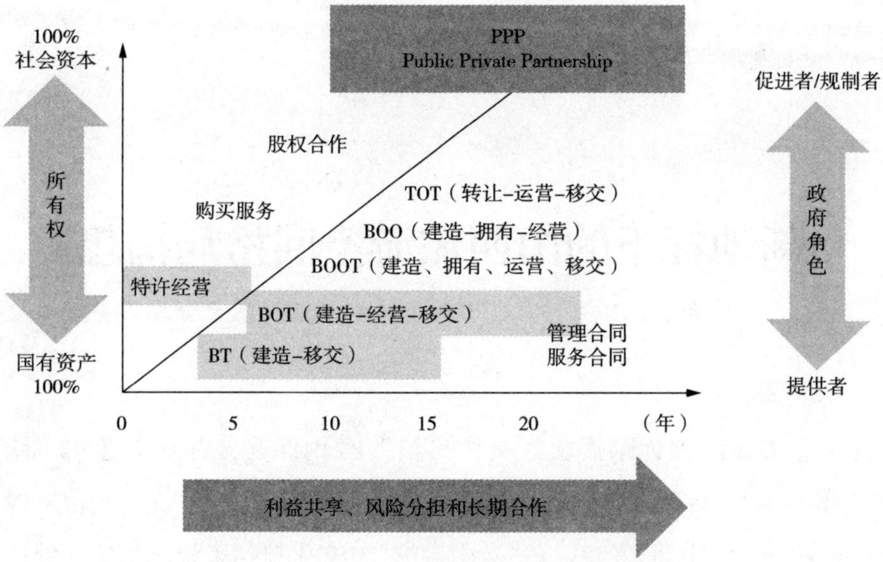

图12　融资模式的选择

第三做好国际交流合作平台。一是除了常规的营销手法之外，要充分利用国际全媒体营销平台，与国际客源市场形成常态化互动；二是“引进来、走出去”，建立几个国际化的“永久性会议会址”、设立“国际性奖项”，将吉林文化旅游产品的国际化推向常态化、高规格化。同时，开展全方位的国际文化交流活动、学术交流活动。如黑龙江国际火山旅游节暨五大连池圣水节就是一个很好的例子。本次2018中俄边境城市展览会也是很好的推介方式。

最后总结，吉林省通过“全景空间、全业融合、全优产品、全民共享、全民参与”，创建国内一流的全域旅游示范省，使之尽早建设成为“世界知名的山地河湖型生态旅游目的地”，是我们大家的期待，当然也是您们的担当！谢谢！

新地标下的山西旅游空间格局构想

本文系作者于2017年9月在山西省旅游产业发展大会发言整理

习近平总书记高瞻远瞩提出“文化自信”时代课题，并在党建95周年大会、“十九大”等重大场合多次重申强调“文化自信”的战略意义。“文化自信”对文化大省山西意味着什么？山西如何践行“文化自信”？文化自信来源于历史深处，增强文化自信必须挖掘历史深处。

山西地处华北地区西部，黄土高原东翼，境界轮廓东北斜向西南，东依巍巍太行与河北毗邻，西、南凭黄河天堑与陕西、河南相望，北跨绵延长城与内蒙古为邻。总面积15.67万平方公里，且80%以上是山地，柳宗元称之为“表里山河”。山西又称“三晋”，是中华民族发祥地之一，有文字记载的历史达三千年，素有“中国古代文化博物馆”之称。山西的旅游资源数量丰富，特色突出，但是其资源价值被严重低估，产业开发不足，需要不断发现山西旅游资源的价值，助力山西旅游转型升级，开创山西旅游发展的新时代。

一、山西省旅游景区空间格局的现状

1. 主要旅游资源空间分区

山西旅游资源分布广，具有连片集中的特点。根据晋迪、宋保平等学者在2013年的研究，将山西旅游按照行政区划分为四个板块，即晋北长城文化旅游区（涵盖大同、朔州、忻州）、晋中晋商文化旅游区（涵盖太原、吕梁、晋中、阳泉）、晋南根祖文化旅游区（涵盖临汾、运城）、以及晋东南山水生态旅游区（涵盖长治、晋城）（图1）。也有学者郝灯莹、谢世友等在2014年按照4A、5A景区布局，将山西旅游资源划分为六大板块，即晋北宗教文化旅游区（包括大同、朔州）、忻州山水关城旅游区、吕梁山水民俗旅游区、晋中晋商文化旅游区（包括太原、晋中、阳泉）、晋东南山水红色旅游区（包括长治、晋城）、晋南根祖文化旅游区（包括临汾、运城）。

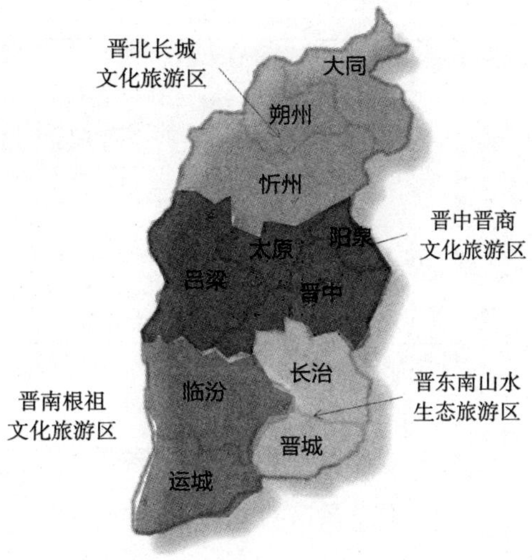

图1　山西旅游四板块划分

2. 主要旅游景区的类型特征

山西省已形成的重点旅游景区以历史古迹、人文景观为主，特别是7家5A级景区都包含“古建”为主的人文景观。相对而言，“大太行+大黄河”开发不足，国家自然保护区仅有6个，国家地质公园仅有9个，“大山大水”类景区表现相对欠佳。从山西各市（区）优质旅游景区空间分布看，朔州、吕梁、阳泉优质旅游景区相对匮乏。然而朔州的“长城”、吕梁的“山水”、阳泉的“长城+红色”，资源品质俱佳只是开发不足而已（表1）。

表1　山西省各市（区）优质旅游景区空间分布

	世界遗产	5A景区	全国重点文物保护单位	国家自然保护区	国家地质公园	国家风景名胜区	关隘	红色旅游	特色小镇	美丽乡村
太原			33					太原系列		3
大同	1	1	27		1	1		大同系列		1
朔州			5				1			2
忻州	1.5	1	24	1	2	1	3			3
晋中	1	3	65		1			麻田八路军总部、左权将军殉难处、大寨	1	3
阳泉	0.5		8				1	百团大战遗址		3
吕梁			26	1		2	2	吕梁系列、红军东征纪念馆	1	3
临汾			43	2	2	1				3
长治		1	66	1	2			长治系列、平顺西沟展览馆		3

续表

	世界遗产	5A景区	全国重点文物保护单位	国家自然保护区	国家地质公园	国家风景名胜区	关隘	红色旅游	特色小镇	美丽乡村
晋城		1	65		1		1		1	3
运城			90	1		1	1			4
山西总和	4	7	452	6	9	6	9		3	31

注：世界遗产中“长城山西段”分布于阳泉、忻州，各占一半，用0.5表述。

3. 主要旅游景区的空间格局

山西旅游景区具有沿交通干线分布的特点，重点资源以及4A、5A景区大多分布在主要干线两侧（表2）。

表2　山西旅游“大”通道与旅游资源分布

	“大”通道	主要旅游资源
二广高速 同蒲铁路 G108 G208 大西专线	大同—忻州—太原	山岳、温泉、地质溶洞、湖泊 宗教庙宇、佛塔、古建古迹、古战场遗址、陵墓
京昆高速 同蒲铁路 G108	太原—运城	名山、森林、湖泊、河流、泉水 文化名城、寺庙、古建遗址、民居大院、民俗节庆、陵墓
二广高速 太焦铁路 G208 太焦专线	太原—晋城	名山峡谷、生物景观、河流泉水 革命遗迹、寺庙古迹、古战场遗址
京昆高速 青银高速 石太铁路 太银铁路 G307	阳泉—太原—吕梁	瀑布、温泉、山岳、溶洞 乡村景观、农业景观、革命遗址、古遗址

北部的“大同－忻州－太原”和南部的“太原运城”“太原－晋城”纵向延伸将山西旅游空间分成两大区域（即西部以黄河天堑和长城关隘为主的区域和东部以太行八经为主的区域）以及以太原为中心南向放射的三个次空间（即西部以黄河天堑为主的奇峡险滩、中部以“黄河古渡口”为主的晋南文化积淀以及北部以太行峡谷为主的雄

伟奇观）。该通道是山西旅游的主通道，汇集了山西半数以上的4A和5A级景区。

“阳泉－太原－吕梁”横亘贯通东西，是以太原为中心“大黄河、大太行、大长城”以及“大院、大庙、大关隘”的融合通道。“太原－阳泉”承接以晋文化（三晋＋红色＋晋商）为主体的中太行板块和以娘子关为主体的内长城板块；而“太原－吕梁”承接以吕梁山为主体的山西红色板块和以黄河天堑为主体的黄河板块。该通道是山西主旅游通道的重要补充，在山西旅游版图中作用日益显现。

二、山西三大板块“1+6”旅游主体功能区格局

近年来，山西省投入巨资打造3纵12横交通格局，“快交通”体系初具规模。这些“快交通”网络在“大”字形旅游主通道的基础上，将山西旅游资源进行重新组合，逐渐呈现出“大黄河、大太行、大长城”下的“1+6”主体功能区格局（图2）。

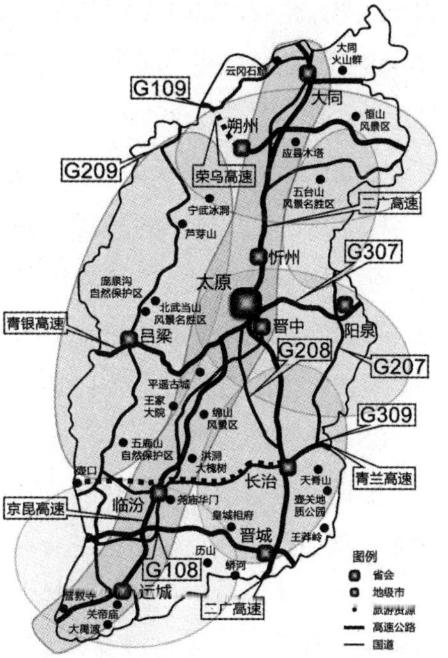

图2　山西1+6旅游主体功能区划图

一个区域旅游集散中心（新地标），即以会展业、城市旅游业、旅游交通集散、旅游装备业为龙头，打造太原旅游新地标，依托南北“人”字形交通主体廊道及3纵12横12环15连线为主体的立体交通网络构筑山西“慢游深体验”的目的地服务主体。

六个主体功能区对应“大黄河、大太行、大长城”，即北黄河“晋陕黄河峡谷”主体功能区和南黄河“古渡口”主体功能区对应“大黄河”；长城主体功能区对应“大长城”；北太行“恒山、五台山”宗教朝圣主体功能区、中太行红色和晋商文化主体功能区以及南太行“大峡谷”主体功能区对应“大太行”。

三、基于三大板块“1+6”功能区发展策略

“黄河、长城以及太行”三大片区核心发展战略：资源变资产、资产变资本、资

本变优势、优势变产品、产品变产业，产业变支柱。黄河、长城以及太行在中国旅游中的资源价值毋庸置疑，应该采取存量折算、增量配比等形式，通过“金融运作逻辑”推动资产资本化，让沉睡资源活起来；采取集中投入、产业带动形成核心优势，实现资金效用最大化；通过规模化、产业化、市场化发展，让优势转变成产品，逐步形成具有一定竞争力的一批产业群，最终成长为山西旅游产业发展的中流砥柱。

1. 发展模式

（1）旅游文化项目的升级——集中优势资源重点投入放大IP

旅游企业为主体的旅游IP开发与放大。山西旅游发展要关注具有自主知识产权（IP）的一批龙头企业，集中优势资源重点投入将IP做大做强，如“晋商”“大院”等，并通过动漫、游戏、影视、演艺、综艺等发酵IP，通过产品创新、商品创意及“互联网+”打造若干山西旅游超级IP。尤其是世界遗产单位和国家5A级景区要通过“旅游+”“技术+”“创意+”从历史文化到文化旅游再到创意产业构建立体的旅游IP群。

（2）旅游文化创意的高度重视——孵化和培育一大批小微企业

李克强总理指出“发展新经济，小微企业可以大有作为”。通过孵化一批小微企业、注资一批有潜力微企业、参股一批强劲势头的小企业，盘活旅游产业链中各个节点资源，为山西旅游全产业链整体发展注入新活力。

（3）旅游景区的形象实行整合宣传

搭建山西旅游营销平台，形成捆绑合力，实现“点线旅游”向“板块旅游”的转变。例如对山西长城景区的宣传材料统一撰写和展示，充分展现内长城的五大关口（偏关、宁武关、广武关、雁门关、平型关）、外长城的十八堡（偏关县老牛湾、滑石堡、红门口、水泉营堡；平鲁大河堡；右玉杀虎口平集堡、破虎堡、云石堡、桦林山；左云摩天岭、镇宁箭楼、威鲁堡；新荣区助马堡、拒墙堡、得胜堡、镇川口；阳高长城乡、守口堡；天镇李二口、新平堡），提高外地游客对山西长城的整体认识和旅游兴趣。

（4）旅游线路经营打破行政界线

打破省内市县间的界线。忻州市雁门关与朔州市广武城构建大长城景区；长治市的太行山区与周边县市构建红色旅游大景区。建立跨省界的旅游合作机制，实现相邻景区的合作对接。山西省与周边省区相邻的旅游区包括：围绕壶口瀑布景区、风陵渡景区、大禹渡景区展开与陕西、河南相邻的沿黄河旅游合作；围绕昔阳县黄庵垴－河北赞皇县嶂石岩展开与河北相邻的太行山旅游合作；围绕红旗渠以及郭亮村展开与河南相邻的太行山旅游区合作等，打破行业行政界线。鼓励多种形式的“旅游＋”实践，纵向整合、横向整合、混合整合齐头并进。开发实施“智慧旅游”体系，并鼓励旅游相关部门、企业单位、个人积极参与。鼓励多维度“科技＋”产品开发，尤其是基于AR、VR等技术的产品升级。

2. 发展路径

（1）抓大项。重大项目是区域旅游经济提升的有效手段，通过投资拉动、项目牵引达到快速扩大规模的目的。大抓项目，抓大项目，加快项目实施，强化项目支撑，对山西省文化旅游投资控股集团成为山西旅游旗舰劲旅的目标至关重要。重点落实“慢游深体验”的地方交通网络和目的地服务体系，实现山西旅游全域发展，逐步转型深度休闲度假游。建设基于自驾的（1+6）旅游基础设施体系。带动山西旅游公路、自驾车营地、旅游综合服务区、休闲驿站、高铁站点等客运枢纽、自驾游自助游导览标识系统、智能化车辆租赁体系、车联网及相关大数据平台、不同交通工具转乘接驳体系的不断完善。完善与国际接轨的旅游公共服务体系，包括旅游信息咨询服务、旅游交通便捷服务、旅游惠民服务、旅游行政服务、旅游安全保障服务、旅游应急救援服务等六大体系，以及旅游服务区革命、“最后1公里”革命、旅游厕所革命等三大革命。

（2）抓精品。树立精品意识，以“少而精、精而深、出精品、重实效”为主旨，狠抓核心产品板块和产品线建设，打造一批具有山西个性的超级IP集合。集中优势资源运用“金融运作模式”参与到一批重点景区的做大做强，如云冈石窟、恒山、应县木塔、五台山、芦芽山、平遥古城、王家大院、乔家大院、碛口古镇、太行红山、王莽岭、壶口瀑布、关帝庙等，通过“旅游＋”“技术＋”“创意＋”从历史文化到文化旅游再到创意产业构建立体的旅游IP群，用“山西特质文化”充实“大黄河、大太行、大长城”的物质和非物质文化价值内涵。

（3）抓优势。抓优势求突破，加快构建高层次的景区、小镇、田园综合体等，积极通过资本运作、产权交易、特许经营等手段，推动强强联合，做大做强一批具有影响力的特色项目，打造全国文化旅游新高地；大力培育旅游业态创新，加强互联网＋、物联网＋、云计算＋、AR＋、VR＋等技术的运用，大力发展旅游贸易、智慧旅游、智能体验等新业态、新模式，培育一批在全国具有影响力的“科技”旅游项目。

（4）抓落实。“崇尚实干、狠抓落实”，这是习近平总书记反复强调的。如果不沉下心来抓落实，再好的目标，再好的蓝图，也只是镜中花、水中月。“大黄河、大太行、大长城”三大片区发展战略要责任到人，主要负责者要自觉从全局高度谋划推进整体目标达成，做到实事求是、求真落实，善始善终、善作善成，把准方向、敢于担当，亲力亲为、抓实工作。

3. 整体举措

（1）站位制高点

设立山西文化旅游创新园区。建设山西省文化旅游大数据中心，占领数据流高地，对内整合景区、酒店、度假区等凝练内功，对外对接途牛、携程等在线平台，对接国旅、中青旅等大型旅行社，以及对接度假村联盟、自驾车联盟等行业组织，形成广泛的社会网络。建设山西省文化旅游创客空间，占领文旅创新高地，承接“双创”计划，培育孵化一批文创小微企业，打造文旅发展新动能；对接“精准扶贫”，培育一批“产业扶贫”示范点，盘活资产，互助共享。建设山西省文化旅游人才培养基地，抢占文旅人才储备高地，打造山西文旅服务标准化的“黄埔军校”。

（2）掌握话语权

打造“华夏文化MALL”，掌握文博话语权。做“民间故宫”，开展文博展览展示、文博贸易、文博传承教育；做“山河上下，长城内外”实景演艺，构筑“黄河、长城、太行”文化集结号；做华夏文化综合娱乐购物体验中心，代言山西文化经典。

打造文化旅游“投建运”一体化集散体系。做国际化的度假区，打造集交通、住宿、餐饮、休闲、娱乐、购物、商贸于一体的新型旅游产业综合体。三个必选节点，即三大板块的连接处（偏关——黄河与长城、灵丘——长城与太行、垣曲——太行与黄河）。黄河板块优质节点（3个），即偏关：黄河与长江交融；吉县或临县（对应壶口、碛口古镇）；永济（对应的黄河湿地、三省金三角——响应国家发改委政策）；垣曲（太行和黄河的节点）。长城板块优质节点（3个），即新荣（对应山西内蒙的古关口——边塞贸易中心）；应县（对应应县木塔）；大同县（对应大同生态农业综合体、火山群、温泉）。太行板块优质节点（8–10个），即晋城、长治、阳泉、榆社、武乡、左权、浑源、五台、陵川、阳城等。打造山西自驾车营地－驿站体系（30–50个），做好“山西好风光”带上的“一串明珠”，依托快交通体系，做服务区营地、风情驿站、营地小镇、营地村等。

河南要整合资源建设世界知名文化旅游目的地

编者按：2012年10月，北京大学教授、博士生导师窦文章教授应河南电视台之邀，参加《对话中原》建设中原经济区专家学者系列访谈节目，把脉中国文旅产业发展，为中原地区旅游发展、经济发展出谋划策。

录制地点：地铁四号线（陶然亭站）《经济日报》社院内

播出时长：43分钟

录制单位：河南电视台新闻中心专题部

［开场］欢迎收看《对话中原》建设中原经济区专家学者系列访谈节目。今天我们邀请到的是北京大学教授、博士生导师窦文章先生。窦文章教授是国内知名的旅游开发管理和旅游规划设计专家，今天我们就和他一起来探讨一下如何进一步为中原经济区规划一个更为美好的发展前景。

1. 窦教授，随着我们国家居民人均收入达到四五千美元，旅游成为更多人的需求，目前我们国家旅游经济发展的情况怎么样呢？是不是全国各省都在争取旅游这块蛋糕？

2011年国内旅游人数达23.4亿人次，同比增长10%；国内旅游收入1.3万亿元，同比增长12%。入境旅游人数1.35亿人次，同比增长2%。出境旅游人数5700万人次，同比增长5%；出境旅游花费550亿美元，同比增长14%。

2009年，我国国内旅游收入突破1万亿元。2010年，我国国内旅游人数为21.5亿人次，比2005年增加近10亿人次，超出规划目标（17.8亿人次）20.8个百分点；国内旅游收入1.15万亿元，比2005年增加6200多亿元，超出规划目标（8500亿元）35.3个百分点，国内旅游收入占旅游总收入的比例由2005年的68.8%上升至79.9%；居民出游率1.4，比2005年增加0.5，超出规划目标（1.31）7个百分点。旅游已经成为人民群众重要的生活方式，有力地推动了人民素质提高和生活质量提升。

“十一五”期间，在全面完成各项规划目标的基础上，我国旅游业奠定了以国民大众旅游消费为主体、国际国内旅游协调发展的市场格局，世界旅游大国地位更加巩固。在国际国内市场开发、产业体系建设、产业功能释放、体制机制创新各个方面都取得了明显突破，旅游业发展的国家战略更加明确。

首先，国内旅游得到进一步发展，牢固树立了在产业中的主体地位，旅游消费在居民消费的比例中持续上升，在扩大内需战略中发挥了重要作用，确保了“十一五”期间我国旅游业平稳较快增长，旅游已经成为人民群众重要的生活方式。

其次，我国出境和入境旅游均取得了新的进展。入境过夜旅游人数、旅游外汇收入先后进入世界前5位，增长速度也在全球居于前列。出境旅游人数稳居亚洲最大的客源国地位，并成为全球出境旅游增长最快的国家之一。截至2010年底，经国务院批准的中国公民出国出境游目的地国家和地区总数达到140个。我国与美国、俄罗斯、欧盟、东盟、日本、韩国等国家与地区的多边及双边合作取得了较大进展，初步形成了有效的工作方式和运行机制。出入境旅游在发挥民间外交功能、促进服务贸易等方面取得重要进展，全面融入世界旅游发展的新格局。我国在国际旅游业发展事务中的影响和地位进一步增强，世界旅游大国地位更加突出，建设世界旅游强国的基础进一步加强。

旅游业是国民经济的战略性产业，资源消耗低，带动系数大，就业机会多，综合效益好。从当前和今后一个时期的国际国内环境来看，我国的经济社会发展仍处于可以大有作为的重要战略机遇期。工业化、信息化、城镇化、市场化、国际化的深入发展，高速交通体系的快速完善，特别伴随着人均国民收入的稳步增加而持续增长的大众化和多样性消费需求，都为我国旅游业发展提供了新的机遇。

随着产业功能的释放，旅游业对国民经济的促进作用日益受到中央和地方政府以及社会各界的高度重视，对旅游产业性质认识实现了质的飞跃。2009年12月，《国务院关于加快旅游业发展的意见》正式出台，首次提出“把旅游业培育成国民经济的战略性支柱产业和人民群众更加满意的现代服务业”。

随着国家和各级政府对旅游业发展的高度重视，地方政府主导旅游业发展格局形成。各地纷纷出台促进旅游业发展的政策，制定关于旅游业发展的地方性法规及政府规章，加大了政策引导力度，为旅游业发展营造了良好的政策环境和法制环境。地方政府还进一步强化了对旅游业发展的主导作用，如海南建设国际旅游岛、广东推出国民休闲计划、云南实施旅游二次创业、河北建设环京津休闲度假带、江苏、浙江等地发放旅游消费券、海南和北京成立旅游委员会、天津发展旅游装备制造业、山东打造“好客山东”的旅游品牌、张家界建设世界精品旅游目的地、承德等多个城市建设国际旅游城市等，极大地推动了当地旅游业的发展。目前，全国有27个省区市把旅游业作为支柱产业或第三产业的龙头。

2. 在目前建设中原经济区的大背景下，河南省提出，力争“十二五”末河南省旅游综合经济实力进入全国前五位，跨入旅游经济强省行列。您觉得，根据您对全国旅游形势和河南省旅游资源的了解，这个目标现实吗?

“十二五”时期，河南省旅游产业发展面临难得的历史机遇，处于“转型升级、持续快速发展”的黄金机遇期，如果能牢牢抓住，一定能够实现：

（1）发展优势凸显。国内外旅游产业发展的主要趋势，凸显了河南省旅游产业的相对优势与巨大潜力。从资源产品导向向旅游市场导向转变，河南省的区位交通和客源市场优势不断凸显；从浅层观光旅游向深度文化体验转变，进一步凸显河南省厚重的历史和文化优势；区域旅游竞争从景区景点竞争向以城市为核心的旅游目的地竞争转变，进一步凸显河南省城市密集的优势；旅游产品从观光产品向多业态转变，进一步凸显河南省多样化的资源和产品优势；随着休闲度假成为主要旅游方式，河南省的山地度假和乡村度假资源优势彰显；旅游产业与其他产业融合发展的趋势，可以充分发挥河南省产业门类齐全的综合优势。

（2）发展需求旺盛。2010年，全国人均生产总值超过4300美元，河南省人均生产总值达到3500美元左右。“十二五”期间预计人均生产总值年均增速达到10%。旅游消费将进入大众消费阶段，成为居民消费的重要组成部分，休闲、度假成为居民消费新趋势，国内旅游成为旅游市场的主体。这种趋势将促进旅游产业爆发性增长，成为扩内需、促消费、保增长的主要推动力。

（3）发展条件优越。“十二五”时期是河南省交通格局发生重大变革的时期，交通将呈现网络化、高速化、无缝对接的发展趋势。河南省将依托交通网实现与国内主要客源市场的无障碍对接。京港澳、大广、二广、连霍、宁洛、沪陕等国家干线高速公路贯穿河南省全境，高速公路网络日趋完善，河南省将成为全国自驾游的枢纽。以郑州为中心的“米”字形高铁和城铁架构，将形成连接北京、西安、武汉、徐州、济南、南京、太原、合肥等重要城市的“两个半小时旅游圈”。郑州至开封、洛阳、新乡、焦作、许昌、平顶山、南阳、济源等城市的城际轨道交通线的贯通，将形成覆盖3000—4000万人口的核心都市旅游圈。随着中原经济区建设的不断推进，一个覆盖全省、辐射周边、涵盖1.5—2亿人口的经济区域和市场空间正在形成。另外，郑州至首尔、台北、香港、新加坡、泰国的直航常态化和郑州新郑国际机场的扩容将促进河南省的国际化发展格局进一步改善，河南省的游客结构将发生重大变化，与长三角、珠三角、东北、大西北、大西南的重要城市实现空中对接，将形成两小时旅游圈。

（4）发展机遇保障。旅游产业是建设资源节约型和环境友好型社会的先导产业，是扩大内需的主导产业。2009年，国务院出台了《国务院关于加快发展旅游业的意见》(国办发〔2009〕41号)，确定将旅游产业培育成国民经济的战略性支柱产业和人民群众更加满意的现代服务业，对旅游产业的定位达到了前所未有的高度。河南省把旅游产业作为实现中原崛起、河南振兴的一大优势、一大支撑、一大后劲，作为现代服务业的发展重点来培育，作为中原经济区建设的先导产业、经济社会发展的支撑产业、改善民生的富民产业、促进经济发展方式转变的引领产业来打造。“十二五”时期，河南省旅游产业发展将进入黄金机遇期。抓住机遇，“十二五”末的河南省旅游综合经济实力一定能进入全国前五位，跨入旅游经济强省行列。

3. 刚才您的分析给了我们很大的信心，河南省要跨入旅游经济强省行列，提出首先是要依托良好的传统历史文化资源，将河南省打造成为世界知名的文化旅游目的地。要实现这个目标，河南省具备这个条件吗？

旅游目的地是指在一定空间范围内，以旅游吸引物为核心，形成旅游产业相关要素综合协调发展的区域。通过建设旅游目的地，推动旅游资源整合、旅游产业要素发展和产业链条完善，促进旅游产业与其他产业融合互动、产业结构优化和区域可持续发展能力提升，强化地区形象塑造、旅游品牌打造和市场竞争力培育。

在文化资源方面，河南省经历几千年的发展，文物古迹众多，历史遗存丰富。整体上看，河南的东部地区绝大部分是人文旅游资源；中部地区历史上长期是我国的政治、经济和文化中心，文物古迹和古都城市较多，黄河文化发达；西部地区大多数风景区或旅游区都是自然风景与人文风景良好结合的地区，从而形成高质量的旅游地。与周边省份的旅游资源互补性很强。河南的历史纵贯古今，中国八大古都河南有四，主要是唐宋时期的皇家色彩，还有一些商代的遗存。而周边地区主要是唐宋之前或之后的皇家文化，尽管都能突出了一个“帝都皇家”的特色，但河南与周边省区景区却是互补有无的。

在旅游交通方面，欧亚大陆桥横贯东西，连接了江苏、河南、陕西等省市；京广铁路连接了河北、河南、湖北等省。河南作为一个重要的交通枢纽，不但有铁路可通向周边省份，更有便捷快速的高速公路，关联度大，可进入性好。河南省可以开展跨省际合作，形成多个区域联合营销体，如欧亚大陆桥旅游合作区、晋冀鲁豫旅游合作区、豫晋陕旅游合作区、鄂豫皖旅游合作区等，形成良好的差异互补。

同时，**国家重视文化产业的发展和文物保护工作，**为文化旅游资源大省的河南提供了发展的条件和机遇。

4. 河南省的嵩山历史建筑群，是世界文化遗产，我们能不能以它为载体，以儒、释、道文化圈为主轴，打造一个嵩山世界文化遗产旅游目的地呢?

当然可以。文化遗产是历史的留存，是人们经验和智慧的结晶，是前人留给我们的宝贵财富，而且它不因时间的冲刷而消逝，反而增值，因此文化遗产是最具核心竞争力的旅游资源。

中华民族传统文化的一个重要特点就是儒、释、道“三教合流”，而儒、释、道三教合流的典型代表就在嵩山脚下。嵩山已有36亿年历史，在这里，相继产生了中国古代四大书院之一的嵩阳书院、佛教的禅宗祖庭大法王寺和少林寺、道教圣地中岳庙，从而使嵩山成为儒释道三教共处的圣地之一，也是三教合一体现最为完美的地方，其宗教文化各具特色。在嵩山的三教圣地中，以嵩阳书院为代表的儒家文化在我国儒学方面占有重要地位；嵩山大法王寺建于东汉时期，是中国佛教寺院的发祥地之一，少林寺是中国佛教的禅宗祖庭，佛教文化独领风骚，中岳庙是我国现存最早的道教庙宇之一，距今已有2000多年的历史。在嵩山，儒释道和谐共处，共同发展。

5. 在打造嵩山世界文化遗产旅游目的地的时候，我们应该采取哪些措施?

（1）通过活动偏好市场细分，研究核心产品主导下的旅游产品谱系开发问题，开发多样化、多层次的旅游产品，吸引特定目标市场

旅游产品是能满足消费者需求和欲望的资源、设施和服务的集合体，而旅游产品谱系则是在特定区域中旅游产品类型与具体产品项目组合而成的层次性系统。丰富旅游产品谱系是旅游目的地发展的必然选择。首先，产品多元化能突破门票经济瓶颈。目前我国不少地方的旅游区由于产品种类单一，导致过度依赖门票收入，门

票价格一涨再涨，严重制约了旅游市场的健康发展。不少学者已提出旅游目的地应从单一经营模式转向综合经营模式，不断延伸与景区相关的产品线。第二，满足游客多元化需求。游客已不满足于对单一景点的观光游览，而是希望在旅游过程中参观多个景点、参与多种形式的休闲活动，从而获得丰富的旅游体验。产品多元化经营是延长游客逗留时间、刺激旅游消费的有效途径，并能为经营者创造更多赢利机会。第三，提升区域旅游竞争力。丰富旅游产品谱系不是旅游产品数量的简单累加，它通过多个产品的有机组合，产生“1+1>2”的规模效应。第四，缓解资源保护压力。对于价值较大且具有消耗性的旅游资源，丰富旅游产品谱系还能避免因资源过度开发而导致的游客超载、环境污染、商业设施过多等严重破坏资源真实性和完整性的问题。

（2）加大旅游宣传促销力度，积极开拓客源市场

旅游业是高度竞争的产业，旅游市场的竞争归根结底是客源、宣传方面的竞争。因此，要加强旅游宣传促销意识，树立良好的旅游形象。在开拓客源市场方面，要对客源市场进行准确定位，找准客源市场现实的和潜在的需求，找准市场需求和供给的对接点。

（3）加强区域合作，促进共同发展

区域合作能给双方都带来利益。要加强区域旅游合作，推进区域旅游一体化的进程，在发展战略、资源共享、地区互动、线路对接、客源互送、人才交流和行业管理等方面加强与周边地区的合作与交流。

（4）加大基础设施建设

首先，要围绕“食、住、行、游、购、娱”六个要素，加大交通、景区、商场等配套设施建设力度。其次，要优化旅游环境，整顿旅游秩序。

具体做法：以世界文化遗产嵩山历史建筑群为载体，打造嵩山世界文化遗产旅游目的地。以龙门石窟、白马寺、玄奘故里、汉魏故城、隋唐遗址为依托，打造以佛教文化为主题的世界级文化旅游目的地。整合中华始祖文化和姓氏祖根文化资源，打造“记忆中原、老家河南”品牌，建设面向全球华人的根亲文化旅游目的地。整合文化旅游资源，以古都开封为依托，以清明上河园为龙头，打造大宋文化旅游园区，使开封古城成为演绎大宋文化的国际旅游目的地。以殷墟大遗址公园和中国文字博物馆为依托，整合二帝陵、美里城、曹操高陵等资源，打造以殷商文化为代表的世界级文化旅游目的地。

6. 在打造嵩山世界文化遗产旅游目的地的时候，我们应该注意哪些问题？

文化遗产型旅游目的地不同于其他类型的旅游目的地，保护和开发、企业与居民之间的矛盾更为激烈。文化遗产旅游通常存在着下列问题，打造嵩山世界文化遗产旅游目的地的时候需要注意：

（1）超常损耗问题

文化遗产的一大特征就是原真性，是指游客旅游体验后产生的、对旅游吸引地或其某一方面的感受。在体验经济时代，游客尤为关注旅游地的真实性，而文化遗产型旅游目的地对旅游者最大的吸引力就是其原真性，只有保持浓郁的原汁原味，充分体现地方特色，文化遗产型旅游目的地才能得到更好的保护和发展。

目前中国的文化遗产在进行旅游开发的过程中多数出现了超常损耗的现象，许多文化遗产资源由于旅游开发的不适当介入而过早衰退，影响了文化遗产的保护和旅游业的可持续发展。这些文化遗产型旅游目的地在开发前几乎没有制定科学的旅游发展规划，造成盲目的开发与破坏性的建设。重开发轻保护的现象，使开发者只看到资源的经济价值，一味追求经济效益、追求政府业绩而出现短期开发行为，使自然资源和文化资源遭到严重损毁。

（2）当地居民的定位问题

旅游的不断发展和旅游者的进入，对当地居民的生活有很大冲击，造成当地居民无法对自己进行明确的定位，在保护文化遗产和追求高质量的生活之间徘徊。随着经济收入水平的提高，部分村民希望改善自己的生活条件，盖小楼新房，装空调、太阳能，致使文化遗产型旅游目的地的建筑文化氛围遭到严重的破坏。如世界文化遗产地宏村，瓷砖“厕所式”新房的数量剧增，据实地考察，宏村外围的古村巷已经是一片新房了，走在街巷中，耀眼的白色与灰色为主色调的徽州古建筑显得格格不入。再如丽江，诸多传统特色文化被时尚文化所同化，淳朴的民风在商业气息的熏陶下渐渐蜕变，手工作坊的数量越来越少，传统的手工艺品多是掌握在年迈的村民手中，非物质文化遗产正濒临灭绝。被联合国教科文组织评选为“人类口头和非物质遗产代表作”的昆曲，如今专业人士只剩下600人，全国6个昆曲剧院团创作、演出普遍陷入困境，演员培养及艺术创作均无力投入。

（3）规划的科学性问题

文化遗产型旅游目的地与其他类型的旅游目的地不同，它的吸引物为物质的或非物质的文化遗产因素，这些因素包括建筑、饮食、地方戏剧、习俗、历史等各种文化因素，但与其他旅游目的地的不同不仅在于它的因素种类繁多，更在于这些要素并不集中，而是处于散落分布状态。

文化遗产因素的散落分布对规划提出更高的要求。在对文化遗产型旅游目的地的规划中，必须从宏观角度出发，考虑到所有因素的挖掘和开发，对目的地内的各项因素进行整合。但目前对文化遗产型旅游目的地的开发，普遍缺乏科学性，没能整合资源，难以营造当地纯正的文化氛围，导致游客不能对目的地的文化形成深刻体验。如在对宏村的旅游开发中，目前仅仅初步展示其建筑、水系、村落布局的文化内涵，但对徽商、徽剧、徽菜、新安哲学、徽州宗法制度等文化精髓游客却无从体验，达不到对当地文化旅游体验的目的。

7. 谈到被列入世界文化遗产，洛阳的龙门石窟比嵩山历史建筑群还要早些，再加上河南其他的，比如白马寺、玄奘故里、汉魏故城、隋唐遗址等佛教文化遗址，河南省是不是还可以打造成以佛教文化为主题的世界级文化旅游目的地?

河南的佛教文化具有以下几个特点，使其旅游开发具有可行性，完全可以打造成以佛教文化为主题的世界级文化旅游目的地。

（1）资源优势

河南省是中国佛教活动的中心，许多佛教经典是在河南洛阳、开封等地译出的，各种佛教学术流派都曾在河南形成和发展，有许多高僧在河南传经布道，各种类型的佛教寺院在中州大地出现。文化底蕴深厚，文化内涵丰富，这将成为河南省发展佛教旅游的资源优势，为河南发展佛教文化旅游奠定良好的基础。

（2）设施条件

随着经济的发展，“食、住、行、游、购、娱”六大产业要素的配套建设也提升到了一个新的档次，旅游综合接待能力明显提高。旅行社、旅游酒店等功能齐全，使旅游者得到全方位的享受，为发展佛教文化旅游奠定了设施基础。

（3）市场优势

佛教在中国的发展经久不衰，开展佛教文化旅游不仅有广泛的群众基础，而且有深厚的文化市场，是一种市场看好、前景远大的富有中国特色的旅游产品。河南省佛教文化旅游独具魅力，客源市场稳定，重游率较高，生命周期长，无明显的淡旺季，这些都表明了河南省佛教文化旅游前景远大。

（4）交通优势

河南地处中原，铁路通达全国大多数城市，高速公路成“十”字状，郑州新郑机场已成为全国五大航空门站之一，游览观光十分便利。大大推动了河南旅游业的快速发展。

特别值得一提的是，河南省佛教旅游资源大都集中在郑、汴、洛地区，如郑州嵩山禅宗祖庭少林寺、“中国第一古刹”白马寺、开封相国寺等。这种分布状况从时空显示上具有明显的相对集中性，适宜发展链型旅游，打造主题游线路或者佛教文化区。同时，佛教寺院都建在生态环境良好的地方，或依山傍水处，或深山幽谷间。佛教建筑资源都与环境融为一体，重视生态环境的保护与美化，佛教文化旅游符合当下崇尚的生态旅游理念。因此，进行以佛教文化为主题的旅游开发，既能发挥河南的资源优势，又符合旅游发展的趋势。

8. 说到宗教文化旅游，我们看世界范围内，有耶路撒冷，梵蒂冈等，国内有西藏拉萨这些宗教朝拜圣地，河南的这些佛教文化怎么样才能创出自己的特色呢？

在文化旅游的发展模式上我们提出了“四位一体”模式，即“文化为基础、创意为核心、旅游为载体、产业为目的”，通过四位一体的发展模式，实现景区效益与文化传承的“双赢”局面。目前来看，众多景区宗教文化旅游产品的开发虽然有文化基础和旅游载体，但多停留在低层次观光型旅游产品上，类型单一，结构欠合理，缺乏创意，没有形成产业。要实现将文化通过旅游这个载体发展成产业，河南必须加强对佛教文化旅游的创意开发。具体体现在以下几个方面：

（1）提炼河南佛教文化旅游的主题文化

现代旅游业发展中，旅游主题文化设计发挥着越来越重要的作用。它向旅游者传递项目中独特和美好的信息体验，既是地方旅游决策部门发展区域旅游的定位和方向，又是影响旅游者出游决策的重要因素。河南佛教文化体验式旅游主题应源于本地特色文化，体现参与性，彰显独特性，具备吸引力，有利于体验活动的开展和体验附加值的提升。河南是中华民族和中华文明的主要发源地，也是佛教在我国内地最早传播的地方；佛教文化在中国的落地生根、繁荣发展与河南息息相关；河南佛教文化内涵丰富、历史深厚、艺术精湛，拥有着中国佛教史中众多的源头、第一或唯一。因此，可以将“佛教之源、厚重河南”确定为河南佛教文化体验式旅游的主题。

（2）创新河南佛教文化旅游的体验特色

要注重发掘河南佛教文化旅游资源的体验式特征，开发旅游主客体融为一体的旅游产品，增强旅游者的参与性、主动性、重游率，增加活动的附加值，形成比较优势，提升市场竞争力。如佛寺一日修行体验游，其主题即在于通过设计，让旅游者在寺院体验一天出家人的修行生活；佛教具有慰藉心灵、平复情绪的作用，在佛教圣地坐禅听钟、吃斋念佛，享受身心的安逸、心灵的坦然、情绪的安详，这些活动均可达到养生效果；旅游者通过体验可以建立结缘、感恩、回馈的生活态度，营造人与人更加友善、互助、和谐的氛围；2009年3月11日杭州市就推出了以“礼佛·踏青·纳春”为主题的杭州首届西湖香市春游节灵隐寺佛教休闲体验深度游活动。佛教素食表现出来的主要内涵是清净身心和关爱生命；近年来，健康、环保、慈悲、和平理念的推广，使得素食成为时尚，佛教素食体验游具有很强的吸引力；登封永泰寺素斋、开封大相国寺素斋、洛阳白马寺素斋均为游人喜爱和推崇。少林寺百日问禅活动使旅游者、专家学者与修行者直接问答、当面交流，广受称道。

（3）打造以佛教名山为主的自然景观

中国四大佛教名山之所以享誉海内外，不仅和佛教故事有关，同时与自然风景有很大的关系。河南在开发佛教旅游资源时，应以嵩山、灵山为依托，开发独具特色的自然人文景观。“天下名山僧占多”，嵩山不仅文化底蕴深厚，自然景观也以优美著称，灵山和其他佛教名山相比，更是独一无二，山门朝东，蓄发修行，僧尼同诵都是其他佛教名山所没有的奇观。开发这些名山有利于提高人们的审美情趣，使更多的游客达到回归大自然的目的。

（4）发挥河南佛教文化旅游的整体优势

要促进河南佛教文化体验式旅游的资源整合。通过优化空间布局、整合资源促其结构性集中，发挥类型效应、集聚效应、强度效应，进一步增强所有资源的通达性。从具体区位来看，佛教文化资源大多与自然或其他文化旅游资源复合存在，相互交叉相互影响，整合可使资源价值进一步增强。如以少林寺、会善寺、永泰寺、嵩岳寺塔、净藏禅师塔等为核心，形成开封佛教文化体验旅游区，并与嵩山“天地之中”文化密切配合，相得益彰。以相国寺、佑国寺铁塔、开封繁塔等为核心，形成开封佛教文化体验旅游区，并与宋都文化密切结合，相互助推。这样既有利于对河南佛教文化体验式旅游资源进行分类整合，形成独具特色的旅游带，也有利于拓宽营销策略，将其潜在资源充分挖掘出来，发挥强大的资源吸引力。要强化河南佛教文化体验式旅游的区域合作，通过空间布局规划，分区域整合出河南沿黄河带、沿京珠高速带、豫中区域、豫西区域、豫北区域、豫东区域、豫南区域及豫西南区域等佛教文化精品体验游，找准不同区域的地缘、资源、功能等优势，促进横向和纵向协作，培育区域间旅游有机贯通，形成相互协调和联合动态开发格局，发挥最佳效益。要协调河南佛教文化体验式旅游开发的管理。开发必然存在利益冲突，政府有必要建立统一的协调组织，积极主动地协调区域间、部门间的利益，创造和谐氛围，把旅游大省建成旅游强省。

9. 我想，佛教文化是一个相对独特的文化门类，在以此为主题开发旅游的时候，是不是还要注意一些问题？

佛教文化的旅游开发要注意以下重点问题：

（1）正确看待佛教文化

旅游工作者要客观对待佛教，真正的佛教教理有别于封建迷信的“阴间佛教”的“出世度死”，并不相信天堂地狱，而是从理智上求觉悟、求解脱。觉悟是悟人世间的虚幻，超脱是超脱痛苦和烦恼，尽管是出世思想，但以“利他、度他、觉他”为己任，不给人以热烈追求幸福的鼓动或急于逃避地狱的恐怖，而是劝导人求智慧，行善事，惩奸恶。

（2）处理好佛教文化因素的挖掘与佛教自身发展的关系

佛教文化旅游资源只是佛教博大精深文化体系中的一部分。从实践看，今天对佛教中可以用于开发为旅游产品的文化资源还挖掘不够，但这决不意味着全部佛教文化内容都可以被作为旅游资源来开发。恰恰相反，佛教中存在着许多旅游文化开发的禁区，这是佛教生存和发展的必要保证。如果禁区被打开，佛教的神圣性、庄严性就不复存在，佛教存在的基石也就动摇了。旅游业发展也存在一个对文化因子的选择、组合的过程，只有那些真正具有旅游开发价值和潜力的内容才是有意义的。更为重要的是，旅游开发不能以破坏资源为前提，对佛教文化的保护不仅有利于佛教的发展，也有利于旅游业的可持续发展。

（3）处理好旅游活动与正常的宗教活动的关系

佛教文化旅游的精髓在于直接接触和感受这种独特的文化，很多旅游者希望对出家人的日常生活、心理状态有所了解，对各种宗教仪式及所包含的意义有所了解。同时也有许多人希望通过敬香拜佛等活动达到消灾祈福的目的。不管目的为何，他们的行为都给佛寺等景点带来了影响，使佛教活动场所和佛教文化景点的界限变得模糊不清。大批游人的到来不仅打破了深山古刹的寂静，也导致寺庙周围出现了许多为旅游者服务的宾馆商店甚至游乐场，世俗的喧闹将晨钟暮鼓诵经的悠悠意境一扫而空。同时，大批旅游者的涌入，在改变佛寺功能的同时也在生活方式和观念上给这里带来冲击，金钱、美女、华服、佳肴，不可避免地对那些试图斩断尘缘的人们产生心理上的影响。有少数寺庙屈服于经济利益的诱惑，利用游客祈福的心理，把进香、捐功德等原本用于修行的途径变为敛财的手段。因此要处理好旅游活动与正常宗教活动的关系，把握好佛教旅游开发“度”的问题。旅游者云集，香火旺盛会给佛寺带来发展机会，但不能影响和干扰佛寺中按传统和规则运行的活动；佛寺活动严谨规范又可以提高名声，吸引更多的游客。靠坑蒙拐骗等手段也许会获一时之利，但从长远看却会毁了佛寺发展的根基，也毁了佛教文化旅游发展的根基。

（4）遵循可持续发展的原则，保护生态平衡

首先，在对佛教文化旅游资源进行开发时，应与环境相协调，佛教建筑也应与周边环境保持一致，维护原有的建筑风格。其次，遵循“在开发中保护，保护中开发”的原则，尽量保持佛教旅游资源中的原有部分，并将其精华部分展现给世人，既要让当代人了解佛教文化的博大精深，也要让后代人了解祖先创造的智慧，实现佛教文化旅游的可持续发展。最后，佛教教义本身就有保护生态平衡的内涵，一方面，优越的生态环境能够孕育佛教文化，另一方面，佛教文化和思想赋予自然生态环境新的内容，从而使佛教文化旅游资源成为宝贵的生态旅游资源。

10. 河南省要打造世界文化遗产旅游目的地，就不能不提到另外一个河南省境内的世界文化遗产，那就是安阳的殷墟。您觉得作为汉字的起源，甲骨文是不是对世界游客具有足够的号召力呢？

汉字是传承和弘扬中华文化的重要载体，是中华民族的基本标志，也是中华文明的显著标志，并对朝鲜、韩国、日本等国文字文化有巨大而深远的影响。连续4000多年的汉字文化史，可以说就是一部中原汉字史，汉字的产生及其每一个重要发展阶段几乎都发生在中原大地上。传说中黄帝时代的仓颉造字在河南；第一套完善的汉文字系统甲骨文出土在河南；帮助秦始皇“书同文”、制定规范书写“小篆”的李斯，是河南上蔡人；编写世界第一部字典、归纳汉字生成规律、统一字义解析

的文字学家许慎是河南漯河人，他在家乡完成了《说文解字》这部汉文字学巨著；至今我们还在使用的规范性字体“宋体”字产生在河南开封，著名的活字印刷术也产生于这里。

19世纪末，王懿荣发现甲骨文字，由此而引发的殷墟考古发掘已经持续了一个多世纪。它敲开了古老而辉煌的中华文明宝库的大门，获得了惊世的大发现：发现了沉睡地下三千多年的成体系的汉字“鼻祖”甲骨文；发现了世界上最大、最重的司母戊鼎为代表的数以千计的精美青铜器；发现了淹没近三千年的殷商王朝的都城遗址。这三大发现，在同一个地区同时出现，证明商代已经具备古代文明“三要素”：文字、青铜器和城市。史实证明殷商时代是文明高度发达的社会，中华文明古国是世界上文明古国的佼佼者！前人没有料到甲骨文引导我们进入了美丽而宽广无比的知识海洋！这是王懿荣永垂不朽的历史功勋！因此，我认为要想让甲骨文有更大的号召力，首先必须有“甲骨申遗”。

11. 我们知道，中华民族是一个讲究叶落归根的民族，而中原地区则具有丰富的中华始祖文化和姓氏祖根文化资源，是70多个姓氏的发源地，这方面，河南省是不是有可能建设成为一个面向全球华人的根亲文化旅游目的地?

姓氏文化，是指与姓氏有关的物质文化和非物质文化，姓氏文化积淀着中华民族的血脉、国脉、文脉，是中华传统文化的遗产。河南是中华民族重要发祥地，也是中国姓氏的重要发源地，在当今中国常见的一百个大姓中，源于河南的有七十三个。姓氏文化是河南独有的文化现象，这些赋予了河南丰富的根文化资源，成为海内外华夏儿女的寻根谒祖圣地。

据有关资料考证，中华民族的人文始祖伏羲、女娲、黄帝都曾在河南活动过，今天依然可以找到他们的遗迹，这些为河南开发人文始祖生态旅游提供了得天独厚的条件，如河南淮阳的太昊陵、濮阳的颛顼遗迹、河南禹州的夏禹遗迹、河南新郑的轩辕黄帝故里等。中华百家姓中绝大多数姓氏源自于河南，利用姓氏发源地开展寻根问祖旅游也是河南发展人文生态旅游的一大特色。

12. 河南省要发展面向全球华人的根亲文化旅游目的地，就是让寻根的人们有一种回家的温馨，这一点看似简单，做起来恐怕很不容易吧?

提到这个问题，结合博雅方略的项目，我们曾经做过让根亲文化扬名固始的项目，项目里涉及的根亲文化节到目前为止已经举办了三届，效果都很好，可见拥有丰厚的根亲文化资源是河南省发展根亲文化旅游目的地的坚实基础。

13. 谈了文化旅游，河南省还有一个方面的文化，您肯定也了解，那就是功夫文化，河南省是少林功夫和陈氏太极两大功夫所在地，它们在世界范围内是不是也比较独特？

河南是武术之乡，是少林拳、陈氏太极拳、苌家拳和形意拳四大拳派的发源地。我国自古就有“天下功夫出少林”“少林武术天下传”的说法。现在少林功夫在电影、电视等媒体中被海内外的人们广泛传播，“少林”二字在很大程度上已成为世界人民识别中华民族的语言和符号，是中国功夫在世界的代名词。

天下功夫出少林。只要说到少林寺，几乎所有人都会首先想到少林功夫。少林寺在1500多年的历史中曾多次遭天灾人祸的废毁，但少林僧人以其固有的方式代代相传，使少林功夫流传至今，闻名天下。2005年，少林功夫将申报“人类口头和非物质文化遗产代表作”。

太极拳作为太极文化的载体，源于对道教的参悟，具有鲜明的中国文化的内修意识，它与少林拳的显著区别在于其彻头彻尾的中国文化气息，它没有少林拳那样与佛教的紧密联系，带有宗教的神秘性，甚至强烈的外来文化征服色彩。太极拳是黄河与伊洛河交汇、冲击、浸润的结果，是河洛文化的中心带自然而然的产物，其鲜明的中原文化特色和中华智慧映照，使中国武术因其深蕴的文化内涵而步入更高的境界，成为“中国智慧”的代名词。太极拳的民族文化内涵甚至比少林拳厚重得多，因而其世界性意义和文化影响力也大得多。

14. 河南省提出，要整合具有国际影响力的少林武术、太极拳、杂技资源，推动其实现产业化和国际化，着力打造在国际上有重要影响力的功夫旅游目的地。对此，您有哪些建议呢？

（1）提高认识，统一规划，科学合理开发

政府主管部门应提高认识、转变观念，从思想上重新审视武术旅游市场在河南省服务产业中的地位，以及武术旅游在体育产业及旅游产业发展中的价值，把加快武术旅游市场的开发提上议事日程。在武术旅游的开发上，要根据全省各区域的区位、经济、自然、文化传统、景区开发基础等条件的区别，统一规划，科学合理地开发，既要有开发重点，又要使各地独具特色，避免项目开发的重复建设，防止形成过多的不良资产。

（2）走集约化经营道路，建立武术旅游产业化机制

走集约化经营道路，建立武术旅游产业化机制，是开发武术旅游，提高资本运营效率的有效途径。在武术旅游的开发上，河南旅游企业必须建立自己的集约化集团，按照现代企业制度的要求，建立武术旅游的产业化运营机制。以河南省旅游集团等骨干企业为龙头，以资本为纽带，与体育部门联合开发和组建跨行业、跨地区、跨所有制、跨国界的大型旅游企业集团。创建各类综合性和专业性的体育旅游企业集团，鼓励实行网络化和集约化规模经营。扶持中小企业向经营专业化、市场化方向发展，在武术旅游的经营方面建立同大型旅游集团的网络协作关系，推行多景区的联网体育旅游，从而降低行业平均成本，提高企业经济效率和游客的旅游效用。

（3）拓宽武术旅游融资渠道，加快武术旅游人才培养

体育旅游要成为独立的产业，并使其达到一定的规模。作为河南省体育旅游重要内容的武术旅游，必须走市场化道路，拓宽融资渠道，建立起自身的资本市场。在武术旅游的发展上，一方面要依托旅游及武术发展的专项资金，保证武术旅游的开发有足够的资金支持；另一方面要制定相关优惠政策，按照谁投资谁受益的原则，鼓励外商(含内资)直接投资，鼓励国内大型企业投资武术旅游市场的开发，还可采取政企联合、区域联合的投资及运作模式，走多元化投资经营道路。在武术旅游人才的培养上，应加大旅游教育和培训力度，办好河南大学、郑州大学等院校的旅游专业和体育专业，可考虑在这些综合实力强的大学创建休闲旅游及体育旅游专业，举办短期的休闲旅游、体育旅游业务培训。另外，旅游部门还应加强与高等院校的合作，在民族体育旅游资源、传统文化体育旅游的开发上，为河南培养出大批高素质、复合型的懂武术传统文化的体育旅游管理人才。

（4）大力宣传，提高“两拳”品牌知名度，充分发挥独特武术旅游资源优势，树立河南武术旅游新形象

在河南体育旅游专项活动产品的宣传上，可以利用“中国·郑州国际少林武术节”“中国·焦作国际太极拳年会”等专题活动以及体育题材的电影（如《少林寺》）、电视剧（如《太极宗师》）、摄影作品（如《少林武术》《黄河漂流》）、国际互联网等，充分展示河南绚丽多彩、风格独特的武术旅游产品。应充分利用嵩山少林寺的禅武文化和陈家沟的太极文化，增加河南旅游的吸引力。使大众通过武术旅游认识

一个全新的、富有中国古文化内涵、人文与自然景观交相辉映、民风淳朴但又与时俱进的河南。

15. 谈到旅游，我们不能不谈到现在正在兴起的生态旅游，您能不能给我们解释一下，什么叫生态旅游?

生态旅游（Eco-Tourism）是由国际自然保护联盟（IUCN）特别顾问谢贝洛斯·拉斯喀瑞于1983年首次提出。当时就生态旅游给出了两个要点，其一是生态旅游的物件是自然景物；其二是生态旅游的物件不应受到损害。在全球人类面临生存的环境危机的背景下，随着人们环境意识的觉醒，绿色运动及绿色消费席卷全球，生态旅游作为绿色旅游消费，一经提出便在全球引起巨大反响，生态旅游的概念迅速普及到全球，其内涵也得到了不断的充实，针对目前生存环境的不断恶化的状况，旅游业从生态旅游要点之一出发，将生态旅游定义为“回归大自然旅游”和“绿色旅游”；针对现在旅游业发展中出现的种种环境问题，旅游业从生态旅游要点之二出发，将生态旅游定义为“保护旅游”和“可持续发展旅游”。

不管从哪个角度加以定义，不难发现一些共识：①生态旅游的资源基础是自然环境，为了珍重当地自然生态和社会生态的完整性，生态旅游必须是小规模的，也可称之为小众旅游；②生态旅游具有对自然环境的强烈保护责任，尽管也带着欣赏大自然的目的；③生态旅游并非排斥经济利益，当地居民能参与旅游开发与管理并分享其经济利益，因而为环境保护提供支持，也期望起到环境教育的作用；④生态旅游应该是旅游可持续发展的一种方式。生态旅游的内涵虽呈现出百家争鸣的状态，但万变不离其宗，以自然为基础和为保护做贡献是国内外生态旅游概念的核心内涵，这两个主题一直没有改变，它是一种旅游方式，旨在保护自然生态环境。

16. 刚才您也讲了，生态旅游的目的地是保持良好的原始生态，您也知道，河南省有伏牛山、太行山、大别山等丰富的山地自然生态环境资源，是不是也具备了发展生态旅游的基本条件?

河南省地形大致可分为山地、丘陵、平原(含盆地)三大类型，复杂的地形条件、明显的过渡性气候、四大江河水系的流经，形成了各具特色的生态类型区域组合，使得生物的多样性异常丰富。目前，河南省有国家确定的重点保护动物90余种，保护植物30余种。如今，已建立省级以上的各类自然保护区约48个，4个世界级地质公园,8个国家级风景名胜区,11个国家地质公园。自然保护区内不但动植物种类繁多,而且山川秀美,潭瀑辉映,一些保护区本身就是风景名胜区,已成为生态旅游的绝佳去处。

17. 河南省要想让生态旅游得到长足发展,您有哪些建议?

开发生态旅游,不可避免面临不同程度的开发与保护、速度与质量、模式与形式、资源与客源、人民素质与发展诉求等等矛盾,生态旅游产业发展虽前景广阔,却面临着严峻挑战。

就目前河南生态旅游开发现状提以下几点建议:

(1)合理规划,有序开发

生态旅游不同于其他旅游产品或旅游方式。更加注重经济、社会和环境多重目标的统一。为保证环境质量的高品位,旅游区建设必须遵循适度、有序、分层次开发的原则,不允许任何形式的有损自然的开发行动。每个景点的开发都要进行可行性分析,抓好规划;所有建筑布局都必须以保护和提高生态环境质量为前提。比如经济开发可以在风景区以外的广大土地上进行。即使是配合风景区的旅游,其主要服务设施也完全可以在风景区外围建设。

例证:古今中外名山、风景区和国家公园都是精神活动的场所而非经济场所。我国古代,五岳山下都设有“镇”,“镇”就是专门提供服务设施的。宋代规定泰山的外围3.5km内“禁樵采”。元代规定泰山20km外的大山禁止砍柴,都是为了保护泰山。美国规定商业开发要在国家公园以外的地方,其黄石国家公园自被发现建立后,不仅禁猎、禁伐,而且陆续迁走了居住其中的印第安土著居民。德国阿尔卑斯山国家公园的面积达300多平方公里,公园内并无一条索道,若干条索道都是设在公园之外的。这些划分功能区分、区内观景、区外经商的优良传统,我们可以借鉴。

(2)扩大投入,大力扶持

生态旅游的开展需要相应的保护性投入,需要有科研、管理队伍的跟进,需要建设相应的交通、通信和装备等保障设施,对环境整治也有特殊的要求,这就需要大量的人力、财力和物力做后盾支持。所以,对于一些生态资源得天独厚而又缺乏资金支持的地区,政府应通过各种渠道筹措资金,扩大投入,给予最大幅度的扶持。

(3)完善景区管理,杜绝盲目经营

科学、技术、管理一般被誉为现代化的三大要素,三者相互制约,相辅相成,其中尤以管理这一要素最为重要，因为科学和技术的发展要靠科学的管理去实现。生态旅游景区的建立固然重要，但管理更为关键。景区应引进专门的经营和管理人才，积极采用适用的科学技术，运用世界先进的生态管理理念、技术和方法，逐步建立一套旅游生态环境的管理系统，有效保护旅游资源及其环境。

例证：中美洲的哥斯达黎加是世界上生态旅游最先进的国家之一，他们将“无人工痕迹”作为国家公园扩大旅游市场的口号，这种理念使他们的旅游业在全世界享有很高声誉，并带来可观的效益。

（4）加强法制建设，减少环境破坏

旅游作为一种产业，对环境有着特殊的影响和累计性的破坏，因此生态旅游一定要加强环境立法和管理，制定和完善旅游资源开发的政策和法规。我国不少法令都直接与保护旅游资源有关，例如森林法、环境保护法、野生动物保护法等，用法律、法规的形式来强制约束人们的环境危害行为。

例证：内蒙古呼伦贝尔2003年被评为“中国优秀旅游城市”，据当地牧民介绍，为了草地资源的可持续发展，政府制定了一系列规定，如按牧民所拥有的草地面积合理限定羊数，养了1年的羊必须出栏，以防止羊群不断繁殖，加大草原承载负荷，使破坏环境的人为因素基本得到控制，重要的生态环境、自然保护区和珍贵濒危动物及植物得到有效保护。这些措施减少了人为因素对草地的破坏，改善了大气污染，保障了旅游资源质量，成为吸引游客的重要因素。

（5）发挥教育功能，增强环保意识

思想意识比法规更重要。我国在生态旅游的生态规划和生态教育方面都很薄弱，旅游业主要以营利创收为目的，不少旅游区根本不进行环境影响评价就开始营业。在旅游景点，很少设立宣传生态意识的宣传栏，导游们的导游词中也很少触及生态道德教育的问题，甚至旅游业的干部及导游中大多数人也未接受过系统的生态环境保护教育。因此，我们在倡导生态旅游时，必须树立生态保护第一的思想，加强宣传教育，增强环保观念。把生态环境保护教育纳入学生的日常课程，让人们从小就养成热爱生态环境、保护生态环境的习惯。旅游区本身就是一个对旅游者进行现场教育的合适场所，旅游开发管理部门可以通过很多渠道对人们进行环保教育，例如设立生态保护宣传栏、张贴生态保护警示语、导游过程中的随时提醒等，游客在整个旅游过程中既欣赏了美丽的生态景观又接受了环境保护教育。另外，可以通过定期进行环保培训的方式来提高旅游从业人员的环境保护意识，使之成为旅游业环境保护的主导力量。

18. 生态旅游的一个要求就是要保持要持续发展，您觉得要做到这一点，我们要注意些什么?

近年来，在“旅游立省”的战略指导下，河南旅游业快速发展，取得了较好的成绩。但同时也给河南的旅游环境带来一定程度的破坏。因此，寻求既不破坏旅游地的旅游环境，又能满足游客旅游需求，同时带动旅游目的地经济发展的旅游方式，已成为河南旅游业发展的迫切要求。生态旅游被认为是这种旅游方式的最好体现。

河南生态旅游开发中存在的问题：

（1）生态旅游的意识还比较落后

目前河南生态旅游还处在刚刚起步的阶段，从开发者、经营者到游客和居民，有不少人对生态旅游资源的认识还存在一定误区，认为生态旅游资源即“自然景物”，不包括人文旅游资源，这种误解不仅极大地限制了生态旅游活动范围，而且对文化生态的保护和生态旅游业的可持续发展都极为不利；有人认为生态旅游即“回归大自然的旅游活动”，这种错误观念忽视了生态旅游活动过程中旅游活动与环境生态的矛盾及其解决途径等，直接导致了生态旅游概念的泛滥使用和生态旅游资源的不当开发。

（2）缺乏真正科学的生态旅游规划与开发

河南很多地区的有关政府部门在开发旅游资源时，缺乏深入的调查研究和全面的科学论证、评估与规划，盲目进行探索式、粗放式的开发。规划中保护意识淡漠，缺乏必要的保护手段和技术。开发中重开发、轻保护，给许多不可再生的珍贵旅游资源造成了损害。同时，生态旅游专业性很强，且要考虑到生态环境的保护和社区经济的发展等多重目标，所以不仅需要多方面的专家参与规划，还要吸纳当地居民代表参与，而河南现在的生态旅游开发规划队伍仍沿用传统的大众旅游规划的人员结构和规划方法，已经不符合生态旅游规划新的要求。

（3）生态旅游的市场定位不明确

生态旅游开发的市场定位是景区成功发展的关键所在。目前，河南生态旅游的市场定位不明确，还没有将高层次的生态旅游客源与传统的大众旅游客源区分开来，任意接纳不同素质和层次的旅游者。世界各国发展生态旅游的经验表明：生态旅游的目标市场是高层次的具有环境保护责任感的旅游者。把大众旅游的开发方式和经营管理方式套搬到生态旅游区，对大众旅游市场广泛招徕，致使景区游客过度进入。

（4）只重视经济开发，忽视对景区的环境监测和科研投入

河南省已开展旅游的风景名胜区、自然保护区、森林公园等主要生态旅游景区，大多缺少从事环境监测的科研人员，能对环境进行定期监测的景区更少。一些保护区连一台必要的测量仪器都没有，多数景区没有实行游客容量控制。环境监测与生态保护的相关科研投入极少。生态旅游地生态系统正在逐步衰退。近年来，随着全省旅游业快速发展，生态环境遭遇严重危机甚至被破坏的情况越来越多，一些文物古迹年久失修、破坏严重，生态旅游地周围环境污染严重，水资源严重枯竭，山体植被遭破坏，鸟类栖息地被侵占。旅游开发商过度开发景区内旅游资源的行为，不仅破坏了景区内的生态环境，同时也影响了观赏性，严重制约了生态旅游资源开发和整个旅游业的健康发展。

对河南生态旅游可持续发展的几点思考：

（1）加强生态旅游的宣传工作，形成良好的社会舆论氛围

生态旅游是一种新兴的旅游活动，在我国，尤其在河南省还是个新生事物，旅游企业经营者、各级政府官员、旅游者、旅游目的地居民，甚至旅游学术界，对于什么是真正意义上的生态旅游，如何开展生态旅游活动，如何保持生态旅游的可持续发展，都还缺乏认识。因此，河南省应加强生态旅游的宣传工作，借助各种宣传手段和途径，提高全民的旅游生态意识，使公众认识到，旅游活动的开展应以生态环境的保护为前提，旅游资源的开发应与保护相结合。但是，公众旅游生态意识的进步和提高是需要时间和过程的，不同的知识层次、不同的旅游发展阶段都会影响到人们认识水平的提升。这就需要河南各级政府以及旅游企业制定相应的政策并采取一些有效措施来提高公众的生态环境保护意识。政府应经常性地利用新闻媒体或者其他渠道向公众发布旅游环境质量信息，警示社会公众环境污染对经济和健康造成的损害；旅游企业可通过旅游项目推介活动、旅游企业形象宣传活动及在旅游业务中，有意识地增加与环境保护有关的知识，以提高公众的生态环境意识，形成对生态环境保护的良好社会舆论氛围和价值观念。

（2）综合考虑，统一规划

旅游环境是一个不可分割的有机统一体，它不仅是各环境要素之间相互联系、相互制约的整体，也是不同地域之间、地区之间相互结合的整体。如果旅游资源建设缺少综合考虑和长远规划，就可能使开发活动顾此失彼，殃及后人。做好旅游开

发规划工作，贯彻资源开发和环境保护相结合的指导思想，不仅是旅游开发取得成功的保障，也是预防旅游环境遭到破坏的重要措施。生态旅游规划应考虑的因素主要包括：旅游资源的基本状况、特性及其空间分布；旅游者的类型、需求及其兴趣；旅游目的地居民的经济发展状况、文化背景及其对旅游活动的容纳能力。在制定生态旅游规划时，必须充分考虑生态的重要性，合理划分不同功能区，拟定适合植物生长、动物栖息、旅游者观光游览和旅游地居民居住的各种规划方案。充分利用旅游地的自然和气候条件，为游客创造优美的旅游景观，同时也为当地居民创造卫生、安谧的人居环境。

（3）坚持以保护为主、开发为辅的方针

旅游区开发与建设的首要任务是保护好区内的自然资源和自然环境，各项工作的开展都必须围绕保护工作进行，尤其是保证区内的自然资源开发不得以破坏资源和环境为代价。因此，生态旅游的开发必须以生态学原理为准则，以促进自然保护区生态环境的良性发展为目标。在保护好自然资源和自然环境的前提下，根据自然保护区的总体规划适度开发。生态旅游开发区域必须严格限制在保护区实验区范围内，旅游接待能力和实际接待量不得大于保护区的旅游生态容量，真正达到保护和可持续发展的双重目的。

（4）测定旅游环境容量，限制游客人数

生态学研究表明，任何环境所容纳的生物量都有一个极限，超过这个极限，生态平衡就会被破坏。旅游环境也是如此，其对旅游活动的承载力也有一个极限容量。因此，生态旅游区必须合理确定与控制生态容量与经济容量，避免旅游区超负荷接待游客，避免一味地追求经济利益最大化。应该把经济的增长控制在环境生态允许的范围内，使"生态潜力"的增长速度超过经济增长速度，使自然生产增长的速度超过消费增长速度，在生产与消费的同时不断增长生态潜力。

（5）利用现代生态旅游运作机制进行管理

旅游景区和旅游企业的经营管理者要不断学习世界先进的生态旅游管理理念和管理方法，逐步建立起一套生态旅游区管理技术运作机制。如改变和调整生态旅游消费模式，在生态旅游区增收生态环境费用，加强生态旅游可行性研究，建设一批可持续发展的生态旅游示范工程，注意交通运输过程对环境的影响，限制景区对不可再生资源的使用，不断促进生态旅游的可持续发展。

19. 节目快要结束了，中原经济区以及河南省的旅游业发展，您觉得前景如何？

太行山把最美的一段留给了河南，黄河让最有故事的一段流经河南，嵩山、伏牛山写尽远古深厚神秘，淮河横卧豫南呈现南北过渡特征……

多样的生物物种、悠久厚实的历史文化底蕴、承东启西通南达北的地理区位等，这么多得天独厚的优势，河南没有理由不继续美下去，也没有理由“藏在深闺”。而它将首先以旅游的名义，吸引中国及世界的目光。

（1）《国务院关于支持河南省加快建设中原经济区的指导意见》的出台，给河南旅游业大发展大繁荣带来了历史性机遇。《指导意见》指出，中原经济区要挖掘整合旅游资源，推动文化旅游融合发展，重点培育文化体验游、休闲度假游、保健康复游等特色产品，实施乡村旅游富民工程，建设中原历史文化旅游区、黄河文化旅游带和南水北调中线生态文化旅游带等一批重点旅游景区和精品旅游线路，建成世界知名、全国一流的旅游目的地。这些具体目标和与之相联系的文化建设、生态建设、交通建设、对外开放等相关内容，为河南省旅游业的发展插上了腾飞翅膀。

（2）旅游业在刺激消费、加快货币回笼、平衡经济、消除贫困、扩大就业、满足多样化消费需求、促进区域及国际交流等方面具有独特的比较优势，对经济社会发展的促进作用日益明显，成为拉动经济增长的重要力量和扩大开放的重要途径。因此，选择发展具有相对优势的旅游产业，是各级政府促进本地区经济社会发展的理想选择。目前全国许多地区都把旅游产业定位为本地区经济发展的重点产业或支柱产业，采取各种措施对旅游产业发展予以大力扶持。近年来，河南省委省政府高度重视旅游业发展，出台了一系列优惠扶持政策，加大旅游资源开发力度和基础设施建设力度，在全省范围内形成了重视旅游、发展旅游的良好氛围，为开创全省旅游业新局面奠定了良好的基础。

（3）区域旅游合作开始从“说”进入“做”的转变。加强区域合作，谋求经济联合，形成区域放大效应，已经成为时代潮流和旅游经济发展的必然趋势。区域合作可使不同区域的旅游要素相互融合，形成最佳的配置效率。“大旅游、大产业、大市场”的开发合作思维日渐在区域旅游合作中取得实质性进展。区域旅游合作的成功实践不能仅局限于政府层次，更重要的是强调政府、企业、市场等多方面的共同努力。河南省旅游业无论是在资源开发、市场开拓、客源互送、信息共享，还是在跨区域交通改善、项目交流、投资支持等方面，均出现了不同于过去意向性合作的新气象，合作更强调时效性和创新性。

2011年10月19日，中原经济区区域旅游合作交流会议暨沿黄九省(区)黄河之旅旅游联盟第一次会议在郑州召开。会上，青海、山东、河南等沿黄河9省(区)讨论通过了《黄河之旅旅游联盟章程》，郑州、晋城、聊城等28个城市还签约成立了中原经济区城市旅游联盟，约定共同打造中原经济区旅游品牌，并建立长期的战略合作机制。

县域旅游经济要从比较优势向竞争优势转变

本文系作者在2015年至2017年在辽宁、甘肃、山东、贵州、四川等地，
就相关主题讲课稿件整理

随着大众旅游时代的到来，“515”“旅游+”“全域旅游”等战略相继提出，助推中国旅游从粗放型旅游大国向高度集约型世界旅游强国转型。根据我国旅游业十三五规划，“十三五”期间旅游发展将突破传统产业的限制，与地产、金融、养老、文化、农业、高科技、教育、创客等多种新业态融合在一起，形成一个庞大的旅游产业综合体系，充分发挥旅游产品的增值效应。预计每年单体旅游大项目投资将超过3000亿元，其中将产生一批世界级的旅游品牌，国家公园建设将成为显著亮点。

“十三五”期间我国国民经济发展的十大关键领域，都与旅游业关系密切：旅游业兼具消费、投资、出口功能；“互联网+旅游”蓬勃兴起给旅游业带来极大的发展空间；旅游业就业容量大、层次多样、类型丰富、方式灵活，能够促进脱贫致富、实现共同小康；与此同时，全域旅游能够优化区域布局、统筹城乡发展、促进新型城镇化；旅游业能够增强国民幸福感、提升国民健康水平、促进社会和谐；旅游业是资源消耗低、环境友好型、生态共享型产业；旅游业是新的经济社会组织方式，是有助于提高全社会资源配置效率的新增长点。旅游业能够带动地区或国家全方位开放，是推进国际化发展的重要抓手；区域旅游进入了全产业链整合发展阶段，从要素驱动向创新驱动转型，从规模扩张向质量效益提升转型，从产业链和价值链的中低端向中高端跨越，旅游产业已经融入区域经济整体发展，旅游企业（主体）都以创新商业模式为突破口，积极探索企业跨越发展之路。

本文从区域经济发展的角度看待县域旅游经济的比较优势、要素禀赋以及竞争优势，结合博雅方略多年县域旅游经济发展规划实践经验，以“旅游强县”发展模式为案例总结梳理县域旅游经济发展的典型模式，并针对处于不同旅游经济发展阶段的具体县（市、区），提出因地制宜的旅游经济发展建议。

一、县域旅游经济发展的基础优势

县域经济是以县级行政区划为地理空间，以县级行政为调控主体，以市场为导向，优化配置资源，具有地域特色和功能完备的区域经济。县域经济是县级行政区划的区域经济，一般是以县城为中心、乡镇为纽带、农村为腹地的区域经济。而经济区域的特征是一般在经济上具有同质性或内聚性，内部成员具有一定共同利益，区域自身经济结构较为完整，并且在全国专业化分工中承担一定职能。本文从区域经济理论的角度，讨论县域旅游经济发展。县域旅游既是我国旅游业的重要组成部分，也是发展地方经济的重要手段。

1. 旅游资源与产品的比较优势

县域经济在全国专业化分工中扮演重要的角色。亚当·斯密《国富论》(1776年)提出，经济发展需要地域分工，因为分工可以提高生产率，增加国民财富。一个国家或地区，企业或个人应该生产并出售那些具有绝对优势的商品，以换取那些自己处于绝对劣势的商品，从而在分工中取得更多的利益，形成区域优势。什么是“区域优势”？区域优势是指某个地区在其发展过程中所具有的特殊有利条件，从而使该区域更富有核心能力，具有更高的资源利用效率，并使区域的总体效益保持较高水平。区域旅游的比较优势可以分为绝对比较优势和相对比较优势。

正如亚当·斯密所指出的，绝对比较优势表现在一是资源独特性：旅游资源与产品在与相邻地区比较中获得绝对优势，因为某种资源或产品在形成和分布上为这一地区所独有，其他地区找不到同样的景点。二是区位独特性：某种资源景观只有此地有，在邻近地区没有。在省内独特：某种资源不仅邻近地区缺乏，在省内也是独有的，如荆州古城。国内独特：某一资源景观在省内是独有的，在国内也是唯一的，如秦始皇兵马俑、神农架、布达拉宫、敦煌，等等。

区域旅游（资源和产品）的比较优势是一个地区旅游（资源和产品）的主要景观实体同临近地区的旅游景观实体比较的结果，通过具体的品质资源和优质产品实体来实现。不同类型的比较优势旅游价值不等，往往在旅游吸引范围、吸引的游客数量规模方面会各不相同，由此影响对区域旅游资源与产品的开发对策。例如世界文化遗产莫高窟，位于暖温带干旱性气候带，在甘肃、青海、新疆三省交会点，山、沙、戈壁交互、沙水共生的沙漠自然奇观鸣沙山月牙泉与敦煌城市形成“景城一体”。地方政府以莫高窟、鸣沙山月牙泉为主打产品，以莫高窟、鸣沙山—月牙泉景区为建设核心，将莫高窟—月牙泉大景区打造成敦煌国际文化旅游名城的核心支撑、丝绸之路经济带黄金旅游线上的龙头景区、世界一流的戈壁沙漠特色文化遗产旅游目的地。

与绝对比较优势有所不同，大卫·李嘉图提出相对比较优势（1817年），即使一个国家在两种商品的生产上都具有绝对优势，但各自优势的程度也会有所不同，进而形成比较优势。表现在旅游业上，因为有相对比较，在市场上有以下几种表现：一是资源的替代作用。不同地区资源条件不同，有些资源或产品，或许知名度不高，但在某些地区相对要显得优异一些，这些资源和条件就可以作为旅游者选择的目的地，形成替代效应。二是产品知名度替代。同一类旅游资源类型中，有些资源转换为产品较好，能够使产品具有更大的市场影响力和吸引力，就可替代另一地区。三是可进入性的替代。当同类型资源在相邻地区都有分布，但甲地交通便利，乙地交通不便，甲就成为旅游者选择的目的地。

例如重庆武隆县，境内喀斯特地貌资源是“中国喀斯特”世界自然遗产地的一部分。近年来陆续建成通车的渝湘高速公路、319国道拓宽、渝怀铁路从境内通过，使其成为渝东南和黔东北的重要枢纽，加上仙女山机场、肖家湾铁路、土坎大坨湾散货码头的建成，武隆县成为渝东南和黔西北的物流集散地，县域经济融入了重庆一小时经济圈辐射范围。武隆政府正是抓住这些机遇，提出创建国际旅游目的地的目标，依托其独特的峡谷喀斯特如芙蓉洞、天生三桥和后坪冲蚀型天坑等资源产品，在众多“中国喀斯特”遗产组成家族中脱颖而出成为龙头。

2. 旅游资源产品与产业要素的组合优势

在现实国际贸易中，因为不同产品在生产过程中所使用的要素比例不同，生产要素组合比例不同，就会成为某个地区产品的成本的绝对差异，并导致商品价格的绝对差异。正是看到这一现象，赫克歇尔—俄林继承和发展了李嘉图的比较成本理论，提出了要素禀赋论，用生产要素的丰缺与组合来解释国际贸易产生的原因。

按照要素禀赋理论，在县域旅游开发中可以发现这样的现象，不同的区域旅游资源禀赋基础差不多，但随着区域经济开发重心不一或开发重视程度不一，投入不一，地区之间的旅游产业要素的数量、质量和产品结构会发生很大的变化，逐渐拉开差距，重视程度高的地区旅游产业会整体抬升，形成规模垄断优势。

例如，河南省栾川县，县域境内自然地理特点是“四河三山两道川、九山半水半分田”，县域经济一直以矿产资源为主导产业。2001年博雅方略规划设计院承担了栾川县旅游发展总体规划，提出了旅游开发的总体目标和行动计划。经过县委县政府以及社会各界十多年的持续开发建设，现已拥有老君山、鸡冠洞2个5A级景区，龙峪湾、重渡沟、养子沟、伏牛山滑雪场、抱犊寨等7个4A级景区及10余个国家A级以上旅游景区，形成了老君山山水游、龙峪湾森林游、鸡冠洞溶洞游、重渡沟农家游、养子沟休闲游、九龙山温泉游、伏牛山滑雪游、抱犊寨红色游组成的旅游景区群，旅游业一跃成为县域经济战略性支柱产业。栾川旅游资源开发是河南旅游产业成功的典型，其开发经验被誉为中国“栾川模式”。

也有的时候，因为市场客户消费偏好行为发展变化，原有产品或景区优势将逐步减弱；而区域内除景区之外的其他要素的内涵会越来越显示出重要性，比如人们会更加关注进入区域旅游的第一接触印象，更多关注产业要素之间的相互融合，更加关注公共服务在提升品质旅游中的作用和比重等等，要素组合优势在区域旅游经济中起到更加重要的影响和作用。这在实践中就是全域旅游提出的理论基础。

区域旅游优势更多表现为要素禀赋的优势。不同地区的旅游资源不同、社会经济产业基础不同、历史文化发展不同，从而形成差异化的区域要素禀赋。这些要素禀赋差异，会造成不同区域的旅游吸引物供给能力不同、旅游服务能力不同、环境承载能力不同、旅游大环境不同，进而导致区域旅游产业规模不同；旅游产品或要素的组合优势会引发区域旅游的整体比较优势，而这种优势表现为游客在旅游精品线路以及体验服务的全过程。

例如博雅方略在河南新县的规划案例中，通过全国12个将军县的比较分析，找到新县红色文化核心价值与品质资源，重构新县旅游要素，从而实现“让将军之光永远辉煌新县”。“让”既是继承将军忠诚爱国、积极向上、无私奉献、艰苦朴素等崇高精神；又是借将军文化，借新县将军文化，借古今中外将军文化精髓。这里的“将军”是一个多维立体的将军形象，在范围的广度上，有新县将军、大别山将军、全国将军、世界将军，有陆军、海军、空军；在时间的长廊里，有古代将军、有近现代将军；在成长的角度中，有从士兵到将军或从奴隶到将军的整个成长历程。而“将军之光”包括无形之光和有形之光，无形之光指将军的智慧之光、英雄之光、传奇之光、忠义之光、正义之光等；有形之光指将军文化的物质载体，如将军石、将军宴等。“永远”是指可持续的开发理念。如何做到可持续？需要一个多样化的旅游产品谱系。“辉煌”从市场的角度，是“知名度”和“美誉度”的另一种说法。我们可以打造出高知名度、高美誉度的将军文化品牌，如将军山。在空间格局上，形成以县城为核心的将军文化旅游高地，主要的项目包括：将军山旅游区红色首府纪念区、鄂豫皖苏区首府革命纪念馆、大别山国防教育园、将帅馆、英雄山、鄂豫皖苏区首府烈士陵园、中国空军战机博物馆、中国红色文化博物馆、鄂豫皖红色首府风貌街保护区、大别山红色文化艺术交流中心、黄河综合休闲产业带以及河南传统革命教育学院（后来的大别山干部管理学院）。总体来说，通过主题策划规划，使新县走特色经济发展之路，继承和弘扬将军文化精髓，打造出高知名度、高美誉度的将军文化品牌（如将军山），兴起旅游产业，并带动相关产业发展，推动县域经济又好又快可持续增长。

在比较优势已有理论发展的基础上，穆勒（John S. Mill）和马歇尔（Alfred Marshall）等从需求的角度，论证决定双方贸易的优势条件，并可依据产品竞争价格，确定产业竞争区边界。波斯纳（M.Posner）、弗农（R.Vernon）等则从技术模仿角度，指出产业和区域发展的周期性；林德（S. B. Linder）提出偏好相似论，认为由于两国（区）间需求偏好不同，产品竞争的可能性不同，两国偏好愈相近，贸易可能性就越大。由此可见，理论界审视一个地区经济发展的视角，已从比较优势演变为竞争优势。

二、构建区域旅游核心竞争优势

在总结前人理论的基础上，迈克尔·波特认为，国家或区域的竞争优势在于四个要素的整合，它们分别是生产因素、需求条件、相关与支援产业、企业策略与企业结构及同业竞争，如果把政府行为和机遇因素，尤其是政府的贸易政策和产业政策等也纳入到国家（区域）比较优势框架，则构成了国家或区域竞争的“钻石体系”模型。

如前所述，作用区域旅游经济范畴的县域，是一个非均质的枢纽区域，由核心县城和腹地乡村构成。因此，研究一个县域旅游经济的综合能力，不仅从全域旅游的产品要素组合面上考量，更要从其他方面评估其综合创造能力，包括内容上的多侧度性，以及其在空间和时间层次上的延展能力。在内容上，县域旅游综合创造力反映了县域旅游产业的供给能力、本地化居民的生活质量以及旅游产品创新环境及其在旅游创新网络中的地位状况等多个方面。其中，县域旅游产品供给能力的升级是指城市区域中各种旅游或景区活动经济效益的提高，它主要由生产因素决定；旅游体验质量的提升，既显示整体县域竞争力的水平高低，反过来又影响到地方客源市场需求条件；而县城作为旅游的核心，往往在旅游创新网络中的地位表现出极强的带动和促进旅游发展的能力，表现在县城中心对物流、人流、能量流、信息流等的处理、吸收能力，并最终通过改善创新环境，实现各种发展要素优化配置。从旅游竞争及影响力的空间范围上讲，它一方面表现为县域旅游产业或旅游企业的自身创新能力，另一方面也表现为推动整个区域创造更多财富的能力；在时间维度上，它既包括现实的供给能力，又包括了区域整体的发展潜力。

据此，可以构建区域旅游竞争优势，它包括旅游资源要素（生产要素）、企业要素（景区/景点、旅游项目）、市场要素（需求）、产业要素（相关和辅助产业）等四大要素，以及政府产业政策支持和县域旅游经济的开放度（图1）。根据每个要素发挥的作用，进一步将之分为三类，即决定性要素，包括旅游资源条件、旅游需求、旅游企业、区位交通条件、旅游形象；支撑性要素，包括旅游管理、技术水平、旅游人才质量、营销能力、旅游相关及辅助产业、创新能力；保障性要素，包括区域旅游环境与政府（图2）。下面分别阐述。

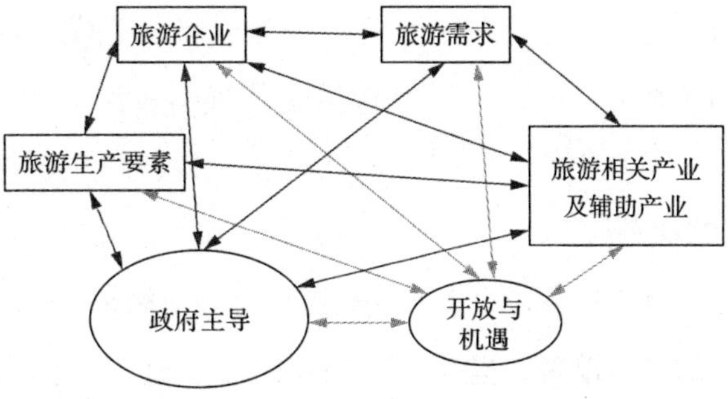

图1　区域旅游竞争的要素模型

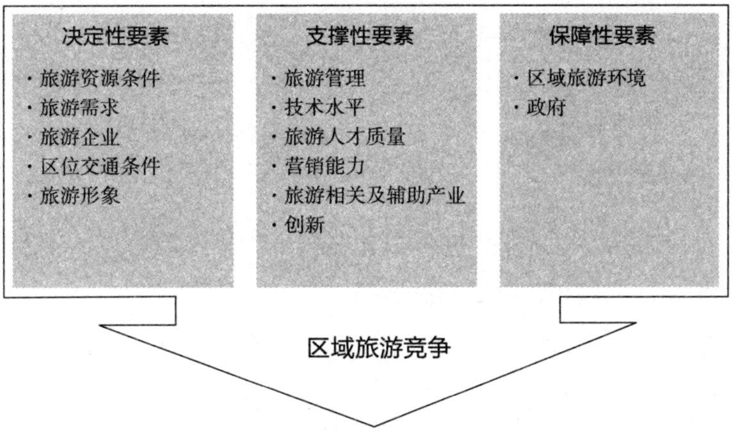

图2　竞争要素的不同作用

1. 决定性要素

（1）旅游资源条件：具有一定绝对优势的资源要素，是影响旅游区域空间竞争实力的最重要的物质基础和客观因素，具体指区域赋予旅游资源的类型结构、数量、质量，是旅游资源开发和产品生产的条件。它决定着区域旅游市场规模、需求层次、旅游收入高低，是区域旅游竞争优势的关键因素。如剑阁县拥有剑门蜀道，“蜀道难、难于上青天”“剑阁峥嵘而崔嵬，一夫当关，万夫莫开”，2009年被列为四川省第二批“扩权强县”试点之一；投资3.8亿元全力推进剑门关创5A进程，亚洲第一高空观景平台、绝壁鸟道等景点落成，成功举办“2014四川国际文化旅游节”“2014广元旅游发展大会”，成功策划了外国大使游剑门、高空王子阿迪力和无腿勇士陈州挑战剑门雄关、“双11”高空平台求婚等主题活动。

（2）旅游需求：指旅游者需求偏好、出游能力、旅游规模结构等综合性的、多层次因素组成的客源市场条件。例如方特利用科技创意铸就文化奇迹。面向客源市场，成功开发运营郑州方特、青岛方特、芜湖方特、泰安方特、株洲方特、沈阳方特等10个主题公园，以及包括主题项目、游乐项目、休闲及景观项目在内的200多个景点，涵盖现代科技、未来科技、科技幻想、神话传说等，创造了国内动漫主题公园的典范。

（3）旅游企业：是旅游供给和旅游需求的媒介，直接参与旅游竞争，是旅游竞争的操作者；企业规模、发展战略、目标、经营策略、企业自我积累和发展机制等对区域旅游竞争优势起着积极、主动的作用。如浙江东阳县以横店影视城被誉为著名的“文化影视名城”，位居最具竞争力百强县第24位、最具发展潜力百强县第32位（2015）。横店影视城是全球规模最大的影视拍摄基地，先后投资几十亿元建成了秦王宫、清明上河图等28个大型实景基地和10座大型室内摄影棚，横店圆明新园已部分建成并对外开放；累计接待剧组1200多个，拍摄影视剧达到3.5万多部（集），被誉为中国好莱坞。2014年全年旅游接待1560.6万人次，旅游收入113.2亿元。

（4）区位与交通条件：包括地理区位、经济区位、旅游区位三个方面，主要通过影响生产要素的流动而作用于区域旅游竞争。

（5）旅游形象：旅游者对某一旅游区域的总体认知与评价，是吸引游客的关键所在（美誉度、知名度、满意度）。

2. 支撑性要素

（1）旅游管理：通过正式或非正式的力量和制度方式，建立一个政府、市场、社区相结合、提高增长品质的区域旅游治理结构，是提升区域旅游竞争力的关键环节。

（2）科技水平：高新技术已成为旅游产业优胜劣汰的关键，是强化旅游市场竞争、提高市场竞争优势的重要手段。当今高新技术已在旅游开发、旅游管理、旅游营销、旅游交通、旅游服务及教育培训等方面广泛应用。

（3）旅游人才质量：包括人才的身体素质、思想观念、文化、科学和技术素养等。一个区域旅游人力规模、结构、素质、人力资本投入及人力供求关系直接影响区域旅游发展。

（4）营销能力：是区域旅游竞争优势实现的载体，指从识别目标市场的需求到让消费者感到满意的所有活动，包括市场调研、市场细分、市场定位、促销、提供服务和品牌化等。

（5）旅游相关及辅助产业：包括相关的吃住行游购娱产业部门及辅助的金融、保险、通信等产业部门，通过资金、技术、人才、信息、品牌等多维互动，形成一个优势产业群，进而形成区域旅游产业的竞争优势。

（6）创新能力：是区域旅游获得持久竞争优势的重要手段，是区域旅游吸引力的不竭源泉。

3. 保障性要素

（1）区域旅游环境：旅游者在旅游区域所接触和感受到的一切事物和现象，硬环境和软环境。

（2）政府作用，包括政策支持，这是影响区域旅游竞争优势最活跃的制约性因素，积极的政策支持对形成区域旅游竞争优势十分必要。一是资金支持，它是提高区域旅游竞争优势的重要动力之一，技术创新、产业创新、企业创新，都依靠资金投入。二是立法支持，旅游立法是旅游资源开发和旅游产业建立与良好发展的法制前提和保障。

三、我国县域旅游经济发展的典型模式

随着我国经济整体规模不断放大，居民消费水平不断提高，县域旅游经济发展

显现出强势的发展，涌现出一大批优秀的旅游强县，如我国第一批旅游百强县共17个，从GDP总量、人均GDP以及旅游人次、旅游收入等各项指标，均表现了喜人的成绩，位于全国县级前列（表1），而这些县域旅游经济发展模式表现出不同的特征。如四川九寨沟、广东梅县区、浙江淳安以及安徽黟县的徽商文化、湖南宁乡的青铜文化、红色文化、温泉及自然山水组合优势等等，这些强县之所以强，大多都构筑在一定的具有独占性的区域（旅游）优势的基础上，这些优势使该县更富有竞争能力，具有更高的资源利用效率，进而使该县的总体效益保持较高的水平。

表1　我国县域旅游经济百强县经济指标（列举）

省份	县区	GDP（亿元）	人均GDP（元）	旅游接待（万人次）	旅游收入（亿元）	旅游资源
湖南	宁乡	1098.35	87826	1811.24	261.3	青铜文化、刘少奇故居、 温泉、自然风景
广东	梅县区	187.18	27288	1633	136.48	客家文化、民间艺术、自然风景
四川	九寨沟	26.099	31984	720	90.1	九寨沟（5A） 自然生态：保护区、森林公园 民族文化：藏族文化
江西	婺源县	91.27	26672	1750	110.3	江湾（5A）、篁岭（4A） 徽文化：书乡、茶乡 国家乡村旅游度假试验区
浙江	淳安县	232.85	50614	1266.53	119.83	千岛湖（5A）、自然生态
陕西	扶风县	100.57	23946	785.6	53.02	佛教文化
新疆	布尔津县	20.12	28463	240.52	18.63	地貌地质遗迹、自然风貌、游牧文化

根据竞争优势的来源，我们可以总结出我国县域旅游经济发展的八种典型模式，如下：

（1）资源驱动型模式：这些县域旅游品质高，旅游要素禀赋具有竞争优势，并具备独占性。在这些县域往往以竞争性资源（景区/景点）为中心呈现“环状”布局，“吃住行游购娱”与“文商养学闲情奇”以及旅游相关服务业态环状分布，并沿进入交通通道呈现带状偏移。县域旅游经济依赖“独占资源”，传统旅游经济业态相对完整，旅游转型压力大，城市与景区管理矛盾加剧，内外旅游集散需要破局。例如河南栾川县。

（2）区位指向型模式：这类县域旅游资源品质不是最好，资源不具备独占性，但区位条件优越，临近客源市场，包括地理区位型、经济区位型、交通集散型。地理区位型指那些地理区位优越的县域，这些县域相似于旅游资源地，临近旅游客源市场或在快速交通通道上（高铁或高速），旅游开发相对较早，传统旅游业态较为完整，且沿交通网络分布餐饮住宿等业态。经济区位型模式往往位于相对经济条件较为发达或位于主要城市群周边，该类县域旅游经济以餐饮住宿娱乐休闲为主，业态种类齐全，休闲度假服务链长且品质高。交通集散型指那些资源相对不具备竞争性，但位于优势资源的必经之路上的县，这类县域旅游经济因旅游交通集散功能发展起来，其餐饮住宿娱乐休闲等旅游相关服务业较发达。

例如广元剑门县因为广元、南充、绵阳、巴中、达州、陇南、汉中拓展的“三横两纵”立体交通已经形成，其九寨沟东大门的门户地位凸显，所以县域经济要充分发挥旅游龙头作用，围绕大九寨沟旅游圈，打造大九寨沟东大门合作体，充分盘活做大九寨沟东大门旅游经济。

（3）市场驱动型模式：这类县域在旅游细分市场上具备竞争优势，可以是传统旅游市场的做强做大，如红色旅游、森林康养等，也可以是旅游业态的创新，如休闲农业、邮轮旅游、探险旅游等。县域经济依赖专项旅游资源、创意及营销，处于我国旅游开发蓬勃发展时期，旅游业态较为多样，但传统旅游业态仍然占据主要地位。

例如，北京延庆区的县城城市景观丰富，人居环境优良，是首批国家园林县城。目前县城已有9座公园，占县城面积近20%，县城绿化覆盖率达到50.84%，人均公共绿地面积48.59平方米。其中延庆城中心的夏都公园，是雕塑主题公园，园内有50多件中外雕塑家精美作品，让人沉思留恋；妫水公园占地面积6000亩，是北京最大的水上公园，5000亩水面比颐和园的昆明湖还多四分之一。延庆初步形成了“城在园中、园绕县城、城景交融”的园林美景，堪称“一城山水半城园”。

（4）产业延展型模式：这类县域具有优势的产业资源，从县域优势产业出发延展产业链形成产业旅游。县域旅游经济发展是产业发展的创新，是经济转型的重要表现，以现代旅游业为核心，注重旅游业态的创新和旅游服务，如港口型旅游度假区。

例如，望城区是湖南省长沙市市辖区，地处湘中东北部。第一产业占比7.6%，规模以上农产品加工企业54家，农民合作组织413个，参与专业合作社的农户20 691户，相对于长沙其他区县，农业经济占比较高，形式多样。望城区以农业经济为基础，重点发展休闲农业与乡村旅游，拥有全国休闲农业与乡村旅游示范点1家，全国工农业旅游示范点3家，全国历史文化名镇1家，全国特色旅游名村1家，湖南历史文化名镇2家，省级工农业旅游示范点7家，省级特色旅游名镇3家，省级特色旅游名村3家，上规模星级农庄67家，成为国际休闲农业永久会址地。

（5）投资驱动型模式：这类县域旅游基本上是处女地，或者开发较少，通过大项目运作迅速植入旅游业或推动旅游经济跨越式发展。该类县域处于国家战略要地（如自由贸易区、国家战略新区、一带一路等）。通过旅游投资商的介入，或政府主导的招商，迅速奠定县域旅游经济基础。县域旅游经济依赖大项目投资与运作，如横琴新区的旅游开发项目十字门游艇码头及游艇产业展示服务基地、丽新星艺文创天地、南方国际金融传媒大厦、香洲埠文化院街、神华南方总部大厦、高金集团横琴总部项目、广东省客家商会总部经济等，投资规模总计百亿元以上，拉动了地区旅游及经济文化产业的快速发展。

（6）综合竞争型模式：该类县域旅游综合竞争要素表现强（优势的旅游资源、竞争的产品、做强做大的旅游产业、便利的旅游交通等）。旅游产业完善，走向规模化，旅游资源开发、旅游产品创新、旅游产业延展及旅游集散系统优化同步展开。县域旅游经济以现代旅游业为核心，旅游创意产业多点开花。如武隆县凭借“世界自然遗产——中国喀斯特”和“重庆一小时经济圈”，定位渝东南和黔西北的物流集散中心，构建“国际旅游目的地”。

（7）创新导向型模式：这类县域依托地方文化、特色历史文化积淀，通过城市发展与特色文化的创意融合，集聚发展并以旅游形式表现出来。实践中要注意把握好“文化”开发的“度”，文化融合和开发中对“利”的追逐建立在“保护和传承”的基础上，以现代旅游业为核心，文化创意旅游产业多点扩散，如曲江新区的开发。

（8）全域旅游型模式：这类县域各行业积极融入其中，各部门齐抓共管，全城居民共同参与，充分利用目的地全部的吸引物要素，为前来旅游的游客提供全过程、全时空的体验产品，从而满足游客全方位体验需求，以餐饮住宿娱乐等旅游服务业为主，文化创意旅游产业多点触发。这些县域全域范围内一切可以利用的旅游吸引物都被开发形成旅游者的吸引节点、旅游整体形象突出、旅游设施服务完备、旅游业态丰富多样、能吸引相当规模的旅游者的全新目的地体系。这类县域旅游相关要素配置完备、能够全面满足游客体验的综合性旅游目的地、开放式旅游目的地，是一个能够全面动员（资源）、立足全面创新（产品）、可以全面满足（需求）的旅游目的地，例如美国布兰森。

四、县域旅游经济发展规划实践

博雅方略团队一直以来致力于县域旅游经济发展规划与研究实践。团队成员运用先进理念，充分调研，立足县域旅游资源特色，结合当地旅游产业发展阶段，提出高瞻远瞩的战略规划方案，通过落地的行动计划，推动县域旅游经济走向高质量发展。

1. 辽宁岫岩县域经济发展：紧扣“玉、生态、温泉、满文化、农业”，构建“沈阳－大连－丹东”区域旅游集散地

岫岩满族自治县隶属辽宁鞍山市，位于辽东半岛的北部。因盛产岫玉，有“中国玉都”之称。岫岩旅游资源以“玉、水、满、农、泉、山”为主，岫玉文化占优但其他资源又开发不足，玉产业具备商贸性质但又未显集散功能，旅游整体表现“有说头、没看头；有特色，没品牌；有旅游，没产业”。

岫岩模式立足资源优化配置，融入“鞍山旅游”及“沈阳－大连－丹东区域旅游”体系，确立岫岩旅游在辽宁旅游中的地位，构建“全域旅游”目的地系统；以岫玉、玉产业以及玉文化创意为主线展开“玉产业旅游、创意旅游”，紧扣“玉文化旅游、生态养生温泉度假、满文化旅游、休闲农业”主题，实施“满乡玉城”形象塑造计划、“两带”开发建设行动计划、“雕栏玉砌”核心景区启动计划、“金声玉振”营销行动计划、“金玉良缘”旅游融资计划以及“如花似玉”基础与服务设施提升计划等“六大”重点行动计划。

2. 山东无棣县经济，以产业链延展为抓手，构建京津冀鲁“海上门户”

无棣县隶属山东省滨州市，位于山东最北部，地处沿海，东北濒临渤海海湾，是京津唐与山东半岛两大经济区的交会点，素有“冀鲁枢纽”和“齐燕要塞”之称，是“海上山东”建设的前沿阵地。无棣旅游经济发展基础较好，古韵犹存，“八大景”闻名遐迩，禹贡碣石山、大口河旅游风景区、海丰塔、秦台、汉垒、光武城、清代高等小学堂、魏王豹墓及清代金石学家吴式芬故居等景点古韵犹存，新姿甫绽。但旅游产业发展运营欠佳，品牌化不足，山东百条经典线路、滨州七大精心线路仅两条含无棣，百度百万级搜索主要景区仅两个。在区域旅游比较中，无棣以“地质、海岛、文化”三大主题占优，旅游开发初具规模，产业化发展有一定基础。

无棣模式在其旅游产业基础上，结合由“地质、海岛、文化”为主的观光旅游向“地质研学、海岛度假、文化休闲”为主的休闲度假升级的客观实际，强调“旅游+”和“+旅游”的产业链延展，立足无棣“盐业、海产业、农业”，做好“五个融合发展”。

一是文化和旅游的融合发展，立足地域文化齐文化、黄河文化、海洋文化、农耕文化、碣石文化，通过“让文化说话”，传承表达“无棣文化”，构筑无棣旅游的坚实基础；二是工业与旅游的融合发展，推进珍贝瓷业、海城、海盐等工业旅游示范点建设，打造“华夏海盐文化及海瓷文化”两个重点工业旅游项目，开发盐田观光、油田观光等，充分展现“新无棣无尽风采”；三是农业与旅游的深度融合，拓展畜牧业旅游和海洋渔业旅游，打造特色休闲小镇、特色小镇；四是商贸和旅游的融合发展，围绕全域旅游概念，拓展旅游商业、餐饮、住宿、休闲、娱乐等相关服务业，积极推进“大众创业、万众创新”在“大旅游”下的深入展开；五是互联网和旅游的融合发展，“科技+”引领产业创新，构建线上“无棣旅游集散服务中心”，对接在线旅游门户，全方位打造无棣旅游体验。

3. 甘肃崇信县从旅游发展模式选择与竞争优势构建方面入手，积极发展区域旅游经济

崇信位于平凉市东部，总土地面积850平方公里。崇信历史文化悠久灿烂、生态环境相对较好，荣获全国绿化模范县、省级园林县城等荣誉称号。崇信自然资源比较丰富，支柱产业初具规模，以煤电、草畜、果菜、旅游、木本油料为五大产业，是陇东线路上的重要支点。那么，面对区域旅游竞争，崇信准备好了么？①从资源条件看，资源具备一定优势，有先周文化、先秦文化、关陇文化、古丝绸之路；②从区位优势分析，它是陇东线上的重要支点，集散功能尚未显现，但交通线尚可，具备集散能力。③从旅游市场看，“山水龙泉，养生崇信”，表现为有说头，没看头。④在产业延展方面，煤电、草畜、果菜、旅游、木本油料等五大产业，有特色，没品牌。⑤在旅游项目投资方面，地方经济相对欠发达，民营经济投资旅游热情较高，但相对现代旅游大投资，显得尤为不足。⑥产业的综合竞争能力，旅游起步较晚，开发零散，旅游产业层次低，有旅游，没产业。⑦在旅游创新方面，旅游开发及旅游产品趋向常规项目，有项目，没创新。

崇信县域旅游经济需要选择合理的发展模式。近期以市场驱动型和全域旅游型为主，依托休闲农业与乡村旅游资源产品，完善崇信全域旅游吸引物体系。在空间格局上，以龙泉寺为中心，打造龙泉寺－于家湾古墓群、龙泉寺－五龙山、菩提树－唐帽山三大主题功能区，培育文化寻根、民俗风情、科普教育、探险猎奇、红色体验、休闲农业、绿色生态等七大特色旅游产品。远期，崇信旅游要通过重构产业，重塑格局建立竞争优势。全县支柱产业初具规模。煤电、草畜、果菜、旅游、木本油料五大产业较快发展，煤炭设计生产能力1200万吨，火力发电能力72亿度，牛、果、菜及油用牡丹产业面积分别达到12.2万头、9.5万亩、7.4万亩和2.1万亩；现已建成了文化“三馆”、保至善烈士纪念馆和五龙山游客接待中心等项目，实施了县体育中心、农耕文化生态苑和华夏古槐王景区保护等工程，“山水龙泉·养生崇信”旅游品牌影响力进一步扩大。崇信县旅游格局进一步显现：以龙泉寺为中心，形成五龙山风景名胜区和唐帽山森林公园旅游区两大片区，以龙泉寺—于家湾古墓群为东线，以龙泉寺—五龙山为西线，以菩提树—唐帽山为南线三大骨干线路得以构建，培育文化寻根、民俗风情、科普教育、探险猎奇、红色体验、休闲农业、绿色生态等七大特色旅游产品。具体措施如下：

一是集全县之力，争创汭龙湾大景区（5A），龙头引领，众星闪耀。构建“龙泉寺＋汭河老街＋亲童乐公园＋县博物馆”大5A景区。二是旅游龙头企业发展与小微旅游企业培养。龙头企业包括龙泉寺、五龙山、唐帽山景区和于家湾古墓群。开发策略：培育系列龙头企业做强做大，并鼓励一批有能力的企业上市；鼓励多种形式的“旅游＋”实践，纵向整合、横向整合、混合整合齐头并进；突破“门票经济”限制，推行竞争型机制改革。三是产品定位与市场渠道建设。崇信旅游产品市场定位是：华夏源地、丝路要塞、山水龙泉、康养崇信。其中华夏源地，突出先周、先秦发祥地之一；山水龙泉，做足龙泉寺为核心的山水文化；丝路要塞，强调古代丝绸之路要塞；康养崇信，力推中医药＋生物医药养生。在营销及渠道建设方面：品牌营销，传统媒体结合新媒体，新媒体营销做好旅游网站与旅游APP；事件营销，如举办区域性节庆活动；联合营销，如成立陇东旅游联盟，共同营销崇信。四是加强旅游发展平台建设，包括：①业界合作，陇东旅游合作（联盟）、甘肃全域旅游联盟、“一带一路”旅游合作。②投融资平台，成立崇信旅游产业发展基金、崇信旅游创新基金、崇信旅游投融资项目库。③创新平台，如文化创意旅游产业集聚区、旅游创意基地、旅游微创平台、创客空间等等。④国际交流平台，成立“一带一路”崇信基地，定期举办先秦、先周文化科考活动（考古会议），以及关陇文化（会议、研学）

活动。

最后，要努力提升（汭龙堡）旅游景区运营水平，包括：①立足并跳出本地周边，积极拓展关中市场。②以开放的心态，与周边大景区捆绑，建立共享平台。③注重夜间项目的打造，注意利用周边山体，科技成果应用，如灯光秀。④组成专业团队，推动员工内部创业；同时做好“不动产”证券化准备工作。⑤加强与政府合作，如争取在土地、相关扶持资金等方面的政策支持。

4. 贵州思南县，要树立全域旅游理念，运用全新的资源观、产品观、产业观、市场观，确立思南旅游在贵州旅游网络中的重要地位

思南地处贵州遵义，历史悠久，文化底蕴丰厚，素有“黔东首郡”“乌江明珠”之称；思南旅游资源有历史文化、乌江、石林、温泉四张名片，特色文化资源包括思唐镇古建筑群国家级文物保护单位，贵州最早的孔庙府文庙，土家花灯艺术之乡列入首批非物质文化遗产保护目录（国家文化部），中国戏曲活化石傩戏，旷继勋故居贵州省爱国主义教育基地。思南县自然资源丰富，生态条件良好，有省级风景名胜区白鹭洲、郝家湾、四野屯，有特殊地质资源黑河峡、思南石林、白盐井和罗湾坨温泉、穿洞。

从现状来分析，思南旅游经济表现出区域发展不足、区域竞争优势不明显等特征。表现在旅游接待、旅游收入相对不足，人均旅游花费低于区域平均水平。有四个表现：①思南旅游要素条件“优势不明显”，旅游资源类型丰富，但资源品位优势不明显，思南县旅游资源门类较为齐全，拥有全部主类（8个），31个亚类中的21个，155个基本类型中的69个，具有可开发价值的旅游资源占全部资源的30.31%，4级以上的高品位资源仅占资源总量的2.34%；人文资源独特性较强，但产品化程度不高，大多尚处于初级阶段或未开发阶段。另外自然资源类别集中，资源同质性强，与周边相比，难以形成显著竞争优势。②思南旅游市场结构“竞争大于垄断”。思南县东有凤凰古城、张家界为中心的湘西旅游，西有以溶洞为特色的绥阳、织金国家地质公园景区，北有三峡、武隆等著名旅游景区，本地还面对遵义、贵阳等历史文化名城以及铜仁梵净山等成名景区的竞争。所以思南在客源市场等方面与周边景区具有较大共性，比较优势不突出。③思南旅游产业“集而不群”。旅游资源空间相对集聚，但产业集群效应不突出。思南1112个旅游资源单体中，超过70%的资源单体沿主要的水系（乌江、龙底江、小溪河）两岸以及思南县大娄山脉呈带状聚集分布。

人文资源集中思南县城，沿乌江水域一线分布；自然资源以青杠坡为核心的组团，以文家店为核心的组团以及兴隆乡、塘头镇、板桥乡和大坝场镇构成组团。④思南旅游市场需求的“品牌认知度低”，主要景区的市场认知低，核心景区百度指数均值均比较低。

思南旅游产业如何培育核心竞争力，我们认为要用全新的全域旅游理念，在全县全域范围内一切可资利用的旅游吸引物都被开发形成吸引旅游者的吸引节点、旅游整体形象突出、旅游设施服务完备、旅游业态丰富多样、能吸引相当规模的旅游者的全新目的地体系。运用全新的资源观、产品观、产业观、市场观，构建全新思南旅游目的地系统，同时，思南旅游要积极融入区域旅游体系，确立思南旅游在贵州旅游中的地位。一方面要明确完善发展路径、强化动力、区域内部充分协调，实现资源要素优化配置、地区优势充分发挥；二是要尽快提升基础设施服务能力；三是要实现空间一体化，实现自然与人文合一、城景一体；四是融入“铜仁旅游”体系，融入“贵州旅游”体系；五是积极运用财政、金融政策，成立在省市、国家层面上的各方协调机构；六是要健全旅游市场法律法规，破除行政壁垒，比如人才流动的体制障碍。

思南旅游发展近期重点：①统筹规划，旅游要素开发重点从资源要素到产业要素。②全民参与，全域旅游，“大众创新、万众创业”。③明确品牌定位，系统开发客源市场系统。④营造“亲新和美”的服务环境，建立健全立体的旅游集散系统。⑤多渠道全产业链融资，设立项目端旅游产业发展基金。

第二篇

全域旅游合作与目的地建设

国际旅游目的地建设的重点与方向

本文系作者2018年10月在张家界国际旅游目的地创建讨论会上发言稿进一步整理而成

随着全球经济一体化进程的加快，世界旅游业已经进入新的发展阶段，游客的视角从区域性市场面向国际化市场，世界旅游业正从双极板块时代向多板块时代转变，一些发达的旅游城市与区域已经将旅游业作为吸引全球关注、增强国际竞争力、拓展国际市场的重要抓手，纷纷将自身定位为国际旅游目的地或国际旅游城市。本文基于增强我国入境旅游市场竞争力的视角，分析国际旅游目的地建设的宏观背景，通过国际旅游目的地建设评价体系的七个维度，阐述国际旅游目的地建设的重点与方向，最后分享国际、国内一些旅游城市（地区）的做法。

一、国际旅游目的地建设的宏观背景

1. 全球旅游经济快速增长

2016年全球旅游总人次达105亿人次，较上年增长4.8%，全球旅游总收入达5.17万亿美元，较上年增长3.6%，相当于全球GDP 的7.0%；全球旅游总人次和旅游总收入增速显著高于全球GDP2.2%增速。2016年全球旅游经济增长对世界GDP增长的贡献率为5.49%。

多重因素驱动旅游经济快速增长，包括主要经济体旅游需求快速增长、跨国旅游基础设施不断完善、国际油价下降带来旅行成本降低、各国签证便利化程度持续提高。2017年旅游经济继续好于全球经济，根据国际货币基金组织与世界银行最新预测：2017年全球旅游总人次113亿人次，增长7.5%；旅游总收入53 932亿美元，增长4.2%；全球经济增长在2.4%−3.4%。

新一轮基础设施建设勾画“超级版图”，全球掀起基础设施建设热潮。据社科院旅游研究中心数据，2014–2025年间，全球交通基础设施投资预计年均增长约5%。国家间旅游的竞争与合作，将会集中于旅游基础设施建设。如非洲“南北经济发展走廊计划”、“渝新欧”欧亚洲际铁路工程、土耳其修建的跨越欧亚大陆海底铁路隧道、俄罗斯修建亚欧美的洲际公路、中国等国联合修建的连通太平洋与大西洋两洋的铁路等，都将打通或即将打通旅游跨境流动走廊。旅游基础设施的变化带来国家间新的旅游关系（图1）。

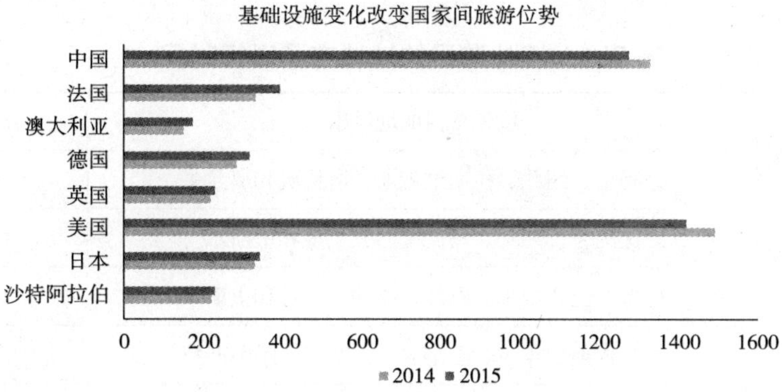

图1　不同国家基础设施投资变化

图2　国际TOP10旅游目的地城市

2. 城市是全球旅游经济的中枢

到2030年全球将会出现50个超级城市群，形成一连串基础设施便利、供应链网络发达的地理节点，吸引全球的资金、资源、人才和技术。而其中很大一部分，将成为未来旅游业的超级节点。首先，城市是世界旅游的主要接待地。世界旅游城市联合会17个会员城市，旅游经济总量达到1.86万亿美元，相当于全球旅游经济总量的36%。城市旅游经济总量在世界旅游经济中占绝对主体。其次，城市是世界旅游的主要客源地，全球城镇化旅游已超过50%。世界旅游经济的消费主要来自城市人口，城市是世界旅游的主要客源地。

核心旅游城市是全球旅游发展的重要支撑，全球旅游目的地城市国际过夜游客花费前十位城市，国际游客花费占当年世界旅游收入的10%（表1）。根据2016年海口举办的“全球旅游目的地盛典”评选结果，曼谷、首尔、巴黎、迪拜、东京、新加坡、威尼斯、纽约、悉尼、巴塞罗那荣获“国际TOP10旅游目的地城市”（图2）。

表1　境外游目的地城市及出行时间

地区	境外游目的地城市	出行时间
北美洲	迈阿密、纽约、拉斯维加斯、洛杉矶和奥兰多	0–7天
拉丁美洲	迈阿密、纽约、马德里、奥兰多和里斯本	12天以上
欧洲	伦敦、巴塞罗那、巴黎、纽约、罗马和里斯本	0–3天
中东及非洲	伦敦、伊斯坦布尔、巴黎、伊兹密尔、阿姆斯特丹	0–3天
亚太地区	曼谷、东京、伦敦、大阪、新加坡	0–3天

3. 全球旅游形成三足鼎立的格局

欧洲、美洲、亚太三大板块在全球旅游占据绝对主体地位。从世界旅游目的地吸引力分析，欧洲排名第一，亚洲排名第二，美洲第三（图3）。按各大洲数据分析，客流量最大的大陆是欧洲（58%），之后是亚洲（19.5%）、北美（16%）、南美洲（2.6%）、非洲（2.3%）和大洋洲（1.6%）。

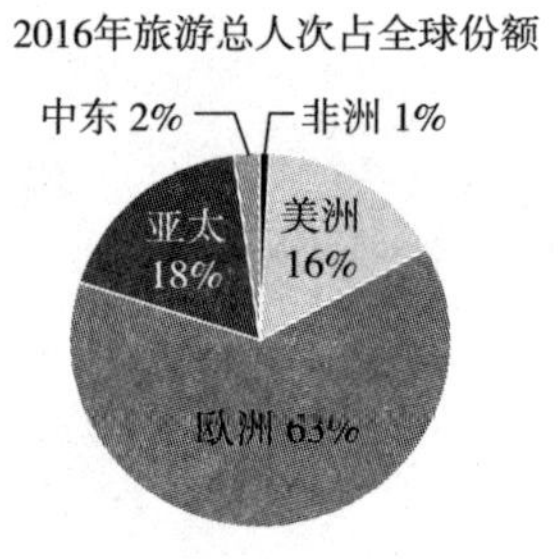

图3　世界旅游人次地区结构

在欧洲最受欢迎的是意大利（13.8%），德国（10.4%）和英国（10.2%）的排名紧随其后。在非洲最受欢迎的是埃及（26.7%），摩洛哥（21.3%）和南非（18.6%）排在埃及之后。在亚洲最受欢迎的是阿联酋（19.7%），之后是泰国（12.8%）和马来西亚（7.9%）。北美洲最受欢迎的国家是美国（78.3%），之后是加拿大（9.1%）和墨西哥（8.7%）。在大洋洲，最受欢迎国家是澳大利亚（74.6%），之后是新西兰（21.2%）和斐济群岛（1.4%）。南美洲最受欢迎的国家是巴西（25.2%），阿根廷（22.9%）和哥伦比亚（21.9%）紧随其后。

据HotelsPro在伦敦、上海、奥兰多、迪拜和伊斯坦布尔办事处收集的数据，2016年游客大多在他们参观的目的地停留1–3天，75%的住宿时间为1–3天，22%的为4–7天。停留7天以上的比例为3%。综合住宿数据，旅客平均停留时间为2.8天（图4）。

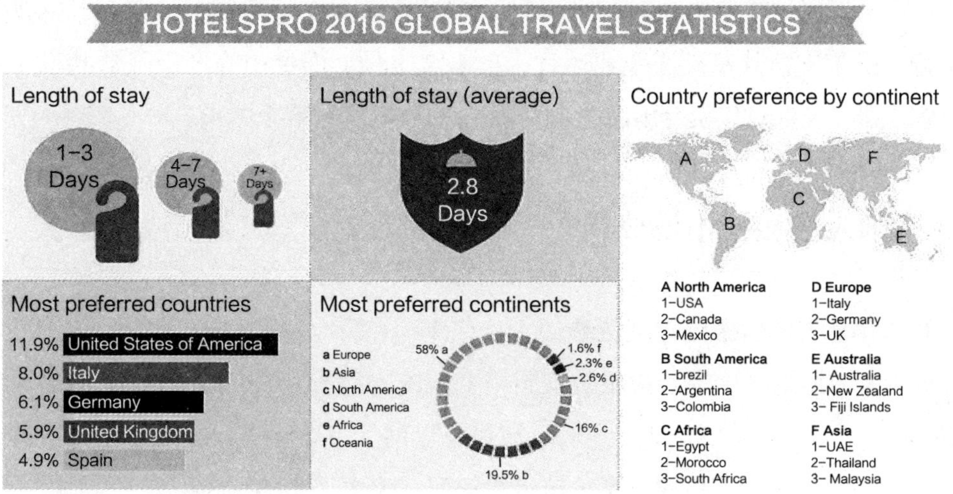

图4 2016年最受欢迎的目的地国家相关数据

与此同时，全球旅游经济格局受到新兴经济的影响和冲击，共享经济加速重塑旅游产业。共享经济作为一种新兴的经济模式发展迅速，目前全球已有上万家共享经济企业。共享型旅游企业通过共享设施和服务，扩大了旅游供给范围，创新旅游供给形式；同时，为游客提供更好的旅游体验，提升出行品质（图5）。

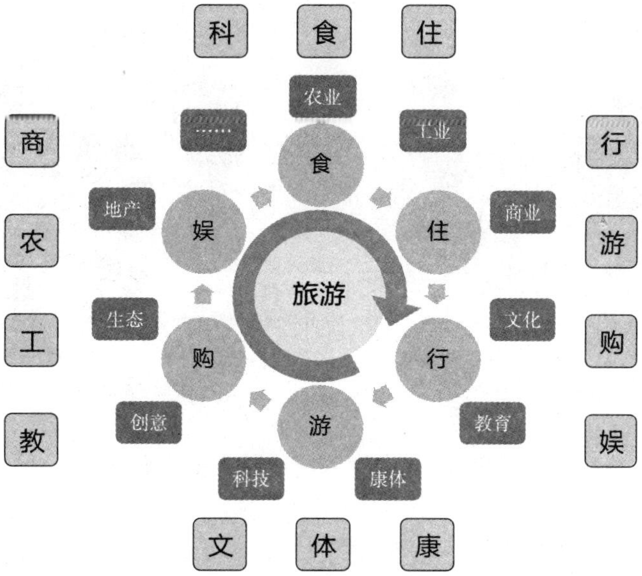

图5 旅游产业生态圈变化

为此，世界各地出台了相关的政策与措施，以应对这种变化。①建立监管组织，如英国SEUK组织、韩国分享经济协会、欧洲分享经济联盟、新加坡分享经济协会等。②开发公共资源，2015年英国政府官员履行公务可选择分享经济的住宿和出行服务；英国克罗伊登与Zipcar合作，取代原有政府车队。③鼓励民众参与。④加大资金支持，巴黎支持共享交通企业运行，美国波士顿、旧金山等城市降低共享车辆税率与停车费；英国对年租金不超过4250英镑的短租房屋给予免税。

二、中国入境旅游市场分析

1. 入境旅游的客源结构及流动

据国家旅游局《中国入境旅游发展年度报告2017》，2016年中国接待入境游客总计13 844.4万人次，同比增长3.50%，规模总量创下历史新高。2016年中国接待入境过夜游客5927万人次，规模总量位居世界第四，仅次于法国、西班牙、美国。

港澳台及亚洲各国是中国入境旅游主要客源市场，港澳台市场主力地位依然稳固。2017年中国香港、中国澳门、中国台湾仍然是内地(大陆)入境旅游市场的主力，占全部市场份额的79.09%。近程亚洲市场持续发力。在外国人入境旅游市场中，排名前十的旅华客源国分别是：缅甸、越南、韩国、日本、俄罗斯、美国、蒙古、马来西亚、菲律宾、印度（图6）。

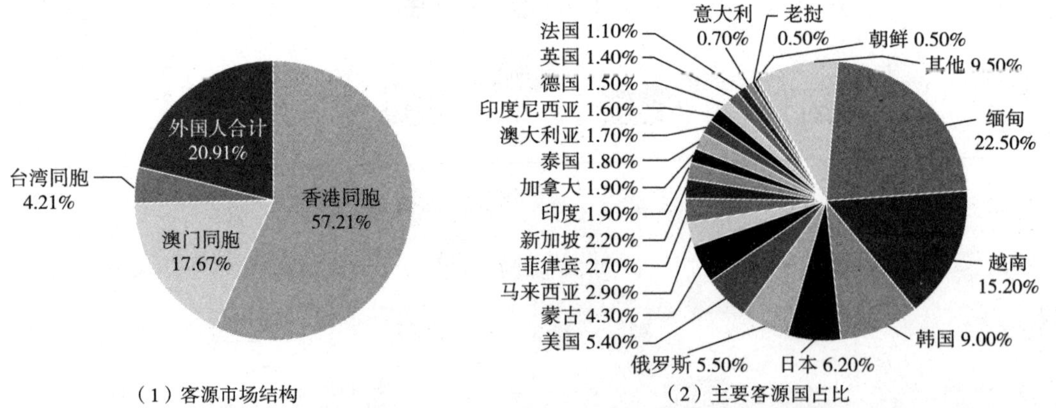

图6　2017年中国入境旅游主要客源市场

入境客流扩散的等级性与近程性特征显著，客流扩散的路径持续多样化。从入境旅游客流的空间尺度来看，2017年入境旅游客流扩散的等级性与近程性特征显著，扩散路径持续多样化。入境游客以北京、上海、广州、西安、成都、重庆、桂林、昆明、沈阳等热点城市为节点最具代表性扩散路径：北京→天津、上海→北京、广州→深圳、西安→北京、成都→重庆、重庆→成都、桂林→重庆、昆明→桂林、沈阳→北京（图7）。

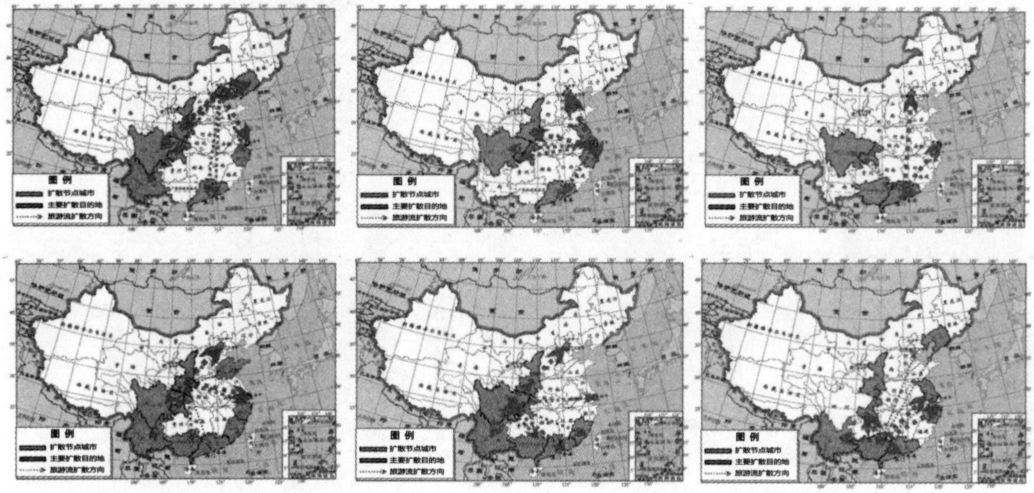

审图号：GS（2016）1600号

数据来源：《中国入境旅游发展年度报告2018》

图7　我国六个主要旅游目的地城市的境外游客流动性

2. 入境游客的消费特征分析

（1）入境旅游者偏好分析

我国入境游客的总体消费特征如下：游客以男性、中青年为主；飞机为主要入境交通方式。入境旅游需求以游览观光以及休闲度假为主，游览观光和休闲度假最吸引游客，山水风光、文物古迹、美食烹调是游客最主要的游览项目（图8）。入境游客的消费水平依然偏低。通过对国内8个入境旅游典型城市的调研结果显示，入境游客中首次到访中国的游客居大多数；旅游交通/天气等生活信息、旅游景区接待情况、旅游产品和服务介绍、特色文化娱乐活动等是入境游客最为关注的出行决策参考要素；花费在1001–2000美元的占27.9%，2001–3000美元的占18.9%，中等消费群体比例过半。消费最高的项目在交通、餐饮、购物上。住宿以中等价位的酒店最受游客青睐（图8）。

入境游客对我国旅游服务质量的整体评价有较明显增长，旅游目的地总体评价：现代化程度和信息化程度最受游客肯定。城市建设评价：空气质量、自然生态评价较低。城市管理评价：安全感获认可，急救援系统评价较低。旅游服务设施评价：

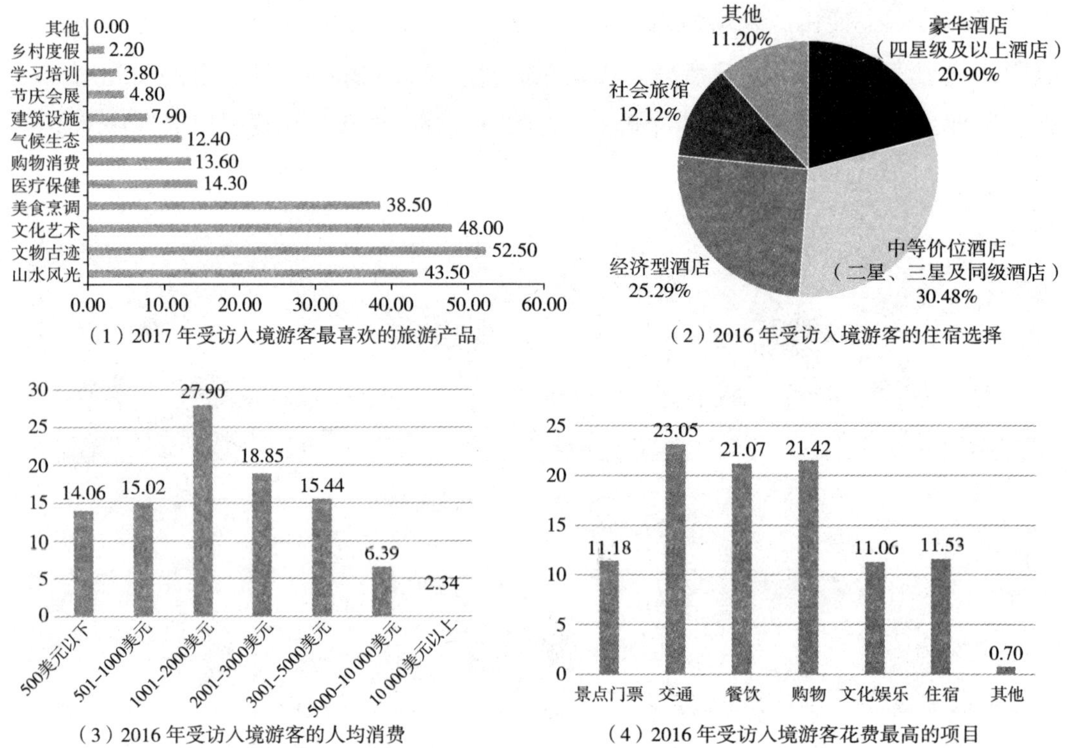

（1）2017年受访入境游客最喜欢的旅游产品　（2）2016年受访入境游客的住宿选择

（3）2016年受访入境游客的人均消费　（4）2016年受访入境游客花费最高的项目

图8　我国入境游客消费总体特征

互联网覆盖、手机信号覆盖、城市公交的评价较低。旅游服务质量评价：导游服务、产品服务和质量评价相对更低。

（2）境外旅游者偏好分析

①旅游资源偏好：文化古迹、山水风光为主。文化的异质性是吸引外国游客的重要因素。在欧美文化背景下的游客到中国来主要为了满足“求新求异”的心理需求，所以欧洲游客更多地选择环境差异大，具有浓郁的中国特色和悠久历史的旅游目的地和项目。中国一直是以神秘的东方文化吸引着不同的各国旅游者，观光旅游就成为外国游客的第一旅游目的。调查显示，外国游客偏爱的旅游项目主要是我国的文物古迹和山水风光。选择文物古迹的欧美游客人数达70%以上，此外，饮食烹调、民俗风情和旅游购物也对欧美游客很有吸引力。

②旅游方式偏好：欧美散客比例高、其他地区团队出游比例高。欧美游客出游方式散客比重已超过团队，和家人、朋友一起出游是欧美游客首选的旅游方式。从总体上来看，团体游和家庭游是游客选择的主要方式。继散客游兴起后，家庭游将发展成一种新的旅游趋势。

③旅游饮食偏好：富有中国风味特色的饮食产品（除韩国外）。在饮食方面，除了韩国游客饮食需求较为分散外，其他不同群体的游客均对中国地方风味的饮食特别偏爱，有68%的外国游客喜欢中国风味或有地方特色的饮食。中国素有“烹饪王国”之称，由于东西方饮食文化上的巨大差异，品尝中国的饮食成为外国游客来华旅游的一项重要内容。

④旅游购物偏好：工艺品、服饰品、丝绸纺织品、艺术品。在旅游购物方面，中国的工艺品是外国游客最喜欢的旅游商品，其次是丝绸、服饰品和艺术品，对其他商品如中药或保健品的偏爱程度一般。从调查结果不难发现，由于全球经济一体化进程的加快，中国商品已经走向世界，本国能买到的购物品旅游者往往不喜欢购买，而偏爱的旅游商品主要是具有地方特色的，本国不易买到的工艺品、服饰品、文化艺术品等。

⑤旅游娱乐项目偏好：民俗文化类和探险类娱乐项目。在娱乐项目方面，选择民俗文化类的娱乐项目游客占大多数，其次是探险类，而对现代游乐类、体育类等新型娱乐项目感兴趣的人不多。欧洲、美洲和大洋洲游客由于和我国文化差异较大，对民俗文化类的娱乐项目的选择比例都在70%以上，日本、韩国和东南亚等亚洲游客与我国的文化差异较小，对民俗文化类的娱乐项目的选择比例要低于欧美等西方国家。此外，对探险类旅游项目的选择，欧美游客明显要高于亚洲游客。有34.8%的欧洲游客和49.5%的美洲游客希望参加探险类的活动，这与西方民族强烈的探索意识和个人自由主义的影响有关。

三、国际旅游目的地建设的评价体系

当前，我国省域旅游呈现四大发展趋势，从经济属性向民生社会属性转变，从要素配置向服务体系构建转变，从景区主导向旅游城镇发展转变，从遍地开花向核心品牌建设转变。地区旅游经济转变成为必然的趋势，其中国际旅游目的地建设成为一个重要的抓手。那么如何建设成为国际旅游目的地，建设的路径、重点和方向是什么?

根据世界旅游组织《全球旅游目的地排序》、世界经济论坛《国际旅游竞争力》、世界优秀旅游目的地《优秀旅游目的地评估》、世界城市案例研究、中国旅游研究院《国际化旅游目的地指标体系》，确定国际旅游目的的建设评价体系（图9）。评价体系共分为7大门类、26个指标。

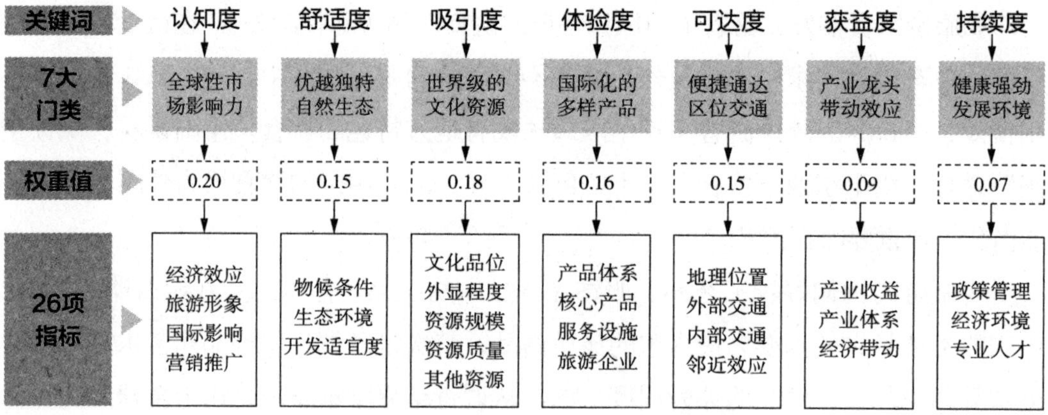

图9 国际旅游目的地建设评价体系

1. 认知度

主要是表达目的地城市的全球性市场影响力。包括经济效应、旅游形象、国际影响、营销推广4个指标。权重占20%，排位最高。

（1）经济效应，从收入、就业、产业关联和产业影响系数、经济调控、投资效应以及创收效应等维度进行分析。因为旅游目的地城市建设最终的目标是城市经济发展，旅游收入增加。

例如英国格拉斯哥市，从老工业城市变身为时尚之都。格拉斯哥是英国最早的工业城市，早先发展为一个面向出口市场的重工业综合体，由于严重的失业和随之而来的社会问题，其经济在20世纪60至80年代出现了衰退。后来，通过旅游目的地城市建设，积极实施经济结构转型、改善城市服务环境、大力投资交通、旅游、文化等产业，在格拉斯哥市中心及其周边，丰富酒吧、饭店、超市、现代剧院和时尚公寓等业态，并由公共投资建设博物馆、艺术馆、音乐厅和会议中心等城市地标，转型成为一座著名的集港口、文化休闲、会议中心、大学教育于一体的旅游城市。

又例如美国芝加哥市。芝加哥作为美国中西部经济中心，曾经是五大湖地区的传统工业重镇。20世纪60年代末期的经济危机，作为“工业锈带”的芝加哥面临工业衰退、工人下岗、经济增长迟缓、贫困人口增多等诸多问题。随后，美国进行经济结构调整与转型，芝加哥以产业转型为契机实现城市经济、社会、文化等全面转型，表现出由制造业到服务业再到高端的知识型服务业、文化服务业的演进历程。具体做法，一是从制造业逐步转为运输业，减少重化工产业比重。随着“二战”结束后美国经济的重新转型，芝加哥政府开始从制造业逐步转型为依靠交通运输业为主的中心城市。二是从第二产业到第三产业的服务化转型。20世纪60年代，为解决出现的郊区化所带来的制造业和就业岗位外迁问题，芝加哥进行了新一轮的产业结构转型并最终确立“以服务业为主导的多元化经济”的发展目标。三是服务业向高端服务业转型，建设国际化大都市。进入新世纪，芝加哥在传统的服务业上重新构建高端服务业体系。芝加哥依靠卫星城市与中心城市形成紧密关联，以多中心城市之间的集群发展模式，积极吸引外资投入，积极发展高科技产业，建设具有高新技术引领、资本多元化的国际大都市。

（2）旅游形象是一个城市竞争力的主导形式之一，体现一个地区旅游重要的吸引力和影响力。包括认知形象和情感形象。其中，认知形象又包括自然资源形象、休闲文化历史形象、设计环境形象和社会环境以及物价等因素。

例如，我国西安，在旅游形象的多维塑造方面颇有特点。通过“一日西安行，一生中国情”的宣传口号，塑造旅游文化形象，提升旅游服务水平，打造地方特色街区，完善城市基础设施。在互联网上传播上也有所差异，如国内网站侧重：旅游景点、旅游餐饮，文化宣传注重宗教文化的宣传。国外网站关注：旅游景点、社区生活、休闲娱乐、旅游交通的趣味性和神奇性宣传，独特的社区生活宣传。

（3）国际影响，从资源、市场、发展理念、管理模式、服务标准五个角度进行评价。世界旅游业理事会（WTTC）发布了《2018年城市旅游和旅游业影响》，评估了全世界72个旅游城市的旅游规模和旅游收入，而这72个城市在去年2017年的旅游总收入达到了6250亿美元，几乎占到了全世界旅游总收入的24.3%，成绩相当不错。其中我国上海、北京排名前二位（图10）。

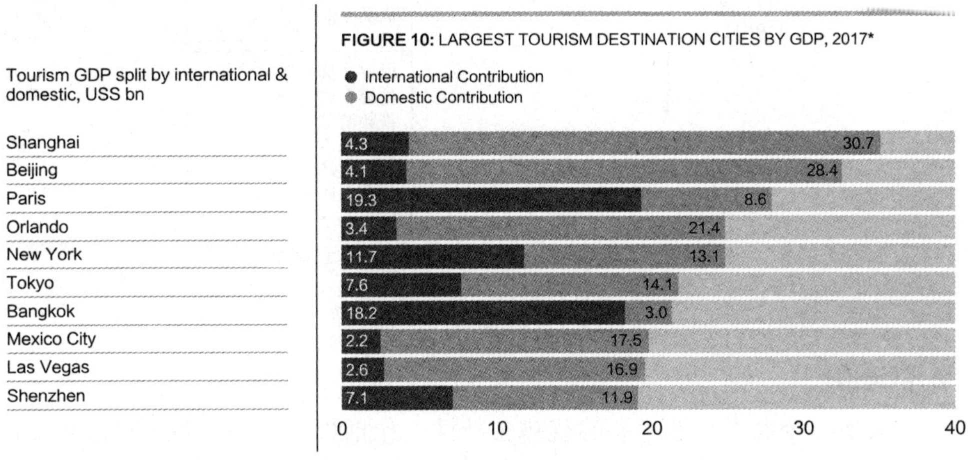

图10 旅游收入前10名城市

（4）营销推广，包括营销时间规划、营销思维角度、营销载体组合、营销效果预估等方面。一般来说，针对客源市场，营销主体要有一套完整的市场化营销系统。通过四地营销模式（旅游目的地、旅游集散地、旅游客源地和第三地网络营销）进行传播，针对不同细分市场的旅游者，采取不同的营销方式，如体验式营销、定制式营销、品牌营销及文化营销等。

例如瑞士制定了以游客为中心的国际化营销策略（图11）。又如美国夏威夷制定系统的国际化营销战略，包括：①采用全球促销模式，每年投入2000万美元在伦敦、东京、法兰克福、香港等国际大都市全方位出击；②外包专业公司负责亚洲、东南亚的推广；③以市场为导向，每年详细调查研究游客满意度，在游客需求计划的基础上不断更新完善旅游产品；④举办世界级大型水上运动比赛、火奴鲁鲁马拉松比赛、职业高尔夫锦标赛、建伍杯赛等，做强品牌营销。

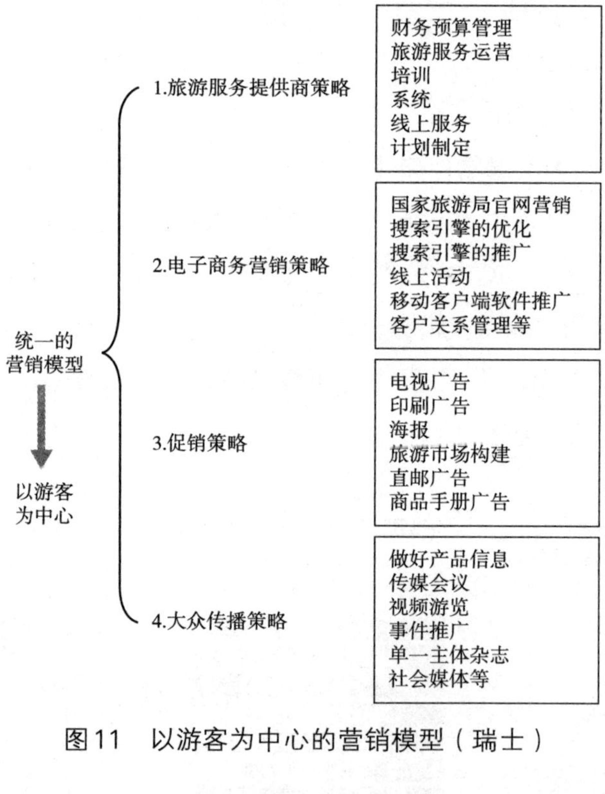

图11　以游客为中心的营销模型（瑞士）

2. 舒适度

主要表达一个城市自然生态的优越独特性。包括物候条件：物候季节与旅游淡旺季，旅游物候资源游赏时序；生物环境：地质地貌、动植物、景观、水体、大气、土壤；开发适宜度：承载能力、资源价值、市场条件、设施条件等。权重占15%。

例如，我国国际旅游城市广西桂林，从物候条件看，冬无严寒，夏无酷暑。境内气候温和，雨量充沛，无霜期长，光照充足，热量丰富，夏长冬短，四季分明且雨热基本同季，气候条件十分优越，唐代诗人杜甫以“五岭皆炎热，宜人独桂林”赞誉桂林的气候。桂林三冬少雪，四季常花，年平均气温接近19.4摄氏度。从生态环境看，桂林山水甲天下。桂林以“山清、水秀、洞奇、石美”著称，属山地丘陵地区，为典型的"喀斯特"岩溶地貌，遍布全市的石灰岩经亿万年的风化侵蚀，形成了千峰环立、一水抱城、洞奇石美的独特景观。

而在旅游城市的开发策略上，一是在产业布局上突出旅游功能，重点建设特色产业带和产业集聚区，构建“一核两极三带多点”。“一核”即强化桂林中心城区（含临桂新区）的旅游核心职能，建设观光旅游、休闲度假、商务会展旅游城市；“两极”即完善阳朔、发展兴安增长极，构建与中心城区互动的区域性休闲度假旅游目的地；“三带”即重点推进漓江黄金旅游产业带、湘桂走廊旅游产业带、西南通道旅游产业带建设；“多点”即建设特色旅游景点景区。二是依托特色资源，打造世界级旅游精品和旅游品牌。建设八大系列旅游产品，山水观光+休闲度假+历史文化+民族文化+红色+生态乡村+户外运动+浪漫婚典。推进“六个一批”重点工程：一批世界级旅游精品、一批旅游新产品、一批旅游服务基地、一批特色旅游小镇、一批休闲养生度假基地、一批重点旅游基础设施。打造八大旅游精品：漓江风景名胜区、“两江四湖”景区、阳朔山水休闲景区、龙胜龙脊梯田景区、资源八角寨丹霞景区、兴安灵渠景区、猫儿山养生度假区、动感天湖景区。三是功能分区提升生态功能，明确重点生态功能区和文化自然遗产保护区。作为构筑生态安全屏障和保护文化自然遗产的国土空间，主要功能是增强水源涵养、水土保持和保护生物多样性，保护文化自然遗产的真实性和完整性，注重保护城市景观风貌特色，妥善处理景城关系，发展资源环境可承载适宜产业，禁止不符合地域功能定位的各类开发活动。四是追求永续利用，保护核心旅游资源生态与景观。漓江是桂林山水之魂，桂林通过加强自然保护区植被建设，加大漓江水资源保护力度，严格水功能区监督管理，加强漓江河道的整治与管护等多种保护漓江的措施。按照最大限度保持天然形态的原则修复建设漓江自然景观，加强现状植被及群落保护，对护岸进行边坡绿化，美化漓江植物景观区，建设喀斯特地貌山水园林，为风景资源的保护和永续利用创造条件。

3. 吸引度

主要是强调城市或地区拥有世界级的文化资源或自然资源（图12）。权重占18%。截至2018年7月2日，中国世界遗产已达53项，其中世界文化遗产36项、世界文化与自然双重遗产4项、世界自然遗产13项。世界级旅游资源是国际旅游目的地建设的资源本底，品质高、价值大、市场影响范围广，是开发建设的基础。充分利用世界级资源，通过科技、旅游+、全域旅游等概念，做大做强旅游城市经济。

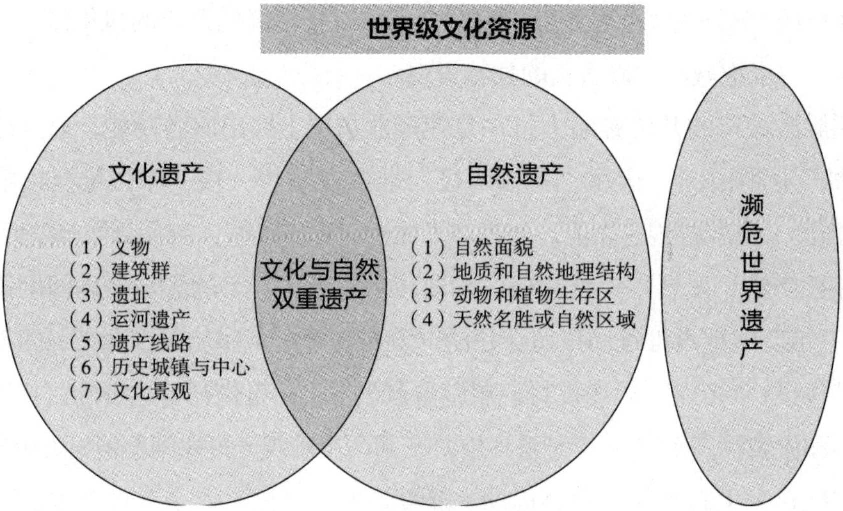

图12　世界遗产的基本内涵

例如西安在建设国际旅游名城和世界旅游时尚之都过程中，一是树立“大旅游、大市场”观念，跳出“门票经济”，发展月光经济，优化旅游消费内容。跳出“兵马俑”，发展全域旅游，提升旅游发展格局。围绕大历史、大文化、大西安，塑造城市魅力和形象。二是综合利用旅游资源，做好“山水人文”四大资源的综合利用开发，着力打造文化旅游发展品牌项目。其中包括：打造“周秦汉唐文化”国际品牌、打造地域特色和文化特色的旅游演艺品牌、打造文化旅游园区品牌建设、打造古城文化游和乡村旅游品牌、开发文化旅游产品、打造“一带一路”文旅融合发展核心区。三是充分发挥信息技术优势，延伸文化旅游产业链条。做好“文化+人脑+电脑”，结合VR、AR、3D、网游、大数据等一系列新一代信息技术优势，创造出适应年轻一代旅游消费者的需求；积极打造文化旅游融合发展的信息技术企业龙头，推动文化旅游产业向价值链的高端发展。

实际上，AR技术在文化遗产保护开发中有很大的应用空间和场景。AR技术给现实叠加了一层虚拟维度，通过数字采集、复原再现、展示传播等手段，给文化遗产的数字化保护增添了更多的可能，激发出体验者强烈的在场感和参与感，让文化遗产焕发新的生命力。增强现实技术的发展给文化遗产的数字化保护提供了更多、更好的应用手段和技术，在文化遗产保护中具有一些无可比拟的优势。

4. 体验度

主要表达国际旅游城市旅游产品的国际化程度和多样化水平。权重占16%。包括四个维度：①旅游产品体系完善度以及合理度。一方面以核心旅游产品为品牌，决定市场规格及发展竞争力；另一方面以特色旅游产品为依托，彰显地域特色与融合创新能力。②核心旅游产品的文化性与品牌化，指文旅深度融合的精品旅游项目、精品旅游线路的数量。③旅游服务设施及其旅游发展支撑能力，指吃、住、行、游、娱、购等旅游配套设施。④旅游企业品牌推广与国际营销的实力，指旅游企业全球布局、国际旅游合作战略、文旅品牌推广策略。

例如群岛湿地——巴利阿里群岛地处西地中海，位于伊比利亚半岛、法国南部和北非之间，总面积约为5000平方公里，海岸线的长度为1239公里。巴利阿里岛有着典型的地中海式气候，气候温和，具有明显的岛屿气候特征，全年的平均气温在摄氏17度左右。为了增加国际游客体验度，他们围绕以下几个方面重点开发：一是围绕地域文化，打造多样化的海滨度假旅游产品，规避与周边区域的同质化发展；二是举办多样的文化节庆，这也是巴利阿里群岛的核心吸引力，已成为其海滨度假旅游的突出特色；三是依托滨海资源开发运动休闲项目，丰富了游客的度假生活体验；四是将文物古迹、博物馆等纳入度假产品系列，赋予滨海度假旅游丰富的文化内涵；五是定位文化度假休闲，巴利阿里岛成为世界的旅游度假胜地。

5. 可达度

表达旅游城市的地理位置、内部和外部交通的便捷通达，以及周边邻近关系（图13）。权重占15%。

例如为了增强区域旅游的可达度，东南亚旅游各国成立了东南亚旅游联合体。20世纪90年代以来，新加坡、印度尼西亚、泰国、马来西亚、菲律宾等邻近国家和地区组成东南亚旅游联合体，实现一体化发展，开发“一程多站”旅游产品。同时新加坡作为东南亚门户，以其区位优势协助周边国家（如泰国）和地区从事旅游景区（点）的规划和开发，真正成为东南亚地区旅游业的领导者。

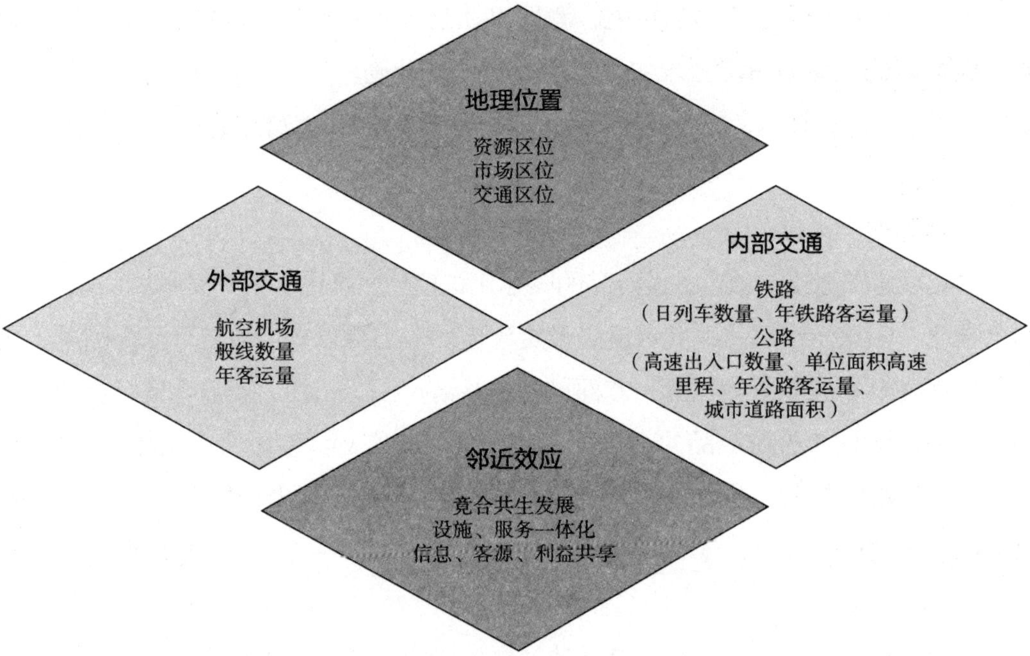

图13　国际旅游城市的可达度

6. 获益度

表达旅游城市产业龙头的带动效应，权重9%。一个旅游地区的旅游产业体系包括：①产业内容现代程度，如优质旅游产品体系（特色、品牌、品质化）、全域旅游空间体系（适应自助化旅游发展规律）、现代旅游公共服务体系（网络化全域供给方式）等。②产业结构优化，如旅游六要素配比协调程度，游、购、娱弹性消费比例（发达旅游国家70%以上），科技、文化创意运用等各要素附加值情况，生产性企业与服务性企业比例合理程度等。③产业链跨界融合度与国际化程度。如国内相关产业融合程度（比如高科技产业、体育产业等），国际产业链布局策略（符合产业梯度理论，符合“一带一路走出去”国际战略）等。

例如，香港旅游产业结构优化经验：①政府高度重视旅游业并给予政策鼓励。香港特区政府设立的旅游业管理机构有香港旅游事务署、香港旅游业议会和香港旅游发展局，三者兼顾政府、行业等层面，呈“三足鼎立”之势，对香港旅游业施行管理。特区政府对旅游业给予政策鼓励和规划投资。同时，香港旅游业发展相关政策灵活便利，主要体现在入港签证便利、购物退税和“一程多站”行程安排等方面。②注重提升旅游产品和服务的品牌内涵。每年都对游客市场进行调查和咨询，紧跟消费潮流，满足游客需求。旅游文化创意产品的发展极大弥补了自然旅游资源相对匮乏的弊端，这其中旅游节庆活动最能体现文化创意理念。香港旅游业对重点市场把握到位。2003年“CEPA”签署和内地赴港个人游开放以来，内地访港游客有了量的保证，而且激发了购物类旅游产品与服务，优化了旅游产业结构。

再例如新加坡旅游产业结构优化经验。①采用政府主导、多渠道并进的市场营销策略。新加坡旅游局根据发展需要不断提出新的主题形象宣传口号，并投入大量经费进行深入推广。新加坡政府开征旅游税，从而为旅游业的管理和发展提供稳定的资金来源。②通过旅游产品与服务创新优化旅游产业结构。一方面大力建设人造旅游吸引物；另一方面，大力发掘社会文化旅游资源，将普通的市民生活打造为极具特色的旅游吸引物，弥补自然旅游资源缺乏的弊端。不断改善旅游产品结构，提升旅游产业的附加值。并将优质服务视为旅游业发展的重要动力。③因地制宜，将会展业培育为旅游业的支柱。

支撑新加坡会展旅游业发展的因素主要包括以下五个方面：一是新加坡区位优势显著，海陆空交通便利；二是先期进行了大量会展基础设施建设；三是新加坡注重环境和旅游吸引物的保护和开发；四是新加坡具有便利的旅游政策；五是新加坡酒店、会务等服务水平高，能满足各类会议服务要求。

又例如，东京旅游产业结构优化经验：①积极改善城市软硬件环境，助推旅游业发展。2006年发表的《十年后的东京——东京的变迁》，提出从八个方面全面改善城市软硬件环境，客观上有力助推了东京旅游业的发展。②观光立国的政策确保了旅游业的支柱产业地位。2007年实施的日本观光立国政策是21世纪日本的立国之本，旅游业作为日本经济增长的支柱产业被明确确定下来。2009年12月，日本政府成立了观光立国推进总部，日本全国上下实施观光立国的体制逐步完善。③旅游营销推广体系完善，宣传促销渠道多样 。东京政府大力实施媒体支持计划。对于外国媒体策划的电视节目、文章报道或有关东京旅游的电台节目，东京政府提供了慷慨的支持。政企合作方面，派遣城市宣传代表团在国外举办以当地旅游公司为对象的说明会和洽谈会，扩大旅游企业知名度。④方便快捷的城市轨道交通显著提升游客体验。东京轨道交通以安全、准点、方便、快捷而著称于世。发达的公共交通为每年5亿多人次的国内外游客提供了极好的交通体验。

7. 持续度

指健康强劲的旅游发展环境，包括政策管理、经济环境、专业人才三个维度，权重占7%。在我国，持续度表现出旅游行业治理和旅游增长要素间的协同。前者必须由行业推动向党政推动旅游行业发展，由旅游行业管理向社会化管理转型；后者包括了科技创新体系，这是旅游产业升级的持续动力；金融综合服务体系（多种金融工具服务旅游实体经济的能力），以及人力资源规模和质量。国际化旅游目的地或城市建设，需要高精尖、专业、国际化人才。

在世界级文化资源开发中强调保护性，避免人为的破坏性。如泰山炸山劈峰，架设三条直达泰山岱顶的索道，其中一条就占地19 000平方米。遍布核心区的商铺、旅游设施，使得这座历史名山的地貌、生态、美感遭到严重破坏；皖南西递村，林立的店铺让人仿佛置身商业城；安徽宏村，村外停车场、商店等设施的出现，使其田园古村落原貌大大退化；曲阜景区发生水洗三孔事件，造成孔府古建筑彩绘被毁，文物毁损严重；乐山大佛旁，斥巨资打造包括阿富汗巴米扬大佛在内的东方佛都，让这尊千年古迹并列于毫无历史价值、科学价值、宗教价值的克隆品之列，是对乐山大佛这处文化遗产的极大贬低；等等。

政策管理方面，可以借鉴以下几个模式。①东京模式：完善的旅游业立法规范了旅游产业运行。日本旅游业立法走在世界前列。在日本旅游业发展的各个阶段，均有与之相匹配的法律保护其健康发展。②新加坡模式：实行统一高效的旅游产业宏观管理。新加坡旅游局运营资金99%由新加坡政府提供，是一个有着相当官方背景的法定公共事业机构。政府开征旅游税，保证旅游业长远发展。并对许多国家公民实行免签入境政策。新加坡旅游局直接规划投资旅游业发展。③香港模式：通过行业规章条例，保护游客合法权益。特区政府于2008年修订了《商品说明条例》，警方和海关进一步加强了巡查和对违法者的处罚力度，以此保障消费者的权益。

在人才培养方面，有香港经验可以参考。香港政府一直以来联同旅游发展局、旅游业议会和旅游业界，香港各大专院校、职训局和其他教育机构，均开办了与旅游业有关的课程，大部分课程均可获得持续进修基金资助。香港旅发局多年来每年都组织多期“旅游联络员训练课程”，促进从业人员对香港的认识，提高沟通能力以及导游的展示技巧。

四、国内外建设国际旅游目的地的成功做法

1. 大伦敦地区打造国际旅游目的地

根据2015年全球城市指数报告的排名，伦敦、纽约和巴黎分别排在前三位。2012年伦敦奥运会之后，伦敦旅游业实现持续性增长，一跃超过纽约成为全球最有影响力的城市（图14）。2016年，英国入境游人数达3730万人次，较2015年增长了3%，同时游客消费达222亿英镑，同2015年创纪录消费额相当。平均每年2600万旅游人次，拉动大伦敦实现旅游就业人次28.5万人，访英游客中75%从伦敦机场进出，47%的国际游客选择伦敦作为旅游目的地。英国的国际游客开销中超过一半在伦敦进行消费。在游客人数和国际航班数量上处于领先地位，可以说大伦敦地区撑起了英国旅游业半壁江山。具体做法如下：

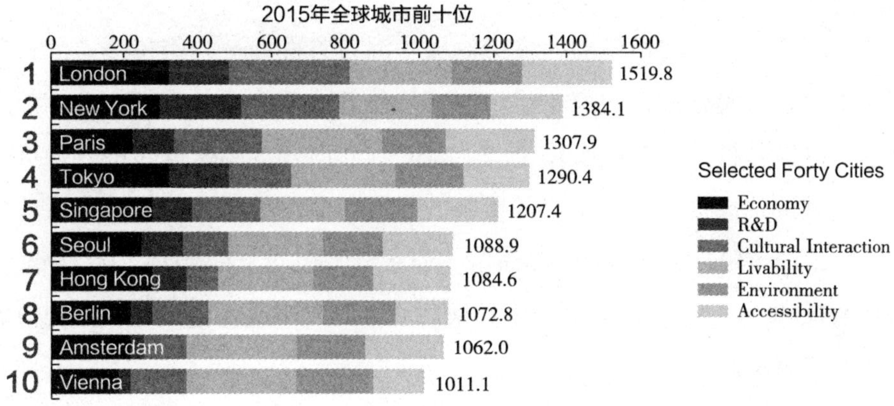

图14　全球城市发展指数前10位

（1）工欲善其事，必先利其器——建立组织机构，打造伦敦民间市场

第一，遵循形散而神聚的原则，组建伦敦品牌机构。成立市长办公室，由市长办公室直辖管理，保证伦敦的每一次公关活动都有统一的形象和声音，以建立连续的一致的品牌形象。同时，成立伦敦品牌机构（London Unlimited），包括伦敦发展署、伦敦旅游局、英国贸易与投资总署、伦敦投资局、伦敦教育局、电影伦敦、伦敦奥组委，以及伦敦东区、南区、西区、北区、中区发展分署等等。做到收放自如：工作人员都有双重身份，可以迅速集结，又可以快速解散，不仅节约管理成本，更由于其工作人员的双重身份而使政府机构的行政部门都能够按照市政府所确定的品牌策略去执行。

第二是坚持包容性增长原则，并提出“100个伦敦市场”计划。伦敦市场是伦敦重要城市空间，既保持了浓郁的地方特色，又融汇了多个国家的文化特色，这几年逐渐成为伦敦旅游核心之地。这样，伦敦市场既是繁荣旅游经济的小马达，伦敦大都市区拥有350多个市场，出售商品种类繁多，成为繁荣商业系统的重要部分，有利于促进城镇中心的活力和乡村经济发展。又能解决就业问题，伦敦市场每年的营业总额4.3亿英镑，占全伦敦零售业总额的0.94%，并且提供7319个全职工作岗位。

（2）你方唱罢我登台——设计城市品牌，推介旅游产品

第一，构建金字塔城市品牌识别系统，确定“不断探索”是核心价值。品牌格调：开放、迷人、自信和动力无限。品牌价值：文化多元化、无限创造性、充满机会以及无穷积极的推动力。核心价值：不断探索。品牌形象：活力无限、变化无穷的万花筒。

第二，坚持多元化传播策略，渗透伦敦生活方方面面。政府传播，伦敦政府的每一个外事活动都是伦敦市政府不遗余力宣传伦敦的机会；伦敦市长每年都要安排出访计划，以宣传推广伦敦。媒体传播，BBC24小时不间断全球传播，为英国文化传播以及伦敦的形象传播起到了极其重要的作用。活动传播，节日庆典活动是伦敦城市营销的重要手段，如Regent Street的点灯仪式、每年8月的狂欢节、皇家庆典等已成为其特殊的“产品”，每年吸引了大量的游客，同时随着电视的转播使数亿观众更加深入地了解伦敦。

通过大伦敦地区建立国际旅游目的地的案例分析，可以看出：

（1）相关利益主体组成管理实体。可以是地方政府组织，如伦敦发展局、伦敦旅游局、伦敦议会等。也可以是相关组织，如伦敦自行车协会等。甚至可以是国家政府，如英国旅游部、英国发展部、奥组委等。

（2）伦敦奥运会从根本上带动整个英国旅游业。有效促进入境游客的持续猛量增长；大幅度增加了旅游业外汇收入；迅速提升了举办国的旅游品牌形象。

（3）城市品牌宣传多元化策略，树立伦敦良好声誉。在关于环境质量的城市品牌指数中，伦敦高居第13位。然而实际洁净程度调研中，伦敦仅位居第102位。人们把伦敦想象成为世界最清洁的城市之一的事实清楚地显示了伦敦城市形象和品牌的强大力量。

2. 大巴黎地区打造国际旅游目的地

多年以来，法国一直保持着世界第一大旅游国的地位，是世界上旅游业最发达的国家，也是世界第一大旅游目的地。首都巴黎一直是世界上接待游客最多的城市之一，是世界第一大国际会议中心，是时尚之都、浪漫之都。据WTO数据，巴黎2011年到访外国游客2890万人次，2015年升到8500万人次。旅游总收入达460亿美元，创下新纪录。巴黎是世界上举办各种展览会最多的城市，巴黎的经济与政治、健全的设施已经让其连续多年成为全球第一大国际会议中心。美国普华永道国际会计事务所（PwC）公布了“2016年机会城市”研究报告，巴黎在世界最具吸引力的城市中排名第四。由万事达（Mastercard）揭晓的2016全球目的地城市指数中，巴黎位于欧洲最佳城市之列。光明之城巴黎以近30%的造访比例位列欧洲第一大商务目的地。

（1）巴黎五大资源禀赋具有极大吸引力

①遗产资源，37座桥梁；10100吨钢铁构建的埃菲尔铁塔；465个公园和花园；2000种动物；6500年的历史。

②文化资源，杜伊勒里公园拥有200座雕像和器皿形浮雕；卢浮宫陈列有36 000件作品；200座教堂；1360万游客参观巴黎圣母院；每天有15 000人经过卢浮宫博物馆的《蒙娜丽莎》画作前面。

③时尚潮流及购物，25 000位艺术家定居巴黎；每天有超过10个摄制组在巴黎的5000个场地拍摄；各种时装博览会期间有100 个国家的人员参加；13区的街头艺术之旅沿线装饰有25幅壁画；17 500间商店，4个大型百货公司；12%的非欧盟游客可以享受的退税额；每年82天的大减价活动。

④商务会议/大型活动，每天300多场活动；130万人走上街头参加不眠之夜活动；3000吨沙子打造巴黎沙滩；2015年统计举办了1004场大会；15个会展中心；60万多平方米的展览面积。

⑤外出休闲娱乐活动，巴黎歌剧院每年上演450场演出；每天放映500部电影；5738家餐厅；每天提供100次乘船巡游活动。

（2）巴黎世界会议之都为旅游业带来极大的市场空间

近年来，法国一直保持着全球第一大国际会议中心的地位，会议会展的蓬勃发展，为法国旅游业带来前所未有的发展机遇。在国际会议方面，根据国际协会联盟公布的官方排行榜，巴黎连续二十七年被列入世界会议之都。2012年，巴黎大区共举办1013场国际会议，场次首次破千，这些会议共为巴黎大区带来直接或间接收入约13.4亿美元。在会议会展方面，巴黎是举办展会、大会及企业活动的优选目的地。2017年，巴黎将创办盛大活动，每天有近300场活动在巴黎举办。

（3）政府职能明确，提出有针对性的政策，促进旅游业发展

第一，严格的旅游资源保护的法律和政策，使旅游业健康可持续地发展。如有关旅游的政府管理机构有：沿海委员会是具有行政色彩的公共机构，负责管辖海岸线，在一些敏感地区建立自然保护区，在旅游项目中及时考虑环境因素，维护地方传统的建筑风格。国家历史遗产和景点委员会是文化部下属的一家行政机构，旨在提高人们保护城市遗产的意识，促进文化旅游业发展。国家博物馆联合会是文化部下属的一家公共机构，主要致力于丰富国家博物馆的馆藏，鼓励人们参观、了解馆藏的艺术品。

第二，发行旅游支票制度鼓励法国人出游度假。如旅游支票可用于旅游消费者在国内旅游的食、住、行开销，而国家发行旅游支票的盈余，则专项用于发展旅游设施。由于企业或机构认购的旅游支票是作为福利发放给员工，这样既刺激了外出旅游的需求，也对法国国内旅游的发展起到较大的促进作用。

第三，在资金、政策等方面扶持旅游业的发展。法国每年为旅游资源保护和开发的开支为约200多亿法郎，除了文化遗产和博物馆的专项拨款，其余都作为开发费用。法国的文物古迹保护和宣传等都有国家补贴，还可向欧盟争取一些旅游发展资金。

第四，简化一些国家公民的赴法手续。例如根据政策，中国的旅行社只要检查旅客的家庭收入证明、身份证、户口本、单位营业执照原件，向使馆递交以上资料的复印件即可，减少此前必须向使馆递交资料原件的手续。

（4）丰富创新的旅游宣传促销方式，促进法国旅游业的发展

①重视本地化“窗口宣传服务”。法国国内的旅游办公室达到了3600多家，数量居欧洲第一。游客可以在办公室索要地图或介绍手册，询问当地景点名胜、食宿交通等情况。

②设立法国旅游宣传网站。法国专门推出了“法国之家”网站，负责拓展旅游。法国还在网站上了推出法国旅游景点的虚拟游览功能，提供相关会员机构的宣传。

③专门负责拓展旅游的“法兰西之家”。法兰西之家在28个国家设有33个办事机构，每年要在法国和世界各地组织2000次左右的活动。法兰西之家北京办事处设立

于1998年，旨在中国常年宣传法国旅游业。

④通过世界各地建立“法国文化中心”宣传法国旅游。“法国文化中心”通常是法国在世界各国重要城市的中心地区所建立或者租赁的优美建筑，旨在世界各地传播和宣传法国文化、推广法语教学，从而也促进法国旅游业的发展。

⑤前往世界各国举办法国旅游业推介会。法国旅游局已经连续多年在中国多座城市举办“法国旅游产品推介会”。通过多媒体和各种图册资料向媒体和旅行社代表展示多姿多彩的法兰西，鼓励中国游客前往法国旅游。

最后，通过分析巴黎城市建设国际旅游目的地的案例，得到如下启发：

（1）针对性的旅游政策，促进旅游发展。发行旅游支票，鼓励人们出游度假，简化部分国家签证手续，提供入境旅游方便。

（2）举办大型国际会议会展活动，带动旅游发展。通过举办大型国际会议、会展活动，提升目的地形象，增强知名度，使会展举办地吸引众多人群的注意力，发展成为旅游胜地。

（3）丰富旅游宣传促销方式，谋求旅游长期发展。针对不同客源地，制定国际、国内两种营销策略，有针对性营销。线上、线下结合，将现代媒体和传统方式相结合，加大旅游宣传促销力度，大力开拓国内外旅游客源市场。

3. 云南省打造国际旅游目的地

尽管云南省属于全国经济欠发达省份，但全省的旅游经济总量和规模一直居全国前几位，尤其是在国际入境游的人次和国际旅游外汇收入方面，一直排在全国前10强之内。如与四川相比，国内游客人次四川高于云南，但云南省境外游客人次远超四川（图15）。云南省已形成一系列在国际上比较知名的旅游胜地。旅游业成为云南省最具发展活力和潜力的产业。云南旅游业发展一直处于全国领先地位，是我国旅游业的品牌和标杆。

云南旅游业发展经历五个阶段：影视作品形象阶段、起步创业阶段、加快发展阶段、建设旅游支柱产业阶段和实施“二次创业”阶段。①20世纪50年代至20世纪60年代，影视作品形象阶段，以《在西双版纳密林中》《阿诗玛》《五朵金花》为形象代表。这个时期云南的旅游形象主要通过影视作品进行传播。②1978–1988是十年起步创业阶段，宣传口号有“不到版纳，不算到过云南”以及“苍山洱海、白族风情”。③1989–1995七年加快发展阶段，形成了滇东昆明–石林、西双版纳、大理三

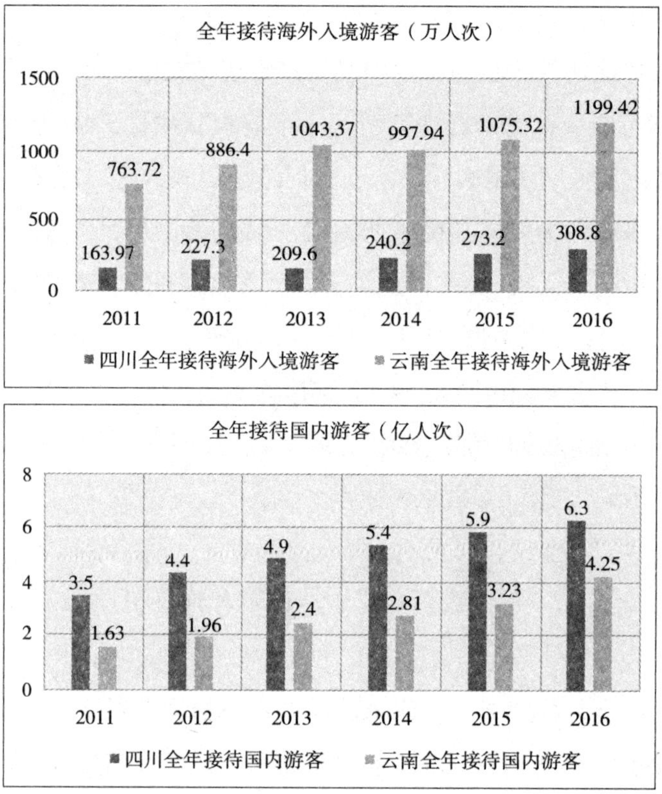

图15　云南与四川国内旅游与海外入境旅游比较

足鼎立的格局。整体上仍以自然山水组合为宣传重点。④1995−2005十年建设旅游支柱产业阶段。以“彩云之南”“七彩云南，永远的香格里拉”“七彩云南，快乐天堂”“七彩云南，旅游天堂”为推荐重点，保留资源主导型创意模式，体现旅游自然资源和文化资源的丰富多样。⑤2005−至今，重点推荐“彩云之南，万绿之宗”“昆明天天是春天”，云南谋求从旅游大省到旅游强省的转变。人们把这之后的阶段又称为云南旅游的“二次创业”阶段。

云南“二次创业”重新激活云南旅游业发展。①在空间格局上，全面布局，重点开发。开发重点包括：滇西南旅游区扩大对外开放，加强与周边国家区域联系；滇西北培育更新的精品旅游线；滇东旅游区加大旅游宣传力度；滇中地区推进度假游和特种游。②产业策略上，全省集中资源，完善交通基础设施；增加旅游购物业在旅游收入构成中的比重；支持餐饮业优势，调整优化住宿业；保护旅游景区景点的旅游文化资源和自然资源；加强旅游业内部各行业的互动；增强旅游企业竞争能力。③二次创业期间，注重小镇建设、新型综合体建设。

具体做法：①打造“七彩云南”文化品牌，“美丽的西双版纳”形象塑造，香格里拉品牌的成功打造，“七彩云南，旅游天堂”整体形象的宣传，让云南旅游文化蜚声海内外，吸引力大幅度增强。②文旅融合打造精品项目，加快推动民族文化、地域文化、历史文化资源的旅游化进程，打造10大历史文化旅游精品项目，将特色演艺、节会以及全国乃至国际性学术会议等多种载体做成品牌。③综合改革试点建设，全力推进省级层面腾冲、抚仙湖—星云湖、四个综合改革试点地区建设，在管理体制和运行机制、旅游产品转型升级、休闲康体度假基地和旅游新业态创新等方面先行先试。④城镇上山旅游用地供给，从2013年起，每年预留1万亩用于省委、省政府确定的重大旅游项目建设，结合城镇上山，要求城乡建设用地增减挂钩试点、低丘缓坡土地综合开发利用试点项目向省级重大旅游项目倾斜。⑤加大政策资金支持，云南省旅游发展资金在现有每年2亿元的基础上，从2013年起每年递增1亿元，到2017年达到7亿元；旅游宣传促销经费在现有2000万元的基础上，从2013年起每年递增1000万元。

“五个率先”打造云南国际旅游发展新模式，云南旅游走出一条“政府主导、产业转型、整体营销、综合改革、高位推进、融合发展”的新路径。云南省的“五个率先”：①率先确立支柱产业。1995年，将旅游业列为全省四大支柱产业之一。②率先推行政府主导型发展模式，成立省级层面的旅游产业领导小组。③率先积极探索产业转型升级，打造一批观光和度假相结合的旅游精品，加大了文旅融合力度。④率先开创旅游目的地整体营销先河“美丽的西双版纳”“香格里拉”“七彩云南，旅游天堂”。⑤率先拉开省级旅游综合改革序幕，2009年云南成为全国首个以产业为主线的旅游综合改革建设试点省份。

从云南建设国际旅游目的地的行动计划中，可以得到启发如下：

（1）政府主导，超前决策建支柱。20世纪中期，意识到“烟经济”单一产业结构的风险性，把旅游业作为重要产业发展，“九五期间”，明确将旅游业列为全省四大支柱产业之一培养。2004年，提出建设旅游经济强省。

（2）创造热点，强化促销招客源。确定创造热点、强化促销、招揽客源的市场开拓战略。从昆交会，到中国99昆明世博会和中国昆明国际旅游节的举办，不断创造新的“亮点”和“卖点”。

（3）遵循规律，全民旅游全民办。始终坚持国家、地方、部门、集体、个人及内资外资一起上方针，正确划分公共性投资和经营性投资；改善投资软环境，拓宽旅游开发的投融资渠道，吸引大量社会资本和外资。

4. 海南省打造国际旅游岛

20年来，海南省旅游产业地位和作用不断提高。旅游业发展带动现代服务业的发展，逐步成为海南经济发展的主导产业，以支撑海南经济的长期可持续发展。海南省旅游发展经历了萌芽阶段、起步阶段和发展阶段。

在萌芽阶段，1981年我国将海口和三亚作为我国的冬泳度假区重点先行建设。1986年1月，海南作为全国重点旅游区被列入国家“七五计划”。1988年4月，海南建省办经济特区，旅游业被作为工农贸旅并举的四个支柱产业之一。从1988年建省办经济特区到1991年，海南客源主要是商务、公务客和观光客。

在起步阶段，海南提出“度假休闲在海南”的宣传口号。1996年，定位“一省两地”，即新兴工业省、中国热带高效农业基地和中国度假休闲旅游胜地。1997年，旅游业成为海南的支柱产业和经济基石之一。2000年，《海南省旅游发展总体规划》提出“冬季到海南来戏水”的口号。

在发展阶段，2002年4月，海南提出“旅游业是海南最具特色和竞争力的优势产业之一”。2003年，打造“健康岛”和“健康旅游”品牌，推出“健康与美丽同行”。与此同时，省委省政府提出了“旅游转型升级，转变旅游发展方式和优化旅游经济结构，旅游产业转型和旅游产品升级”等发展战略。2008年4月25日，海南省政府举行新闻发布会，首次发布了《海南国际旅游岛建设行动计划》。按照中央国务院布置，海南确定“国际旅游岛”目标，有针对性地制定行动计划，全面启动海南国际旅游岛建设，同时也拉开了国际旅游目的地建设的序幕。

根据行动计划，海南国际旅游岛建设的基本内涵有三点：①确立新目标，旅游业方面与国际接轨，实现“服务零距离、管理零距离、景区零距离、产品零距离”，把海南建设成为“旅游开放之岛、欢乐阳光之岛、休闲度假之岛、生态和谐之岛、服务文明之岛”。②建立新体制，旅游发展与管理的体制机制符合国际惯例。③实行新政策，对外实行以“免签证、零关税、放航权”为主要特点的旅游开放政策。在此基础上，行动计划明确海南国际旅游岛建设三个阶段性目标：到2013年，建成国际旅游岛的雏形，入境游客占全省旅游接待人数的10%以上，旅游外汇收入占旅游总收入的20%以上；到2018年，基本建成国际旅游岛，入境游客占全省旅游接待人数的20%以上，旅游外汇收入占旅游总收入的30%以上；到2028年，建成世界一流的国际旅游岛，入境游客占全省旅游接待人数的30%以上，旅游外汇收入占旅游总收入的40%以上。行动计划也提出了近期重点落实的几项主要工作：一是构建通向世界旅游市场的便捷通道；二是加快推进旅游要素的国际化改造；三是构建国际化的旅游服务保障体系，同时创新旅游管理的体制机制。

明确海南旅游目的地在全国乃至世界范围的定位，需要做到：①有效整合海南的海岸带景观、山岳热带原始森林、珍禽异兽、水库风光、火山温泉、名胜古迹、民族风情、热带作物以及田园风光九大特色资源。②转变传统的观光旅游模式，稳定和发展休闲度假旅游模式。③发挥海南的黎苗族文化优势和商务会议的良好环境优势，发展文化旅游和商务会议游，力争把海南建设成为以休闲度假、商务会议、文化旅游为主要功能、兼具观光功能的具有国际知名度和影响力的旅游目的地。④继续保持旅游业对海南省国民经济要素贡献，分别从产品、服务、人员、形象各方面提升质量，使海南真正实现从旅游资源大省向旅游资源强省的历史性转变。

海南建设国际旅游岛的资源基础，有八大优势、三大核心吸引物。八大优势包括生态优势、经济特区优势、国际旅游岛、海上丝绸之路战略支点、热带资源、博鳌亚洲论坛等优势，海洋旅游，多规合一。三大核心吸引物分别是：①天然气候海洋自然资源优势：海南具有“天然大温窖”之称，且具备五大度假旅游要素，分别是阳光、空气、海水、沙滩、绿色，以热带滨海景观为主要特色，全年均适合旅游。海南的潜水条件得天独厚，被国际旅游潜水专家认为是南太平洋上最适合潜水的旅游地之一。拥有国家级猕猴自然保护区——陵水县的南湾猴岛。②海南具有丰富的人文景观和悠久的历史，在其自身发展过程中，全面认识区域旅游文化，制定科学的旅游文化发展规划，注重培育文化景观。有东部琼海、万宁的“水文化”；南部三亚、陵水、保亭的“黎文化”；北部海口、文昌的“椰文化”；有与海洋相关的蓝色文化、与森林相关的绿色文化、与中原地域相关的黄色文化，还有与海南革命史相关的红色文化。③海南旅游目的地凭借宜人的气候、优美的自然景观、舒适的环境，举办过丰富多彩的节事活动。目前已有的节庆活动有：中国海南岛欢乐节、中国南山长寿文化节、海南国际婚节礼节、第十四届中国金鸡百花电影节。

经过几年的国际旅游岛建设，海南旅游形成了三大发展模式：①全产业融合模式。农业和二三产业深度整合，全产业链推动旅游购物；传统农业由观光农业向休闲农业演化，农业资源转变为旅游资源。农业+旅游，产业深度融合，提高农业投入产出比。②全季节营销模式：多元化推广策略应对入境旅游季节性差异。线上线下、传统媒体与新媒体相结合的立体化营销渠道。打造精品旅游品牌；强化旅游目的地形象宣传和品牌打造；根据热点时事采取事件营销策略等多元化的推广策略。③可持续发展模式：保护生态环境，走可持续发展的道路，政府重视推行生态保护和环境永续理念。强化对入境游客进行环境保护的宣传教育工作。

从海南建设国际旅游目的地（岛）的经验来看，以下四个方面是需要认真学习的：

（1）认知度提升，通过打造游客们熟知的独特形象，使游客在众多的旅游地中选择海南作为目的地。

（2）吸引力扩张：强化旅游目的地的旅游吸引物，用“旅游磁铁”吸引游客，增加停留时间。

（3）丰富的活动：结合游客旅游动机，提供使之感兴趣的各种各样的、多元的令他们感兴趣的白天和夜间活动。

（4）行动方案：海南政府和目的地管理机构都拥有一个营销计划，使用高度专业的方法来吸引和服务游客。

5. 我国其他省份建设国际旅游目的地的做法

（1）贵州省通过文化生态融合建设国际旅游目的地

“十二五”“十三五”期间，贵州省旅游总收入、接待总人数年均增幅分别达29.4%、27.9%，均超过全国增速10个百分点以上，同时旅游业总收入在GDP中占比高达27.3%，形成“保护一方山水、传承一方文化、造福一方百姓、促进一方经济、推动一方发展”的“贵州特色”。在此期间，贵州提出了建设国家公园省的设想，同时利用喀斯特世界自然遗产及周边山水组合优势，重点推广避暑旅游、苗侗风情等旅游产品。

具体做法：①建设国家公园省，按照国家“文化旅游发展创新区”要求，建设国家公园省，由系列旅游产品、几百个旅游小镇与民族特色村寨、国家公园道等系列项目和产品体系共同支撑。②发展生态乡村旅游。生态和乡村融合，推出了一批如贵定音寨等以田园风光为主的乡村观光型产品、余庆“四在农家”等以农事体验为主的乡村体验产品、遵义桐梓等以体验度假为主的休闲型产品。③打造“5个100”工程。从2013年起，贵州把重点打造“5个100工程”作为发展平台，除100个特色旅游景区之外，还有100个城市综合体、100个示范小城镇、100个产业园区和100个现代高效农业示范园区都将是旅游产业的支撑点。④旅游产业发展大会工作机制。2006年起，贵州坚持以一年一届旅游产业发展大会为重要载体，先后在基础设施、生态环境、接待能力和旅游产业发展等方面进行提速建设，形成“贵州旅游发展模式”。⑤打造大交通环。以贵阳为中心7小时高铁圈形成，“一干十三支”航空网络的构建，贵州旅游“大交通”难题将得到解决。在未来的三到五年，贵州旅游的潜力将会爆发式释放。

（2）山东省强化营销注重品牌建设，建设国际旅游城市目的地

2005年，山东旅游总收入突破1000亿元大关，成为全国第6个收入过千亿元的旅游大省，“十一五”期间，旅游收入步入第三个千亿元台阶。“十二五”后期2013年，全省旅游收入突破5000亿元，在全国排名第四位。成功打造出“好客山东”旅游品牌，成为全国旅游品牌营销的典范。可借鉴的经验如下：

①旅游目的地建设。深入开展以创建最佳旅游城市、中国优秀旅游城市、旅游强县、旅游强乡（镇）、旅游特色村等为主要内容的“五级联动创优工程”旅游目的地建设。

②绑捆营销，开展“联合推介、捆绑销售”，把省、市、企业分散和有限的资金集中起来实施捆绑宣传，打造强势宣传板块，形成集群宣传效应。

③贺年会活动营销。2010年“贺年会”活动全省铺开，立足于对传统“年文化”以及齐鲁特色的年节民俗文化的继承和发展创新，通过旅游产品发挥旅游产业在更新消费观念、培育消费热点、拉动消费增长中的重要辐射带动作用。

④新媒体营销，与国内外知名网络媒体建立合作机制，搭建“好客山东旅游旗舰馆”和营销平台。利用微博、微信、新闻客户端、手机报、手机应用等移动互联网渠道开设山东旅游营销平台和信息服务平台，走在全国前列。

（3）福建省聚集生态、海洋、对台三大优势，建设国际旅游目的地

2012年，福建省旅游收入居全国第13位，旅游总人数居第21位，旅游收入居于全国中游水平，入境旅游收入和接待入境过夜游客量均居全国第6位，位于全国前列。新时期，福建省旅游发展定位是我国重要的自然和文化旅游中心、全国生态旅游创新区、海峡两岸旅游交流合作创新区。优势资源包括海峡旅游、滨海度假、客家文化等。可借鉴经验如下：

①对台旅游先行先试典范。自2004年以来，福建省先后启动福建居民赴金门、马祖、澎湖地区旅游，成为大陆居民赴台旅游的首批省份，厦门、福州成为两岸包

机直航航点，口岸优势得到持续发挥，打造“小三通”为两岸双向旅游的黄金通道，成为对台旅游先行先试的典范。

②大力推进智能（慧）旅游建设。早在2010年，福建省就已率先提出建设“智能旅游”，创新旅游产业发展方式，发展智能旅游交通管理、智能导游、电子门票、移动支付、多点通信等系统，全面提升旅游城市、旅游景区和旅游企业的智能化水平，建设“智能旅游”强省。

③全省旅游景区整治提升。2010年全省旅游“大干150天”，景区整治提升取得阶段性成效、重点项目建设稳步推进、重点区域发展在大干150天中提速。多个设区市旅游项目招商取得新的突破，沿海动车游、滨海旅游线效应明显，大武夷旅游区的品牌影响力逐渐升温。

④大力推进县域旅游，福建全省高度重视县域旅游经济发展工作，推动旅游目的地建设，成功打造了泰宁模式、永定之路等县域旅游发展，加快建设集散中心和旅游配套要素，加大公共服务体系建设，加强景区间交通、酒店、资讯系统的建设。

（4）四川省突出休闲，注重民生

四川自古就有“天府之国”之美誉，是中国西部门户、大熊猫故乡，旅游资源丰富，是我国“美食之都、休闲之都”。2007年成为西部地区首个、全国第八个旅游总收入跨千亿的省份，2010年旅游总收入达到1886.09亿元，比2005年（721.26亿元）增加1164.83亿元。四川省旅游“十三五”规划提出，通过构建现代旅游产业体系，提出建设世界旅游目的地。四川旅游对外的认知符号包括：四川好玩、休闲之都、天府之国、美食之都。具体做法如下：

①大力发展休闲度假旅游产品。围绕市民需求和游客需求，四川省大力发展都市休闲游和城郊游，尤其注重开发城市公园、文化广场、特色商业街区等城市休闲产品，合理配置城乡休闲设施与休闲空间，积极培育城市特色休闲街区和夜间旅游休闲集中消费区。

②强力推进旅游目的地城镇建设。成都市近年来，已经逐渐成为中国的休闲之都、美食之都，未来将打造“世界美食之都”，围绕建设世界现代田园城市的目标，加快推进旅游现代化、国际化进程。同时，全省形成了一批区域性旅游目的地城市及系列特色旅游小镇。

③实施旅游精品战略。通过创新投融资体制，启动民间资本和以景区门票作质押获得银行贷款支持等多种途径，加大精品景区建设投入。九寨沟景区获抵押贷款

20亿元，都江堰景区获抵押贷款18亿元，峨眉山和乐山大佛景区获抵押贷款13亿元用于景区建设。

④重视旅游休闲娱乐发展。四川省突出当地的民俗风情和地方文化特色，策划多种夜间娱乐主题项目和旅游演艺产品，延长游客停留时间，成都市及乐山市等利用高科技手段，推出面向游客的1—2个常年演出的城市大型文娱活动或夜间娱乐节目。

沂蒙精神的国际化认知与实现路径

本文系作者在2018年11月中俄临沂红色旅游合作交流会的发言整理

红色旅游是我国旅游产业的重要组成部分。随着我国旅游国际话语体系的确立，红色旅游的国际化提上日程。什么是红色旅游的国际化？它是红色文化的国际化、中华精神的国际化，它与国际通行的爱国文化、民族史诗、先贤英烈具有等同的价值和位置。

一、红色旅游国际化的重点

通过对奥林匹克精神、欧洲“二战”纪念等国际文化确立过程的案例研究，不难发现红色旅游国际化的若干重点：

（1）寻求共同价值，从“国内”走向“国内外”的共同价值。从世界历史文化、精神传承中寻找“中国民族精神、中国红色文化”的位置，重构“红色精神”与“红色文化”的内涵和解说词。中国红色精神和红色文化要从“追求民族独立的抗争、世界反压迫的重要一环、世界战争的一部分”三个层面建立最广泛的国际认同，把“中国人民争取民族独立、中国人民反法西斯、中国人民不屈不挠抗击侵略者”与国际民族独立运动、世界反法西斯抗争以及世界战争战役联系起来，开发具有“国际普遍意义、广泛国际认同”的产品和核心吸引物体系。诸如伏尔加格勒围绕“二战”共同语言，立足“二战东部占线的转折——斯大林格勒战役”从二战遗迹、攻防战等方面展开陈列、纪念、体验项目开发，取得成功。

（2）充分挖掘、升华“红色精神、红色文化”内涵。红色精神、红色文化内涵应当体现“民族情感、家国情怀、热爱和平”三个层次。一般的红色文化体现民族情感表现是追求民族独立的抗争；体现家国情怀表现为抗击侵略的不屈不挠；体现热爱和平的是世界反法西斯战争的重要组成部分。

（3）注重“红色”与时俱进，引入科技元素、时尚元素。“红色”具备与时俱进的本质，科技元素、时尚元素的引入拓展了“红色”的时代张力。从科技手段到科技产品，科技元素为红色注入新动能；而自媒体、网红等时尚元素又为红色带来“粉丝效应”。

（4）延长产业链，做大“红色超级IP”集群。红色旅游的国际化需要“文化创意产业集聚发展”，以“红色为主题的大IP集群”是红色旅游国际竞争优势的核心支撑。例如博雅应用八大场景设计，勾勒延安市“超级IP系统”，立足红色又能“跳出红色”，通过场景内容构建、品牌人格进阶，以及超级IP商业变现，从而实现延安的全域旅游。

（5）重构营销渠道，强调与文旅电商、自媒体结合。随着“互联网+”和“旅游+”的纵深推进，文旅电商、自媒体以“灵活、高互动”的优势颠覆传统渠道模式，以“官网、APP、公众号”三种形态重构营销渠道。例如河南新县委托博雅智旅科技公司开发的微网站和APP平台，使“让将军之光辉煌新县”的品牌得到大力推广和宣传。

（6）要“引进来、走出去”结合，做活服务贸易和红色商品交易。第一，红色旅游国际化要“引进来和走出去”，把出境游和入境游有机结合，通过政策落地，“引进来”外商投资旅行社和旅游中介机构，鼓励国内旅行社/中介机构“走出去”参与主办国际交流活动，开展跨越国境“人车同步”自驾游活动；第二做好精准对接，组团“走出去”，举办推介会、说明会让世界了解中国红色文化，邀请境外国家的政府部门、旅行社、中介机构、媒体、考察团，“引进来”洽谈业务，一进一出推动红色旅游国际服务贸易体制机制的确立；最后是做好后勤保障，对接国际标准的VI导视系统、智慧系统实现无障碍旅游。

二、沂蒙精神国际化的基础条件

“蒙山高、沂水长，沂蒙山区好地方”。临沂地处长三角经济圈与环渤海经济圈结合点、鲁南临港产业带、海洋产业联动发展示范基地与东陇海国家级重点开发区域，是国务院确定的鲁东南中心城市，是具有滨水特色的现代工贸城市和商贸物流中心。

临沂红色旅游资源丰富、品位高，且分布广泛。十多年来，临沂以“沂蒙精神”

为根、以红色文化为魂，秉承家国情怀，深入开展红色旅游，打造全国红色旅游目的地（图1）。目前形成了“绿色沂蒙、红色风情、文韬武略、地质奇观、温泉康养、水城商都”六大主题板块旅游产品，并初步形成了以住、食、行、游、购、娱六大要素为主的配套产业体系，“旅游+”融合多样态并成为新的经济增长点。习近平总书记临沂考察中给予沂蒙精神高度评价，“与延安精神、井冈山精神、西柏坡精神一样，是党和国家的宝贵精神财富，要不断结合新的时代条件发扬光大”。沂蒙精神的国际化建立在一些基础认知之上。

山东省省委前身	八路军山东纵队旧址	大众日报创刊地	苏鲁豫皖边区省委所在地
中国四大根据地之一	孟良崮战役陈毅指挥所旧址	中共中央山东分局旧址	沂蒙山根据地纪念碑

根据红色旅游十年工作总结资料，临沂市红色旅游建设总投资16.7亿元，形成5A红色经典景区1家（沂蒙山旅游区）、4A级红色经典景区3家（莒南八路军115师司令部旧址暨山东省政府成立纪念地旅游区、蒙阴孟良崮旅游区、沂蒙红色影视基地）、3A级红色经典景区5家（平邑九间棚旅游区、沂南孟良崮国家森林公园、华东革命烈士陵园、沂水沂蒙山根据地旅游区、兰陵文峰山风景区）。

图1　临沂红色旅游典型资源、景区与开发建设

（1）沂蒙精神是人类精神宝库的重要组成部分。沂蒙精神是沂蒙人民在长期的革命和建设实践中形成的先进群体意识，是中华民族优秀文化的重要组成部分。“水乳交融、生死与共”特质概括预示着沂蒙精神是全人类的精神财富。无论是战争年代的“红嫂精神”“支前精神”，还是社会主义革命和建设时期的“厉家寨精神”，以及改革开放新时期的“九间棚精神”“沈泉庄精神”“经济开发区精神”“兰田商城精神”等，沂蒙精神都能随时代一起脉动，不断汇入新的时代内涵，具有强大的生命力。

（2）在沂蒙革命老区发生的许多可歌可泣的军事战役，足以成为国际军事教科书的经典案例，载入史册。奠定台儿庄战役胜利基础的临沂保卫战、沂蒙山反扫荡战役、大青山战役、孟良崮战役，十万英烈血洒疆场，乡乡有红嫂，村村有烈士，百万人民拥军支前一大批英雄群体让世人动容。

（3）沂蒙地区的文化基底之齐鲁文化，是中华文化荟萃，当然也是世界文化森林中重要一极。“天行健，君子自强不息”的刚健进取，“三军可夺帅也，匹夫不可夺志也”的爱国气节，“天人合一”的知性和谐、民贵君轻的仁爱民本，“尚德义、敦教化”的齐鲁文化在中华文化舞台上扮演了十分重要的地位。

（4）沂蒙老区走出来的历史人物，当称世界伟人。主张“孝恕忠信”的曾子在儒学历史上占有重要地位，尊奉为儒家“圣宗”；颜真卿的“颜体”、王羲之的“精研诸体自成一家”，影响深远；更有蒙恬、王导、诸葛亮、王广利、邱志明等等，可谓“人才济济、圣贤辈出”。

（5）（山东）临沂地区旅游产业国际化做法是中国业界的标杆。临沂借助体育事业（滑水）走向世界，成功举办中国临沂国际滑水公开赛（国际A级赛事），并被授予“世界滑水之城”殊荣。此外，临沂商贸会展业兴旺，成功举办的临沂书圣文化节、国际商贸物流博览会、中国国际会展等各类展会170个。

三、沂蒙精神实现国际化的路径

（1）理念创新先行，重新定义“资源”，重构红色旅游为主线的临沂旅游内涵。我国红色旅游国际化进程，首先要在全域旅游理念指导下创新理念，放大“红色内涵”，拓展“红色空间”。就临沂来讲，需要重新定义“资源”，包括红色的、绿色的、古色的等等，境内一切资源，通过“临沂古今文化”的资源挖掘，丰富“临沂旅游内涵”。具体的，围绕“沂蒙精神+”，纵横关联联想，诸如军事基地、革命根据地、军事游、军民鱼水情等；围绕“商贸物流+”，拓展商贸游、会展游、购物游等；围绕“华夏文明+”，拓展古军事游、书法游、名人游、故居游、华夏文明游学体验等；围绕“地质遗迹+”，拓展自然生态游学体验、地质奇观、学术会议、研讨会等；围绕“温泉地热+”，拓展花式温泉游等。从文化内涵到旅游文化再到旅游产品，重构临沂旅游发展的核心竞争力。

①深挖沂蒙精神的核心价值观，重塑人类命运共同体的价值体系。从吃苦耐劳、自强不息、无私奉献三个维度解析沂蒙精神，以民拥军、军爱民为主线构建互助友善的人类命运共同体价值体系。

②用“爱民族、爱国家、爱和平”升华沂蒙精神。沂蒙精神更进一步挖掘与整理，以爱民族、爱国家、爱和平为纲，以水乳交融、生死与共为绳，升华“吃苦耐劳、自强不息、无私奉献”的沂蒙精神。

（2）创新驱动，通过“红色旅游+”放大提升区域价值。旅游开发的重点从资源要素向产业要素转移，以创新为引领，通过“旅游+”形成“泛旅游产业整体发展格局”，提升区域价值。我们在区域旅游经济开发中一直坚持“文化创意旅游产业”四位一体的思想，“产业”是旅游开发的最终目的。一方面强调旅游产业体系的有机组合，另一方面强调旅游与国民经济各产业的融合放大。这就要求，红色旅游“泛产业”创新包含上述两个方面的融合放大。临沂的“红色+旅游”有一定的萌芽，而“红色+产业”、“产业+红色”有待进一步促进，需要从四个方面加强。第一，要充分利用旅游产业基础，红色+山水游、红色+古军事游、红色+历史文化等等，将红色串联到临沂旅游精品旅游线路中，相互促进，以红色旅游、商贸旅游带动温泉游、生态游、乡村旅游、城市旅游；第二，充分发挥沂蒙影视产业的优势，围绕“红色+影视”“红色+演艺”，创意影视产品、演艺产品以及互动参与式实景演艺产品等；第三，打造“山东中小学生德育教育基地”，以“教育+旅游”开发“临沂中小学生德育项目”；第四，创新“产业+红色”，利用新媒体开展临沂纪念品创意大赛、临沂旅游口号征集等等。

（3）延伸沂蒙精神，打造国际化的大临沂IP集。临沂已经形成了“红色旅游、华夏文明游、生态旅游、温泉康养、商贸旅游”健全的产品体系。接下来需要围绕“大美临沂”，通过“吃住行游购娱”以及“文商养学闲情奇”旅游要素的打造，关注品质旅游和旅游IP的创意拓展，构建多元化具有竞争力的旅游产品吸引物系统。首先，要围绕“水上运动IP、文旅IP以及红色IP”，打造“临沂文旅大IP”集；其次，在大IP的框架下创造“生活IP”“科技IP”“文创IP”“演艺IP”以及“衍生品IP”，最终构成面向国际市场的大临沂IP集群。

（4）按照国际标准服务创新提升旅游品质，应用科技+、创意+、时尚+，活化沂蒙精神。旅游品质的提升，不仅仅是产品体系的构建，还包括基础设施和软服务的配套。旅游是一种特殊的商品，品质价值要体现在精神、心灵上的享受。国内旅游产业长期关注接待设施的开发扩建，而忽视软服务的跟进。红色旅游目的是精神体验，革命教育、心灵启迪，这也是国际通行。旅游是放松、休闲、增长见闻，精神享受最为重要，不一定是豪华旅游。就临沂而言，要按照国际标准进行服务创新提升、旅游品质提升，重点是打造亲心和美的服务体系，推行国际服务规范。同时应用先进工具和手段，活化沂蒙精神。第一，通过“门户、APP、公众号”三位一体打造直销渠道，以与公众有效互动的增加来提升沂蒙精神影响力；第二，通过“声、光、电”结合的全景技术实现沂蒙精神实物的多样化展示、展览；第三，引入人工智能，VR/AR打造虚拟旅游场景体验。

（5）临沂红色旅游产品瞄准利基市场和区隔化市场，发动“传统媒介+电商平台+自媒体营销”三驾马车，打造立体多元营销体系。第一，进驻携程、途牛、去哪儿、驴妈妈、途家等在线旅游平台以及爱彼迎等民宿平台，提供相应的产品及其组合模式；第二，加入中国红色旅游联盟，抱团发力，提升中国红色旅游国际影响力；第三，锁定国际友好城市、国际滑水联盟等长期合作伙伴，通过常规化频繁互动达成“最广泛的互信”共识和理解；第四，与旅行社/中介机构合作，通过传统渠道推介标准化产品，以“包团价”实现薄利多销；第五，借助IP形象代言、真人秀、网红效应等新媒体，提升吸引力和影响力。

（6）政策落地，精准对接，提高临沂红色“国际旅游服务贸易”份额。一方面，争取外商投资旅行社/中介机构的许可权限，吸引外商到临沂投资设立公司；鼓励境内外旅行社/中介机构/旅游贸易公司定期举办国际青少年文化交流活动，在增进互信互谅的基础上组织境外青少年体验临沂经验；另一方面，赴俄罗斯、韩国及“一带一路”国家举办临沂服务贸易创新发展说明会，推介沂蒙精神、沂蒙文化；邀请俄罗斯、韩国及“一带一路”国家的政府部门、旅行社/中介机构、媒体、考察团到临沂交流、考察、踩线，洽谈业务。

（7）整合要素，全面推进，构建沂蒙精神的国际话语体系。从产品品牌、定制要素、赛事活动、合作平台四个方面，构建沂蒙精神国际话语权。①产品做品牌，即升级沂蒙山、华东烈士陵园、八路军115师司令部旧址、孟良崮、沂蒙影视基地等知名品牌产品，全新推出以民拥军、军爱民为核心IP的军民鱼水情产品系，以沂蒙红嫂为核心IP的沂蒙女儿情怀产品系，以及以齐鲁文化为核心IP的临沂历史文化产品系。②定制要素要丰满，打造沂蒙女儿等一批“临沂风情IP”；打造“蒙山山珍”、“沂水水鲜”等一批“临沂风物IP”；打造临沂炒鸡、八宝豆豉、临沂糁、一品三鲜鸡、蒜泥鱼、煎饼果子、摊煎饼、炸串、莒南驴肉、汆芙蓉黄管等一批“临沂风味IP”；促进沂蒙民居、红色民宿、康养民宿等融合发展，进一步丰富特色住宿业态。③国际赛事要提挡升级，梳理导入全球有效资源，做精做强临沂书圣文化节、中国（临沂）国际商贸物流博览会、中国临沂东夷文化节、中国沂河国际滑水公开赛、临沂国际马拉松赛、F1摩托艇世界锦标赛等。④搭建更广泛的国际合作平台，维护好与国际友好城市（纽约州纳苏郡、韩国镇海市、韩国平泽市、韩国军浦市、瑞典埃斯基尔斯图纳市、德国汉诺威、比利时罗莫尔市、丹麦尼堡市、瑞典爱斯基尔图纳市、匈牙利布达佩斯等）的交流合作，常态化一些年度交流项目；深化落实国际滑联等国际合作平台建设。

向着全域旅游阔步前行——博雅方略文旅集团全域旅游规划实践

本文系作者在2017年1月第六届博雅方略旅游论坛发言整理，本文发表于《中国旅游报》2018年5月24日A3版

【引言】党的“十九大”报告中提出我国社会主要矛盾已经转化为人民日益增长的美好生活需要和不平衡不充分的发展之间的矛盾。旅游是化解这一矛盾的重要力量，是实现“美好生活”的重要抓手。改革开放以来，“景区景点”模式为我国旅游业的发展壮大奠定了坚实的基础。然而今天，大众旅游下这种模式已不能满足游客的消费方式和需求。全域旅游顺势而为，成为大众旅游时代我国旅游业发展战略的一次新提升。

从“五大发展”理念到中国特色社会主义新时代，从“走向全域旅游”到“迈向优质旅游发展新时代”，全域旅游与国家战略一脉相承。2017年、2018年连续两年政府工作报告中都提及“全域旅游”，2018年国务院办公厅《关于促进全域旅游发展的指导意见》（国办发15号）出台，标志着全域旅游正式上升为国家战略。

北京博雅方略文旅集团（以下简称博雅文旅），聚焦文旅幸福产业，从事文化旅游与城市规划咨询服务、投资运营18载。2016年以来先后承担了数十个全域旅游规划服务与运营任务，既包括省级全域示范单位（如海南省、宁夏、青海等），也包括市级全域旅游示范单位（如延安、惠州、银川、天津滨海新区等）以及多个县区示范单位（如五常、阿勒泰、浑源等）。在规划服务的实践过程中，结合多年行业研究积累，博雅文旅对全域旅游战略的内涵理解日益加深，形成了自身对全域旅游的认知，并探索全域旅游建设实践的重点与路径。

一、我国全域旅游理论与实践回顾

2016年是我国全域旅游发轫之年。2016年1月19日海口会议提出中国旅游要从“景点旅游”走向“全域旅游”，5月26日在桐庐举行现场会可谓是“提速阶段”，9月9日至11日在宁夏中卫会议全域旅游进入“全面推进阶段”，至2017年8月4日在西安召开第三届全域旅游推进会，全域旅游发展观念实践得到进一步深化。从首批国家全域旅游示范区创建名单发布到第二批名单发布，再到《全域旅游示范区创建工作导则》出台，全域旅游跨越自发创建迈向规范化创建阶段。全域旅游已成为旅游改革创新的新平台。全域旅游是空间全景化的系统旅游。全域旅游本质是以特色旅游为核心的现代服务集聚发展，是统筹旅游与国民经济各产业的全面发展，通过“旅游+”，促进一二三产业的融合、转型与升级，构筑“旅游+产业”全产业链发展新空间。2017全国旅游工作会议提出“全域旅游要实施综合体制改革、全域旅游示范区创建、全域旅游全息信息系统建设三项重点工作”。长期以来，在“景区景点”模式下，旅游目的地强调“旅游资源”与“旅游设施”以及“游客停留和活动”，而缺乏“区域管理的理念”。全域旅游恰恰填补了这一缺口。从近二年来《中国旅游报》报道诸如泰安的“旅游+美丽乡村”模式、松阳全域旅游“古镇+民宿”模式、湖南衡阳的“乡村+”模式、苏州的“城景融合”模式、额济纳旗的“旅游+体育”模式，以及常州武进的“旅游+教育”模式，等等，全国各省、市、县、乡积极谋划各自的全域旅游格局，成绩斐然。

但是，在全域旅游实践如火如荼发展的同时，也显现出一些问题。博雅文旅在近几年全域旅游创建规划实践中，发现存在三个普遍的认知误区：第一，对全域旅游概念的理解存在误区，导致概念化、标签化、空泛化问题。将全域旅游错误理解成全面旅游，导致旅游定位大而泛，使全域旅游成为包罗万象的框子和万能钥匙，背离了全域旅游更加注重旅游业质量全面提升的内在要求。第二，跟风现象严重，存在表面化和形式化问题。各级地方政府积极响应国家战略推进全域旅游，比较重视全域旅游规划和推介，但是相应的内功与机制体制改革创新不足。第三，存在同质化和低端化问题。很多地方对自身优势和文化挖掘不足，在旅游产品的策划、业态规划和投资建设上生搬硬套，简单模仿，对旅游细分市场缺乏深入研究，与周边区域形成同质化竞争。

二、博雅文旅对全域旅游的基本认知

1. 全域旅游是旅游发展的高级形式

博雅文旅认为，全域旅游是地区旅游产业发展的一个高级阶段。从理论上讲，全域旅游思想来源于国际贸易中的要素禀赋理论，即通过盘活全域旅游资源，按资源禀赋优势，重组生产要素，扬长避短，从而构筑区域旅游产品的竞争优势。也就是说，全域要素可能通过资源要素与产业要素的组合，形成区域的相对优势。这种组合优势在面对区域旅游竞争时会产生短时的竞争优势。按照国家竞争优势理论，区域要素只是构成竞争优势的一个方面，而市场规模与成熟度、地区产业结构、企业商业生态环境也不同程度影响区域旅游竞争优势。因此，全域旅游是区域旅游发展的一种高级阶段，但绝不是最终形式。

同时，全域旅游建设需要具备一定的产业基础。创建全域旅游示范单位，就是要在宏观治理、行业融合和主体创新三个维度上对区域旅游进行提升。宏观治理方面，旅游在区域发展中的“角色”要从体制外走向体制内，强调以旅游为优势产业，通过“共建、共融、共享、体制、机制、协同”协调区域发展。行业融合方面，旅游要发挥国民经济中广泛关联的产业属性，大力实行“旅游+、创意+、科技+、设计+”，构筑以旅游为桥梁纽带的立体产业体系及业态创新路径。主体创新方面，通过产品创新、项目创新、服务创新、渠道创新与融资创新、人资创新、激励创新协同发展，构筑地方创新平台，推动全产业链价值实现。

2. 全域旅游的核心是“文化、创意、旅游、产业”四位一体集聚发展

文化为基础，以“具有普遍意义的文化”为核心，通过某种方式或从某种角度对主题文化形式及内涵加以产品化体现，构成旅游体验的文化内涵和旅游产品。发展全域旅游，首先应理清楚地方文化的“脉络”，找出文化特色。比如历史悠久的宁夏，古道遗址遗迹众多，黄河文化、沙湖、贺兰山岩画等特色文化旅游资源别具一格，博雅在其全域旅游规划中，通过对其“黄河金岸”的文化策划，整合伊斯兰回族文化、边塞文化，以及塞上江南、沙漠绿洲的独特自然条件，为其构筑出“两核两线多点”的网络化文化旅游发展空间格局。**创意是核心，**创新引领，“设计+、科技+”融合发展，大处着眼、小处入手，打造参与方共赢的地方产业生态圈，以“旅游”构筑地方独特的消费生活方式。**旅游是载体，**全域旅游要构建一个旅游支撑体

系、塑造地方特色旅游IP，打造一批旅游拳头经济区，发展一系列旅游创新小微企业集群。在博雅主持的威远全域旅游发展中，全域旅游战略重点是以九大旅游引擎项目和五大旅游支撑项目为核心，塑造“山水游乐、山地运动、休闲康养”三大特色品牌，打造石板河、俩母山、慈菇塘三大拳头景区，构建以“旅游通道、配套体系、集散中心”为代表的旅游支撑体系。**产业是目的，**全域旅游要以旅游产业集聚为目标，注重旅游产业要素融合发展，打破行业界限、行政界限、监管界限，促使区域要素“全产业”自由流动，构筑泛旅游产业全产业链整体发展模式。

3. 全域旅游发展必须具备“5个一”

第一，要有“一些文旅资源”。建设全域旅游必须具备优势资源，这种优势可以形成依赖资源本身的比较优势，也可以依赖资源组合形成要素禀赋优势，最终表现为地方旅游的竞争优势。如武隆县建设“国际旅游目的地”，资源本底就是基于其世界自然遗产地“喀斯特”独特的地形地貌资源禀赋。

第二，要有“一批较为成熟的景区/景点”。发展全域旅游的前提是具备一定的旅游产业发展基础，这就要求创建者有一批发展较为成熟的景区/景点。这些景区/景点是地方创建全域旅游的落脚点，是整合全域资源的核心纽带。如在嘉峪关大景区规划中，博雅文旅提出“一核多点”，以世界文化遗产、国家5A级景区——嘉峪关关城为核心，以悬臂长城—关城—长城第一墩构成的嘉峪关长城为纽带，整合沿线丰富的自然资源和厚重的文化资源，将嘉峪关打造成集长城文化观光、边关风情体验、休闲度假为一体的国际级文化遗产旅游目的地、国内优质复合型长城文化龙头经济体。再如，洛阳栾川县是第一批全域旅游示范县，2001年博雅文旅编制了第一版栾川县旅游总体规划，经过十多年开发建设，现在形成由2个5A、7个4A景区、多个3A景点景区构成的比较完善的景区体系。

第三，要有“几个文旅龙头”以及一批“有活力、创新型小微企业”。地区旅游离不开龙头企业的带动，整合资源，集中财力发展龙头企业是必要的。但同时，更需要一大批文旅小微企业，其作为产业发展新动能，能够推动大众创业、万众创新，激发市场主体活力和创造力。例如，在博雅文旅规划的长沙望城区全域旅游总体思路中，特别重视小微企业的作用，通过科技创新、产品创新，为望城全域旅游注入新产业、新业态、新模式。围绕“休闲农业”大主题，带动了规模以上农产品加工企业54家，农民合作组织413个，参与专业合作社的农户20 691户，望城区因此而成为了国际休闲农业论坛永久会址。

第四，“一下子能进入”。既有区际大交通，也有区内多个交通体系层叠，还有旅游交通组织与集散，即“最后一公里保证”，所谓“进得来、出得去、散得开”。随着我国高速公路、高铁、支线机场网络不断拓展，各地“旅游公路”“扶贫公路”以及“村村通”“绿道”慢行系统等多级体系的完善，交通可进入性得到了改善。博雅文旅注重全域旅游基础服务体系中交通集散点的选址与布局，强调各层级集散中心的相互联系与互联互通。

第五，要有“一个团结、真心做旅游的领导班子”。与《通则》中区域旅游规划要求不同，全域旅游不再只是文旅部门的事，而是要求调动区域各种资源，因此全域旅游创建又被称为“一把手工程”，这个就是顶层领导，即党委书记牵头，四大班子并举，协同政府各相关部门以及工商、税务等行政管理部门，既有全域旅游顶层架构和法规规范设计，也有资源导入、能力输入、品质提升。

三、全域旅游的重点与建设路径

全域旅游直面地方旅游经济，以问题为导向，重点解决发展问题、产业升级问题、资源优化问题，针对不同的问题严格落实到规划建设工作中的点点滴滴，避免千篇一律。因此，发现地方旅游产业存在的问题，发展的痛点，以及市场需求变化，是博雅文旅进行全域旅游规划的首要任务。显然，不同地区旅游产业所处的阶段不同，遇到的问题不同，旅游发展要解决的轻重缓急也不一样，所以各个地区全域旅游发展模式、创建的重点与开发路径也不一样，规划体例与规划成果也会相应发生变化。博雅文旅以“平台战略整合全域产业链”打造全域旅游的产业基础，以“四全四美”为全域旅游最终目标；在此基础上，结合地方旅游经济发展现状，探索以“八大品质提升工程”为主体的“走向优质全域旅游”路径。

1. 博雅全域旅游实践重点

（1）重点一：平台战略实现泛旅游全产业链发展

平台战略正在引发席卷全球的商业模式变革。平台战略的精髓在于打造一个完善、成长潜力强大的“生态圈”。旅游的平台战略要求打破传统旅游思维，突破门票经济，摒弃旅游产业链的单向垂直流向的桎梏，实现“旅游+”为主体的“泛旅游全产业链整体发展模式”，即从旅游需求和供给的链接点寻找赢利的契机，通过独特的旅游IP发酵及超级网络效应实现价值再变现的升华。通过产业渗透的方式，推动“旅游+产业”的功能互补延伸或要素重组，最终实现以旅游产业集聚为目标的旅游要素重组和以旅游为主导的地方产业融合。

（2）重点二：构建区域发展的“四全四美”

博雅认为全域旅游的最终目的是实现全域空间城乡美、全业融合产业美、全优产品体验美、全民共享生活美，即四全四美。

全域空间城乡美，指的是城乡发展一体化新格局的建构过程中，要以旅游为纽带，使城乡旅游互动互促，有效加强城乡间的空间联系，实现客源与服务在城乡间的良性循环。

全业融合产业美，指的是随着旅游产业的持续规模扩大，多元化与个性化需求的出现，出行的目的由传统观光，衍生出度假、体育、休闲等多元需要，促使旅游业与文化、体育、农业、工业等持续的融合发展，最终形成多领域、多产业融合发展。

全优产品体验美，指的是打造健康养生、避暑休闲、度假疗养、山地体育、汽车露营等各种旅游新业态，在传统旅游形式上，增加新的旅游产品体验，提升产品服务水平，以满足消费者不断提升的服务要求。

全民共享生活美，指的是旅游开始逐渐成为一种生活方式，浸润到人们生活的各个角落。全域旅游的兴起与盛行，人们在游客与服务者的角色间来回转换，既要使他们享受到旅游发展带来的生活水平提高的益处，又要享受到旅游这一新的生活方式带来的舒适。

2. 博雅全域旅游创建路径：打造八大工程，提升全域品质

旅游目的地吸引物体系优质化工程。该工程是全域旅游建设的核心工程，是走向全域旅游、走向优质旅游的必备工程。新时代倡导的全域旅游理念之下，旅游目的地的“一草一人一物”都可以成为旅游吸引物，让游客真正领略到旅游的真谛即异地生活方式。海南全域旅游建设中博雅提出“以海澄文、大三亚为两极的日月同辉，以旅游风情小镇和美丽乡村为主的满天星”为核心的“点线面”吸引物体系，成为国际一流海岛休闲度假旅游目的地的核心卖点。嘉峪关以“悬臂长城－嘉峪关关城－长城第一墩”构成“长城文化和丝路文化”有效整合，打造高品质复合型长城文

化龙头经济体。

旅游+工程：该工程包括全产业链体系打造和产业融合。产业体系的打造和良好发展是全域旅游发展的核心要义。旅游是关联性和带动性极强的产业，打造“旅游+”和“+旅游”的产业体系是构建全域旅游的重要手法。宁夏全域旅游发展中博雅提出的“四全模式”，即“全景覆盖、全业融合、全时体验、全民共享”，强调全域“旅游+”产业网建设，致力于沿黄城市的产业休闲化、旅游化以及旅游的产业化、全域化。产业融合是产业发展的现实选择。在大数据、共享经济、大健康等多种理念的影响下，产业融合是全域旅游创建的重中之重。在五常全域旅游规划中，博雅提出要突出“农、旅融合”，通过“农+旅”到“农旅融合”两步走，实现五常从农业到“农旅休闲、文化产业、体育产业、健康产业”融合发展。

旅游要素工程：该工程包括基本要素工程和拓展要素工程。基础要素包括“吃住行游购娱”；拓展要素包括“文商养学闲情奇”。沙湾全域旅游围绕“吃”倾力打造“大盘鸡”；秭归立足“住”，打造“精品农庄、休闲民俗村、自驾露营地”为主体的“多点并举”；甘肃针对“行”打造“自驾游体系”；海南围绕“自贸区”“免税店”做“购物天堂”；惠州针对都市休闲拓展游乐空间；磨平围绕养生养老资源，打造“康养老家”；黑河市立足“中俄交流”，打造中俄商贸双城；延安延展红色IP，做大做强“红色研学”；湖南凭借旅游产业优势，打造“国际一流生态文化休闲旅游目的地”；宁夏打造中华回乡、东方穆斯林风情；以及威远突出穹隆地貌奇观吸引力，整合休闲要素打造休闲度假目的地等等。

基础设施与公共服务配套工程：该工程是实现全域旅游的基础保障。全域旅游开发建设中强调基础设施体系、公共服务系统、自然生态系统、智慧系统（信息系统）、人居系统、旅游治理体系与现代旅游管理体系等七大系统的搭建与无缝对接。阿勒泰以“景城一体”为旅游发展指引，从咨询、安全、交通、便民以及行政管理五个方面修补“旅游大环境”的疏漏，进而构建全域旅游大格局。特别是“最后一公里集散工程”，它是基础设施和公共服务配套工程的重要组成部分。旅游集散问题是长期困扰我国优质旅游发展的瓶颈之一。全域旅游开发建设的重要任务之一就是破局“目的地”的拥堵问题，从全域全局出发，积极主动解决好游客的接驳不对称问题，构建“最后一公里”旅游集散服务体系。广元旅游依托“大九寨沟”，通过“创新+、科技+、服务+”优化“最后一公里”的“掌上”旅游服务，激发出“集散的经营价值”。

文旅形象与市场渠道工程：旅游品牌是旅游目的地形象的凝练与塑造，品牌对游客的消费决策有直接影响，进而会影响目的地的综合收益。湖南全域旅游通过大力发展以“锦绣潇湘”为品牌的全域旅游基地，将旅游业打造为湖南经济转型升级的先导产业、生态文明建设的引领产业、国民经济的战略性支柱产业。青海全域旅游发展中，博雅提出举全省之力打造“大美青海”品牌，把旅游融入青海社会经济全局，将旅游业打造成为青海经济转型升级的先导产业、生态文明建设的引领产业、乡村振兴的优势产业，最终成为国民经济的战略性支柱产业。延安全域旅游发展规划中，博雅从“延安超级IP”出发，创新文化内涵，用八大场景构建延安超级IP。吉安以“文化创意+文化影视+文化演艺”打造吉安大IP系统。山西省通过“文化主题活动”“新闻事件”“专题研讨会”“影视营销（虚拟旅游）”“文化演艺”“全媒体营销”与“新媒体互动”等多种方式，支撑“三晋文化崛起”。

城市“双修”提升工程：城市是全域旅游“点线面”的核心节点。以生态修复、城市修补为重点的“城市双修”，是对城市功能体系及城市空间生态圈的修复、弥补和完善，意在改善城市社会服务品质，恢复城市生态自我调节能力，实现城市历史文化脉络、社会经济网络、城市生态圈的和谐发展。银川作为整个宁夏全域旅游发展示范区的中心城市，其整体定位是丝绸之路国际著名旅游目的地及中国旅游休闲示范城市。在推进银川旅游休闲示范城市建设的过程中，博雅一是注重凸显宁夏首府的战略地位，强化城区旅游综合服务功能，大力发展高端商务旅游，开发生态观光、娱乐休闲、运动养生等旅游产品，强化城市休闲度假旅游目的地体系建设；二是通过对接现代休闲旅游市场发展新需求，重点从“游城、玩水、逛街、活夜、尚文”五个方面全面完善城市旅游休闲功能，实施品质旅游工程。在天津生态城建设规划中，通过衔接天津“北中国海上新门户”的定位，博雅运用生态经济、生态人居、生态文化、和谐社区和科学管理的第三社区中心规划理念，聚合国际先进的生态、环保、节能技术，规划打造自然、和谐、宜居的生活环境，建设经济蓬勃、社会和谐、环境友好、资源节约的生态城市，打造“天津生态城2.0版本”。

投融资工程：该工程事关全域旅游建设全局，回答全域旅游建设中“钱从哪里来”的问题，为全域旅游建设提供持续的资金支持。随着文旅投资风口的出现，大量资本进入文旅行业。但全域旅游需要的资金支撑度大，投入周期长回收慢。面向全域旅游的投融资工程包括社会融资（上市）、产业引导基金、PPP、项目信托以及资产证券化等。博雅在地方实践中积极引入“博雅金融”，为秭归、望城等全域旅游大项目提供咨询和服务。同时，博雅在大阳古镇、卦山悬空寺等开发项目中，积极实践“投资、规划、开发、运营”闭环模式推动大项目开发建设。

人才工程： 该工程是全域旅游走向优质旅游的内在因素。全域旅游人才工程包括产学研结合的定向人才培养、人才招聘和人才培训。博雅认为围绕一个地区全域旅游人才队伍建设，核心关键是人才培训，并积极参与到地方全域旅游人才培养的第一线，完成海南、宁夏、青海、延安、威远、广元、玉树、岫岩、阿勒泰、黑河等数十家省市县全域旅游培训项目，并受到学员的一致好评。

四、全域旅游走向与博雅的使命责任

新时代下旅游产业由大众旅游向优质旅游迈进，全域旅游是实现优质旅游的重要推进方式。随着科技、经济、文化和社会的不断进步，旅游消费者的需求出现多元化、个性化、碎片化等特征，全域旅游作为优质旅游的重要抓手，必将引领旅游市场的发展与创新。未来全域旅游中的科技和文化要素将更加凸显。第一，在旅游市场的倒逼机制下，越来越多的旅游目的地将“科技+”运用到极致，如VR、AR、3D打印等新技术在旅游业态中的创造性融合，从消费角度来讲是使产品对接市场，满足游客对新奇玩法的需求；从政策角度来讲则是在响应国家科技创新战略。第二，文化将成为全域旅游核心竞争力的关键要素，在文旅融合的浪潮中，独特的文化才是有效避免同质化的最好底牌。从消费者角度来讲，文化挖掘与塑造区别于传统的观光旅游，更加切合旅游者休闲度假的消费需求；从战略层面来讲，文化的挖掘与创新是弘扬中华文化的有效实践。

在新的旅游发展阶段中，博雅文旅将秉承幸福产业的引领者这一目标，凭借北京博雅方略旅游景观规划设计院，在规划设计、政策制定和理论研究层面为全域旅游探索新模式、新路径，为各地旅游经济发展的顶层设计提供助力；凭借博雅金融、智旅科技+天枢网的力量，推动全域旅游项目进行“规划+投资+开发+运营”闭环模式实践，为解决“融资难”提供有益尝试。博雅文旅平台将通过搭建全域旅游服务平台，争做中国幸福产业的引领者。

文化创意与区域旅游开发的商业模式—兼论惠州"好山好水好生活"

本文系作者在2014年12月在惠州市旅游大讲堂发言整理

文化创意产业是信息时代知识经济的产物，已经成为一个国家或地区经济发展的重要动力。自20世纪90年代作为一个新的产业概念被提出后，得到很多国家特别是经济发达国家和地区的重视，先后制定并实施了一系列文化创意产业发展战略和政策。加快发展文化创意产业是适应经济全球化时代市场竞争的迫切需要。下面的讨论关乎文化创意与区域旅游开发商业模式创新。

一、旅游开发中的文化问题：困局与冲突

有关文化与旅游融合的话题很大。首先我想谈谈文化旅游"繁荣"背后的隐忧，即"过度"的旅游开发会对文化造成极大的冲击，甚至会产生巨大的破坏力！本来，文化旅游产品应该是社会效益和经济效益相统一的作品，"文化和旅游"不能当市场的奴隶！

下面举几个例子。旅游开发成功的案例，业界比较推崇的是西安曲江模式。曲江文化旅游开发的商业模式无疑是比较成功的！西安历史文化厚重，类型丰富多样，拥有许多旅游开发的稀缺资源，西安许多文旅工作者和专家学者为此做了大量的基础研究和创新性工作，值得称赞。但是，曲江旅游开发模式成功的背后，有着强大的旅游地产支撑，如果做不好，就会留下钢筋混凝土的仿古制品，可能会打破了人们对古建历史的认同感、归属感、敬畏感。如果其他地方争相模仿，即文化遗产"被曲江化"，就有可能伤及本地历史的根、文化的魂。因此，我们可以预见曲江模式的推广可能产生一些负面影响！如果该类景区从规划开始到具体实施，始终是在商业理念指导下完成的，那么为了迎合市场可能会出现一系列的造景运动：造假景

观如人造景观、景区人工化；编制假文化，存在编故事式的伪文化、商业化的假民俗、标本式的伪生态等现象；营造假环境，开山修路、掘地成湖。文化旅游开发沦为“造假”行为，遮蔽了原真性的资源，割断了延续性的文脉，丢失了原生态的环境：“旅游摧毁了文化”

又例如，丽江曾因经济落后而受到保护，因开发成功而扬名，后又因商业过度面临危机。始建于宋末元初的丽江古城距今已有800多年历史，因其独特的地方历史文化、民族风俗风情和建筑特色，1997年被联合国教科文组织批准列入“世界文化遗产名录”，丽江已成为云南旅游的王牌产品，被授予“全国风景旅游区示范点”称号。据国际旅游界权威机构排序分析，丽江已位居“中国最令人向往的10个小城市”的第一名，并成为“全球最值得去的100个城市”之一。十多年的时间持续开发，丽江古城连续创下午接待游客人次新高，被追捧为“民族文化和经济对接”的“丽江模式”。但同时，丽江古城也存在过度开发问题，联合国教科文组织世界遗产中心2000年认为丽江古城“商业氛围和旅游氛围过于强烈，侵蚀了传统文化，随着旅游和现代化的出现，传统建筑的形式、节庆、礼仪、语言、服饰、信仰、传统手工艺以及民间艺术正在消亡和改变，导致古城面临文化危机”，表现在：以古城为中心辐射200m左右民居都已商业化，古城原有神火功能丧失殆尽；现代化城市建筑背景割裂了古城整体连续性，景观空间上丧失地域特色；纳西土著外迁与外来商人侵入，空心化导致古城文化的偏移。

再如华侨城模式，过度地产引发生态透支，加速旅游资源退化，反而影响旅游文化的品质和吸引力。又如万达模式商业地产开发力度很大，一度造成城市商业综合体泛滥，而其中的文化旅游城是万达文化产业集成者。但是，这种模式究竟会开出怎样的花朵，我们拭目以待。

印度有句古谚语说得好：如果我们走得太快，停一停，好让灵魂跟上来。我们需要思考为什么存在这样的困局？我认为有两方面的原因，第一，供给方为了发展地方经济，受现行政绩考核办法影响，往往注重短期效益。作为显现政绩，地方政府和旅游经管部门竭力加大基础设施投资，热衷于在保护区内大兴土木、建桥修路、架设索道缆车、兴建娱乐设施，甚至引入房地产开发等等，成为旅游文化被逐渐破坏的原罪。第二，需求方呈现出时空相对集中的特性，因为“带薪假”尚没有正式出台，出游行为仍然集中在“五一”“十一”黄金周，在某种程度上导致了超负荷旅游开发，超负荷运营（图1）。

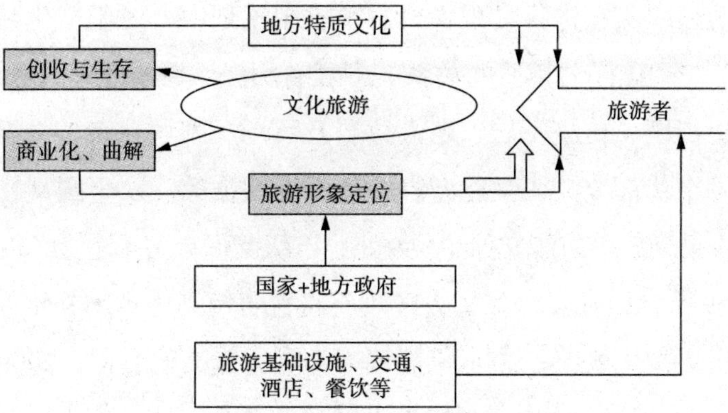

图1　旅游开发中文化旅游的困境

我想谈的第二问题，是在大众旅游时代文化植入旅游产品中存在一些障碍或者说是冲突，包括：旅游开发者对地方文化的盲目乐观，而对一些寻常生活却熟视无睹；地方文化具有惰性，外来文化可以比较活跃，所以对地方文化的坚守会与引入外来文化的做法产生抵触，所谓文化守望者与掘墓者的冲突；文化开发具有长期性、持续性，但是旅游开发需要尽快回报，难免会产生短视行为；一般的历史文化存在不可视性，有些文化甚至连遗址遗迹都看不到，所以如何进行可视性的展示，需要借用科技手段，需要创新表达，这又关乎开发投资规模。另外，文化产品往往是公益性产品，这与旅游开发的营利性目的会产生矛盾。

因此，在旅游开发中，为了更好地挖掘文化元素，需要把握全局，做好地方文脉的系统梳理工作，根据市场需求进行文化定位以及相关的主题形象策划，进而在文化环境打造和旅游产品转化等方面落实到地域空间上（图2）。

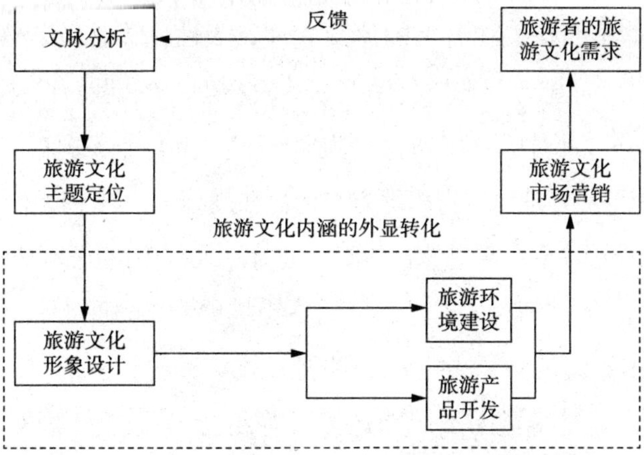

图2　旅游开发中文化保护与开发技术路线图

博雅方略规划团队在进行贵阳青岩古镇旅游规划中，对于文化开发正确地处理好"文化青岩"与"田园古镇"的关系。青岩有历经六百年沧桑的古镇，以古城墙、宗教建筑、历史街区、传统民居、名人故居及石塔、牌坊、碑、古桥、古井等历史文化建筑构成一个优而全的人文旅游资源体系。根据第三次全国文物普查青岩镇普查小组的工作成果，其中省级文保单位9处，市级文保单位4处，区级文保单位2处，其他历史遗存19处。1991年贵州省人民政府将青岩镇列为省级文物保护单位；1992年列为贵州省历史文化名镇；2006年被评为全国历史文化名镇；2009年被评为"中华诗词之乡"；2010年被评为中国AAAA级景区。

对于青岩古镇开发，原国家主席胡锦涛曾指出，贵州自然山水多，人文景观少，青岩古镇历史悠久，文化丰富，又在省会城市的近郊，非常珍贵，一定要保护好，开发利用好，把旅游做大做强，促进地方经济发展，使更多的群众得到实惠。为此，在规划设计中，博雅方略规划团队重点做到以下几点：第一是精准定位。建设高大上的旅游项目不一定是最好的，而"小的是美好的"。在规划中"围绕三步走战略，争创三个率先"：①在1-2年内率先将青岩古镇、湿地公园、花溪公园整合，共同创建贵阳市首个国家5A级旅游景区；②在3年内率先打造成为全省旅游集散地、全国生态休闲度假区；③在5年内率先形成全省文化旅游发展创新区，承载和发扬黔中文化，成为世界文化旅游交流的重要平台和旅游目的地。第二是注重规划的层次性，所谓一把钥匙开一把锁，从策划、总规到控规、再到修建性规划，最后项目落地实行一体化服务。在空间结构上，形成"一核"即历史文化保护区，"两轴"即历史人文游览轴和自然山水体验轴，"三片区"即旅游度假区、文化旅游创意园区和非物质文化遗产传承展示区。第三是对规划尺度与关键指标进行了详细的安排，设定严格的建设密度、控制红线等范围。第四是关注游客的体验心理，人性化设计游览线路，强调人文关怀，休闲设施与服务设施合理布局。第五，认真梳理、挖掘地方文化资源，营造有形场景的实体感觉，全方位打造体现地方文化的特色产品与服务项目。

具体而言，为了更好地体现青岩地方文化，在规划中采取了以下几种方法：①跳出现实城墙，丰富文化形式。规划整合青岩山、水、城、田的资源优势，保护、传承、挖掘青岩历史文化，将原来0.8平方公里的古镇扩展到3.65平方公里，形成以青岩古镇为核心，与古镇周边的青岩堡、小西冲村、姚家关村、南街村、西街村、大兴国寺、观音祈福寺、非遗博览园及田园风光区等组合形成的大景区，丰富文化形式，创新业态布局，从而变革青岩气质，提升青岩品牌。长期以来，青岩作为贵阳城市旅游的附属及文化形象的补充，未能真正梳理出青岩独立的文化品格，因此也未能建立起在贵州旅游应有的独特地位。规划组通过深入体验古镇日常人文生活，走访有关文化遗存，查阅学习当地文化典籍，对青岩的文化脉络进行了详细梳理和深入挖掘。②梳理文化脉络，提炼精品项目。在青岩项目创意开发和旅游服务设施建设过程中，树立精品理念，适度超前考虑，综合青岩的历史、文化、社会、经济和民族等各方面因素，突显青岩山地古镇的文化、地域特征，利用青岩景区独有文化符号、景观符号、建筑符号，创意提升规划贵州非物质文化传承展示基地、文化实景演艺、5D贵州历史文化影院、贵州文化系列小型博物馆群、传统技艺工坊等项目，使青岩在延续历史文化的基础上释放蓬勃发展的生命力。③跨越心理围墙，建立文化高地。规划跨越心理围墙，走出呆板的传统文化形式和粗放的民俗文化表现，抓住青岩古镇的文化之魂，与旅游业发展相结合，创新开发文化旅游产品，依托良好的区位交通优势，释放出贵阳地区强劲的休闲体验需求与强大的旅游集散能力，乃至辐射影响整个西南地区，塑造“贵州的福地、西南的青岩”。④在传统文化的基础上融入现代文化需求，以国际视野提出建立国际生态会议体验区，打造人与自然和谐共生论坛会址及生态文明贵阳国际论坛分会场，从而建立起贵阳的文化高地，为贵州文化形象代言，带动周边相关产业升级转型，真正成为贵阳乃至西南地区文化旅游的创新型示范区。⑤尊重人文现状，兼顾传承与发展。规划把保障、发展民生作为旅游开发工作的基本出发点，尊重历史人文现状，注重居民权益协调，对青岩进行科学合理的拆建和改建，引导居民结合民风主动参与，激发整个景区的经营活力，和谐处理人、文、旅之间的关系，共同满足游客和居民的出行、居住、休憩、娱乐等多方面的需求，兼顾传承与发展，切实完善“活态文化小镇”理念。

二、文化旅游开发中的创意问题

在我国经济转型承前启后的关键时期，党和国家高度重视文化创意产业的发展。从党的“十六大”提出“加快推动文化产业发展”到“十七大”确立“文化产业的战略性地位”，从《中华人民共和国国民经济和社会发展第十二个五年规划纲要》“推动文化产业成为国民经济支柱产业”到“十八大”提出“文化软实力显著增强，文化产业成为国民经济支柱性产业”，积极推动社会主义文化的繁荣并成为经济发展的新增长点。中国文化创意产业已经成为地区经济发展的支柱性产业（图3），在深圳市，形

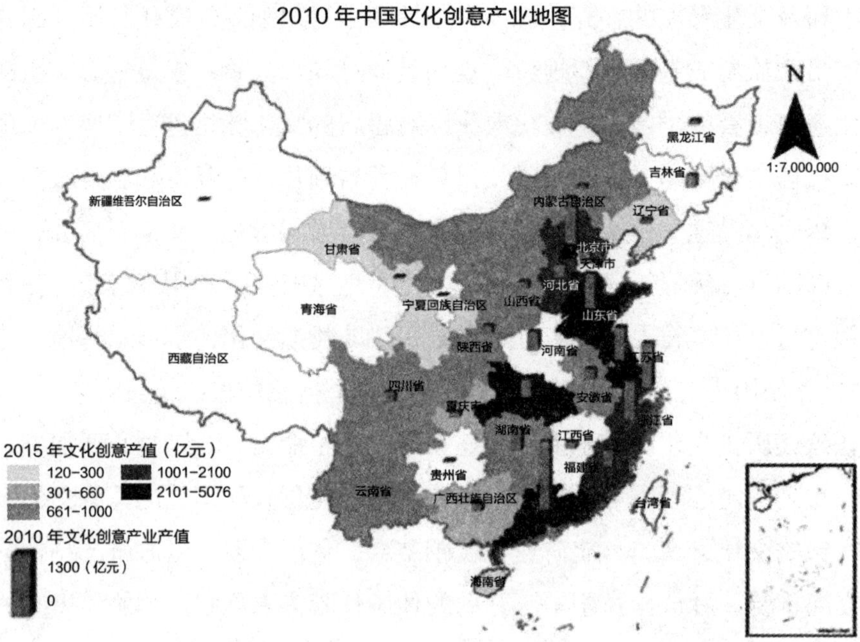

审图号：GS（2016）1579号

图3　中国文化创意产业空间分布图

成以南山、龙岗、莆田以及罗湖为高地的各具特色的文化创意产业集聚区（表1）。

表1　深圳文化创意产业空间分布

地区	产业代表
南山：以现代印刷和互联网产业为主导	雅昌、腾讯
龙岗：以工艺美术、现代印刷和动漫产业为主导	大芬油画村、当纳利、力嘉、华夏动漫
福田：以创意设计和新媒体产业为主导	浪尖、华视传媒、中信国华
罗湖：以珠宝设计、艺术品交易和动漫游戏产业为主导	水贝珠宝项链街区、大地动画传媒、深圳古玩城、掌世界网络科技

文化与旅游开发离不开创意，我在多次讲课中都提到“文化旅游创意产业”四位一体的概念。创意是什么，就是创造意识或创新意识，也是进一步挖掘和激活资源组合方式进而提升资源价值的方法。创意也是逻辑思维、产品、营销、管理、体制、机制等方面主张的突破。创意与创造是相关联的，史蒂夫·乔布斯曾指出，创造力就是整合事物的能力，也是创新能力的体现。那么是什么特征让创新家与众不同？哈佛大学研究团队曾历时3年对这个问题深入研究，根据他们的结论：创新者和

头脑僵化的专业人士之间最重要的差别就是“整合能力”，即将各个不同领域内看似无关的问题、困难或想法成功地联系在一起的能力。

在旅游开发和文化产品打造过程中，有很多好的做法值得借鉴。例如博雅方略规划团队在洛阳栾川重渡沟景区的旅游策划与具体实操中，抓住水乡竹林与农耕文化这一主题，创意地将“环翠居”“翠屏居”“桃花园”“故人庄”等清雅别致的名字点缀于窗含翠岭、竹环水绕的温婉农家的门楣上，这些富有山情风味、充满田园气息的农家宾馆散布于“十里兰溪”之旁，“万亩竹海”之中，床位已达13 800余张，在满足游客吃住之需的同时，给深山区农民找到了一把打开致富之门的金钥匙。又如前二年山西旅游在营销宣传中，创意出“晋善晋美”宣传口号，很快赢得市场的热捧：①口号用山西省的简称“晋”，直观地告诉公众本口号是山西省独有的旅游主题宣传口号。②口号取成语“尽善尽美”的谐音，充分体现了山西人民纯朴善良的美好品德和山西旅游优美秀丽的自然、人文景观资源。③口号运用汉语“晋”字本意，寓意山西旅游未来的发展将会越来越美好。如此等等，举不胜举。

三、区域旅游开发中的商业模式创新

所谓商业模式，简而言之，就是企业利润获取的方式，商业模式创新是企业营利模式的变革。也有学者把商业模式描述为企业的运营结构，认为商业模式的创新是支持客户价值创造的内部流程及结构的变革；进一步，把商业模式描述为一个复杂的社会系统，包括企业的消费者、联盟、产品流、信息流、资金流和所有参与者主要利益的角色和关系，认为商业模式的创新要从企业战略高度总体考察企业的愿景、资源开发、研发模式、制造方式、市场营销、渠道流通、网络联盟、客户关系和收入方式等等。文化旅游项目开发与景区运营中，商业模式及其创新是不可回避的一个问题。

文旅商业模式的构成要素，既包括文化旅游运营商对产品与市场的战略选择，也包括企业在产品链、产业链以及价值网中获取价值与创造价值的动力来源，还包括企业在产业链上下游创新过程中运用的资源模式、产品模式、运营模式以及营利模式。我们可以从旅游商业系统的转型中，看到企业对文化旅游商业生态系统的认知空间与合作网络（图4）。

例如，在西昌环邛海旅游经济圈文旅项目开发中，其区位临近邛海建设城市副

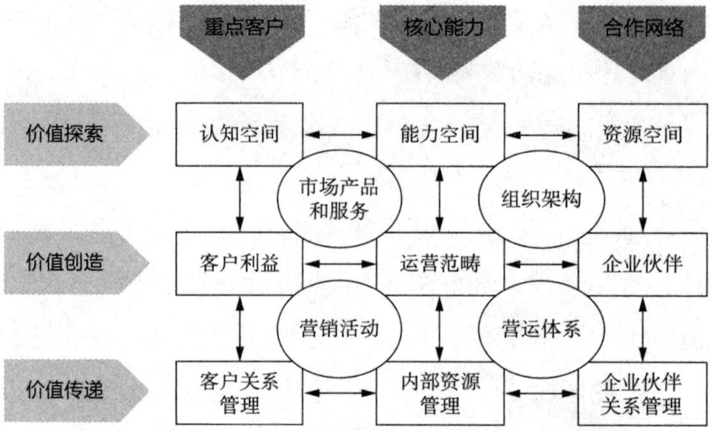

图4　文旅商业模式创新的认知空间与合作网络

中心的商业高地（五彩－金巷子），在项目的资源模式定位中，开发团队抓住西昌作为“阳光之城、月亮之城、小春城、航天之城”的资源优势，突出日照时间长“阳光”这一稀缺的资源，使城市文旅项目成为雾都成都及其周边居民的核心吸引物，同时强调近临邛海与湿地公园，背靠西山－泸山自然风光，起到了很好的商业效果（图5）。

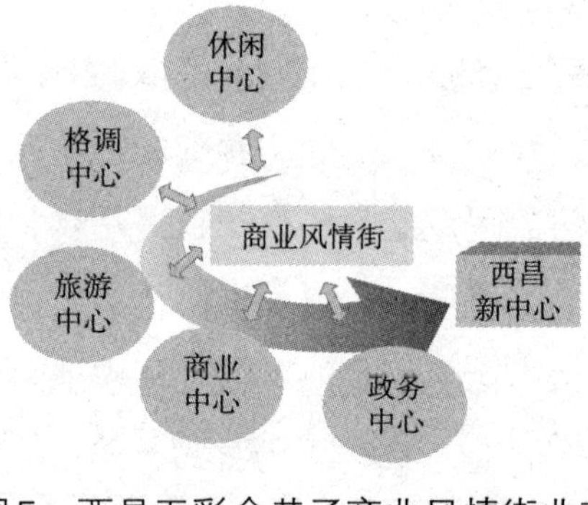

图5　西昌五彩金巷子商业风情街业态

在文旅项目商业模式构建中，一个核心的问题就是业态的选择。博雅方略规划团队在山东诸城市“华夏恐龙世界，神奇梦幻乐”旅游策划中，运用先进的技术方法，确定出诸城恐龙文化产业园区的商业业态集群。诸城市处在环渤海经济圈的辐射区内，是半岛都市圈、山东蓝色经济区的重要城市。位于“青岛－泰安”游线的黄金节点上，是构建“一龙一山一水一圣人”山东旅游大格局中的重要支撑，是诸城发展恐龙主题旅游的核心载体。通过成功案例对标研究与商业模式构建手法，确定由原来的旅游单核驱动，到旅游＋地产双核驱动，再到以文化创意产业为基础，旅游、房地产、衍生产业等多核驱动。诸城恐龙文化产业园区的整体打造正遵循这一路径：业态运营能力与经营回报分析-业态选择-落地表现形式-成功运营关键要素-主题营销（图6）。

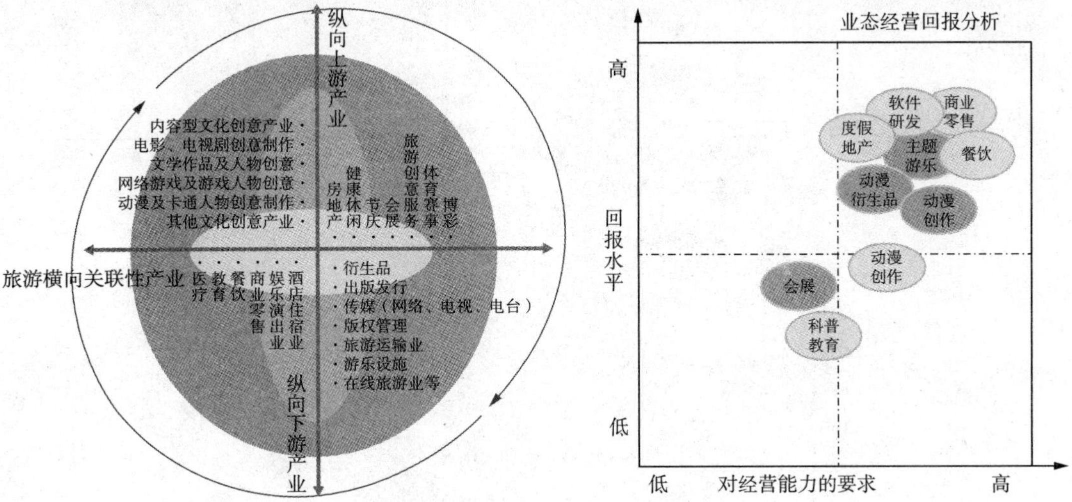

图6　诸城恐龙文化产业园区的业态选择

四、惠州如何做好“山水客城”的文章

惠州位于珠江三角洲的东北端，广东省东南部的东江中游，西北接广州，西南与东莞、深圳毗邻，与香港特区遥遥相望。土地总面积11 158平方公里，占珠江三角洲经济区的1/4，海域面积4520平方公里，是广东省的海洋大市之一。惠州被称为粤东重镇、岭南名郡，华侨之乡，可谓“四东文化齐聚，半城山色半城湖”。

近年来，惠州旅游业发展进入快车道，但与我国沿海同等规模城市相比较，还处于相对落后地位（图7），在广东省内也处于中游水平（图8）。惠州旅游发展面临前所未有的好机遇，一方面国家对粤港澳大湾区建设的高度重视提供了难得的政策机遇，《深化粤港澳合作推进大湾区建设框架协议》提到，将粤港澳大湾区建设成为更具活力的经济区、宜居宜业宜游的优质生活圈和内地与港澳深度合作的示范区，携手打造国际一流湾区和世界级城市群，明确指向“旅游休闲”产业发展。国家《“十三五”旅游业发展规划》中也明确提出，“珠三角旅游城市群要充分利用紧邻港澳区域优势，创新出入境管理方式，促进旅游消费便利化，推进城市群与港澳旅游服务贸易自由化，建设具有世界影响力的商务旅游目的地和海上丝绸之路旅游核心

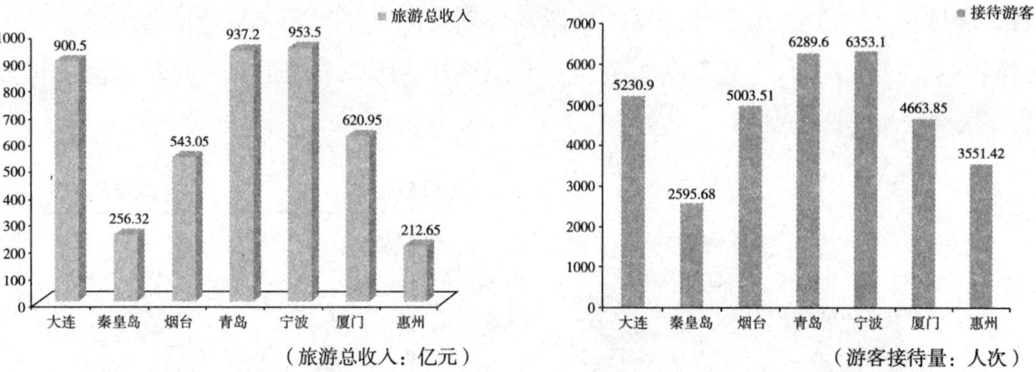

图7　惠州与沿海城市旅游业对比（2013年）

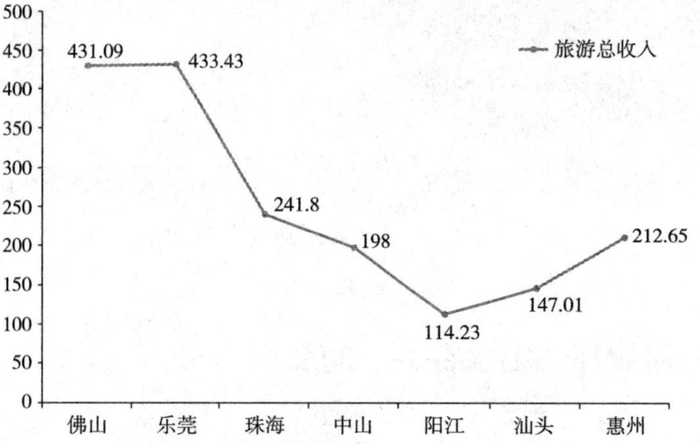

图8　广东省旅游城市旅游总收入比较（2013年）（亿元）

门户”。另一方面，环大亚湾新区的综合交通体系、人文景观体系、公共服务体系逐步形成，为未来惠州文化旅游全景开发，提供了坚实的基础条件。

总体评价，惠州市旅游业发展优势明显。一方面，惠州市位于粤港澳世界级湾区腹地，日趋完善的海陆空铁立体化交通网络进一步提升其粤港澳大湾区枢纽门户地位，能够充分有效承接全国乃至国际旅游市场需求。另一方面，惠州市旅游资源立体多维，以稔平半岛、大亚湾等为代表的滨海资源集群分布，大辣甲岛、三门岛、盐洲岛等海岛资源开发潜力巨大，为惠州市发展滨海休闲度假旅游、海洋旅游提供有力支撑；以罗浮山、南昆山、象头山、桂峰山、莲花山等为代表的山地资源特色各异，能够充分满足市场客群对健康养生、生态体验、运动休闲等方面的旅游需求；以西湖、红花湖、东江、西枝江等为代表的生态资源独树一帜，不断夯实惠州市旅游发展的绿色生态本底；遍布全域的优质乡村农业资源，可以充分实现对“乡愁”

的刻画和“乡情”的描绘；底蕴深厚的多元历史文化资源，助推文旅融合成为主线，激活惠州市旅游发展内生动力。现在惠州已形成以惠州西湖、罗浮山等为龙头，以南昆山、海滨温泉等为重点的核心吸引物体系（表2），惠州旅游产业空间布局已形成北部生态旅游区、中部文化旅游区和南部滨海旅游区的山水文化格局（图9）。

表2　惠州旅游景区属性与规模等级

类别	名称	属性	等级
核心景区	惠州西湖	综合性	4A
	罗浮山	综合性	5A
	巽寮湾	综合性	4A
	南昆山	综合性	4A
重点旅游景区	南昆山温泉大观园	温泉	4A
	龙门铁泉	温泉	4A
	尚天然温泉	温泉	4A
	海滨温泉	温泉	4A
	叶挺纪念园	纪念馆	4A
	永记生态园	主题公园	4A
	香溪堡	综合性	3A

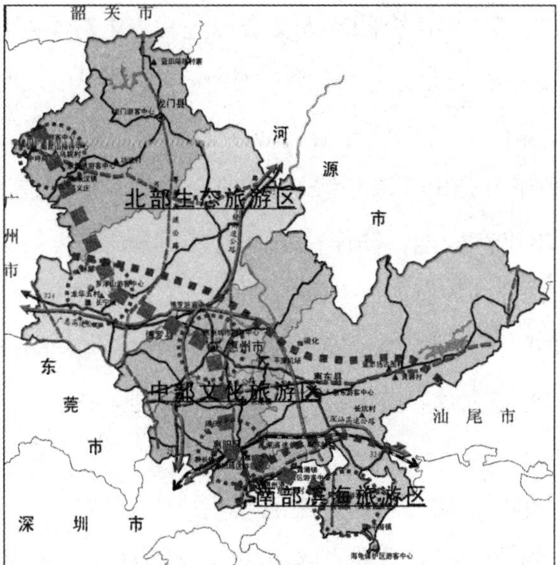

图9　惠州旅游空间布局图

根据上述分析，从旅游开发的商业价值与文化创意的角度来考虑，惠州旅游发展的着重点应该是：好山好水好生活，做好“山水客城”四篇文章。

1. 惠州“山”：自然生态与休闲避暑

惠州市域地理空间地域差异比较明显，形成了北部山地、南部滨海平原和丘陵的地貌，因此构成了具有地域特色的旅游资源富集区。北部地区山峰环绕，以南昆山、罗浮山、桂峰山、象头山、莲花山等为代表，形成了以山地景观为主的生态旅游资源富集带，主要分布在龙门县、博罗县西北部和惠东县北部。未来发展可以南昆山为龙头形成生态康养旅游产业集群，以罗浮山5A景区打造为抓手，形成宗教中医药产业集群。同时，强调二山山系共脉文化同源，产业发展也强调共同的生态康养要素，产业特征同脉同源。

2. 惠州“水”：海洋旅游与湖泊湿地

惠州地处东江、西枝江交汇处，两江并行构成了独特的城市亲水肌理，两江四岸山环水绕、湖塘浅丘相间，形成了山水融合、山江秀丽的城市生态空间。东江沿线现已建成文星塔公园、市民休闲公园、东江沙公园，西枝江河段现已打造有金山湖公园、红楼滩公园、滨江公园，新开河段现已落成鹿江公园、新开河公园，滨江生态公园体系逐步完善，生态景观价值较高，沿江两岸水东街、金带街等历史文化街区以及合江楼、文笔塔、中山公园等人文资源进一步丰富了惠州滨江地区的生活。

惠州的南部滨海区域，以大亚湾、惠东稔平半岛为核心，形成了以休闲度假为主的滨海旅游资源富集区。惠州作为全省海洋大市之一，拥有大亚湾及红海湾部分海域，海域面积4520平方公里，海岸线长281.4公里，大小海湾28处，大小岛屿162个，海岛总面积18.78平方公里，岛岸线总长度约148公里。其中，已进行旅游开发利用的海岛共有6个，分别为有居民海岛大洲头岛（东升村）、大三门岛、小三门岛、盐洲岛以及无居民海岛三角洲岛和大辣甲岛。众多禀赋优良的滨海旅游资源为惠州发展休闲养生度假、海洋旅游等提供了得天独厚的优势条件。

3. 惠州“客”：地方文化、老百姓生活

惠州历史悠久，源远流长。作为国家历史文化名城，惠州已有5000年的文明历史以及1400多年的建城历史，文化底蕴深厚，人文资源丰富，物质与非物质文化并

存。据第三次全国文物普查资料，惠州共登记有不可移动文物1000处，包括古遗址78处、古墓葬61处、古建筑641处、石窟寺及石刻23处以及近现代重要史迹及代表性建筑197处，其中有各级文物保护单位401处，充分反映了惠州历史发展的脉络与轨迹，展示了惠州古城的整体格局与历史风貌；非物质文化方面，根据统计，惠州共有非物质文化遗产线索210条，其中有各级非物质文化遗产名录项目172项，这是惠州巨大的精神文化财富。通过系统梳理这些文化资源，可以更加深刻把握和认识惠州的历史文脉；通过充分挖掘与活化利用这些文化资源，才能进一步彰显惠州的独特风格与文化价值。在漫长的历史长河中，惠州逐步形成了兼收并蓄、和谐发展的多元文化，包括自信进取的东坡寓惠文化、鼎盛发展的东樵罗浮文化、勇敢拼搏的红色革命文化、绚丽多彩的客家民俗文化以及开放包容的海洋文化。

在这些地方文化中，最能融入老百姓寻常生活的当数客家民俗文化，以客家围屋、客家方言、客家山歌、客家菜等为资源代表。广东惠州客家人是客家先民，是客家民系中一个影响深远的群体，在海外的惠州籍华人华侨中，多为客家籍贯人士。广东惠州客家人，实际上是在东江流域包括客家先民、客家人和客家后裔生活的族群。正如《文化的精灵》一书序言中所指出的：“惠州不是纯客家地区，具有客家文化、广府文化、潮汕文化以及本土先民文化的兼容性，同纯客家地区的梅州有着文化背景与资源特色的诸多异同。纯有纯的长处，杂有杂的优势。纯可以更好地追根溯源，杂可以通过包容兼收并蓄；纯能够成为研究客家文化的正统符号，杂可以推进客家文化在融合中创新发展。”

4. 惠州“城”：旅游不仅仅只在景区，更应是全景域休闲

这里面有两个重点，一是高规格建设一流城市，二是与品质生活相关的公共休闲空间打造与商业服务水平提升。

惠州是国家历史文化名城，多元的历史文化元素作为城市基因早已深深融入“岭东雄郡”城市血脉，根植于城市性格之中。惠州在国家推动建设的粤港澳大湾区，打造国际一流湾区和世界级城市群规划远景的战略部署下，有非常好的战略高度。时任广东省委书记李希对惠州提出“新使命、新任务”：要求惠州以新担当新作为打造珠江东岸新增长极、粤港澳大湾区高质量发展重要地区和国内一流城市。建设国内一流城市，需具备四大要素：一流城市必须具备一流的实力，要有一流的综合实力作支撑；一流城市必须创造一流的环境，尤其是要打造一流的政务环境，通

过内外兼修构建一流的软硬环境；一流城市必须聚集一流的人才，一流的人才既包括干部队伍，也包括企业家队伍，还包括教育、卫生等各行各业人才队伍；一流城市必须拥有一流的生活品质，要以“用户”的真实体验来衡量城市的品质。旅游的本质即生活，是广大人民群众对休闲生活的感知与体验。在新时代背景下，旅游业作为消费热点和新增长点，呈现出“出游高频化、需求品质化及旅游休闲化”等特征，意味着其已成为满足人民日益增长的美好生活需要的主力军，集中反映了人民群众对品质生活的需求。因此，惠州应将一流旅游城市建设、城市旅游品牌塑造作为国内一流城市建设的突破口，推动惠州城市发展迈向更高层次。

如何建设区域公共服务与商业接待体系？以旅游行业的国际惯例为参照，将地方特色与国际标准有机结合，加快组织旅游服务业相关标准的制定和修订，把“软服务”细化成“硬标准”，进而强化执行，做到用标准引领旅游服务业发展，用标准规范旅游服务业运行，用标准提升旅游服务业竞争力。实现旅游服务要素的升级，旅游接待服务设施、市政及公共服务设施建设标准应达到国际标准，不断优化“吃、住、行、游、购、娱”等要素；提升旅游经营企业服务规范、旅游服务设施建设标准规范这两个国际化服务标准与规范。加快建设环岛滨海旅游公路，实施景区“最后一公里”通达工程，满足旅游者出行需求，把高速公路加油站、动车停靠站建设成高水平的旅游综合服务区，对通往旅游景区（点）的导向标志进行统一规划、建设和管理。同时，针对惠州市作为粤港澳大湾区核心腹地的经济特点，继续加密与港澳等地的航线、优化内陆航线，加快港口码头的建设，为游客提供更好更便捷的港口进出线路。

惠州市旅游要做好“山水客城”，需要站在全惠州全景休闲的高度进行整合。在空间上充分利用山地、水域、城区三大地理板块的自然条件。其中，稔平半岛凭借其滨海资源潜力，将之发展成为惠州市、乃至整个粤港澳大湾区中最为突出的滨海旅游产业集群之一，条件具备可以申报成为国家级旅游度假区、世界级滨海旅游目的地，成为惠州市滨海旅游的龙头。现有城区主要由惠城区、惠阳区、仲恺高新区构成，是惠州市经济、政治、科技中心，应当充分利用其现有的基础条件，全面提升城市旅游空间质量与旅游景观氛围，成为惠州市旅游发展的中心极核，拉动东西山、海一体化发展。与此同时，进一步推动山、海、城三大旅游产业组团进一步布局优化，全面构建惠州旅游全景化的“山海城”联动格局。

最后一点，惠州文化创意体现在塑造惠州市旅游品牌形象上，我们能否提出

“五彩惠州”或者“惠州蓝”作为惠州旅游品牌。意在突出惠州蓝天白云的自然生态环境优势，突显惠州蔚蓝大海的滨海海洋资源，同时彰显惠州“山水客城”别具一格的空间组合特点，以及宜居宜业宜游优质生活的人居理念，这样能够快速提升惠州旅游品牌以及城市形象品牌，进而提升惠州在国内外市场的影响力，最终将惠州市打造成粤港澳大湾区文化旅游先行发展示范区、中国山海旅游联动发展示范地、中国现代康养产业发展示范地、中国城乡旅游统筹发展示范地，最终实现世界旅游休闲目的地、粤港澳大湾区世界级旅游区的战略目标。

武隆旅游发展的二次创业要找准差距，创新突破

本文系作者在2010年武隆旅游规划项目专家论证座谈会上的发言整理而成

从过路的第一印象到各种资源资料的收集学习，总体判断武隆可以称得上是“乌江画廊”上的一颗明珠，将来会成为我国西南地区旅游格局中的重要一极。下面我从差距和追赶的角度谈几点思考。

武隆作为中国南方喀斯特世界级自然遗产，这个遗产是武隆人民的，是重庆市人民的，是中国人民的，当然也是世界人民的。为武隆制定县域旅游发展总体规划使我们感到了压力与责任。博雅方略规划团队有责任也有义务把它做好。基于这样的考虑，我们在项目竞标时便决定尽全力拿下这个项目，并不惜成本把它做好，这既是对武隆人民负责，也是对世界遗产资源的负责。同时，武隆项目也对下一步乌江画廊的规划起到了支撑作用。今年五月，我们与重庆市商定，准备就乌江画廊旅游规划举办一个论坛，武隆项目作为一项重要成果也将在此次论坛上进行汇报。我作为北京大学的教师，也作为在这个行业里工作多年的专家，本着当年对河南洛南进行旅游规划与开发时的态度，以认真的姿态来做这个项目，我将尽我们最大的能力把这件事做好。

一般来说，企业规划要做三年，政府规划要做五年，此次武隆规划相当于两个五年规划，到2020年再看这本规划，如果大的方向能够不发生变化，作为规划制定者我们就会感到无比欣慰了。正如1999年制定河南洛阳市旅游发展总体规划时，我的博士生导师杨开忠教授是项目组长，我是副组长。在当地导游和旅游局相关人员陪同下，我们对古都洛阳进行了半个多月的考察，发现洛阳作为“九朝古都”，中国三千年悠久历史文化在此都得以深刻体现。领导、专家、学者都认为洛阳旅游资源好，但究竟如何开发洛阳旅游资源？众说纷纭。当时我们认为：洛阳必须以文化旅游立市，除此以外别无他路。经过考察论证，我们发现可以从两点上引爆洛阳旅游发展：一是城市，二是文化。“文化立市”是洛阳旅游发展的根基，有文化就可以持

续，没有文化就没有特色，没有特色在世界城市之林中就不可能站稳脚跟。但当时中国旅游文化发展还远未成熟，中国旅游还是以观光旅游为主，还未达到休闲度假旅游阶段。所以，我们对洛阳旅游的定位就是要把“中州山水”放在旅游开发的首要位置。后来实践证明，小浪底水库的建设成功引爆了洛阳旅游的第一轮开发，第二轮开发浪潮则是以洛阳南部伏牛山区如嵩县白云山、栾川县“栾川模式”的成功为代表。2001年我们最早对栾川进行了旅游规划，其中发现并重点设计打造了重渡沟景区。我们在重渡沟规划调研时，针对重渡沟缺少特色人文资源的现实情况，建议要集中力量打造山水旅游产品。在营销宣传方面，项目团队邀请央视著名主持人为景区宣传片配音，同时将电视台作为重点市场营销渠道，以极低的成本迅速引爆了市场。重渡沟开发总投资1000万，团队营销费用仅仅花费了几十万，以精准营销实现效益最大化。今天，我谈这个案例就是为了说明：武隆拥有众多优秀的自然遗产，但放眼世界的旅游目的地，仍应在多个方面进行思考。第一点，我想谈谈武隆和国内外成熟景区的差距。

1. 市场知名度

武隆的差距首先体现在市场知名度上。刚才几位分管领导也提到：对武隆进行规划定位要有数据支撑，其实这个工作我们已经在做了。截至2008年7月中国共有37处世界自然文化遗产。在百度、谷歌等著名搜索引擎中对这些自然文化遗产进行搜索，可以发现：在中国七处世界自然遗产中，排第一的是江西三清山，约有121万条相关信息；第二位是九寨沟风景名胜区，相关信息约为48万条；之后依次是四川黄龙风景名胜区、四川大熊猫栖息地、云南丽江和三江并流保护区、武陵源风景名胜区，而中国南方喀斯特排名最后，相关信息刚刚超过1万条。百度、谷歌作为中国乃至世界旅游搜索最常用的搜索引擎，数据具有很高认可度。这一数据反映武隆旅游的市场知名度同其他世界自然遗产相比只为百分之十至二十，武隆市场知名度差距明显。

表1　中外世界遗产对比（截至2008.07）/（个）

	中国	世界
总数	37	754
文化遗产	25	582

续表

	中国	世界
自然遗产	7	149
文化与自然双遗产	5	23

表2　中国世界自然遗产网络市场知名度调查（篇）

市场知名度排名	中国世界自然遗产	百度	谷歌
1	三清山	1 210 000	784 000
2	九寨沟风景名胜区	484 000	153 000
3	黄龙风景名胜区	276 000	153 000
4	大熊猫栖息地	186 000	136 000
5	丽江和三江并流保护区	104 000	46 000
6	武陵源风景名胜区	92 000	62 200
7	中国南方喀斯特	17 400	14 500

2. 自然品位与产品的差异化

武隆的自然资源很好，但武隆要走向世界，最终成为世界目的地，就一定要敢于和同类优质资源进行比较。

首先以美国为例，美国广大的西部地区有着极其优良的自然环境。自加拿大温哥华至美国南部圣地亚哥一线，很多景区地处美丽的湖畔，冬季游人穿短裤就可以去跑步，开车往上是原始森林和天然的高山草甸，再往高处便是白雪皑皑的滑雪场。温哥华既有世界上最好的住宅区及建筑景观，也有设施最完善的天然滑雪场，这一点我们是无法比拟的，所以武隆在自然环境上仍存在一定差距。

其次举世闻名的瑞士风光。瑞士国土面积狭小，人口不到700万，但从洛桑至日内瓦一线汇集了欧洲最优秀的旅游线路与产品，瑞士的人造景观设计也是世界最好的，那里的环境、空气、自然植被本身是我们无法比拟的，更不用说其中被赋予的种种旅游文化。

武隆地处中国三大阶梯板块第二与第三阶梯交界处，仅从山水奇特性上来看，世界上少有地方能同武隆相提并论。武隆旅游最需要的是注入文化因素。如果没有武隆特色文化，没有一张能够叫得响的文化牌，武隆旅游的第二次创业也很难走向世界。举个例子：黄山是中国旅游最早的几个品牌之一，当黄山旅游生命周期开始走下坡路时，黄山开始转型走文化路线了。几年间塑造起来的宏村文化，如今一年门票收入已达两个多亿。黄山正是因为被赋予了特色文化，才逐渐走出低谷，开始了第二次创业，并重新焕发了青春。

3. 经济实力

虽然武隆旅游已经做得很好了，旅游综合收入约为一个亿，在主导产业中占到大约百分之二十到三十，这很不容易。但2008年武隆县GDP在重庆市全部40个区县里仅排名33位，所以经济实力也可能成为制约武隆旅游第二次创业的一大瓶颈。前两天我在江苏昆山参与规划一个华侨产业园的时候，在一块面积仅3.7平方公里的规划区内，昆山政府便准备投入50个亿，园区取名为海峡两岸创新园区。创新园区的开发很明显是在向国家要求优惠政策，但这也说明地方政府敢于抓住机遇。因此，我们一定要敢于把武隆打造成市级、国家级的旅游目的地，而不仅仅局限于县级的旅游目的地。

4. 开发观念

我们在做旅游规划时曾经去过东部、西部很多地区。同东部地区相比，西部旅游开发观念还存在着一定的差距。但这种差距也主要是由一些客观因素而引起的，如：当地经济情况、民众受教育程度、地方风俗文化的制约等。如果领导的思路比较超前，有些人就会认为规划思路不符合本地的实际情况。我现在还无法判定武隆各位领导的思路超前与否，但是让规划单位以“背靠背”的方式做规划，也许在第一阶段出思路还行，但在第二阶段实地调研时，我们规划方一定要与大家进行充分沟通。否则，请中介机构做规划只能是一句空话。所以，我请求各规划相关单位能在第二阶段实地调研中给予我们充分的合作，以便最终做出的规划具有落地性、实操性。

第二点是基于差距武隆应该怎么做。

武隆县提出的旅游第二次创业与现在国家所倡导的建设创新型国家，在目的、方法上是基本一致的，创业即是创新，没有创新成果就谈不上成功创业。

1. 市场手段创新

中国现阶段自驾车游人数已占出游总人数的百分之四十至五十。这与过去旅行社团队旅游有着明显的不同，即游客皆是乘自驾车前来景区游玩。参照美国自驾出游增长数据，我们预计：未来数年内自驾游比率必将上升至百分之七十至八十。而武隆现在是否已经为自驾车游新浪潮做好了准备呢？以例为证：我当时在美国斯坦福访学，如果要去奥兰多迪士尼乐园旅游，首先在家中通过网络预订行程，然后坐飞机前往奥兰多，下机后到车场能直接拿到租车钥匙，到酒店时会收到为旅客安排的详细旅行计划单，很方便就能通游全程。因此，如何应对即将来临的、基于旅游社区和虚拟旅游的自驾车旅游时代需要旅游业界深刻思考。武隆应该在明确地方旅游形象定位的基础上努力寻求在市场手段上的创新。

2. 旅游机制创新

多年来，以公司为经营主体、政府为管理主导的武隆模式，在一定程度上促进了武隆旅游的迅速发展。但随着申请世界自然遗产工作的进行，我们发现现有的武隆模式与世界自然遗产申报条例相互违背，所以政府便开始了针对景区经营权的强行收购，而这件事在重庆市乃至整个旅游界都引起了不小的震动。景区开发商开发模式不一定是错误的，但的确存在一些局限。如果处理不好管理机制与开发模式之间的关系，景区的后续开发也会遇到很大的问题。作为政府主导，我们能不能把旅游开发同城市发展结合起来，例如我们将仙女山镇作为武隆城市开发的一种新模式来进行规划、建设、打造。武隆县城现在的车站、对外街道、自然环境，在重庆也许还不错，但是要走向世界还是远远不足的。县城中心区的集聚功能、服务功能一定是武隆下一步发展的重点工作。在机制健全上，政府与开发商控股关系与法人治理关系应如何协调？旅游开发是否由政府主导？开发商的利益应如何保护？博雅方略管理咨询公司前年为北京大学校办企业提出改制的咨询方案，有一些方法可供参考。如“金股机制”：政府百分之五十一控股，拥有一票否决权，但是对开发与经营不参与；又如“预分红机制”等，这些方法都十分有效。

3. 地方文化创新

刚才几位领导都提到了武隆“打什么牌，扛什么大旗”这个问题。“世界自然遗产”这面大旗是一定要打的。如果不打，肯定无法进入世界旅游网络。但是，我们一定要赋予自然资源以文化主题，武隆的地方文脉到底是什么？这也是我们这次规划必须解决的问题。武隆有天子墓、长孙无忌墓等历史遗迹，这些都是可以大做文章的历史文化资源，能不能挖掘一个，抓住一个，树立一个？把文化品牌推向世界，这本身也是市场创新。国外游客在中国很少关注山水，他们传统的旅游目的地是西安、山西、云南等很有中国文化特色的地方。武隆文化究竟是哪种文化？一定要找到一种能与当今世界自然遗产相匹配的地方特色文化。

希望在各位领导、专家的帮助与指导下，我们的规划能够体现武隆地方的文脉特色，能够为武隆旅游走向世界提供有力的支持与帮助。谢谢大家！

新常态下川陕甘区域旅游合作

本文根据2015年11月在四川广元召开的三省八市区域旅游合作会议上的发言，结合《区域旅游合作机制研究》课题以及《区域旅游合作－广元宣言》整理

本文发表于《中国旅游报》2015年8月21日B3版

本文基于新常态、“一带一路”及长江经济带建设、“515”战略等宏观背景，对川陕甘三省八市州区域旅游合作的必要性、可行性、合作模式及对策等方面内容进行了探讨。

一、区域旅游合作的时代背景及必要性

1. 区域旅游合作的时代背景

（1）旅游业成为新常态下经济增长新引擎。《2014年中国旅游产业投资报告》显示：在经济下行压力下，旅游投资增长强劲，2014年中国旅游业直接投资7053亿元，同比增长32%，比中国第三产业投资的增速高出15个百分点，比全国房地产投资增速高出21个百分点，以旅游业为代表的第三产业将成为新常态下稳增长、调结构的关键。

（2）“一带一路”及长江经济带国家战略的实施。随着“一带一路”（丝绸之路经济带和21世纪海上丝绸之路）、长江经济带三大国家战略的实施，沿线区域社会经济将迎来大发展，区域旅游合作将进一步加强，川陕甘旅游合作区域处于丝绸之路经济带与长江经济带的交接地带，将迎来旅游发展机遇。

（3）“515”战略实施推动区域旅游一体化发展。2015年1月15日至16日，全国旅游工作会议在江西南昌召开，大会结束后，“515”成为一个行业热词。未来三年，我国旅游业发展要实施“515战略”，即紧紧围绕“文明、有序、安全、便利、富民强国”5大目标，推出旅游10大行动，开展52项举措。推进区域旅游一体化是“515

战略”的旅游10大行动之一。行动提出：要突出抓好重点区域规划，国家旅游局将统筹编制一系列跨行政区划的大区域、次区域旅游经济带规划。建设一批跨行政区的重点旅游目的地。创新区域旅游合作机制。

2. 川陕甘区域旅游合作的必要性

川陕甘结合部虽然旅游资源富集，但因跨省份、跨行政区域以及利益协调机制的阻碍，严重制约着区域旅游业的协同发展，整合川陕甘结合部旅游资源，建立完善旅游合作机制，树立统一的旅游品牌形象，统筹开发重大旅游项目，具有重大的现实意义。

（1）优化区域旅游资源配置，提升区域旅游业整体竞争力。促进旅游资源的整体开发，有效配置区域旅游资源。川陕甘结合部区域内嘉陵江、蜀道、米仓山等自然人文资源为各市州共有，加强三省八市州旅游合作，有利于全面整合旅游资源，以差异为基础，将相对分散又互为补充的旅游资源联系起来，形成区域旅游资源的优化配置，提升旅游吸引力。

形成区域整体旅游形象，促进国内外旅游市场的开拓。川陕甘三省八市州相互毗邻，国内外主要客源市场相似，促进区域旅游合作，有利于实现区域旅游市场的互补效应，扩大旅游市场，强化地域分工和地域之间相互依赖关系，改善区域内旅游业分散、独立、各自为战的局面，推进旅游产业扩张和规模经济跨区发展，提升区域旅游业的整体竞争力。

（2）促进全国旅游扶贫开发示范区建设，受益游客和居民。游客出游更加便捷，出游成本降低。通过打破三省八市州间的旅游区域行政壁垒，实现各市州各景点之间畅通无阻的互动，直接受益游客和居民。对游客而言，加强区域旅游合作既给他们带来了吃住行方面的便利，也可减少因景点“分而治之”造成的重复计费，降低旅游成本。

促进山区经济发展，助力全国旅游扶贫示范区建设。区域旅游合作，促进了山区旅游开发，改善了山区居民居住环境，使当地民俗产品得以增值增收。各地之间旅游合作，更为当地居民拓展了就业空间，给居民带来实惠。

（3）营造良好的旅游投资环境，培育市场主体，争取国家政策支持。川陕甘三省八市州旅游合作是对“515战略”提出的促进区域旅游一体化发展的积极响应，能够优化区域旅游投资环境，形成旅游投资洼地，吸引国内外旅游战略投资商，发挥旅游业在转变经济发展方式、调整区域经济结构、保障和改善民生、建设生态文明等方面的作用，同时，能够共同向中央、国家旅游局、省政府争取各项支持政策，通过优势互补与分工合作，发挥区域整体优势，实现区域整体效益最大化。

二、川陕甘区域旅游合作的可行性

川陕甘旅游合作区域包括广元市、巴中市、阿坝藏族羌族自治州、绵阳市、南充市、陇南市、汉中市、达州市三省八个市州，区域总面积为205061平方公里，总人口约3298万人，合作区域区位优势明显，交通便捷，旅游资源富集，品质高，功能结构好，社会经济基础及旅游业发展迅速，为区域旅游合作打下了坚实的基础。

1. 区位特殊，交通便捷

川陕甘旅游合作区域处于大西北与大西南的交会处，位于大九寨旅游圈东部，是大青海旅游圈与大香格里拉旅游圈的中枢纽带，成都、重庆、西安、兰州四大城市地理中心，区内交通发达，已建成九寨黄龙、阿坝红原、广元盘龙、绵阳南郊、汉中城固、陇南成州、南充高坪、达州河市机场8个主要机场，京昆、兰海、万广、包茂等高速连接全国大中城市，随着西成高铁的全面建设，未来，川陕甘合作体区域将形成兰州—西安、西安—成都、成都—重庆的Z字形对外高铁旅游交通网络，良好的区位交通，能够实现旅游目的地与客源地的有效对接（图1）。

审图号：GS（2016）1579号

图1　川陕甘区域区位分析图

2. 旅游资源富集，文化独具魅力

合作区域是长江上游重要生态屏障，先秦古栈道、中国蜀道文化、三国历史文化、藏羌民俗文化的核心区域，川陕苏区的重要组成部分和红色革命主要战场，自然人文资源富集，有九寨沟、黄龙两处世界自然遗产，蜀道已列入世界自然与文化遗产国家预备名录，唐家河已入选世界自然资源保护联盟，已建成九寨沟景区、黄龙景区、汶

川特别旅游区、北川羌城旅游区、阆中古城、剑门蜀道剑门关景区6个国家5A级景区，65个国家4A级景区，国家A级景区达129个。国家重点风景名胜区5个，国家森林公园25个，国家自然保护区17个，丰富的旅游资源，多元的地域文化，有利于旅游资源的跨区域合作开发（图2）。

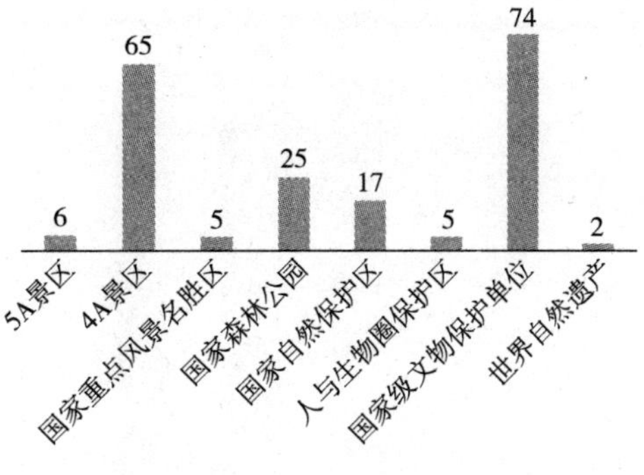

图2　川陕甘区域旅游资源统计图

3. 社会经济基础好，第三产业增速快

2014年，区域内各市州地区生产总值（GDP）共6784.33亿元，同比上年，均稳中有进。广元、绵阳、巴中、汉中、达州、阿坝、陇南的GDP增速均超过全国7.4的百分比（图3）。以旅游业为代表的第三产业已成为各市州拉动经济增长的主要动力之一（图4）。

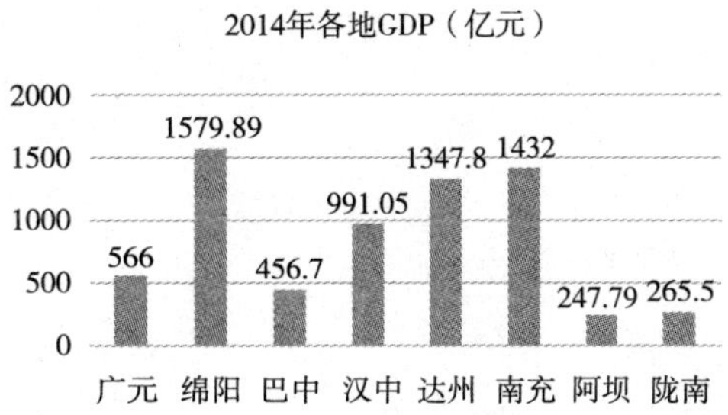

图3　2014年川陕甘区域各市州GDP情况图

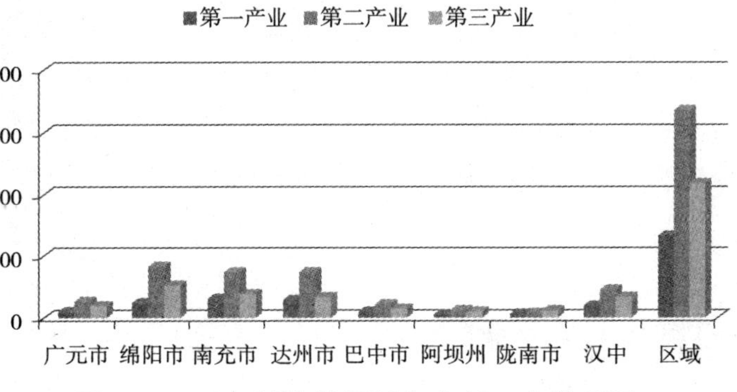

图4　2014年川陕甘区域各市州三产情况图

4. 各市州旅游业均呈增速发展态势

2010—2014年，各市州旅游收入、接待旅游人次同比均呈现上升趋势。2014年，八市州旅游总收入达到1285.14亿元，游客接待量为17 534.42万人次（图5），旅游总收入及游客接待量平均增速在20%以上。区域良好的旅游产业发展态势为旅游合作奠定了坚实的产业基础和发展环境（图6）。

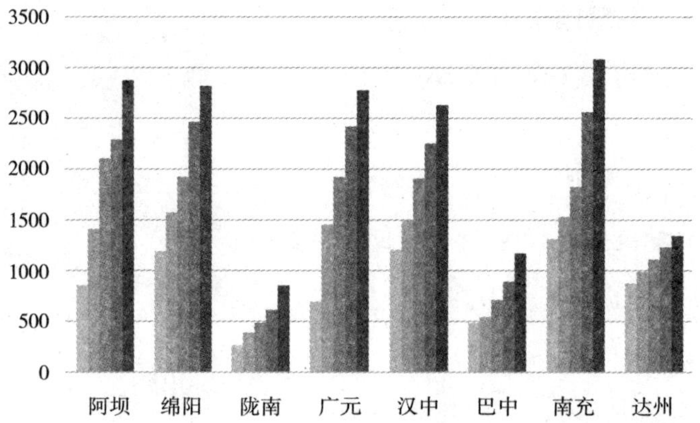

图5　2010年–2014年八市州旅游人数（万人次）

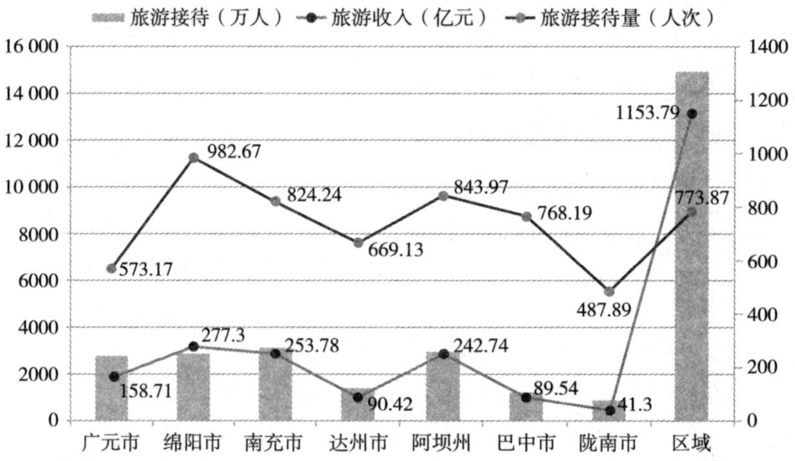

图6　2014年八市州旅游业发展

三、区域发展目标及合作模式

1. 区域旅游合作模式对比分析

我们选取了国内外开展区域旅游合作较早且较为成熟的美国洛杉矶地区、欧盟地区、日本关西地区及我国长三角、珠三角、环渤海等区域，通过对其发展模式、合作主体、协作手段和适用条件进行比较，为川陕甘区域旅游合作提供借鉴（表1）。

表1　国内外主要区域旅游合作模式分析

区域名称	发展模式	合作主体	协作手段	适用条件
美国大洛杉矶地区	产业集群模式	政府、区域协会、行业协会、旅游企业、其他相关行业	联邦立法、财政政策支持、统一的发展规划、市场一体化	法律健全、旅游产业高度发达、旅游产业与其他产业联系紧密
欧盟地区	政府协作模式	政府、外交协会、行业协会、旅游企业、其他相关行业	外交手段、法律法规、统一规划、统一市场	多个国家或地区相邻、地区和平、双边或多边的旅游服务贸易存在
日本关西地区	旅游交通一体化模式	政府、基础设施行业、旅游企业、其他相关行业	统一规划、交通等基础设施建设	基础设施完善、科技水平较高
长江三角洲地区	旅游网络化发展模式	当地政府	整体规划、品牌资源和信息共享	实力相近、贸易往来密切、旅游资源同质性强
珠江三角洲地区	旅游一体化发展模式	政府、旅游企业、其他相关行业	区域分工、区域内外部服务贸易	区域内的旅游发展存在不同梯度、旅游资源和旅游产品互补性强，存在双边或多边的旅游服务贸易
环渤海地区	合作规划模式	政府、旅游企业、其他相关行业	统一编制规划	行政区经济思维淡化、区域合作发展理念出现

从表1可以看出，在区域旅游合作中，政府是主要的推动力量，同时，旅游企业、行业协会也在旅游合作中发挥重要作用，区域旅游合作的主要内容包括交通的一体化、区域旅游品牌的共同打造、旅游信息的共享、编制统一的区域旅游规划等方面内容。

2. 川陕甘区域旅游合作发展目标

发挥该区域的交通区位优势，深化改革创新，破除川陕甘区域旅游合作中的行政体制政策障碍，推进旅游公共服务的有机衔接，着力加强区域旅游资源合作开发、旅游产品和线路打造、旅游市场监管等方面深度合作，打造一批跨行政区域旅游区和旅游品牌，促进规划一体化、交通一体化、产业布局一体化、市场营销一体化、服务体系一体化、旅游管理执法一体化，实现区域旅游无障碍，全面提升区域旅游整体竞争力，带动区域贫困地区经济发展，引领区域旅游一体化发展，将川陕甘旅游合作区域打造成为集国家级旅游扶贫示范区、国家级低空旅游示范区、国家级自驾游枢纽基地于一体的具有国际影响力的区域新兴旅游目的地、全国区域旅游合作创新发展试验区。

3. “政府主导、市场主体、社会参与”的区域协同开发模式

基于川陕甘区域旅游实际，我们认为，应充分发挥政府的主导作用，同时，发挥市场作用，激发企业活力，促进非政府组织、旅游行业协会的广泛参与，形成“政府主导、市场主体、社会参与”的区域协同开发模式，构筑中国西部新兴旅游目的地，树立经济落后地区旅游合作发展的典范。

（1）政府主导。地方政府在川陕甘区域旅游合作中起到主导作用，是推动区域合作的最重要力量，无论旅游资源开发、旅游交通建设、旅游市场促销方面的合作，还是旅游信息服务、旅游人才培养方面的合作，都离不开政府的支持。政府的主导作用主要体现在从宏观层面通过建立协调管理机构、制定统一规划、区域旅游合作的发展、制定规范标准、促进政策、监督管理及旅游服务的对接、基础设施建设方面引导区域旅游合作的开展，为川陕甘区域旅游经济发展营造良好的竞争秩序和发展环境。

（2）市场主体。旅游相关企业、战略投资商是川陕甘区域旅游合作的市场主体，激发旅行社、景区、宾馆、线上线下旅游服务商、大型投资商等旅游企业的活力，促进旅游企业之间跨区域联合，才能形成区域间旅游顺畅、无障碍，保障资金、技术、人才、品牌、服务的一贯性，促进区域旅游产业链的形成，带动旅游经济发展。

（3）社会参与。社会参与主要指旅游协会等非政府机构、行业协会的参与，旅游行业协会是政府和旅游企业之间的桥梁，其在川陕甘旅游合作中起到监督管理的作用，可以维护企业利益、营造良好的经营环境，促进区域内旅游信息交流、企业间的合作及旅游人才培养，协调解决直接涉及企业利益的问题。

四、川陕甘区域旅游合作对策及建议

1. 共筑互联互通、顺畅快捷的区域旅游交通体系

构建区域内城市之间快速旅游交通网络。开通旅游直通车，打造区域互联互通的支线机场体系，构建城际高速公路为骨干的公路快速交通体系，共筑嘉陵江水上旅游大通道。促进行政边界区域旅游交通互联互通。解决三省八市（州）边界地区县市之间、边界地区景区之间的断头路问题，实现边界地区旅游景区之间连接顺畅、旅游城镇之间道路互联互通，使游客在跨行政区旅游时方便顺畅。

破除旅游交通行政壁垒，建立统一规范的交通标识引导系统。减少交通关卡，

逐步取消区域内干线公路及桥梁收费，相互免办省际旅游交通牌，推出“联动售票、异地换乘”服务，统一区域内各市旅游交通标识系统，各市之间交通要道互设他市旅游景区交通引导牌。

2. 统筹旅游产品开发，打造跨区域精品旅游线路

促进旅游资源跨界整合，共同打造区域旅游精品景区。联合开发大九寨藏羌风情旅游带、大蜀道三国文化旅游带、嘉陵江（含白龙江）生态休闲旅游带、大巴山红色文化旅游带、大米仓山国家公园五大精品旅游区。

构建区域旅游大环线，开发旅游精品线路。联合开发大九寨藏羌民俗风情游、蜀道三国文化体验游、嘉陵江山水休闲游、红色文化修学游、秦巴生态地质奇观游五大精品旅游线路，构筑一条区域旅游精品环线。

共建108、212中国最美自驾车旅游廊道。依托108、212国道，串联沿线旅游景区，科学合理在沿线布置自驾游服务区及自驾车营地，美化沿线环境，共同打造108、212中国最美自驾车景观廊道。

3. 塑造区域旅游品牌，联合开展市场宣传营销

共同塑造区域旅游品牌、区域旅游主题形象。设计区域旅游形象LOGO标识，统一运用于各市州旅游宣传中，提升区域在国内外的旅游识别度和影响力。

互为客源地与目的地，相互推介宣传。相互推荐对方旅游产品及线路，实施精品景区客源互送计划；支持区域内其他地市在本地的旅游宣传活动，互相为对方在本地开展宣传营销提供优惠政策，创造便利条件。

营销一体化，联合开拓国内外市场。建立区域旅游营销联盟，共建区域旅游营销网络，共同推介跨区域精品旅游线路产品，联合开展国内外旅游营销活动，共同编制区域旅游交通地图、自助游手册，共同拓展国际、国内旅游客源市场。

4. 共建旅游信息平台，实现区域旅游信息共享

建立区域旅游信息网络平台。建设区域旅游一体化协作导航式官方旅游信息网站，为游客提供权威准确的旅游信息及相关活动，可通过网上留言、在线问答等方式与官方互动，及时反馈旅游服务满意度，完善旅游产品设计。同时，实现旅游网站的相互链接和互动，共享旅游信息，与旅游企业网站、国家及省级信息化平台链接。

建立旅游一体化电子商务系统 。建立旅游一体化的电子商务系统，尽快实现门票、交通、酒店、旅游线路、旅游特产等旅游商品在线预订、在线支付。

促进各市州之间旅游信息交流与合作。加强三省八市州之间旅游交流合作，交流各自在旅游规划、开发、行业监管、人员培训及其他各种涉及旅游管理和旅游发展的信息，及时沟通，定期举办经验交流会和人员互访。

5. 加强市场监管，建立旅游联合执法协作机制

建立旅游联合执法协作机制。加强旅游行政执法协作，共同协商解决跨区域重大旅游投诉和违法违规行为，联合开展跨区域精品旅游线路产品运营、旅游合同签订、旅游租车包车专项治理，建立旅游团队服务质量、导游违法违规通报制度。

建立旅游应急管理机制。探索联手处置跨区域重大旅游事件与旅游安全事件等联动应对办法，完善交通异地救援和保险理赔体系，对发生的重大旅游安全事故提供及时有效的救援和帮助。探索建立旅游警务合作机制，在治安、交通和打击犯罪等方面联手配合。

共同建立旅游诚信系统和诚信披露制度。共同建立旅游诚信系统和诚信披露制度，加强合作各市州执法部门和质监部门的执法信息沟通，定期发布旅游警示和不良旅游企业信息。

6. 破除区域旅游行业壁垒，激发企业主体活力

成立旅游企业联盟，推进旅游企业跨城市连锁经营。成立跨市州、不同类型市场主体的旅游企业联盟（如旅行社联盟、景区联盟、旅游饭店联盟、旅游投资促进合作联盟、旅游市场营销联盟），鼓励有实力的企业跨城市连锁经营，鼓励引导星级饭店缔结业务合作，推动有实力的旅游企业集团化发展，建立跨省市的旅游集团。

给予旅行社和导游同城待遇。逐步取消区域内旅游地陪制、跨城市旅行社组团及其他旅游壁垒和进入障碍，鼓励符合条件的旅行社在区域内其他城市开办分支机构，各市旅游景区（点）给予区域内其他城市旅行社和导游同城待遇。

推动旅游企业交流合作。推动区域内旅游景区之间交流，发展较成熟的地区要利用企业化、市场化程度较高、景区管理经验丰富的优势，向发展落后的地区输送人才与管理技术，促进区域内旅游景区整体水平的提高；加强区域内旅行社在规范运营、信息化建设、导游管理等方面的合作交流；积极探索和建立适应市场需求的

汽车异地租赁经营跨地区连锁（联营）企业。

7. 建立区域旅游合作联席会议制度，统一制定旅游规划

川陕甘三省八市（州）政府部门及旅游局（委）主要负责人共同建立区域旅游发展联席会议制度，定期召开联席会议，研究区域旅游发展的重大事项，协调解决区域旅游发展中的矛盾和问题。联席会议可实行年度轮办制，各市轮值承办一年度，每年至少召开两次会议。

共同编制《川陕甘区域旅游发展规划》，以指导合作区域旅游发展，力争2015年启动规划的编制，并纳入2016年四川省、陕西省和甘肃省三省及国家重要规划中，取得国家层面和相关省的支持。

区域竞争、合作与旅游创新

本文系作者在2008年8月广州大学召开的中法旅游论坛、2010年10月南宁旅游论坛，以及2015年8月在松源旅游论坛、2016年7月在枣庄京杭大运河高峰论坛以及2019年5月在江西南昌举办的第十一届中部投资贸易博览会“文旅融合发展论坛”上的发言整理

旅游空间的相互作用是区域旅游发展的基本动力，而区域竞争与合作则是相互作用的具体体现。我国旅游业的竞争在经历了景点竞争、线路竞争、城市竞争三个阶段后，现在已经进入到第四个阶段：区域协同与跨区域竞争的新时代。区域整合体已经成为旅游业竞争的基本单位。随着旅游业的迅猛发展，区域竞争在区域发展与竞争中的地位日趋凸显，区域旅游合作在应对竞争中显示出积极的作用。与此同时，随着跨区域（洲际国家地区）旅游的兴起以及研究的深入，越来越多的实践更趋向于省际之间、市区之间的联合发展，强调区域协作或协调发展以及互补性资源整合开发，区域间联动合作共同开发市场。下面重点谈谈区域旅游竞争的作用机制以及区域合作一体化等相关问题，通过案例研究寻找一般规律。

一、旅游竞争形成及其成长的动力机制

旅游竞争能力建设是区域旅游成长过程中内生机制所要求的。首先，在市场机制这只“看不见的手”的作用下，只要存在赢利机会，相关投资主体对旅游市场的介入就是必然的。面对一定数量的客源，数目众多的旅游供给者之间就会从自身利益出发，开展竞争，以争取尽可能多的利润。其次，旅游产品的替代性是普遍存在的。因为具有高度垄断性的旅游产品毕竟是少数，大多数旅游产品虽然各有特色，但同类的、差别不大的旅游产品可以相互替代，意味着旅游产业在相当大的程度上存在同质性。另外，旅游产品与其他满足人们精神生活需要的休闲产品、文化娱乐

产品之间也存在替代关系。再次，旅游者具有“以脚投票”的选择性。加上现代通信技术、传播技术和营销技术的迅速发展，使得越来越多与旅游有关的信息被旅游者所掌握，为旅游者提供了更多的选择可能。与此同时，大众旅游时代，旅游休闲活动成为居民生产必需品，旅游需求的价格弹性与收入弹性比较大，可以预见旅游供给者之间产生激烈竞争。最后，旅游市场呈开放性特点。无论国际市场还是地区性市场，没有哪一个国家地区的旅游业可以逃避世界性竞争的影响，特别是那些目标客源市场存在交叉重叠部分的国家和地区之间将存在更为激烈的竞争。

影响区域旅游竞争的因素是多方面的，旅游资源禀赋固然重要，但旅游需求也非常关键，需求与供给是矛盾统一体的两个方面，这个矛盾统一体就是旅游系统。在这个系统中，决定区域旅游竞争优势有五个基本因素：要素条件、需求条件、旅游环境、区域行为、介入机会。要素条件指区域赋存的旅游资源的类型结构、数量、质量，是旅游资源开发和旅游产品生产的条件，它反映了旅游产品的生产价值和生产成本，是形成旅游产品的基础。需求条件主要是指由旅游者需求偏好、出游能力、旅游规模结构等综合性的、多层次因素组成的客源市场条件。旅游环境既包括为旅游服务的一些外围环境，如一个区域的自然、人文、社会、经济等条件和发展水平，也包括支持旅游业发展的相关行业如娱乐、餐饮等。区域行为是对一个旅游区域旅游系统进行管理、监控等，旅游系统的多层次性决定了区域行为的复杂性。介入机会是指围绕旅游活动而发生的一种空间联系现象，包括空间交通线路组织、市场营销宣传、网络信息等，介入机会是外生变量，它通过影响其他四个因素对区域旅游竞争力起作用。上述五个因素相互作用、共同整合，形成一个完整的功能结构图式。

旅游竞争力是发展过程的累积效应，经历着从小到大、从比较优势到竞争优势的发展过程。旅游目的地发展的初始阶段，目的地的旅游吸引力、竞争力主要是靠其所具有的地理动力，包括城乡差异和绝对优势所形成的地理动力基础；旅游目的地的发展阶段，其竞争力主要是以打造比较优势来激发，这种比较优势是要素优势，如生态村、山水旅游、历史文化名城、都会旅游城市等，都是由自己的优势要素驱动，来确立自身在旅游市场格局中的竞争地位；旅游目的地的成熟阶段，城市旅游竞争力的维系和壮大，靠竞争优势。营造竞争优势靠创新，创新笼盖旅游所涉及的方方面面，包括旅游体验时空的景观形态、管理体制、旅游形象、旅游产品、旅游活动方式、营销模式等，创新推进城市旅游目的地朝着更具活力和魅力的方向发展。

在当下，提升区域旅游竞争优势是新一轮旅游发展与规划关注的焦点。科学发展观强调“以人为本，全面、协调和可持续发展”，强调“五个统筹”。具体落实到旅游目的地上，就是要通过提升竞争优势，实现旅游的可持续发展。我们把其概括为“12345”旅游发展与规划工程，即：1个目标——要明确界定旅游目的地的发展阶段、问题、瓶颈、优势、机遇，确立旅游目的地的发展目标；2个突破——在旅游产品簇群建设和空间整合与布局方面实现创新突破；3个互动——实现旅游发展的规划互动、产业互动、区域互动，在互动中谋发展；4个统一——实现开发、保护与发展的统一，资源、市场与产品的统一，硬件开发、软件开发与市场化运作的统一，经济效益、社会效益与环境效益的统一；5组关系——集中处理好相关利益群体间的关系，尤其要关注当地居民和旅游者这些弱势群体的利益，处理好人与自然的关系，最大限度降低人为影响，处理好城乡旅游的统筹和协调发展关系，处理好区域、国内与出境旅游间的统筹和协调发展关系，处理好旅游与相关产业、旅游目的地发展的统筹和协调发展关系。

二、旅游合作组织形式类型

现代市场竞争，已不完全是无理性的竞争，而主要是在竞争中求合作，互惠互利，共同发展。对于某一旅游地来说，为了实现自己的战略目标，必须与其他旅游地在旅游产品、旅游线路、交通、营销等方面进行合作，形成区域联动发展。加强区域的联合和协作，可以扬长避短，发挥各自的资源优势，实现优势互补，增强区域旅游发展优势，还可借助周围旅游区提高自己的知名度，扩大自己的客源市场，促进产品的销售，降低促销成本，增强区域旅游的吸引力和竞争力。

旅游目的地由发展走向成熟阶段的重要标志是营造竞争优势，表现为内在的创新驱动和外在的区域联动。区域联动是营造城市旅游竞争优势的路径之一。区域联动的价值取向是在互动和一体化进程中受益（双赢或多赢）。由于空间距离的相近性、旅游吸引物的相异与互补性、旅游环境的相对熟悉和安全性，旅游体验实现的相对丰富性和经济性，使得旅游具有显著的区域内聚性，构成了区域旅游联动的内在规定。

区域旅游合作将是国内国际旅游实现突破的重要路径，是21世纪最重要的旅游组织方式，而且随着区域旅游合作的深入推进，区域合作的组织形式还会创新。目前，我国区域旅游合作基本形式包括以下几种：

1. “市场主导、政府推动、地区参与”的多主体模式

例如，太行山是中国地形第二阶梯的东缘，穿过京冀晋豫4个省市，绵延近千里，是中国东部一条重要的山脉。太行山山水型旅游资源众多，历史文化悠久，开发潜力巨大。但是，由于跨区域、面积广、景点多、区域发展和开发不平衡，太行山旅游开发难以统一管理，整体品牌难以打造。如何整合和包装太行山旅游资源，打好“太行山”这张旅游牌，重塑“太行山”旅游形象，使之成为国内最富吸引力的“中国山水生态休闲旅游目的地”之一，对于振兴太行山区的旅游业和促进太行山地区社会和谐发展极为重要。然而，在旅游资源开发过程中，由于品牌形象整体塑造不力，产业要素统筹不够，关联带动作用不强，市场发育程度不高等弊端的存在，造成了太行沿线各地过分注重于本辖区的旅游资源开发，而缺乏对“太行山旅游品牌”的整体性开发，对太行山品牌利用多、打造维护少，存在着严重的“公地悲剧”，这极大地损害了太行山旅游的整体品牌。再加上各地旅游促销多停留在“卖产品”层次，忽略了对景区的整合和旅游形象的整体定位和统一策划，从而导致整个太行山旅游形象不明确。

为了振兴太行山区的旅游业和促进太行山地区社会和谐发展，我们有必要调整太行旅游资源开发模式，进一步推进京冀晋豫太行山区域旅游合作，完善长效合作机制，共建太行山无障碍旅游区。统一太行山旅游形象，以云台山、太行山大峡谷、五台山等为主吸引物，以太行文化和太行精神为内涵，结合新农村建设、小城镇建设、水利工程建设等，配合以休闲旅游为核心的泛旅游产业立体发展战略，构建“一轴三级三线”，即以太行山长线为轴，以北京、石家庄、焦作为三个增长级，以焦作为中心的南太行山金三角游、以石家庄为中心的中北部太行金三角游、以北京为中心的北太行山金三角游的空间格局，联合打造一系列综合旅游精品。与此同时，政府联动主导旅游更为必要，太行品牌建设工程、旅游形象推广工程都离不开各地政府的联动。

太行山游是一个跨区域、多要素组合的综合性产品。跨区域的特点带来了分税制下的不同政府利益体之间的矛盾，多要素组合的特点带来了产业链条中的不同企业利益体之间的矛盾，这两大利益体之间的矛盾是造成太行旅游多年来非理性竞争的根源。从根本上解决太行旅游的非理性竞争问题，当前京冀晋豫各地政府间宏观的太行旅游经济合作还不是最好出路。太行旅游深层次的问题还是要发挥市场机制作用，靠市场主体来解决。淡化行政区划对太行旅游的辖区管理，建立统一开放的

太行旅游市场，组建跨区域、跨领域的旅游集团和战略联盟，才是壮大太行山旅游的根本出路。这种旅业战略联盟是以市场为导向，以资本为纽带的旅游市场主体。应鼓励旅游企业、旅行社相互参股、联合、兼并，探索新的经营管理模式；鼓励、促进各种实力型旅游企业跨区投资，对太行山地区优势景区进行战略收购、兼并或控股；逐步组建跨区域、跨领域的太行山旅游发展股份公司或集团。在今后的旅游开发过程中，我们应该用“大旅游”的观念来整合旅游与相关产业，增加其附加值和协调度，在提升旅游竞争力的同时促进太行山区社会经济效益的提高和可持续发展。

2. 紧密型多层次合作模式

包括旅游市场共享、旅游人才培养、旅游资源开发、旅游设施投资、包价旅游线路联营、旅游宣传、旅游管理等方面的合作。以中部城市区域旅游联动为例。①首先，从我国中部地区经济文化旅游总体特征来看，山西、河南、湖北、湖南、江西、安徽六省都是人口大区，资源丰富，交通便利，经济发达，工农业基础雄厚，现代服务业发展迅速，是中国经济发展的第二梯队，在中国地域分工中扮演着重要角色。据《促进中部地区崛起“十三五”规划》中，中部地区是全国重要先进制造业中心、全国新型城镇化重点区、全国现代农业发展核心区、全国生态文明建设示范区、全方位开放重要支撑区。②中部六省历史厚重，资源特色鲜明，优势突出。如山西的三晋文化、晋商文化、长城文化、宗教文化，以大山、大水、大院、大庙为特色；河北的中原文化、宗教文化、乡村艺术、农耕文化、生态康养、寻根朝圣，突出古都、古寺、根祖、功夫、农耕产品特色。安徽有徽州文化、淮河文化、皖江文化、庐州文化、道教文化、建安文学、新安文化、桐城派资源，突出徽文化、黄山、楚风汉韵产品特色。而武汉、长沙、南昌三省会城市，以其形象统一、文化独特、地理相近、红色经典、腹地广阔等优势作为开发对象，开展区域中心城市旅游发展联动合作，共同构建长江中游旅游金三角地带，打造具有国际影响的著名旅游目的地，最终形成“华中旅游极”。③中部六省拥有众多的世界级垄断性资源，其中世界遗产53处，占我国总数的26%；5A级旅游景区57个，占我国总量的23%。国家级文物单位总数在全国占有70%以上。④中部六省文旅产业要素初步形成规模。据不完全统计，六省拥有星级酒店总计2145个，其中5星级仅122个；旅行社约7391个。⑤中部六省文旅发展格局突出优势，注重文化旅游融合发展，各省大都从龙头企业、大项目入手，焕活文旅经营主体。

中部六省旅游存在的普遍问题是：①高品质旅游产品短缺。表现在：一是旅游发展方式粗放，总体效益不高。观光型旅游的格局尚未根本转变，休闲度假等高端旅游产品开发不足，景区配套服务设施建设较滞后。二是旅游产品核心竞争力不强，消费结构不优。虽然世界遗产、5A景区、4A景区众多，但是龙头景区带动效应弱，没有形成产业集群效应。旅游产品结构过于单一，文化旅游商品开发缺乏特色与创意。三是文化资源开发水平不高，利用不充分。文化资源的开发程度明显落后于自然资源，而且以低层次开发为主，同质化、商业化等现象严重。②旅游产业创新融合不足。表现在：一是旅游产业规模较小，产业链尚未形成。全社会发展旅游产业格局尚未建立，当前旅游活动仍以生态资源的观光旅游为主。产品单一、档次较低，有地标性的高端产品少。同时缺少发挥引领作用的旅游龙头企业。二是旅游跨界融合不足，发展的内生动力不足。一方面是旅游与城乡建设发展没有紧密结合起来；二是旅游与新兴产业的融合力度不够，特别是与中部特色新业态融合不足。③文旅要素配套服务欠账多。表现在：一是旅游配套服务设施的供需矛盾依然突出。各省交通、景点、酒店、旅游购物市场等缺乏一个整体的互动，缺乏功能完善的综合旅游目的地；接待能力不能满足旺季旅游市场需求；四季旅游发展不均衡。二是要素发展不充分，旺季市场供需矛盾显著。在餐饮、住宿等方面供需矛盾突出，满足品质旅游、全域旅游的标准服务接待设施较少，食宿、卫生系统、标识系统、安全救助等不达标。④文旅基础设施矛盾突出。表现在：一是全域旅游交通体系不畅通。机场布局尚不完善、航线不足；铁路网覆盖面不足、铁路运输车次不足；公路总量不足，高速公路网络不完善。二是旅游“最后一公里”问题依然突出。各景区与旅游集散中心之间的交通连接呈放射状分布；客流疏导不畅，停车场、交通标识等配套不完善。三是自驾车服务体系不完善，因为自驾车服务体系建设还处于起步阶段，旅游交通标识系统不完善。

因此，中部六省除了采取传统意义上的合作形式外，还应建立新型的合作联动模式。首先，要进一步解放思想，开放创新，要从政府主导走向市场与政府“双轮驱动”！特别强调的是，中部六省许多文旅干部当下旅游发展的认识还有待提高，还处于“不知道自己不知道”的初级认知水平。第二，在我国区域分工体系中，中部地区既需要进一步强化承东启西作用，同时，又要强化中部南北大通道的组织作用，通过商贸物流互动，打通市场与信息渠道，各省市之间能够互为客源市场。第三，整合资源，继续发挥大型龙头景区的影响力与带动作用，以点带面网络式发展，实现各片区文旅产业全域发展格局。同时，建议引入竞争机制，在行业内形成寡头格局，做大做强文旅平台。第四，积极改善投资政商环境，进一步刺激更广泛的社会资本参与，实现文旅产品创新、公共服务创新、复合人才创新的多元发展格局。与此同时，要通过政策扶持、资（基）金引导、空间孵化等多种手段，积极扶持文旅小微企业，形成良好的区域文旅商业生态圈。第五，注重国际市场，进一步提升国际知名度。通过一系列举措，充分发挥民族文化的感染力，树立别具一格的区域品牌形象。包括举办文化旅游领域高层次、高水平的会议、论坛、展览、节庆等重大活动，深化交流内容，以此扩大本地区文旅产业融合发展的影响力。第六，在“文旅融合，高质量发展高品质生活”背景下，中部文旅发展做好“六合”：整合，即实施“文旅+”整合大文旅要素资源；商合：即按照文化旅游创意产业集聚发展模式，鼓励引导创新创业，推动小微企业蓬勃发展。融合：即文旅与一二三次产业充分融合。聚合：即在空间上抱团，形成若干区域联动子板块，做出区域定位与地域分工。组合：按照城市体系功能差别，通过点轴圈结构形成多边合作格局，发挥城市群的核心作用。联合：发挥大资源优势，协同区内、区际，网络化发展，形成互为目的地的市场互动局面。极合：即将大景区做大做强，打造组团增长极；并通过景区资源与项目，形成合理融资的资本促动等多元合作方式和多样合作模式。

3. 建设无障碍旅游区模式

长江三角洲地区15+1城市无障碍旅游区、鄂渝长江三峡无障碍旅游区、泛珠三角旅游合作区等都是很好的例子。以长江地区的区域旅游合作为例。江浙沪充分利用地处黄金水道与黄金海岸交汇的优势，把长三角地区建成西太平洋国际旅游中心和世界著名旅游目的地，构建成一个以上海为首位城市，杭州、南京为次级中心城市，苏州、无锡、扬州、宁波为重要节点，向苏北、浙西、浙南以及安徽、江西、福建辐射，旅游产业要素合理配置，畅捷、高效、舒适，具有国际影响力和竞争力的旅游圈，不仅为国内游客提供主题鲜明、组合多样的现代观光与度假产品，同时也为入境旅游者提供具有国际水准的旅游产品和服务，实现了度假休闲产品的网络化和国际化。再加上以杭州湾大桥的通车，长三角内“环杭州湾地区”实施资源整合，打造“看得见海”的新华东旅游线——长三角“环杭州湾地区”旅游一体化体系成为可能。这些地区旅游资源的“链接”，上海、宁波、嘉兴等地的旅游景点的

“捆绑组线”，使得区域共同体的旅游联动模式得以运用，使得华东地区“短途游”内容更加丰富，更使得长三角地区旅游线路更为完整。

4. 企业共同体或实现连锁经营模式，其中商会组织在发挥着极其活跃的作用

根据区域旅游竞争合作框架，广西环北部湾滨海旅游区是中国—东盟“M”型区域经济合作的重要组成部分。随着广西开放型经济发展和区域发展重点向沿海地区转移，凭借独特的资源、区位和政策优势，尤其是港口资源优势，“南北钦防”沿海经济区在广西区域经济整体格局中，将逐渐成为广西最重要的经济核心区，并成为对外建立粤、港、澳、琼地区及东南亚地区的密切联系。对内依托广西及大西南的广阔腹地，形成面向国内国际两个市场、以高新技术和海洋经济为龙头的现代产业体系，促进区内工业化进程并为产业升级提供良好的发展空间。因此，“南北钦防”沿海经济区的发展可以起到“激活”广西经济，重塑区域经济格局的作用，进而发挥带动广西经济发展的“龙头”作用（图1）。

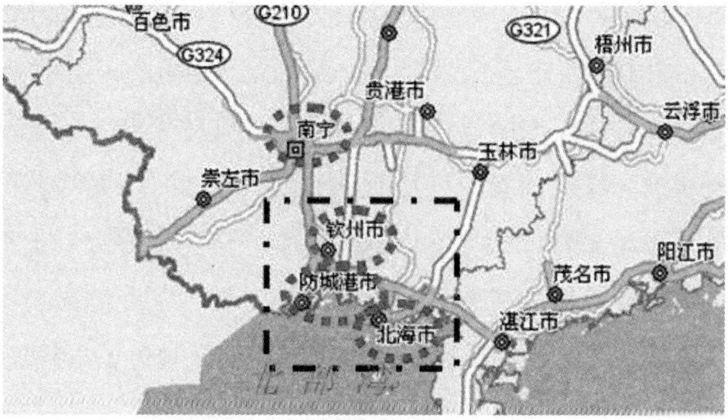

图1　环北部湾区域发展格局

目前，环北部湾旅游圈各地对沿海自然综合体及旅游资源的系统性认识还不够，现阶段各方面的旅游开发，还是停留在低水平和各自为政的无序阶段。各地旅游企业只考虑地方的近期利益，“小、散、弱、差”，导致资源的分散开发、小规模经营和近距离重复建设的现象严重。再加上环北部湾旅游圈的旅游资源相对集中，从目前的情况看，除北海银滩，越南的下龙湾等在国内有一定的知名度之外，其他旅游景点的知名度不高，旅游资源的品牌效应也不显著，还没有真正具有震撼力和吸引力的高品位资源，作为国家级、世界级旅游目的地的旅游产品不多，旅游产品的吸引力和竞争力明显不足。同海南、云南相比，广西区内旅游产品的竞争力明显处于劣势。由于环北部湾跨国旅游圈内未形成具有国际魅力的旅游品牌，整体旅游形象并未得到提升，影响了该区域的旅游发展。

所以，为更好地利用广西北部湾旅游资源，提升广西北部湾经济区港口竞争力，打造知名度高的旅游品牌，必须对环北部湾旅游圈进行准确的定位和科学的规划，加大旅游资源和产品的整合力度。为此要做好以下几点：

（1）组合资源，发挥整体优势。广西经济发展在得益于众多港口支持的同时，港口在发展过程中，由于地方利益的驱动，难免遇到重复建设、争夺货源、抢占腹地、无序竞争等问题，这严重影响了广西北部湾经济区港口的发展。要解决此问题，必须要打破行政区划和地域界限，打破体制障碍，整合资源，发挥整体优势，将沿海三个港口建设成分工明确、互为补充的大型组合港。

（2）创新体制和运行机制。打破各自为政、自成体系、分散经营的局面，发挥政府宏观调控作用，指导北部湾经济区港口的发展。成立管理咨询委员会来协调各利益主体间的关系，在充分考虑和照顾各方利益的同时达到共赢的可持续发展。

（3）分工合作、协调发展。双核联动模式的应用：以南宁和北海为核心，利用南宁每年定期举办的中国—东盟博览会、投资峰会、交易会，南宁大明山旅游资源，壮民族风情，发展商务会展旅游、生态旅游和民族文化旅游，与北海的滨海休闲度假旅游、海洋及沙滩健身运动旅游以及跨国旅游（北海—下龙湾共同开发）达成市场共享和资源互补。北部湾“北、钦、防”三个城市在发展大局上抱团合作取代相互竞争，在考虑了各自优势的基础上，将北海港定位为工业和旅游贸易港，钦州港是临海工业港，防城港定位大宗货物转运枢纽港，从而避免了重复建设和浪费资源。在空间布局上以北海为中心，以钦州、防城港为东西两翼，联合打造“环北部湾金三角”品牌。尤其是对北海、钦州、防城港三市的涠洲岛、银滩、三娘湾、金滩、江山半岛、京族三岛和东兴国门等景点进行了系统设计，构建以滨海公路和近海水域为载体的水路旅游廊道，并有机联结南宁，合理延伸至越南下龙湾，形成独特的跨国旅游线路，让游客一次出游可走两国游三地。“南北钦防”旅游资源丰富，比较优势各有特色，互补性高，积极推进环北部湾（广西）区域的旅游合作，打造“南北钦防”区域旅游优秀品牌，把海洋旅游资源开发与陆地旅游资源开发紧密结合起来，推动海陆旅游资源互补、产业互动、布局互联，实现海陆旅游联动发展。南宁是都市风光型的旅游城市，“北钦防”是海洋条件优越的地方，彼此旅游资源和产品的差异性、互补性，相互吸引着更多的游客。

（4）鼓励旅游企业相互投资。在北部湾区域开展旅游业合作初期，区域之间出于建立区域(或外交)关系或是获取各自经济效益的目的，由政府推动各国、各地区合作主体(政府、企业)和民间在经济、文化、科技等领域开始迈出合作步伐，学习先进港口经营管理经验，创造良好环境和条件，吸引有实力的国内外物流服务公司、船运公司、港口信息技术企业及大型修船、造船企业来广西北部湾经济区投资或合作，拓宽发展空间，加快广西北部港组合港的发展，提升广西北部湾经济区港口的竞争力。

5. 构建景区共同体模式

主要是对于一些跨地域的资源可以按照一个大景区共同开发。如黄河沿岸开发、长城沿线开发、大运河沿线开发。我在2016年7月15日在中国运河城市联盟枣庄峰会上曾以《京杭大运河旅游经济带开发的‘得’与‘失’》为题进进行了分析。中国大运河是中国古代劳动人民创造的伟大水利工程。大运河开掘于春秋时期（公元前486年吴国为伐齐始凿），完成于隋唐，繁荣于唐宋，取直于元代，疏通于明清，经历三次较大的兴修过程（最后一次兴修完成才称京杭大运河）。迄今已有2500多年历史，纵跨10多个维度，流经地跨8个省、直辖市，25个地级市，河道遗产27段，以及运河水工遗存、运河附属遗存、运河相关遗存共计58处遗产点，河道总长度1011公里（图2）。2014年6月22日，第38届世界遗产大会以“中国大运河项目”成功入选世界文化遗产，成为中国第46个世界遗产项目。可以说，大运河及其沿线周边已经成为一个大的文化公园。

区域主要城市年GDP总量11.15万亿元，涉及人口1.38亿，除衡水外，区域内主要城市人均GDP均在5000美元以上（图3），标志着大运河大公园旅游产品将由观光向休闲度假产品转变。除天津、沧州外，沿线城市旅游人次与收

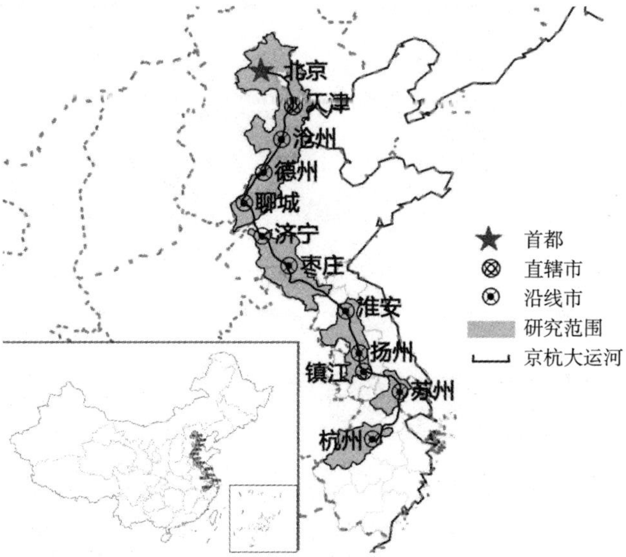

图2　大运河沿线省市分布图

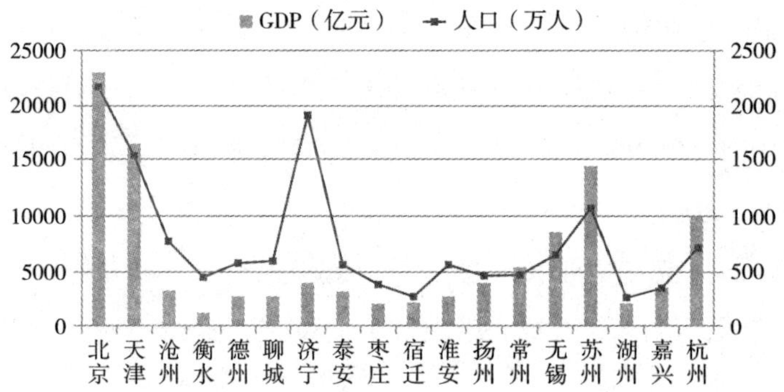

图3　2015大运河沿线城市GDP与人口规模

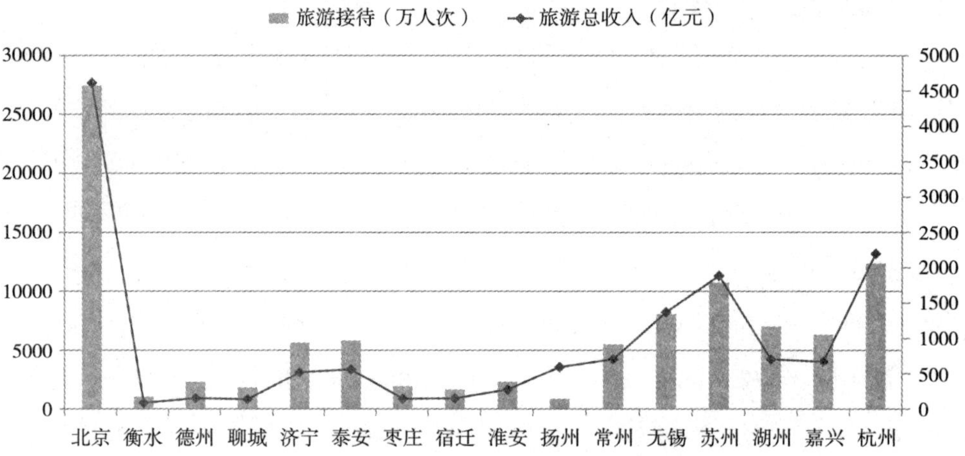

图4　2015大运河沿线城市旅游人次与旅游总收入

入均较高，呈现出四个“高地”（图4）。从京杭大运河沿线主要城市旅游竞争力分析来看，分为三类，旅游竞争力最强型：北京、杭州、苏州、天津；旅游竞争力较强型：镇江、扬州、徐州、济宁、淮安；旅游竞争力较弱型：德州、沧州、聊城、枣庄（图5）。

从京杭大运河旅游经济带的开发特征与旅游发展特点，可以划分为三段：第一段长江三角洲段，依托丰沛的水系结合当地特色文化，大运河旅游开发较早，旅游产品体系较为丰富。但同时存在保护不足、产品开发与地域文化整合不足、运河与城市功能融合不足等现象。第二段是山东段，主要依托历史遗迹展开，形成一定的规模优势以及龙头品牌景区如台儿庄古镇。但也出现了伪古迹以及按照现代城市公园打造的绿化模式。第三段黄河以北段。这一段因为时间久远已经不能通航，除了北京起点通州－香河－武清清淤开始开发之外，其他地方仅存遗址。所以存在一个争

一级指标	二级指标	三级指标
京杭大运河沿线主要城市旅游竞争力	城市经济发展水平	地区生产总值（亿元，X_1）
		人均地区生产总值（元，X_2）
		城镇居民人均可支配收入（元，X_3）
		第三产业增加值（亿元，X_4）
		第三产业增加值占地区生产总值比重（%，X_5）
	旅游行业竞争力	国内旅游人数（万人次，X_6）
		入境旅游人数（万人次，X_7）
		国内旅游收入（亿元，X_8）
		旅游总收入（亿元，X_9）
		旅游外汇收入（万美元，X_{10}）
		旅游总收入占地区生产总值比重（%，X_{11}）
		旅行社（家，X_{12}）
		星级宾馆/酒店（个，X_{13}）
		国家A级景区（个，X_{14}）
	环境质量	公园绿地面积（hm^2，X_{15}）
		城镇污水集中处理率（%，X_{16}）
		城镇生活垃圾无害化处理率（%，X_{17}）
		空气质量达标（API<100）天数（天，X_{18}）
	服务水平	住宿餐饮业零售额占地区生产总值比重（%，X_{19}）
		旅客总运量（万人，X_{20}）
		公共汽车运营车辆（辆，X_{21}）
		出租汽车运营车辆（辆，X_{22}）
		医院、卫生院床位数（张，X_{23}）

图5　大运河沿线城市旅游竞争力指标体系

议，即有关复航的争议。沿途城市寄希望于复航后在旅游、漕运、灌溉等方面发挥重要作用。

为此，我们提出要用全域作为一个景区来开发旅游的理念，按照点－线－面模式，分段开发；同时，深挖文化脉络，形成特色鲜明的大运河发展轴线，以及“旅游+”下的产品研发与创新。围绕现已形成的大交通格局，结合大运河沿线，构筑以水上、沿岸交通为特色的立体旅游集散体系。

在客源市场开发体系与市场网络建设方面，一方面要充分发挥自媒体力量，做好整合营销。同时加强区域合作，构筑大运河旅游合作体。京杭大运河旅游带的开发，一个跨行政区域的合作机构尤为重要。特别是流域联合营销。2014年6月24日，由北京、天津、沧州、衡水、德州、聊城、济宁、泰安、枣庄、宿迁、淮安、扬州、常州、无锡、苏州、湖州、嘉兴、杭州等18个城市旅游部门，组成京杭大运河城市旅游推广联盟，将在未来的3－5年内分阶段实施区域市场联合推广的“十个一”工程：一个联盟、一本画册、一组旅游线路、一组运河美食、一部形象片、一组旅游节庆、一个专题网站、一本通关文牒、一组特色纪念品、一名运河形象代言人。为此，我们建议，在这个联盟基础上，实施平台战略，打造“信息＋创新＋金融＋合作”平台，实现大景区旅游一体化目标。包括：第一要共建旅游信息平台，实现全域旅游信息共享。第二创新平台——沿线城市全民参与创新、创业。游客与居民并不是非此即彼的关系，其市场主体也不局限于外来的基于旅游目的的游客，也包括内在的基于休闲需求的居民。居民可以从休闲中享受高品质的生活，休闲中的居民本身也是游客体验的兴趣点。旅游不仅要为外来游客提供优质的服务，也要充分考虑“生于斯，长于斯”的本地居民的利益。第三鼓励区域旅游金融创新，打造全产业链投融资平台。第四将联盟进一步扩大，成为国内外交流平台，将中国大运河的故事与世界共分享。

6. 构筑营销共同体或信息平台

以“大东北”跨区域旅游合作为例。从东北地理单元来看，包括辽宁、吉林、黑龙江三省以及内蒙古东部的呼伦贝尔盟、兴安盟、通辽和赤峰，是一块相对独立的地理单元。由于所处地理位置相邻且资源状况相近，大东北旅游资源有着明显的关联性。辽宁以人文资源丰富以及文物古迹、都市风貌见长；黑龙江以森林、冰雪等为主要吸引物；吉林以长白山、雾凇等为主要特色；内蒙古东部以草原为价值核心，东北整体旅游资源丰厚，旅游资源既有差异也有关联性。因此，东北旅游资源虽然存在区域竞争关系，但是通过多方位的合作，能够形成区域合力。

从人均GDP来看，东北各省已经跨过人均5000美元，其旅游发展进入度假经济阶段，休闲需求呈现多元化。旅游人均消费超千元，略高于全国平均水平。为此，以“哈－大”高速为轴线，跨省市旅游合作创新，以打造大东北旅游线路、共同宣传促销和共建服务体系、共同培育主打产品和品牌等为基础目标，并最终形成区域旅游一体化格局。具体行动包括：2000年，沈阳、长春、哈尔滨、大连四城市的旅游部门成立了“东北四城市区域旅游联合体”，这是全国最早成立的区域旅游合作组织。2005年，辽宁鞍山加入旅游联合体，签署《五城市区域旅游合作备忘录》，正式更名为“4+1”城市区域旅游联合体。2007年东北7个主要城市签订《关于加强旅游战略合作的框架协议》。2008年“12+2”旅游合作联盟签署，共同致力于东北东部旅游黄金线路的打造。可以说“大东北”跨区域旅游合作框架已经基本形成。

三、运用区域创新系统，建立和完善区域旅游合作联动机制

李克强总理提出“大众创业、万众创新”，以简政放权的改革为市场主体释放更大空间，让国人在创造物质财富的过程中同时实现精神追求。区域创新系统在国家创新体系和国家政策层面的外部影响下，特别是区域社会经济和文化环境下，通过知识、信息等资源流动，形成知识应用和开发子系统以及知识生产和扩展子系统（图6）。区域旅游竞合与区域联动在区域创新系统指导下，在政府市场双轮驱动下有序推进，从区域资源整合到区域产品线路要素的合作，再到区域系统整体合作，形成多层次、多元化、多形式的合作体系。区域旅游一体化发展是区域旅游合作的最高形式和最终目标。

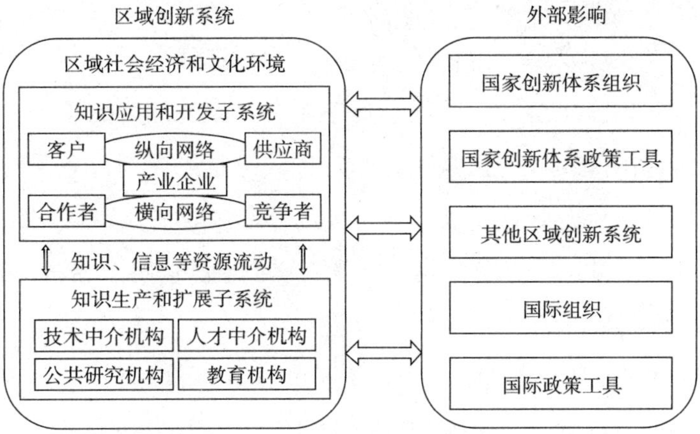

图6　区域创新系统功能结构

建立和完善区域旅游合作联动机制是克服我国地区旅游要素流动障碍的需要。我国的区域旅游合作从20世纪80年代初开始提出，区域旅游联动的进程相对较为缓慢，究其原因是多方面的，涉及到观念意识、政治、经济、民族等原因。总体上讲，我国各地区区情的复杂性决定了各种区域旅游合作的进程。我国区域旅游合作的障碍因素主要表现在：作为区域旅游合作最重要的合作主体——地方政府在区域旅游合作起着举足轻重的作用，其双重行为经常导致区域间经济关系和行政关系发生交叉与重叠，这是影响区域旅游合作的主要障碍；在高度集中的旧旅游治理体制下，旅游资源被条块划分，无法以市场为主导进行资源要素的优化配置和合理利用，区域旅游优势得不到体现。此外，以地方利益为前提的政策导向使雷同的旅游项目在区域内盲目重复建设，造成旅游资源和建设资金的极度浪费。同时，各地区情的

复杂性、差异性，如基础不同、人员的结构不同、景区的内涵不同导致的价格不同，客源市场不同造成的工作重心的不同等，直接影响了区域旅游联动进程。只有建立完善、高效、优质、务实的区域旅游合作机制，才能从根本上克服区域旅游合作的制约因素，通过建立有效的合作机制，促使区域旅游合作向纵深发展。

我们知道，旅游业是一个关联度很高的产业，同时也是一个开放性的产业，旅游业区际之间联系十分密切。要正确认识区域旅游合作的意义和作用，加强区域联合，成立区域旅游协调机构，健全旅游协作制度。区域旅游协调发展要考虑的因素包括：地理的相邻性、资源独特性、文化的继承性、产品的互补性、市场的关联性以及相对区划的统一性。通过对区域旅游产品的组合搭配，形成互补性的旅游产品群，有效地避免近距离内的重复建设和资源浪费。在区域旅游开拓方面，实施旅游联动时需要注意以下几个问题：

（1）旅游合作联动发展是一项多部门共管的系统工程，核心是本地旅游的一体化，其扩展是周边地区旅游的一体化。这不单单是旅游部门的事情，需要各相关部门携手参与，区域内部还应加强联系，制定共同的整体促销计划，树立区域旅游整体形象，加强对区域旅游联合发展的宣传才能不断推进其深入。实现一体化在实施中主要从以下几方面考虑：旅游规划、要素配置、旅游信息、旅游交通、市场营销、结算方式、服务标准和市场监管等。

（2）正确处理好龙头与比邻的关系。充分发挥政府的力量进行组合协调，做好区域旅游与产业发展的规划，打造好省、市的龙头形象，明确主导地位，协调好各方的关系，进一步提高旅游地的知名度，与其他地区错位协作发展，避免相互间的恶性竞争和重复建设。

（3）解决好旅游淡旺季的问题。采取适当的措施解决旅游旺季交通住宿问题，以便能够接待更多的游客；延长旅游旺季的时间，将政府性的节庆活动放在淡旺季交界期。

（4）处理好国际、国内旅游市场间的关系，注重市场细分问题。现阶段甚至在一定时期内，国内旅游市场都将是带动旅游区域经济发展的主要力量；发展国际旅游市场除旅游创汇外，更主要的任务是打造旅游地形象和国际影响力，二者不可偏废。

（5）游客的不同需求、行为方式，需要旅游企业提供不同的旅游服务，需要仔细甄别，注重市场细分。针对旅游者的个性需求，提供多元化的细微服务，代表了未来区域旅游合作的热点和主流。

（6）全面加强市场开发营销。坚持政府主导、多元参与、市场运作，建立多层次、多渠道、多形式，跨地区、跨行业、跨部门的宣传促销网络和联动机制，既可以成立由政府牵头的协调领导小组，定期或不定期进行旅游磋商；也可以成立专门的合作公司，组建大型旅游企业集团，负责具体项目的运作。建立区域旅游信息网络，提供旅游供需信息，促进区域旅游网络经济的发展。根据区域联合开发、资源优势互补的原则，为自己的资源和产品特色定位，走与相邻地区和省区既有区别、又有联系的协调发展之路。

总之，旅游合作必须跳出常规模式，面向旅游市场的激烈竞争，紧跟时势，创新思维，积极推动旅游区域中心的合作。把握当地旅游业发展的战略脉搏，在大区域背景中进行战略定位，通过大旅游内容体系的整合突出旅游品牌特色，增强旅游核心竞争力，发挥聚集效应，建设中外闻名的国际化旅游目的地，通过大旅游圈地域体系的完善拓展空间，实现区域联动协同发展，最终在全国乃至全世界旅游发展和竞争的格局中占有一席之地。

第三篇

文化旅游产业融合

论鄂尔多斯“文化旅游创意产业”集聚发展

本文系作者在2010年鄂尔多斯产业论坛上的发言整理而成

一、鄂尔多斯产业特征

鄂尔多斯是我国的能源原材料基地，是典型的资源型城市（2002年，原国家计委宏观经济研究院发布《中国资源型城市经济结构转型研究》报告提出资源型城市4个界定标准。根据这个标准，我国资源型城市共有120个，其中内蒙古自治区有9个，分别是阿尔山、赤峰、鄂尔多斯、根河、霍林郭勒、满洲里、乌海、锡林浩特和牙克石）。从第一产业到第二产业，鄂尔多斯人紧紧抓住国家能源战略西移和西部大开发的绝好机会，大力推进工业化进程，全市经济实力快速增长，并由过去的贫困县发展为如今经济百强县。国家政策机遇和积极转型，成就了“鄂尔多斯模式”。今天在“低碳、生态”理念下，如何推进转型、能源工业该怎么办、如何确保“十二五”期间的经济增长是摆在鄂尔多斯人面前的难题。我国国民经济“十二五”规划明确提出“推动文化产业成为国民经济支柱性产业”。鄂尔多斯文化产业如何发展，值得我们思考。

1. 鄂尔多斯产业结构特征

鄂尔多斯经济发展过程实质上是一个不断转型的过程。鄂尔多斯市位于内蒙古自治区西南部，地处鄂尔多斯高原腹地。改革开放之前，经济发展缓慢，是内蒙古最贫穷落后的地区之一，全市8个旗（区）全是贫困旗（区），产业结构以农牧业为主。改革开放尤其是1994年后，鄂尔多斯市紧紧抓住国家能源战略西移的绝好机遇，采取各种有效措施，到“九五”中后期，产业结构出现较大幅度调整，三次产业构成为34：40：26，进入工业化初级阶段的结构模式。2000年以来，鄂尔多斯更抓住西部大开发之机遇，工业化程度进一步强化，到2009年三次产业构成为3：58：39，同时第三产业有所发展。

从产业结构现状看，二、三产业比重高，特别是第二产业占主导地位，且大于一、三产业比重之和，呈现明显的工业化特征；工业产业内部发展也极为不均衡，2009年实现规模以上工业总产值2029.7亿元，轻重工业比重7：93，其中煤炭、电力冶金、化工等八大优势产业实现增加值占规模以上工业增加值的90%以上（图1）。

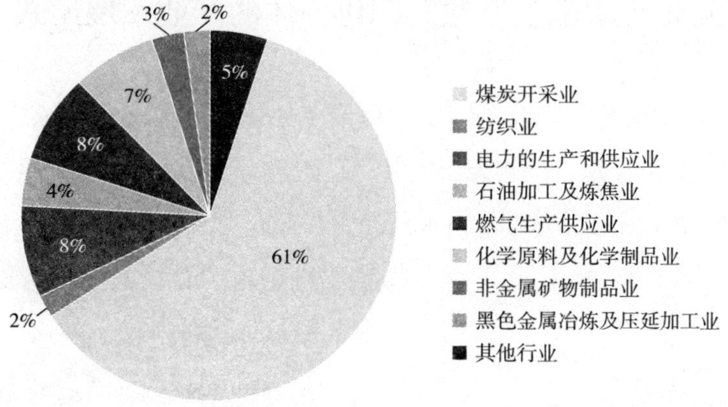

图1　鄂尔多斯市煤炭、电力冶金、化工等八大优势产业占比

2. 产业转型方向

从国际产业转型案例分析，产业转型大致有三种形式：①基于传统产业链的延展：德国鲁尔区产业转型即是围绕煤炭的综合利用延展传统产业链，以新技术、新工艺改造传统行业，从采掘洗选向炼焦、电力、煤化工等深加工延展，以及钢铁、化学工业、机械制造、氮肥工业、建筑工业等产业链下游延展；进而带动相关服务业，如服装、纺织、啤酒等，最终形成综合性现代产业体系。产业链的延展方式的转型需要较长的时间，城市服务功能难以短期跟进。②产业重构：日本九州的转型是产业重构的经典案例。20世纪60年代，日本政府预见到煤炭产业的衰退不可逆转直接将其剔除，并通过一系列的劳动力安置转移和优惠政策诱导新兴产业迅速发展起来。产业重构的转型是极为快捷的，然而成本也相对较高。③产业链延展+新产业：美国石油城休斯敦采用了产业链拓展，在原有主导产业石油开采业发展基础上，通过技术创新和科技推动，大力发展石油工业；并以国家航天中心落户休斯敦为契机，大力发展高科技产业。

鄂尔多斯产业转型必然选择第三种形式：通过扶持援助政策，鼓励促进煤炭产业围绕煤炭综合利用发展煤炭延展产业，如炼焦、电气、煤化工、钢铁、化工以及汽车制造、煤机化机制造和新能源装备制造等；在适当的地区吸引培育新兴替代产业，如金融业、商务服务业、高端装备、环保产业等。从这个角度考虑，未来鄂尔多斯主导产业将从煤炭延展产业与新兴产业中产生，二者的关联匹配决定转型成败。因而，本文提出文化创意旅游在鄂尔多斯产业转型中具有支柱性地位。

二、构建“文化旅游创意产业”四位一体的产业发展模式

“文化、创意、旅游、产业”四位一体产业集聚发展模式，即以“文化为基础、创意为核心、旅游为载体、产业为目的”，文化创意产业通过产业集聚效应迅速发展的模式。产业集聚（Industrial Cluster）是一定数量企业共同组成的关联产业在一定地域范围内的集中，是文化创意旅游产业迅速发展的要求（图2）。

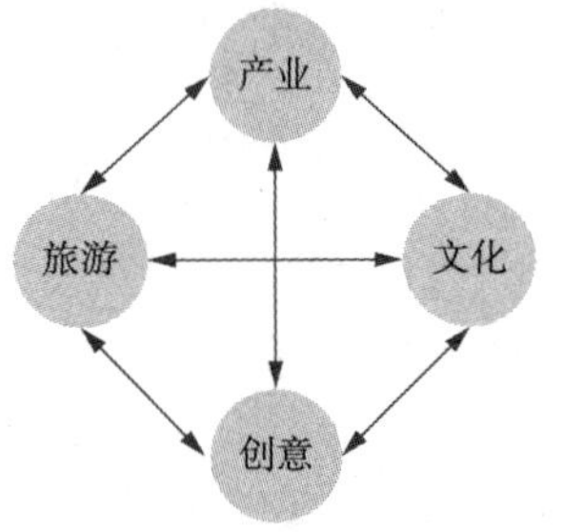

图2　文化旅游创意产业四位一体模式

文化为基础，即文化是文化创意旅游的价值基础，是创意的源泉，旅游的内涵，产业的财富。鄂尔多斯拥有悠久的历史和灿烂的文化，比如，秦长城文化、秦直道文化、大夏国都统万城文化、成吉思汗文化、阿尔寨石窟文化、青铜器文化及近现代经济建设文化等，还有富有特色的蒙古族民俗文化、蒙汉融通文化，富有特色的草原文化与地域性的黄河文化的交融，这些都是鄂尔多斯发展文化创意产业的基础。

创意为核心，即创意是文化创意旅游的价值核心，是文化旅游的精髓。创意是打破常规的哲学，对传统的叛逆；是大智大勇的同义；是导引递进升华的圣圈；是一种智能拓展；是一种文化底蕴；是一种闪光的震撼；是破旧立新的创造与毁灭的循环；是宏观微照的定势，是点题造势的把握；是跳出庐山之外的思路，超越自我，超越常规的导引；是智能产业神奇组合的经济魔方。简而言之，创意就是具有新颖性和创造性的想法。通过创意重新包装已有的文化，推动传统文化旅游产业的转型，促进文化创意产业和其他新兴产业的发展，例如动漫、影视、主题展示等。

旅游是载体，即旅游是文化创意旅游的价值载体，是文化创意的反应堆，是产业价值转换的媒介。鄂尔多斯现在有雄伟厚重的秦长城、战功赫赫的秦直道、大夏国都统万城、规模宏大的成吉思汗陵、富丽堂皇的郡王府、富有特色的响沙湾和萨

拉乌素河等，这些历史遗产和自然产物都将成为鄂尔多斯产业转型、发展文化创意旅游产业的重要载体。

产业为目的，这里的产业指包括文化、旅游在内的国民经济整体。产业价值的提升是文化创意旅游的终极目的，是文化创意的标的。基于文化、创意、旅游、产业互动机制，推动传统工业产业的转型和新兴文化创意产业的发展。经历渗透、转换和升级三个阶段，强化文化创意旅游产业与传统产业的关联，同时传统产业的产业链得到延伸，促进资源从传统产业向新兴产业的转移，提升传统产业、服务业的文化含量和经济价值，最终完成产业转型，实现整体经济又好又快发展。

三、文化创意与旅游产业关联的计量分析

产业关联是指国民经济各部门在社会再生产过程中所形成的直接和间接的相互依存、相互制约的经济联系。我们采用投入产出模型量化文化、文化创意、旅游对国民经济各行业的感应和影响效应；出于行业范围的考虑，采用《2007年中国投入产出表》135个产业部门数据。本研究根据国家统计局关于文化及相关服务中的12个子目来表示文化及其创意业规模。12个子目包括印刷业和记录媒介的复制业（035）、文教体育用品制造业（036）、雷达及广播设备制造业（083）、家用视听设备制造业（086）、文化、办公用机械制造业（089）、工艺品及其他制造业（090）、旅游业（116）、科技交流和推广服务业（119）、新闻出版业（130）、广播、电视、电影和音像业（131）、文化艺术业（132）、娱乐业（134）等。

1. 影响力系数与感应系数

表1　文化及文化创意、旅游产业关联度

	135部门		135+1部门	
	影响力系数	感应力系数	影响力系数	感应力系数
旅游业	0.9115	0.1159		
文化业	—	—	1.0989	2.8430

基于投入产出表1，文化及文化创意业的产业关联度较强，影响力系数1.0989

（>1），感应力系数2.8430（>1）。这就意味着，文化业投入增加1.0亿元，通过直接或间接的产业关联影响为GDP带来1.0989亿元的增长；而GDP的增长又促使文化业增长约3.1243亿元，进而再次推动GDP的增长3.4334亿元，推动文化业新一轮增长约9.7612亿元……推动GDP趋向于∞。旅游业的产业关联相对小一些，影响力系数0.9115，感应力系数0.4159。旅游增长1.0亿元，将为GDP带来0.9115亿元的增长，而GDP的增长引发旅游业新一轮增长，约0.3791亿元，进而GDP再次增长……推动GDP增长约1.4678亿元。文化与旅游的“双向”互动，将推动GDP走向更高的增长。

2. 关联产业分析

后向关联是指一个产业对那些向其供应产品或服务的产业或部门的影响，该关联度越大，这一产业对那些上游产业部门的需求影响越明显。直接消耗表征了直接关联关系，而直接和间接消耗体现完全关联关系。直接后向关联是某产业生产中直接消耗对其他产业需求的影响程度。从直接后向关联产业看，文化及文化创意产业与8个产业部门密切关联，33个部门较紧密关联（见表2），87个产业部门存在关联关系；旅游业与8个产业部门紧密关联，4个产业部门较紧密关联（见表3），70个产业部门存在关联关系。完全后向关联是某产业单位产值的最终产品或服务对另一产业产品或服务的直接和间接需求的影响程度。从完全后向关联产业看，文化及文化创意业与15个产业部门密切关联，20个产业部门较紧密关联（见表4），99个产业部门存在关联关系；旅游业与11个产业部门密切关联，20个产业部门较紧密关联（见表5），103个产业部门存在关联关系。

表2　文化业主要直接后向关联产业列表

	直接消耗系数	产业关联		直接消耗系数	产业关联
电子元器件制造业	0.1027	密切关联	**旅游业**	0.0087	较密切关联
文化业	0.0863	密切关联	电力、热力的生产和供应业	0.0084	较密切关联
造纸及纸制品业	0.0492	密切关联	涂料、油墨、颜料及类似产品制造业	0.0080	较密切关联
印刷业和记录媒介的复制业	0.0268	密切关联	仪器仪表制造业	0.0080	较密切关联
塑料制品业	0.0246	密切关联	软饮料及精制茶加工业	0.0079	较密切关联
金属制品业	0.0226	密切关联	畜牧业	0.0074	较密切关联

续表

	直接消耗系数	产业关联		直接消耗系数	产业关联
餐饮业	0.0221	密切关联	**保险业**	0.0074	较密切关联
批发零售业	0.0216	密切关联	雷达及广播设备制造业	0.0071	较密切关联
住宿业	0.0172	较密切关联	棉、化纤纺织及印染精加工业	0.0070	较密切关联
银行业、证券业和其他金融活动	0.0132	较密切关联	电线、电缆、光缆及电工器材制造业	0.0068	较密切关联
专用化学产品制造业	0.0121	较密切关联	有色金属冶炼及合金制造业	0.0068	较密切关联
道路运输业	0.0120	较密切关联	**航空运输业**	0.0066	较密切关联
铁路运输业	0.0116	较密切关联	有色金属压延加工业	0.0063	较密切关联
商务服务业	0.0114	较密切关联	玻璃及玻璃制品制造业	0.0061	较密切关联
合成材料制造业	0.0114	较密切关联	电子计算机制造业	0.0061	较密切关联
木材加工及木、竹、藤、棕、草制品业	0.0111	较密切关联	其他电气机械及器材制造业	0.0060	较密切关联
文化艺术业	0.0100	较密切关联	酒精及酒的制造业	0.0059	较密切关联
石油及核燃料加工业	0.0093	较密切关联	烟草制品业	0.0058	较密切关联
纺织服装、鞋、帽制造业	0.0093	较密切关联	家用视听设备制造业	0.0057	较密切关联
房地产业	0.0092	较密切关联	广播、电视、电影和音像业	0.0057	较密切关联
工艺品及其他制造业	0.0091	较密切关联	Average=0.00567；Var=0.000162		

表3　旅游业主要直接后向关联产业列表

	直接消耗系数	产业关联		直接消耗系数	产业关联
餐饮业	0.1369	密切关联	保险业		密切关联
住宿业	0.1230	密切关联	**石油及核燃料加工业**		密切关联
文化业	0.0861	密切关联	环境管理业		较密切关联
铁路运输业	0.0857	密切关联	公共设施管理业		较密切关联
旅游业	0.0753	密切关联	**航空运输业**		较密切关联
道路运输业	0.0676	密切关联	**银行业、证券业和其他金融活动**		较密切关联
Average=0.005658；Var=0.000445					

表4　文化产业主要完全后向关联产业列表

	完全消耗系数	产业关联		完全消耗系数	产业关联
电子元器件制造业	0.2209	密切关联	有色金属压延加工业	0.0355	较密切关联
文化业	0.1182	密切关联	**汽车制造业**	0.0338	较密切关联
电力、热力的生产和供应业	0.1152	密切关联	道路运输业	0.0332	较密切关联
造纸及纸制品业	0.1062	密切关联	**煤炭开采和洗选业**	0.0308	较密切关联
石油及核燃料加工业	0.0735	密切关联	**商务服务业**	0.0306	较密切关联
基础化学原料制造业	0.0653	密切关联	**其他通用设备制造业**	0.0300	较密切关联
塑料制品业	0.0648	密切关联	棉、化纤纺织及印染精加工业	0.0268	较密切关联
石油和天然气开采业	0.0621	密切关联	木材加工及木、竹、藤、棕、草制品业	0.0263	较密切关联
金属制品业	0.0602	密切关联	废品废料	0.0255	较密切关联
批发零售业	0.0587	密切关联	住宿业	0.0243	较密切关联
有色金属冶炼及合金制造业	0.0522	密切关联	铁路运输业	0.0211	较密切关联
合成材料制造业	0.0496	密切关联	仪器仪表制造业	0.0207	较密切关联
专用化学产品制造业	0.0493	密切关联	电线、电缆、光缆及电工器材制造业	0.0202	较密切关联
钢压延加工业	0.0481	密切关联	涂料、油墨、颜料及类似产品制造业	0.0199	较密切关联
银行业、证券业和其他金融活动	0.0468	密切关联	**畜牧业**	0.0195	较密切关联
农业	0.0370	较密切关联	**房地产业**	0.0191	较密切关联
印刷业和记录媒介的复制业	0.0368	较密切关联	有色金属矿采选业	0.0183	较密切关联
餐饮业	0.0360	较密切关联	Average=0.017202，Var=0.000781		

表5　旅游业主要完全后向关联产业列表

	完全消耗系数	产业关联		完全消耗系数	产业关联
餐饮业	0.1620	密切关联	**商务服务业**	0.0259	较密切关联
住宿业	0.1436	密切关联	钢压延加工业	0.0226	较密切关联
文化业	0.1165	密切关联	**畜牧业**	0.0222	较密切关联
石油及核燃料加工业	0.1051	密切关联	造纸及纸制品业	0.0195	较密切关联

续表

	完全消耗系数	产业关联		完全消耗系数	产业关联
铁路运输业	0.0993	密切关联	酒精及酒的制造业	0.0189	较密切关联
道路运输业	0.0892	密切关联	渔业	0.0183	较密切关联
旅游业	0.0824	密切关联	基础化学原料制造业	0.0183	较密切关联
电力、热力的生产和供应业	0.0781	密切关联	其他服务业	0.0183	较密切关联
石油和天然气开采业	0.0761	密切关联	航空运输业	0.0176	较密切关联
保险业	0.0672	密切关联	**煤炭开采和洗选业**	0.0170	较密切关联
银行业、证券业和其他金融活动	0.0458	密切关联	电子元器件制造业	0.0162	较密切关联
农业	0.0413	较密切关联	**其他通用设备制造业**	0.0158	较密切关联
批发零售业	0.0311	较密切关联	塑料制品业	0.0152	较密切关联
汽车制造业	0.0309	较密切关联	**房地产业**	0.0148	较密切关联
环境管理业	0.0291	较密切关联	金属制品业	0.0142	较密切关联
公共设施管理业	0.0276	较密切关联	Average=0.014169，Var=0.000746		

前向关联是指某产业对那些将本产业的产品或服务作为投入要素或生产资料的产业的影响，分为直接前向关联和完全前向关联。直接前向关联是某产业部门的产品对其他产业部门中间投入的影响程度。从直接前向关联产业看，文化及文化创意产业与8个产业部门密切关联，26个部门较紧密关联（见表6），102个产业部门存在关联关系；旅游业与6个产业部门紧密关联，11个产业部门较紧密关联（见表7），119个产业部门存在关联关系。完全前关联是某产业单位增加值对另一产业投入的影响程度。从完全前向关联产业看，文化及文化创意业与10个产业部门密切关联，33个产业部门较紧密关联（见表8），93个产业部门存在关联关系；旅游业与6个产业部门密切关联，23个产业部门较紧密关联（见表9），107个产业部门存在关联关系。

表6　文化业主要直接前向关联产业列表

	直接分配系数	产业关联		直接分配系数	产业关联
文化业	0.0649	密切联系	其他服务业	0.0069	较密切联系
公共管理和社会组织	0.0394	密切联系	**居民服务业**	0.0064	较密切联系

续表

	直接分配系数	产业关联		直接分配系数	产业关联
批发零售业	0.0316	密切联系	其他通用设备制造业	0.0063	较密切联系
教育	0.0275	密切联系	工艺品及其他制造业	0.0061	较密切联系
商务服务业	0.0177	密切联系	电子元器件制造业	0.0061	较密切联系
建筑业	0.0177	密切联系	家用视听设备制造业	0.0056	较密切联系
汽车制造业	0.0132	密切联系	卫生	0.0056	较密切联系
文化艺术业	0.0115	密切联系	仪器仪表制造业	0.0055	较密切联系
银行业、证券业和其他金融活动	0.0113	较密切联系	**软件业**	0.0052	较密切联系
保险业	0.0101	较密切联系	**医药制造业**	0.0051	较密切联系
农业	0.0096	较密切联系	专业技术服务业	0.0048	较密切联系
电信和其他信息传输服务业	0.0089	较密切联系	文化、办公用机械制造业	0.0044	较密切联系
电力、热力的生产和供应业	0.0080	较密切联系	印刷业和记录媒介的复制业	0.0044	较密切联系
雷达及广播设备制造业	0.0077	较密切联系	其他专用设备制造业	0.0041	较密切联系
旅游业	0.0074	较密切联系	新闻出版业	0.0041	较密切联系
房地产业	0.0072	较密切联系	塑料制品业	0.0041	较密切联系
广播、电视、电影和音像业	0.0069	较密切联系	纺织服装、鞋、帽制造业	0.0040	较密切联系
Average=0.00386，Var=0.000058					

表7　旅游业主要直接前向关联产业列表

	直接分配系数	产业关联		直接分配系数	产业关联
文化业	0.0932	密切联系	**居民服务业**	0.0039	较密切联系
公共管理和社会组织	0.0395	密切联系	**软件业**	0.0047	较密切联系
教育	0.0272	密切联系	**医药制造业**	0.0046	较密切联系
建筑业	0.0197	密切联系	道路运输业	0.0040	较密切联系
电信和其他信息传输服务业	0.0211	密切联系	输配电及控制设备制造业	0.0039	较密切联系
旅游业	0.0752	密切联系	通信设备制造业	0.0034	较密切联系
批发零售业	0.0058	较密切联系	娱乐业	0.0087	较密切联系
商务服务业	0.0109	较密切联系	计算机服务业	0.0045	较密切联系
房地产业	0.0011	较密切联系	Average=0.003066，Var=0.000124		

表8　文化业主要完全前向关联产业列表

	完全分配系数	产业关联		完全分配系数	产业关联
文化业	0.0958	密切联系	文化艺术业	0.0137	较密切联系
建筑业	0.0790	密切联系	电信和其他信息传输服务业	0.0136	较密切联系
公共管理和社会组织	0.0524	密切联系	**通信设备制造业**	0.0135	较密切联系
批发零售业	0.0509	密切联系	**医药制造业**	0.0126	较密切联系
汽车制造业	0.0462	密切联系	工艺品及其他制造业	0.0120	较密切联系
教育	0.0380	密切联系	基础化学原料制造业	0.0117	较密切联系
电力、热力的生产和供应业	0.0376	密切联系	**房地产业**	0.0116	较密切联系
商务服务业	0.0287	密切联系	其他服务业	0.0114	较密切联系
钢压延加工业	0.0283	密切联系	道路运输业	0.0113	较密切联系
电子元器件制造业	0.0233	密切联系	畜牧业	0.0113	较密切联系
电子计算机制造业	0.0225	较密切联系	专用化学产品制造业	0.0112	较密切联系
农业	0.0204	较密切联系	造纸及纸制品业	0.0111	较密切联系
其他通用设备制造业	0.0202	较密切联系	家用电力和非电力器具制造业	0.0109	较密切联系
金属制品业	0.0202	较密切联系	有色金属压延加工业	0.0106	较密切联系
卫生	0.0178	较密切联系	家用视听设备制造业	0.0104	较密切联系
银行业、证券业和其他金融活动	0.0172	较密切联系	餐饮业	0.0103	较密切联系
塑料制品业	0.0169	较密切联系	雷达及广播设备制造业	0.0102	较密切联系
保险业	0.0161	较密切联系	其他专用设备制造业	0.0099	较密切联系
石油及核燃料加工业	0.0145	较密切联系	**居民服务业**	0.0099	较密切联系
纺织服装、鞋、帽制造业	0.0141	较密切联系	旅游业	0.0097	较密切联系
有色金属冶炼及合金制造业	0.0139	较密切联系	仪器仪表制造业	0.0096	较密切联系
棉、化纤纺织及印染精加工业	0.0139	较密切联系	Average=0.009536，Var=0.000178		

表9　旅游业完全前向关联产业列表

	完全分体系数	产业关联		完全分配系数	产业关联
文化业	0.1127	密切联系	**医药制造业**	0.0088	较密切联系

续表

	完全分体系数	产业关联		完全分配系数	产业关联
旅游业	0.0824	密切联系	**通信设备制造业**	0.0088	较密切联系
公共管理和社会组织	0.0507	密切联系	**其他通用设备制造业**	0.0086	较密切联系
建筑业	0.0507	密切联系	输配电及控制设备制造业	0.0085	较密切联系
教育	0.0351	密切联系	道路运输业	0.0077	较密切联系
电信和其他信息传输服务业	0.0253	密切联系	电子元器件制造业	0.0075	较密切联系
批发零售业	0.0172	较密切联系	塑料制品业	0.0075	较密切联系
商务服务业	0.0166	较密切联系	**纺织服装、鞋、帽制造业**	0.0068	较密切联系
电力、热力的生产和供应业	0.0154	较密切联系	房地产业	0.0067	较密切联系
汽车制造业	0.0147	较密切联系	软件业	0.0066	较密切联系
钢压延加工业	0.0118	较密切联系	**棉、化纤纺织及印染精加工业**	0.0062	较密切联系
娱乐业	0.0098	较密切联系	**居民服务业**	0.0060	较密切联系
卫生	0.0091	较密切联系	**银行业、证券业和其他金融活动**	0.0059	较密切联系
电子计算机制造业	0.0089	较密切联系	电线、电缆、光缆及电工器材制造业	0.0059	较密切联系
金属制品业	0.0089	较密切联系	Average=0.005813，Var=0.000184		

综上所述，文化及文化创意、旅游与国民经济各行业广泛关联，文化及文化创意、旅游的生产投入对国民经济各产业具有需求拉动作用，它们的产出又推动着国民经济各行业的投入。“文化为基础、创意为核心、旅游为载体”的文化创意旅游的快速发展有利于国民经济整体的发展优化，能够达到“推动产业发展”整体目标。也正是文化创意旅游的广泛关联性，决定了它在鄂尔多斯产业转型中的支柱性地位。

四、政策建议

本文认为鄂尔多斯应当确立文化旅游为其经济转型中的支柱产业，以“文化为基础、旅游为载体，创意为核心，产业为主体”，调动一切可以调动的人力、物力、财力促进鄂尔多斯文化旅游的崛起。具体措施：

1. 加大资金投入，夯实“鄂尔多斯文化”底蕴

文化是文化旅游的基础，是创意的源泉。鄂尔多斯应深度挖掘当地的文化底蕴，从传统文化、历史文化、民族文化、工业文化等诸多方面升华“鄂尔多斯文化”。该文化具有典型的鄂尔多斯印记，既是中华文化的传承，又有别于其他中华文化。加大文化基础设施建设，从经济、社会、城市、居民等整体落实“鄂尔多斯文化”，建设一批代表鄂尔多斯形象的文化设施；大力加强图书馆、博物馆、电影院、剧场、体育馆等文体活动设施建设。

2. 政府为主导，大项目为依托，“文化、旅游、创意、产业”一体化推进

文化旅游的发展要以政府为主导，避免产业内部竞争，保护行业迅速成长。要进一步实施文化产业大项目带动战略，以项目融通资金、集聚人才、引进技术、发展壮大；以项目培育骨干文化企业，以企业集聚形成文化园区。依托鄂尔多斯特色文化资源和优势主导产业，研究文化市场的消费特点，准确把握人们文化消费的心理需求和未来走势，谋划推出一批站位产业链、技术链、价值链高端，具有基础性、先导性、战略性和市场竞争力的创意项目，比如大漠影视基地项目等。政府从土地、税收、配套设施等方面给予切实保障，确保创意项目落到实处，见到实效。

3. 深化文化体制改革，构建创新平台，推动“文化、创意、旅游、产业”内生增长

深化文化体制改革，积极创建全面创新平台，构建创意激励机制，鼓励全民创新。根据我们的研究，文化产业影响力系数和感应度系数分别为1.0989和2.8430，文化产业具有内生增长性。鄂尔多斯政府应积极响应国家产业发展战略，大力发展文化产业，鼓励“文化、旅游”双向互动，推动“文化、创意、旅游、产业”内生增长。

4. 建立健全社会主义市场机制，以文化创意旅游为龙头，带动产业网络增长

文化创意旅游以文化为基础、旅游为载体，通过投入产出关联关系将国民经济各产业结成产业网络。健全的市场机制能够促进该网络良性运转，传递要素、价值、资金、人才等，推动产业网络增长。

建设国家文化公园 彰显中华文化自信

本文系作者在2019年11月国家文化和旅游部国家长城文化公园内部专家研讨会发言整理而成，博雅方略研究院协助参与整理。本文发表于《中国旅游报》2020年1月3日16版

“文化建设和文物的保护发掘利用，要让文物说话、让历史说话、让文化说话，推动中华优秀传统文化创造性转化、创新性发展。”2019年12月，中共中央办公厅、国务院办公厅印发《长城、大运河、长征国家文化公园建设方案》，是我国文化建设中的一大盛举，三大国家文化公园建设整体部署是我国文化资源保护和开发的新的里程碑，开创文旅融合发展新纪元。值此之际，结合博雅方略多年文旅规划开发经验，我们来深入探讨国家文化公园的话题，抛砖引玉。

一、国家文化公园的起源与意义

1. 国家文化公园的起源

《国家“十三五”时期文化发展改革规划纲要》中首次提出规划建设一批国家文化公园，形成中华文化重要标识。此后，地方政府纷纷将“建设国家文化公园”纳入省、市“十三五”文化发展重点计划。2019年7月24日，中央全面深化改革委员会第九次会议审议通过了《长城、大运河、长征国家文化公园建设方案》，全国相关省市纷纷响应，积极融入国家文化公园建设。以长城国家文化公园为例，北京长城国家公园体制试点区总体规划初步完成；天津提出“积极融入长城国家文化公园建设，深入挖掘黄崖关长城文化遗产”；河北秦皇岛市“以长城国家文化公园试点建设为契机，将长城保护利用与实施乡村振兴相结合”；陕西榆林市“充分利用1600公里长城遗址，建设开放的、活态的长城文化公园”。

“国家文化公园”概念属国内首创，目前还无统一定义。学术界有一种观点认为“国家文化公园是国家公园的一个分支”。国家公园（National Park）的概念源自美国，

最早由艺术家乔治·卡特林（George Catlin，1832）提出。黄石国家公园（1872）是世界上第一个国家公园，此后许多国家开始效仿黄石国家公园模式，如澳大利亚的皇家国家公园（1879）、加拿大的班夫国家公园（1885）、新西兰的汤加里罗国家公园（1887）以及瑞士的瑞士国家公园（1914）等。当前世界上已有200多个国家实行了国家公园制度。我国是实行国家公园制度的国家之一，由国家林业和草原局（国家公园管理局）统领国家公园体系试点工作，取得显著成果。

什么是国家公园？国家公园是国家为了保护一个或多个典型生态系统的完整性，为生态旅游、科学研究和环境教育提供场所而划定的需要特殊保护、管理和利用的自然区域；其强调统筹保护、教育、游憩和富民的复合功能，在保护的前提下，满足人们探索自然、观赏美景、认识历史文化、体验生态环境、返璞归真的需求，促进地方社会经济发展，实现环境保护、资源开发、社会经济发展的协调统一和良性互动。

国际自然与自然资源保护联盟（IUCN，1969）指出："一个国家公园，是这样一片比较广大的区域。它有一个或多个生态系统，通常没有或很少受到人类占据及开发的影响，这里的物种具有科学的、教育的或游憩的特定作用，或者这里存在着具有高度美学价值的自然景观；在这里，国家最高管理机构一旦有可能，就采取措施，在整个范围内阻止或取缔人类的占据和开发，并切实尊重这里的生态、地貌或美学实体，以此证明国家公园的设立；到此观光必须以游憩、教育及文化陶冶为目的，并得到批准。"

综上所述，这里将"国家文化公园"定义为以保护传承和弘扬具有国家或国际意义的文化资源、文化精神或价值的主要目的，兼具弘扬与传承中华传统文化、爱国教育、科研实践、国际交流、旅游休闲、娱乐体验等文化服务功能，且经国家有关部门认定、建立、管理的特殊区域。

2. 国家文化公园建设的意义

（1）国家文化公园是彰显"中华文化自信"的重要标识。文化是一个国家、一个民族的灵魂。然而文化是既具体又抽象的存在，或文学典籍、或建筑遗迹遗址、或手工艺品、或歌曲舞蹈、或礼仪习俗，都是文化的载体，难以精准描述。同时，文化又存在着相对较高的接受门槛，人们需要了解特定的历史，才能明白其存在的意义、价值，大众往往对其望而却步。国家文化公园将"文化"整理出来，将其具象化，以看得见、摸得着的形式展现出来，人们在赏析、休闲、体验、健身、旅游的过程中，增强文化的存在感、传播力及影响力。

（2）国家文化公园是中国文化传播的重要渠道。国家文化公园承载国家对外文化交流的使命，肩负中国与世界各国对话、了解、认同、促进、融合的使命。长城、大运河、长征为代表的国家文化公园体系的建设，把中国优秀传统文化建设落到实处，彰显文明古国的文化魅力和中国人民的智慧力量，推动中华文化现代化、国际化，让中华优秀文化拥有更多的传承载体、传播渠道，让世界能够听清、听懂中国声音，构筑社会主义文化强国国际话语权。

（3）国家文化公园是文化与旅游融合发展的新名片。国家文化公园是中华文化形象展示公园、中华文化基因库、弘扬中华文化精神的第一线。国家文化公园的建设将中华优秀传统文化的创造性转化和创新发展与人民文旅消费内容和多元形式统一起来，兼具文化传承性、知识性、娱乐性，成为以文化和旅游为核心的全产业融合发展的新标杆、新符号。

二、国家文化公园开发的国际经验借鉴

根据定义，我国的“国家文化公园”包含文化保护传承开发和国家公园两个层面。国际经验借鉴从两个层面选取案例，即文化保护与传承层面，选取与“长城、大运河、长征”相似的世界文化遗产地开发实例；国家公园层面，选取文化型国家公园实践，为我国国家文化公园的建设及管理提供宝贵经验。

1. 文化保护与传承层面的案例借鉴

长城、大运河、长征均呈现线形或带状，线路上依附大量物质和物质文化资源群，通过人类活动聚集地（城镇或村庄）串联起来呈现特定时期政治、经济、军事、文化、社会等交流轨迹，展现区域文化发展历程。在世界文化名录中有9处线形遗产，塞默林铁路（奥地利）、大吉岭喜马拉雅铁路（印度）、米迪运河（法国）、“乳香之路”（阿曼）、斯特鲁维测地弧、罗马帝国的边界（包括英国的哈德良长城、德国的上日耳曼-雷蒂安边墙、安东尼长城）以及我国的长城、大运河、丝绸之路。这里分别选取罗马帝国边界、米迪运河对应长城、大运河国家文化公园。

“罗马帝国的边界”最为大家熟知的是1987年最早被列入世界文化遗产的哈德

良长城（Hadrian's Wall），而英国的安东尼长城和德国的上日耳曼－雷蒂安边墙在2005、2008年相继被列入该系列的扩增部分。我国的长城国家文化公园可以参照"罗马帝国的边界"的申遗增扩，以现有的我国世界遗产八达岭长城段等为基础，在今后国家文化公园的建设中逐步完善提高，条件成熟再次申报世界遗产，逐步扩增到整个长城范围。其经验有：

①立足原址保护，设缓冲区；

②政府高度重视，积极立法；

③规划为纲，科学制定和动态修订保持连续性；

④重视研究，考古挖掘；

⑤专业组织维护修缮，遗产保护、教育科研、旅游发展协同发展；

⑥多方合作，公共参与公共治理。

米迪运河流经法国南部，连通大西洋和地中海，是17世纪最宏大的土木工程项目之一，1996年列入《世界遗产名录》。其经验有：

①化繁为简，单纯的运河河道本身及其功能的完整保存和实现更可贵；

②保持文化遗产的多样性和个性，对遗产分类加以保护，运河沿线的其他类文化遗产列入相应历史建筑或历史地区加以保护；

③景观上，运河与周围的乡村和谐地融为一体，沿途散布着众多中世纪的小镇，罗马时期、中世纪和文艺复兴时期的教堂，远古洞穴遗址、古老的葡萄酒庄园、小巧精致的特色博物馆——蕴含浓浓的独特文化和乡土气息；

④重视规划的编制，尤其是协调文化遗产相关者关系的管理规划的编制；

⑤国家（法国航道管理局）和地方（图卢兹大区航管局）共同管理，责权利明晰。

2. 文化型国家公园体系的案例借鉴

当前，世界范围国家公园的管理模式大致分为三类，即日韩的综合管理模式，德国等欧洲国家地方自治模式，美国、加拿大的国家主管部门下设具体管理处的自上而下管理模式。

日韩模式管理体制主体明确，如日本的环境省统领国立公园管理权、韩国规定国立公园管理公团为管理主体，其管理决策基本不受地方政府和其他部门及经营企业的干预，实现了高效管理；国家公园体系实行统一的财政体制，有力的政府资金投入推动其经济功能的淡化，日本甚至禁止国家公园经济创收计划；保护体制突出“人”的因素，以当地社区生活为载体在活化中保护，强调特殊传承人的保护，注重培养全社会对文化遗产保护的共识。

欧洲地方自治模式，在国家指导下，充分尊重地区发展差异，由州立环境部、地方国家公园办事处及县（市）国家公园管理办公室三级管理；财政体制方面，政府为主，营收为辅，社会公众捐助占一定比例；保护体制方面，在保障核心资源的前提下，以居民为核心，充分吸纳社区加盟，追求最大限度的人文生态系统完整性，实现当地原住民文化的原真性保护。

美、加自上而下模式，由国家设立专门国家公园主管部门，负责国家公园顶层建设，具体公园管理采取企业管理模式，实行标准化管理；财政体制方面，各类国家公园在联邦政府给予的持续性拨款基础上拓展多种资金渠道，既提高效率又避免财政依赖；保护体制方面，国家公园局制订战略和周密计划，调动各利益相关方“共抓大保护”，注重原住民文化的保留传承，唤醒国民保护意识和愿望，达到时代传承的目的。

综合管理型、地方自治型、自上而下型国家公园管理模式各有千秋。综合管理型在机构职能方面最具效率，地方自治型更凸显因地制宜，而自上而下公司管理又更凸显财政效率。文化保护和传承方面，综合管理几乎没有地方参与，而地方自治型、自上而下型充分考虑了地方社区、原住民文化的保护传承。

三、国家文化公园建设要做到四个“合一”

1. 知行合一

国家文化公园建设首先要“知行合一，担当使命”。“保护遗产传承文化，增强中国文化国际话语权”是国家文化公园的“知”，通过“国家文化公园”打造“向世界传播中华文明、服务于满足人民对美好生活的向往”是“行”。国家文化公园要始终坚守“知中有行、行中有知，以知为行、知决定行”的原则，立足于国家战略高度，将其建设为传承、传播中华优秀文化的重要载体，引领新时期文化、休憩、体育、健身、娱乐等公共文化消费的新模式，彰显文明古国的文化魅力和中国人民的智慧。

2. 天人合一

国家文化公园建设要“天人合一”，实现人与自然和谐永续。国家文化公园需要尊重文化，注重文脉的完整保存，保护文化遗迹、遗存，避免“重建式破坏”“伪建/仿建式泛滥”，造成原文化丰润的丧失；要尊重“人”，将文化传承人保护放在首要位置，强调地域文化社会系统的保护，避免“过度商业化”“文化空心化”，造成文化传承的断层；要尊重“环境”，推动“园景一体”“园城一体”“园乡一体”“园景城乡一体”，鼓励公众和志愿者参与，引导社团、民间协会、民间组织和个人参与国家文化公园的管理和保护。

3. 多规合一

国家文化公园建设需要规划先行，而规划先行要做到多规合一。国土空间规划、公园发展规划、土地利用规划、城乡规划、重点文物保护规划、生态环境保护规划等多个规划融合在一个“国家文化公园总体规划”中，实现一个公园一本规划、一张蓝图，解决现有各类规划衔接缺陷和内容冲突。

4. 规建运合一

国家文化公园需要“规建运合一”。国家文化公园传承中华典型文化，蕴含价值高、影响力大，建设标准高，同时投资也极其高昂。综合考虑我国文化旅游产业发展现状、文化旅游项目开发实践，国家文化公园建设需要“规建运合一”。国家文化公园的打造离不开经典文化的挖掘、梳理和持续的创新，规划单位需要作为战略伙伴全程参与其建设运营中。投资建设主体需要对文化内涵充分理解，创意表达需要“顶级艺术家”参与其中建立长效机制，不断撬动需求热点。运营主体更是需要与规划、投资建设方的紧密关系才能确保公园的可持续发展。

四、五大路径推进国家文化公园建设

1. 文旅资源整合，打造文旅融合的第一品牌

国家文化公园建设路径一是文旅资源整合，发掘“中华文化”的艺术价值和精神内涵；并在此基础上“让历史说话、让文化说话”。如博雅方略对“延安红色文化”的整合，将红色文脉、地脉、人脉、史脉统一起来，打造八大场景展现“圣地

延安”超级IP集合。

2. 精细化开发，走高品质发展之路

国家文化公园建设要精细化开发，从顶层设计、管理体制、运营机制、政策支持等方面向国际通行标准看齐，走高品质发展之路。国家文化公园的建设要突出“文化为基础、创意为核心、旅游为载体、产业为目标”四位一体整体推进；持续推动供给侧改革，实现由国家文物保护单位向国家文化公园的转型，推动国家文化事业与国家文化公园产业良性互动。在博雅方略的“嘉峪关旅游大景区建设规划”中体现了走“精细化、高品质之路”的主线，将嘉峪关打造成为“长城世界文化遗产旅游目的地”和国内“高品质复合型长城文化龙头景区”。

3. 与全域旅游相结合，与区域一体化相结合，推动区域、跨区域整体开发

文化脉络先于行政区划而存在，地缘文化区域往往跨越2个甚至数个行政区。以长城国家文化公园为例，总长度逾2万多公里的长城遗存散布于15个省区市。国家文化公园的建设需要打破行政区划限制，融入更高级别的全域旅游体系、融入区域一体化体系，在统一管理之下，以顶层设计统领国家文化公园跨区域整体开发；同时需要因地制宜，尊重地域发展差异，通过标准化、制度化，面向消费者呈现统一的服务和配套。如“井冈山茅坪乡规划”将井冈山精神的彰显融入到全域旅游中，通过“红绿结合”“红农结合”“红乡结合”以及“红创结合”有血有肉地展现老区人文生态圈，建设全国红色文化旅游创新发展的样板区。

4. 在区域竞合中追求差异化，发掘竞争优势

国家文化公园的各个公园需要在竞合中追求差异化，发掘自身竞争优势，传承和表达好自身文化特质。以丝绸之路文化为例，陕西定位“起点”、新疆定位“核心区”、宁夏是“战略支点”、甘肃是“黄金段”、青海是“战略基地”，五省各具特色，形成共赢的体系。博雅方略在“山西娘子关景区总体规划”中考虑到在竞合中决胜的问题，立足“万里长城第九关”千年底蕴，集关隘长城文化、红色文化、民俗非遗文化于一体，打造全国知名长城文化旅游目的地、国家长城文化公园（山西段）的先行先试区。

5. 党政高度重视项目实施，各项工作有序推进

国家文化公园的落地实施离不开各级政府的高度重视，特别是文化传承地政策的重视。《长城、大运河、长征国家文化公园建设方案》和《大运河文化保护传承利用规划纲要》出台后，扬州市委、市政府高度重视大运河国家文化公园（扬州段）的建设，"一把手工程"指引各项工作稳步推进。

打造“黄河金岸”文化品牌　建设国际特色文化旅游城市

本文系作者2011年元月16日于宁夏青铜峡市讲课以及2010年7月中国（宁夏）文化艺术旅游博览会暨首届黄河文化论坛发言整理

为加快区域经济发展步伐，宁夏提出利用沿黄河地带集聚银川、吴忠、青铜峡等10座大小城市的优势，打造一个沿黄城市群即“黄河金岸”的构想，并计划投资千亿资金，沿黄河堤岸建设“一条大堤，一条路”，同时沿河岸建设城市群基础设施、生态保护和文化旅游等领域项目，着力将黄河金岸打造成区域协调发展的战略高地。今天在银川中国（宁夏）文化艺术旅游博览会上，同时召开首届黄河文化论坛，目的就是与会专家学者共同研究探讨黄河文化，传承发展黄河文化，精心打造黄河文化品牌。围绕这个主题，下面我谈四个方面问题：

一、充分发挥区域经济比较优势，挖掘地方“别具一格”的文化资源

我国党和国家领导人都高度关注宁夏发展，胡锦涛总书记强调“宁夏要牢牢把握国家深入实施西部大开发战略的重大机遇”，要“努力走出一条符合宁夏实际、具有宁夏特色的兴区富民发展路子”。李克强总理在重点视察我国能源“金三角”（鄂尔多斯、银川、榆林）时，强调要把黄河金岸作为新一轮西部大开发的重要引擎。当前，宁夏正在举全省之力建设内陆向西开放试验区，其总体思路：通过“搭建一个平台，形成两项机制，建设三大基地，打造五个中心”，打造中阿合作交流的“宁夏渠道”。

宁夏全省文化旅游空间已经形成“两核两线多点”的网络化发展格局：以银川、中卫为核心，京包银兰发展带和太中银、中宝发展轴为两线，以及吴忠、青铜峡、石嘴山等城市为多点（图1）。

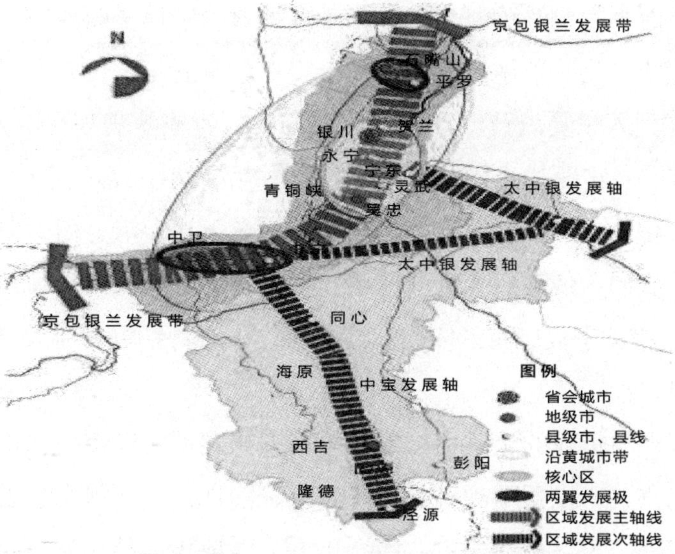

图1　宁夏两核两线多点的文化旅游发展格局

黄河金岸文化品牌的打造，离不开地区经济社会发展基础条件。银川作为黄河金岸的龙头城市以及内陆向西开放试验区的核心区域，又是全省省会城市、经济社会政治文化中心，银川市刚刚被批准为第二批国家创新型试点城市，“创新银川”助推文化旅游产业升级。通过“创新银川”战略行动，使银川成为黄河金岸“最适宜居住、最适宜创业”的现代化区域中心城市，构建创新资源核心区、人才技术汇集地、科技创业靶向地；同时通过产业创新促进行动，推动银川产业结构优化调整和经济发展方式转变，培育发展战略型新兴产业，提高核心竞争力；“创新银川”有利于银川对接国家重大专项或战略性产业，提升创新能力，统筹协调创新活动，打造国家级科技研发平台、科技资源共享平台、科技成果转化平台，以及培育创新主体，完善科技支撑公共卫生体系，建立公共安全平台，建立资源节约型、环境友好型社会。

在黄河金岸文化旅游建设中，多点城市群都扮演着重要的角色。以青铜峡市为例。青铜峡市位于宁夏平原中南部，九曲黄河穿境北流，黄河流域第二座水利枢纽工程青铜峡拦河大坝坐落境内，被誉为“塞上明珠”，在“两核两线多点”文化旅游空间发展网络化格局中的区位优势突出。目前青铜峡市旅游文化产业正在跨越式起飞，其旅游业正在从峡谷中“崛起”。2008年，随着自治区“建设沿黄城市经济带，打造沿黄旅游精品”战略的实施，青铜峡市高度重视旅游业的发展，明确提出要把旅游业打造成为第三产业的龙头，实施“大旅游、大产业、大开发”战略。2009年，自治区党委、政府将青铜峡黄河大峡谷旅游区纳入到宁夏“两沙一河”旅游发展规划中，实施“黄河文化”落地战略，并置于宁夏旅游近年来优先发展的位置。2010年，该旅游区被列入宁夏沿黄城市带发展格局中。青铜峡规划在“十二五”期间，黄河大峡谷旅游区要实现黄河文化、古道文化、祭拜文化、湿地文化、古村落文化、塔文化、灌溉文化的有机结合，全面提升“河、峡、塔、寺、山、湿地、古道、古镇”等优质旅游资源，使其成为继沙坡头、沙湖之后宁夏又一王牌景区，进入国家5A级景区行列，推动宁夏旅游形成南有沙坡头、中有青铜峡黄河大峡谷、北有沙湖的三足鼎立格局。

从黄河金岸即将形成的旅游格局来看，从南到北形成以黄河文化为灵魂、以黄河观光游憩带为平台，以湿地观鸟、长峡漂流、沙地休闲、古今水工、塞上江南风情、泉区休闲度假、贺兰山阙怀古、沙湖生态、沙坡头运动体验、西夏王陵文化和镇北堡西部影城为重要节点、并与周边城市工农业观光融为一体，共同组成宁夏超一流的旅游黄金线路。那么，黄河金岸文化旅游资源的龙头是什么，既能别具一格，又能走向国际？在黄河金岸文化产业建设中，文化主题主打什么品牌，谁是红花谁是绿叶？

文化是人类通过自己的行为所形成的物质财富和精神财富，包括民族文化、地方文化和特色文化等。我们认真分析宁夏文化资源特点：一是历史文化悠久，有西夏古都、红色文化，古道文化、古村落文化、塔文化、丝绸之路文化、古人类遗址等；二是特色文化旅游资源突出，有黄河文化、沙湖、贺兰山岩画、沙坡头沙漠、镇北堡影视城、峡谷文化、灌溉文化等；三是自然条件独特，包括沙漠绿洲、塞上江南、湿地密布、葡萄酒生产；四是人文景观有青铜峡水利枢纽、黄河楼、黄河圣坛；最后是民族文化，既包括回族文化，又有民风民俗文化、边塞文化等等。

在这些文化资源中，黄河金岸地方文化的“文脉”是什么，特色文化是什么？黄河金岸旅游建筑文化符号与元素是什么？我认为从承担国家战略的高度，中阿合作论坛彰显宁夏国际战略地位。中阿合作论坛开始于2004年，已经成功举办4届部长级会议；另外还有中阿企业家大会、中阿关系暨中阿文明对话研讨会、中阿友好大会、中阿互办文化节等机制（每两年一次）等等。因此，可以将回族文化为主的多元民族文化作为黄河金岸的主题文化，突出多民族的文化融合。突出宁夏作为回族自治区，与阿拉伯国家有共同的文化因素，通过吸引中阿文化交流，促进宁夏文化旅游创意发展。

在宁夏内陆向西开放试验区建设中，也是以伊斯兰回族文化为主题，通过一个平台搭建，就是继续办好中阿经贸论坛，争取创办中阿博览会，为中国与阿拉伯国家和穆斯林地区的经贸合作、文明对话提供更加完善的功能载体。形成“两项机制”，即积极与阿拉伯国家和穆斯林地区对接，形成国内统一、国际认可的哈拉相互认证机制和规范有序、双方认可的清真食品穆斯林用品产业准入机制。同时，建设“三大基地”，即具有国际影响力的清真食品穆斯林用品生产服务基地、我国西部重要的国内外产业转移承接基地和中国面向阿拉伯国家和穆斯林地区开放合作的人才培育基地。打造“五个中心”，即在宁夏创立国家级清真认证机构，为中国清真食品进入国际市场提供准入服务，打造清真食品穆斯林用品认证中心；瞄准穆斯林地区市场需求，加强相关产品的研发和生产，打造清真食品穆斯林用品认证中心生产加工中心；充分发挥回族群众善经商的优势，依托穆斯林国际商贸城等，打造清真食品和穆斯林用品国际商贸博览中心；利用地处雅布赖航线节点的良好区位，疏通欧亚大陆桥空中通道，打造向西开放的物流中心；利用宁夏地域特色和回族人文优势，开展特色化建设运营，打造穆斯林国际休闲度假中心。

二、黄河金岸文化品牌建设，要依托历史文化名城，坚持科学发展观

宁夏文化旅游创意产业面临的挑战：首先是经济规模总量小，财政可用财力弱。2009年GDP是1334.56亿元，在全国处于第29名，西部五省区第4位。因此，用于文化旅游产业的资金匮乏，全省文化创意发展基金每年拨款1000万人民币。二是文化产业基础薄弱。2008年宁夏文化产业总产值占全区总产值的1%，约为10亿人民币，与邻近省份相比差距较大，如陕西省同期文化产业占GDP的比重达到2.55%，约为174.73亿人民币，是宁夏的17倍多。三是文化旅游人才资源匮乏，2008年宁夏文化产业从业人员为5.21万人，占全部从业人员的1.7%；文化、体育和娱乐业中具有大专学历的从业人员仅为7000多人。

从城市创新力来看，黄河金岸的城市群创新力整体处于下游水平。以省会城市银川为例，根据北京大学战略研究所由我主持的《全国城市创新力研究》课题成果，2010年银川在全国创新力综合排名位列第137位，落后于西安、兰州和乌鲁木齐（表1）；黄河金岸五城市中，银川创新环境排名第2，创新投入第1，创新绩效第2，综合排名第2（表2）。

表1　西北五省省会城市创新力评价排名

城市	创新投入	创新环境	创新绩效	综合
银川	80	156	124	137
石嘴山	255	251	223	268
吴忠市	138	284	203	277
中卫	63	278	220	270
乌海	264	226	218	266

表2　黄河金岸城市创新力评价排名

城市	创新投入	创新环境	创新绩效	综合
银川市	80	156	124	137
乌鲁木齐市	34	126	143	68
兰州市	21	127	122	58
西宁市	66	241	184	164
西安市	7	19	52	12

黄河金岸文化品牌建设中，面临几个问题：一是如何做好文化保护与开发的平衡，二是处理好传承与创新的关系，三是要整合资源，以主题文化为主导，全面协调城市社会经济各要素，综合提升区域文化竞争力。要做到最后一点，必须依托历史文化名城，它们是文化旅游产业融合发展的载体。历史文化名城，顾名思义即指文明传承久远、文化底蕴深厚、文物古迹众多的城市。在一定程度上可以说是中华民族几千年文明发展的高度结晶和辉煌标志。下面分析我国在历名文化名城建设中的一些不同的做法，以便黄河金岸沿岸城市群借鉴。

1. “古城保护为先”，以西安、苏州市为典型

西安市在城市规划和发展中，舍弃眼前利益和短期行为，把文物古迹和古都风貌作为重要因素考虑，以现存的明城墙为中心，向四郊均衡发展。西安的城市规划明确划定历代遗迹的保护范围，也增强了西安国际旅游的吸引力，已经成为实现古都遗址保护和古城经济发展的范例。苏州在“不盲目拆迁”思想的指导下，以规划为引领，古城内不再大规模建设，所有新建筑不得超过24米，工厂全部迁出。苏州古城基本得到了完整的保护，留下了历史的原真形态，实现了保护和发展的双赢。

2. “半开半合”型，以杭州、南京为例

在原有文化文物遗迹的基础上，受一定条件限制，只能在一定范围内做到保护性开发。可以说是“山重水复疑无路”。如著名的杭州西湖，“三面湖水一面城”，是唐宋以来较为系统完整的历史文化景观。现在的西湖面积跟原来相比，缩小了整整一倍，人们只能在湖上欣赏湖光山色，却无缘荡舟山间丛林寻幽览胜。特别是现在西湖的周围，高层建筑林立如墙，消逝了西湖宽阔的胸怀与自然的野趣，完全破坏了历史文化遗产的整体性。同样，南京虽然对明代的城墙、城门和故宫遗址以及许多近代历史文物景点，如太平天国天王府、中山陵、雨花台烈士陵园，都划定了保护范围，制定了保护措施。但是，随着城市建设的不断侵蚀，六朝繁华成为史书的记忆，桨声灯影的秦淮河也很难恢复往日景观了。

3. “大开大合型”，以丽江、平遥为要

丽江原来属于云南省经济贫困地区，对古城的保护工作从20世纪50年代就开始了。当地政府没有立足旧城改造进行城市建设和发展，而是做出了保留古城、开发新城的决策，使得古城完整地保存，与新城并存发展。古老街巷曲折有致，民居建筑高低错落，小桥流水、纳西人家的诗情画意不仅保护了古城文化的真实性和完整性，也吸引了大批游人前往，成为举世闻名的旅游胜地，也带动了相关产业经济的发展。1997年12月，丽江古城申报世界文化遗产获成功，填补了我国在世界文化遗产中无历史文化名城的空白。平遥古城与同为第二批国家历史文化名城的四川阆中、云南丽江、安徽歙县并称为“保存最为完好的四大古城”，现在城墙及城内建筑均保持着中国14–18世纪的历史风貌。由于其原真性和整体性，1997年12月3日，联合国教科文组织在意大利那不勒斯召开的世界遗产委员会21届大会决定将平遥古城以古代城墙、官衙、街市、民居、寺庙作为整体列入《世界遗产名录》，成为研究中国古代政治、经济、文化、艺术和宗教发展的实物标本。旅游经济大幅度拉动了县域经济的发展，使昔日贫困的平遥逐渐走上小康之路。对于古镇开发可谓是“柳暗花明又一村”。

4. “主题文化主导”型，以桂林和昆明为典型

它们凭借得天独厚的自然风光和丰富多彩的少数民族风俗文化，一直是全国人民和海外游客向往的旅游胜地。桂林作为国际旅游名城，大力发展旅游文化产业，

旅游业占第三产业的比重已达35%，有力地拉动了当地地区经济的增长。春城昆明的旅游经济收入在2007年创造168亿的历史新高，“乡村游”成为昆明推动旅游文化产业“二次创业”的主要抓手，取得了预期的经济效益。这种做法思路清楚，做法干脆利落，可以说是“大珠小珠落玉盘”。

但是，也有一些历名文化名城，其文化品牌塑造与旅游开发思路摇摆不定，有些“嘈嘈切切错杂弹”的味道，如山东济宁市区域内有曲阜（孔子出生地）、邹县（孟子出生地），是“孔孟之乡、礼仪之邦”。但是一个斥资300亿打造“中华文化标城”的项目，引发议论纷纷，质疑与声讨之声不绝于耳；河南历史文化名城新郑市，为了打造旅游经济，发展文化产业，屡有惊人之举。“中华第一龙”的违规拆除和“炎黄二帝”的建造众议不绝。又如我国首都北京，在建国初期为了实现现代化、工业化大都市的壮观景象，没有认真听取专家保留古城、开发新区的建议，大规模拆除城墙，现已成为全国人民心中永远的痛。重庆市作为抗战时期国民政府的临时首都，据说遗留下来的陪都遗址达3000多处，但其绝大多数都遭到毁灭性的破坏，很多遗址荡然无存。

三、政府主导，采取不同的开发模式推动文化旅游产业集聚发展

英国著名社会人类学家马林诺夫斯基说过：“文化在满足人类的需要当中，创造了新的需要。这恐怕就是文化最大的创造力与人类进步的关键。”因此，文化产业一直是政府高度重视的工作，各国各地都通过出台产业政策，创新赋能，甚至上升到战略层面推动文化旅游发展。例如：①英国是世界上最早提出创意理念的国家，也是最早利用公共政策推动文化创意产业发展的国家。通过与政府积极的推动政策相契合，构建了完整的文化产业政策架构。在政府的积极推动下，文化创意产业成为英国发展最快的产业，1997—2001年间年增长率达到8%，是同期英国总体经济增长的3倍多。②韩国发展文化创意产业走过了立法和机构创新之路，通过政府扶持赋予文化创意产业应有的地位。1997年的亚洲金融危机促使韩国政府开始改革，提出“设计韩国”战略，把文化创意产业视为21世纪最重要的产业之一。1998年提出“文化立国”的口号，设立文化产业局，加大对文化基础设施建设的公共投入。在政府大力扶持下，韩国的文化创意产业发展迅速，数字内容产业已经超过传统的汽车产业，成为韩国的第一大产业。③美国则是全面实施版权战略，其“版权产业”包括

核心版权产业、交叉版权产业、部分版权产业、边缘支撑产业四大类。强调版权产业，与美国的外汇收入、经济发展、文化扩张息息相关。

在我国，文化产业也是受到各级政府的高度重视。如广东省委省政府召开常务专题会议，研究部署文化强省建设。会议上明确提出“解放思想，领潮争先”的口号，明确了文化强省建设的战略定位，确立了文化强省建设的思路重点。目前全省已拥有国家级文化产业示范基地12个，省级示范基地、文化(创意)产业园区、特色文化产业园区、文化产业集群等43个，初步形成较为完整、具有创新能力和竞争实力的文化产业体系。

政府在文化创意产业集聚区中如何做？我认为应该构建多角支持体系，推进旅游和文化创意产业融合。政府扮演着三个角色：①开拓者——规划初期，政府可以利用行政体制动员所掌握的经济资源，建立众多的文化创意产业园区，且将旅游功能引入园区发展，或政府主导搭建形式多样的文化创意旅游平台；②规范者——在融合过程中两个重要的制约因素就是知识产权、版权维护的问题，政府须出台一系列法规和条例，对旅游产业与文化创意产业融合的健康运行起到很好的规范作用；③协调者——在协调社会各方面力量，用各种方法鼓励企业发展、保护消费者利益、进行整体文化创意旅游形象宣传、改善文化创意旅游大环境，解决旅游产业与文化创意产业行业壁垒等方面，政府更是起着无可替代的作用。

总结国内外成功案例，我们提出如下四种以文化产业为纽带、建设黄河金岸旅游特色城市的开发模式：

1. 城乡统筹模式

具体做法：①统筹城乡规划蓝图：着重统筹城乡文化基础设施建设，以城乡建设带动文化发展。城市着重建设地标性基础设施建设；农村规划建设农家乐、观光园等特色旅游基础设施。②统筹城乡文化建设：着重统筹建设具有优势的城乡文化，争取以城市文化建设带动农村文化发展；合理布局城市发展文化创意产业；农村要积极发展乡村文化和特色旅游，大力推进特色产业园建设。③统筹城乡产业发展：以伊斯兰文化等多元文化为纽带，以创新文化为动力，促进城乡文化旅游产业的发展；推动城市化和工业化，促进农村劳动力向二、三产业转移，建立以城带乡、以工促农的发展机制。

与此同时，要站在宁夏全域的视角，营造城市创意氛围，即通过构建适宜创意产生的“创意性社会结构”，将文化创意产业融入城市形象塑造中。通过消费者创意引导路径设计，实现从认知力培养，到需求挖掘到旅游创新。创意不是大师的专利，发展文化创意旅游产业，要依靠全民创意。如美国的曼哈顿“苏荷”（SOH0）艺术聚集地、好莱坞影视娱乐业集群等，都是文化创意产业集群发展的成功范例。

2. 产业拉动模式

充分发挥文化基础设施建设和文化旅游创意产业“双向拉动”作用。发挥价值网的联动增值作用，重点做好各个文化项目的角色定位，管理好文化项目的上下游服务合作商、供应商，使其充分发挥专业能力（图2）。这样以文化旅游产业项目为基础，通过拉动上下游产业的发展，使得黄河金岸特色在全球文化创意价值网中居于核心地位（图3）。这就要求加大文创发展专项基金投入，培育文化企业核心竞争力，塑造多个文创产业品牌。

面向阿拉伯国家我们能做什么工作，要点是什么？阿拉伯国家联盟，22个国家，2.3亿人口，石油、天然气、旅游以及农牧业是主要经济支柱，其文化特点是多民族性多文化性。对于阿拉伯对世界的贡献，恩格斯曾评价：“阿拉伯留传下十进位制、代数学的发端，现代数字和炼金术”。因此，我们可以通过双方互相学习，创意落地

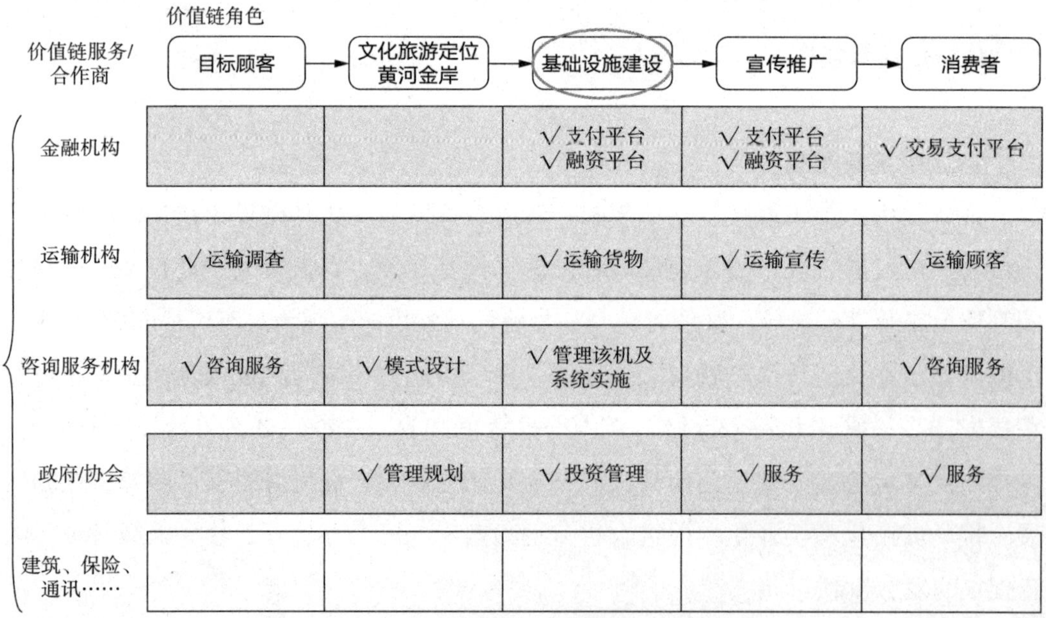

图2　文化项目在价值网中的作用

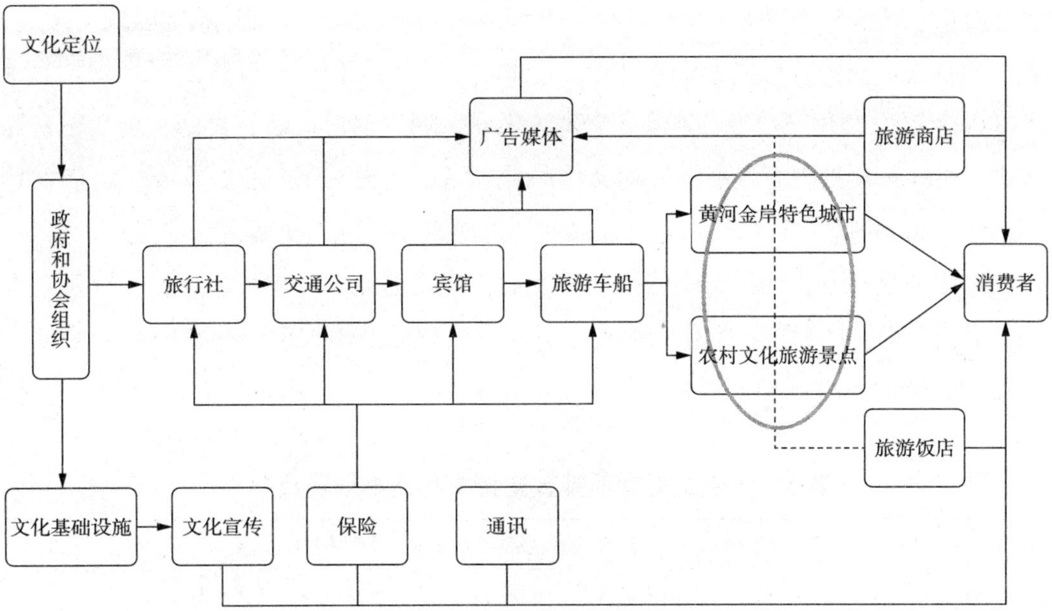

图3　文化产业拉动黄河金岸文化品牌塑造

许多文化类项目，如《一千零一夜》描述的是古代阿拉伯国王山鲁亚尔和宰相女儿鲁佐德的故事，可否在宁夏境内再现一些场景，等等。2010年5月13日天津第四次中阿合作论坛指出，双方应充分发挥互补优势，深化贸易、投资、能源、基础设施建设等领域合作，积极开展金融、农业、科技、环保等领域合作，不断创新合作模式，拓展合作领域，提高合作水平。

3. 大项目带动模式

该模式强调项目的外溢作用与关联作用。2009年以来宁夏利用深圳文博会、北京创意产业博览会等外地平台，共签约文化产业项目30多个，引资84亿元。与此同时，宁夏着力培育文化产业示范基地、龙头企业和重点项目等，一批新兴文化传播企业应运而生。政府投资约5000万，开发利用宁夏岩画资源，投资约1亿建设微缩版固原古城；投资约1.5亿建设银川剧院；重点项目如宁夏银川市宝湖湿地文化公园项目，占地1900亩，实现城在湖中、湖在城中的构想，投资约9700万左右。宁夏阿拉伯国际文化城项目，由宁夏伊斯兰国际经济文化友好促进会与马来西亚侨丰金融集团合作，投资约2亿，分三期建设别墅、环保健身主题公园、露天大巴扎等三个项目。

为此，建议尽快制定文化创意产业发展战略，同时成立专门机构加以统一指导、落实和推进。在相关机构下设立文创专项基金，引导文化产业良性发展。例如北京市2006年设立文化产业专项基金，每年5亿元，通过项目补贴、奖励、贷款贴息等方式，引导资本投向有发展潜力的文化产业项目，促进文化产业的发展。北京2010年文化产业专项基金支持项目有八大类别：文艺演出事业、出版发行和版权贸易业、影视制作和交易业、动漫与网络游戏研发制作和交易业、广告会展业、古玩及艺术品交易业、设计创意业、文化旅游业。其中，文化旅游申报项目补贴67项，贷款贴息12项，奖励项目12项（表3）。

表3　北京文创专项基金支持文化旅游业项目列举

项目补贴	北京故宫文化标志性产品《故宫令牌护照》
	民国记忆体验之旅暨辛亥革命100周年旅游庆典系列活动
	提升中国丝绸传统文化内涵，扩展丝绸产品影响力
	北京欢乐谷二期欢乐时光区
	品民俗文化旅游项目
奖励最高100万	寻找北京新地标，发现北京新文化
	北京民族民俗特色文化旅游项目
	第一届“甜蜜北京——世界巧克力梦公园”
贷款贴息 单笔不超过500万元	北京酷车小镇文化创意产业项目
	水立方戏水乐园
	福劳尔生态文化旅游观光园

4. 一体化模式

这是一个准卡特尔组织模式，要求“政策搭台，文化产业唱戏”，大家共享资源信息，共同分享成果收益。旅游城市政策搭台，台为文化产业而搭，这是政策与文化产业的双向需求。政策是文化产业的前提，文化产业是政策的落实，二者联系紧密，互利共赢。例如，交通发展与旅游区开发一体化；旅游建设与环境保护一体化；荒山绿化与旅游开发建设一体化；城镇建设与旅游开发一体化；工农业生产与旅游开发一体化，等等。值得一提的是，一体化模式是否成功，关键在于部门间的大力协作，要有部门做出统筹，要做到“将欲取之，必先予之”。

四、利用国家政策优势，建设“北方国际文化产业特区”并使之成为国家战略

2010年1月4日，国务院发布《国务院关于推进海南国际旅游岛建设发展的若干意见》，标志着海南国际旅游岛建设正式步入正轨，成为国家的重大战略部署。这一战略的实施，将为海南带来海量的投资与项目。通过对GDP、人均GDP、地理区位与规模以及文化要素进行分析，海南与宁夏表现一致（表4）。

表4　宁夏与海南的规模区位条件及文化特征对比

类型 省份	GDP（亿）	人均GDP（元）	地理位置	民族文化
海南	1646.60	19 166	处于中国南端交通方便	多民族文化
宁夏	1334.56	21 475	位于中国西北与多省区相邻交通便利	多民族文化 回族文化为主

据此我提出宁夏要建设“北方国际文化产业特区”。这个概念之所以提出，理由有以下几点：一是宁夏历史文化悠久，创意题材丰富，类似海南打造国际旅游岛，宁夏经营“北方国际文化特区”的“特”色，适合打造成中国北方国际文化旅游创意特区；二是有些在国内限制的特殊文化创意行业可以通过在西部设立特区的方式鼓励其发展；三是给予特殊的准入政策，外资分批进入，提前放开；四是出台更为优惠的条件，以鼓励民营资本进入；五是特区实施自由贸易政策，加强文化旅游创意产业对外贸易和对外交流，降低对外贸易成本。除上述之外，还能带来如下的收益：

1. 特区设立有利于建立可持续盈利的空间格局，避免有效需求不足

沿黄金岸城市带最南端的城市中卫距离银川220公里；最北端的城市石嘴山距离银川80公里左右，城市带之间距离比较远。2008年，银川人口为165万，中卫人口112万人，石嘴山常住人口约为73.44万，吴忠市131万：人口少，分布分散；城市规模小，密度低，缺乏一定的集聚经济效应。宁夏地处内陆，对外交流的空间成本高，效率低。因此建设沿黄金岸城市连绵带，要避免有效需求不足，建立可持续盈利的空间格局，在生态可容性的基础上，将人口和经济活动压缩在一定的空

间里。避免不同的城市建设大规模的基础设施，造成空间的浪费，形成有效需求不足。

2. 特区设立，有利于更好地对接国家发展文化创意政策

针对文化产业发展，国务院、各部委出台了许多相关支持鼓励政策，如国发〔2009〕30号《文化产业振兴规划》，银发〔2010〕94号央行、文化部等九部委《关于金融支持文化产业振兴和发展繁荣的指导意见》，文办发（2008）46号文化部、国家文物局关于贯彻落实《国务院关于进一步促进宁夏经济社会发展的若干意见》精神支持宁夏文化建设的实施意见。宁夏也出台了相关政策，如宁政发（2009）8号《关于加快文化产业发展的若干政策意见》，宁党发（2008）42号《自治区党委、人民政府关于推动文化大发展大繁荣的意见》。但是，我认为这些还不够，应该还有更多更大的政策空间可以利用。

3. 特区设立，能够更快引资引智，人才不求所有但求所用

宁夏文化产业的发展面临着诸多条件的限制，尤其是人才的限制。因此，促进文化产业的发展需要不拘一格引进人才，促进文化产业的发展。制定详细可执行的引进人才的措施，既要让他们来的放心，也要让他们工作地舒心。同时建立有利于培养人才，富有活力的机制。

4. 特区之内的一些重点项目能够尽快落地，高起点策划高规格建设

以刚刚开工建设“中华黄河楼”主题公园为例，中华黄河楼是宁夏挖掘黄河文化打造的系列标志性建筑之一，它与沿黄金岸中华黄河坛、青铜古镇等，共同构成黄河文化展示线。预计2012年建设落成，建成之后，将与黄鹤楼、滕王阁、岳阳楼、鹳雀楼齐名，成为中国知名景区。中华黄河楼是沿黄金岸旅游带的重点建设项目，按照吴忠市“利通区西移，青铜峡东扩，依托黄河，两两相望”的总体思路，黄河楼这个标志性建筑又把青铜峡和利通区连在了一起。在旅游创意与文化产业的视角下，建设黄河楼主题公园首先要回答以下问题：主题是什么，主题如何论成败？黄河楼主题公园的市场在哪里，客户在哪里？如何盈利以支撑运营？

中华黄河楼景区要充分赋予旅游与产业功能，做到“河、楼、城”融合。注意

旅游产品生命周期的把握，能够置入体现最新的文化旅游业态，把生态建设与歌舞演艺、主题活动、动画网游、主题消费品、自驾车露营地等充分融合，并体现旅游休闲功能以及本地居民游憩服务的功能。同时，注重商业模式与产业链的打造，建设融居住、娱乐、商业、文化等产业要素于一体的商业生态系统。

产业融合促进旅游全域发展

本文系作者在2017年9月北京第二外国语大学为地区旅游系统干部的讲课稿整理

国家旅游局局长李今金早同志在近期讲话中指出，“目前我国旅游业发展势头强劲，对经济增长的拉动日益提高，正在进入‘旅游+’新时代。旅游+是指充分发挥旅游业的拉动力、整合力和提升力，为相关行业和领域发展提供旅游平台，插上旅游翅膀，催生新业态，提升相关行业和领域的发展水平和综合价值”。今天围绕产业融合这个话题，与大家分享产业融合的有关案例和行业融合发展的一些特点。

一、产业融合成为趋势与潮流

产业融合最早出现在技术研究领域。美国学者罗森伯格在对美国机器工具产生演化的研究中发现了同一技术向不同产业扩散的现象，并把这种现象定义为“技术融合”。此后，诸多学者沿着“技术融合”的思路定义“产业融合”。美国学者格林斯坦和卡纳（Greenstein & Khanna）认为，以互联网为标志的计算机、通讯和广播电视业之间“为了适应产业增长而产生的产业边界的收缩或消失”。美国学者尤弗亚（Yoffie）认为，融合是采用数字技术后原本各自独立产品的整合。植草益提出，产业融合是通过技术创新和放宽限制来降低行业间的壁垒，加强行业企业间的竞争合作关系。我国经济学家厉无畏认为，所谓产业融合是指不同产业或同一产业内的不同行业，通过相互渗透、相互交叉，最终融为一体，逐步形成新产业的动态发展过程。

创新驱动使得产业融合已经不仅仅是作为一种发展趋势来进行讨论，当前产业融合已是产业发展的现实选择。在我主持的北京市科委国际合作处资助研究课题“北京构建科技创新产业研究”中，研究团队总结了国际国内经验，特别是美国硅谷、以色列、北京中关村等创新前沿实践。研究发现，“科技创新产业”已经成为一个独特的产业形态，它是以原始创新、集成创新和引进消化吸收再创新为基础，以实现科技自身的商品属性和国际属性为核心，以科技合作与技术转移为手段，形成与国内其他地区乃至国际上其他国家间在科技创新方面的位势差，源源不断产出创新成果并以商品化形态走向国内外市场，带来大量、直接经济收益的新兴产业（图1）。

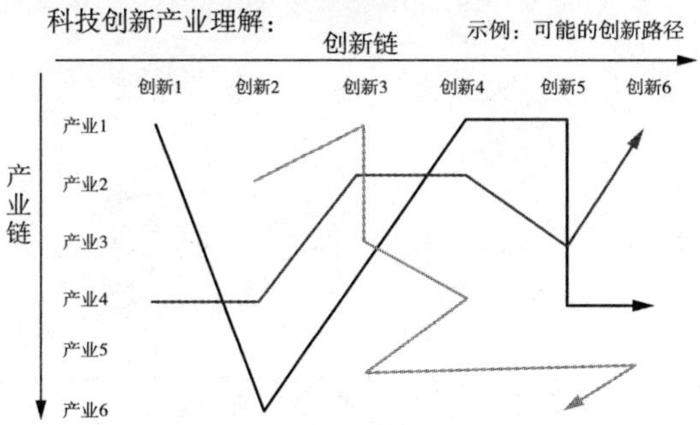

图1 科技创新产业与创新链、产业链的关系

科技创新产业在空间上形成产业融合创新的产业集群。科技创新产业决定了一个地区经济发展的能力和趋势，特别是众多科技创新小微企业的发展对一个地区的创新发展至关重要。在我国“互联网+”“大众创业、万众创新”政策指引下，中小企业能够立足于产业链的某一环节（点），进行针对性的“创新、创业”，将产业链的点横向放大突破行业的界限，成为新的创新产业（图2）。例如小米的创新，立足于移动终端的销售端，创造“发烧友”设计产品，并在全球采购高性价比硬件，最终通过限量发布实现“小米奇迹”，随后小米又从智能终端领域迅速拓展到智能家居等领域，实现智能终端的横向引爆。

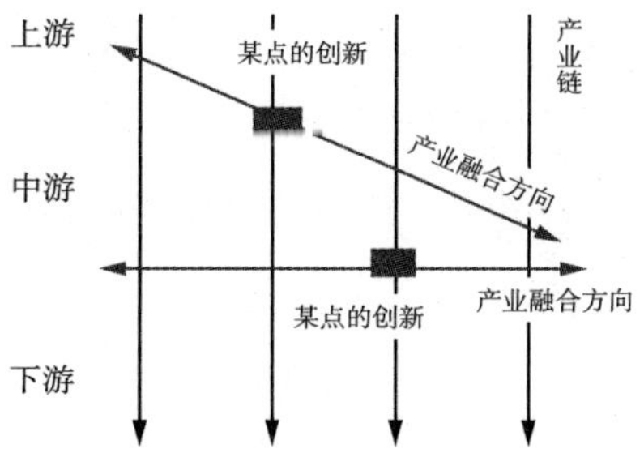

图2 创新点的横向一体化扩张

在我国，区域发展战略如“一带一路”“京津冀协同发展”“长江经济带”等战略的强势推进，加速了区域融合发展趋势，区域之间合作与竞争发展，进一步助推了旅游业与其他产业之间的融合，反过来产业之间融合也会促进区域合作更加紧密（图3）。

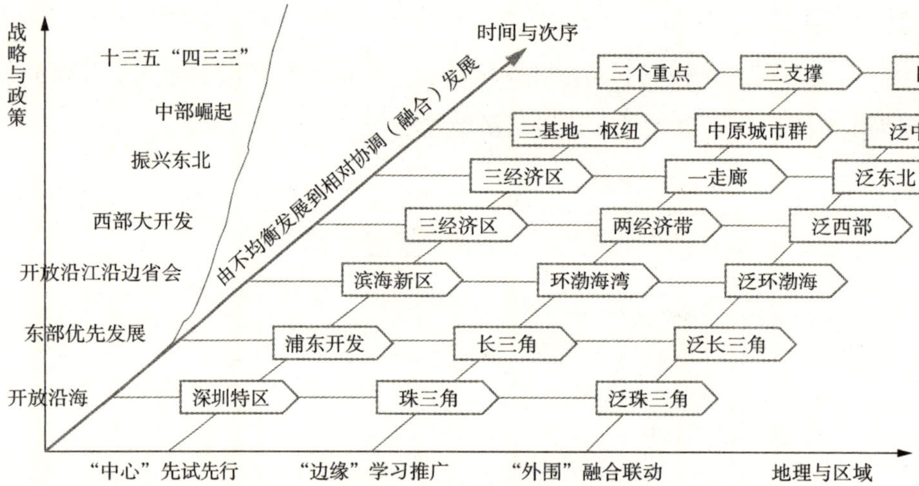

图3　改革开放以来我国区域经济宏观格局演变

二、政策主导，旅游产业融合百花齐放

国家旅游局李金早局长在《开辟新常态下中国旅游业发展的新天地》署名文章里，明确指出旅游业是拉动“消费、投资、进出口”三驾马车的重要引擎，是推动中国供给侧改革的新增长点。为此，可以从以下几个方面进行理解：第一，旅游业既是生产型服务业，也是生活型服务业，集生产、生活、生态于一体，与110多个行业相关、融合发展，已成为中国的消费、投资和进出口热点，也是推动中国供给侧改革的新增长点。自2014年起，中国城乡居民的旅游消费增速连续高于全国GDP增速，其中，2014年旅游消费的总额突破3万亿元，同比增长15.4%，占社会消费品零售总额的12%。第二，从投资角度看，旅游投资需求旺盛、领域广、潜力大，正在吸纳更多的社会资本投资进入旅游业。2015年，旅游业直接投资首次突破10 000亿元，达到了10 072亿元人民币，同比增长42%。第三，从出口看，旅游服务出口是“不出境的出口”，长期处于增长趋势，2014年中国入境旅游收入列居世界第三，占出口总额的2.4%，2015年上升为2.5%。从进口看，出境旅游者在国外强劲的旅游购物消费实质是进口贸易。2012年，中国游客在海外花费上突破千亿美元，以1020亿美元位居世界首位；至2015年，海外花费已增至1050亿美元，连续位居世界第一位。第四，从供给侧改革角度看，中国旅游业已进入全民旅游和个人游、自驾游需求为主的新阶段，对旅游供给提出了新的要求，不仅要求旅游业从传统景点旅游模式向全域旅

游模式转变、从门票经济向产业经济转变，拓展发展空间，培育新的增长点，而且要求加大旅游业与其他产业的融合发展，构建旅游产业新体系，提升旅游需求要素供给的数量和质量，促进供需协调。

基于上述，旅游产业融合指与其他产业之间或旅游产业内不同行业之间相互渗透、相互交叉，最终融合为一体，逐步形成新产业或产业链的动态发展过程（图4）。旅游产业融合不仅对行业本身意义重大，而且对地方财政收入、地区产业结构以及宏观经济格局也有十分重要的影响。具体而言有以下几个方面：①促进产业结构优化：我国目前正处于经济转型的快速发展期，转型的重点就是提升传统产业，调整产业结构，促进产业优化升级，发展新兴产业。旅游产业融合能够将旅游产业与其他产业进行融合交叉，相互渗透，从而形成一个新的产业体系。例如旅游与农业的融合发展休闲农业，促使农业多元化发展。旅游与体育运动、工业、商业、航空业等融合，形成新的多元的产品结构和业态类型（图5）。②促进企业集团成长：旅游产业的融合为企业发展提供了良好的机遇。它可以使企业获得更多更广的发展市场，并且不断地发展壮大自己，提高核心竞争力。例如北京首旅集团，从起初只涉及“吃住行”，到后来重组形成“吃住行游购娱”的大旅游系统。③促进区域经济协调发展：旅游融合在空间上形成一个以旅游中心地区为核心，带动周边地区发展的旅游产业圈，从而改变落后地区的基础设施状况，实现区域的协调发展。

随着产业发展产业融合的不断加强，行业整合进一步加剧。例如，我国大型旅游集团正在加速整合，通过投资并购做大做强。如锦江集团83亿元战略投资铂涛酒

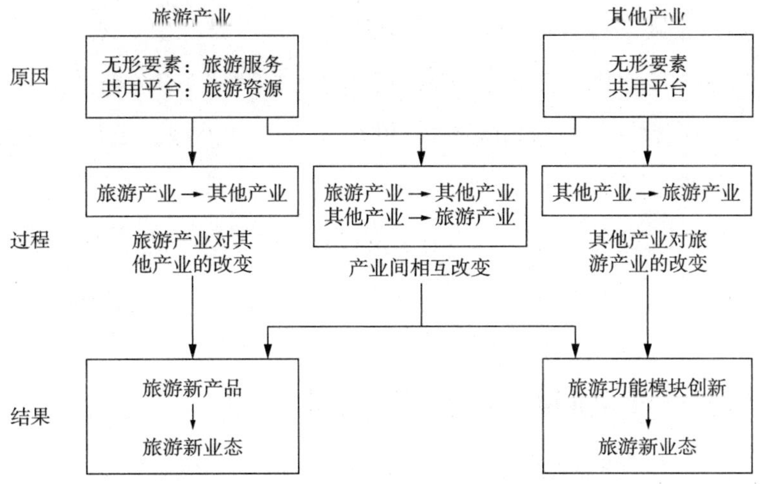

图4　旅游产业融合的作用机制图

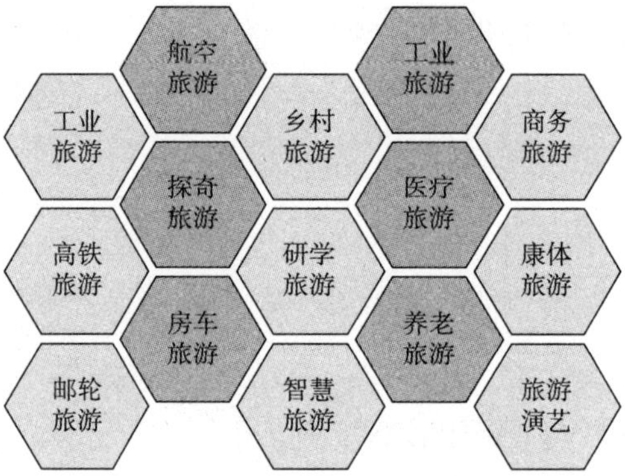

图5　旅游融合的产品与业态

店集团，成为国内第一大酒店集团。首旅集团110亿元收购如家酒店集团，一跃成为国内第二大酒店集团。宋城演艺26亿元并购六间房，实现线上、线下旅游演艺资源整合。20强集团所达到的交易总额占整个旅游市场份额会进一步扩大。可以预见，未来5年，中国酒店业、民航、旅行社等领域还将持续发生大规模并购，市场上将形成数个大型多元化企业集团，成为中国旅游业持续发展的有力支撑。而在全球化、一体化的市场趋势下，旅游业的并购热潮也会更加强劲，跨界整合与产业融合已经是大势所趋。

随着人们对文化旅游产品需求的不断增加，文化旅游产业链也在不断延伸和增强。作为一项综合性、带动性强的新兴产业，文化旅游已明显呈现出多领域、多产业和多区域融合式发展势头。在我国一些文化旅游产业发展基地或园区，已形成多元集群式融合发展态势，如深圳的科技创新型主题文化园，西安、洛阳的历史文化古都型产业园，上海、苏州的古镇名城型产业园，以及横店、宋城的影视基地型产业园等。同时主体多元化、多企业联合投资成为常态。例如深圳世界之窗由港中旅、华侨城共同出资兴建，云南华侨城由华侨城、香港华侨城、云南城建投联合投资，万达长白山国际旅游度假区由万达、泛舟、一方、亿利、联想、用友联合投资，等等。另外，区域性政府主导项目的招商引资以及PPP模式，也从不同层面促成投资主体多元化。

三、旅游与各产业之间融合的一般规律

旅游融合，也就是“旅游+”，是开启旅游强国大门的钥匙。统计数据显示“旅

游业具备融合其他产业的特性”，具有广泛的关联性。如旅游对交通运输业增加值的拉动贡献超过80%，比交通运输业对旅游业增加值50%的贡献多30个百分点。其中，旅游对民航运输及辅助服务贡献超过90%，对铁路运输及辅助服务超过80%，对水上运输及辅助服务贡献超过30%，对公路运输及服务辅助贡献超过60%；对仓储和邮政业贡献为30%。又如旅游产业要素住宿业、旅游购物、餐饮业对旅游产业增加值的贡献均仅在10%左右，而旅游业对住宿业增加值的贡献在80%以上，对餐饮业的贡献超过60%，对批发和零售业的贡献为30%以上。旅游业对房地产业增加值贡献率超过20%，对公共管理和社会组织增加值贡献率超过15%，对信息传输、计算机服务和软件业增加值贡献率超过5%。

如上所述，发展旅游产业融合的动力来自于多个方面，多样化需求是融合发展的内在动力，技术进步是融合发展的驱动力，产业政策是融合发展的推动力，加上市场与行业在产品层面、产业间竞争带来的利润摊薄，结合旅游产业本质上与其他产业的融合特性，促使新产品、新项目、新业态以及新的旅游商业模式不断涌现（图6）。

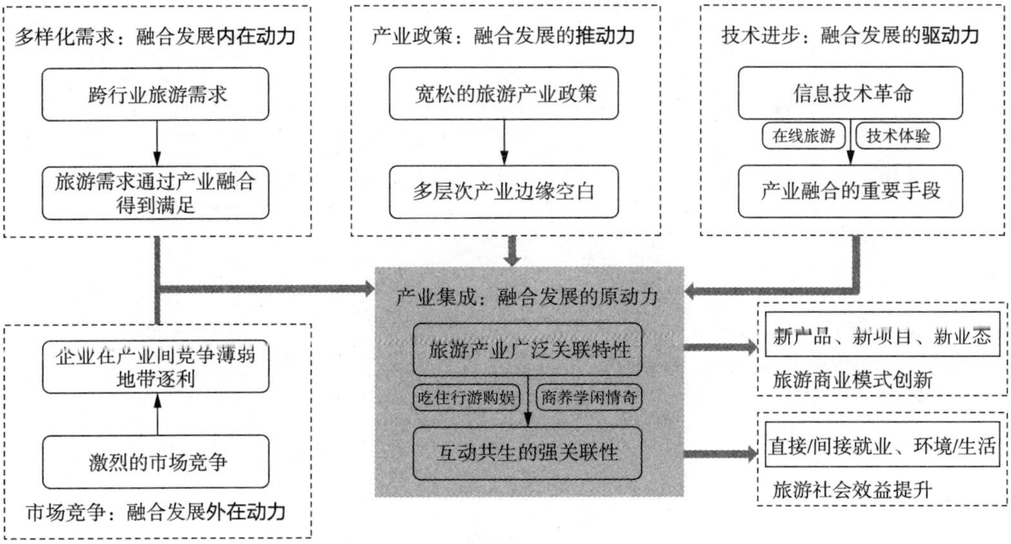

图6　旅游业与其他产业融合的动力机制

进一步，从旅游产业开发过程分析，也体现出渗透融合的结果，促进旅游产业价值链的解构与重构。旅游开发经历了原生资源阶段、原生资源兼顾市场阶段、市场创新阶段、休闲体验创新阶段。当前我国的旅游创新处于由原生资源兼顾市场阶段，向市场创新与休闲体验创新叠加阶段过渡。市场发掘与营销创新显得越来越重要，而营销发端的产品越来越重视休闲体验创新，追求营销噱头的"新""奇""特"，满足特定旅游市场的特定需求。这就形成了对传统旅游资源、旅游产品与服务以及旅游市场的更多内涵和更广义外延的拓展，即"泛资源、泛生活、泛产业、泛市场、泛科技"。产业融合对旅游资源的定义泛化，区域内任何"存在"都有可能是旅游资源，大山大水、名胜古迹是资源，旧屋破瓦、时尚咖啡屋也是资源。同样的，旅游不仅仅为外来游客的体验服务，同时也为本地居民提供周末休闲服务。旅居的游客反过来也会融入旅游目的地的平常老百姓的寻常生活，甚至参加当地的生产活动，实现旅游生活泛化。"泛产业"表现为"旅游+"，是当前旅游创新的主要形式，"泛市场"既要满足大众旅游需求，也要满足个性、定制的小众需求，大市场、小市场的交错，表现出多层次的旅游创新，例如莫干山的裸心谷，切入细分市场，创造"裸"需求。"泛服务"对应的是"品质旅游"，注重细节，做到细致入微，事关旅游品质的提升。泛科技对应的是科技进步的所有成果都有可能应用到旅游产品开发当中（图7）。

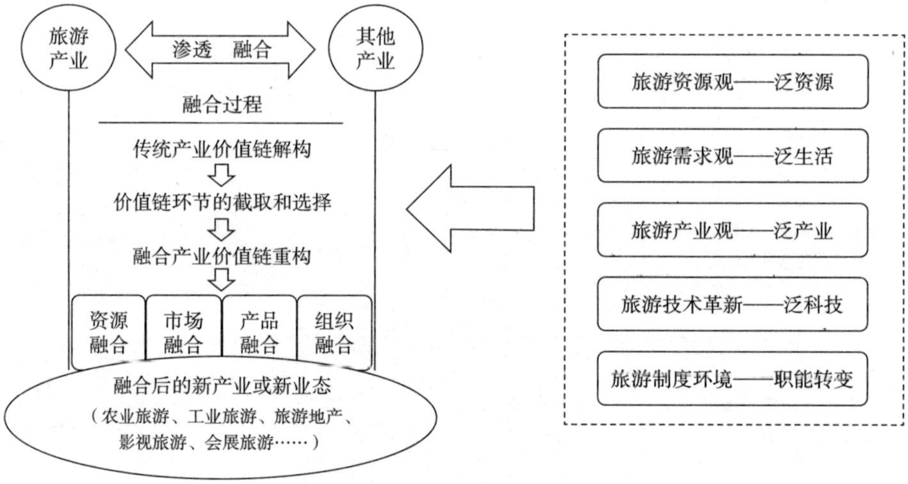

图7　旅游产业渗透融合中的价值链解构与重构

以横店影视城为例，影视城位于浙江省金华市东阳市横店镇，处于江、浙、沪、闽、赣四小时交通旅游经济圈内。1996年，为配合著名导演谢晋拍摄历史巨片《鸦片战争》而建，之后横店集团累计投入30亿资金兴建广州街・香港街、明清宫苑、秦王宫、清明上河图、华夏文化园、明清民居博览城、梦幻谷、屏岩洞府、大智禅寺、红军长征博览城、春秋・唐园、圆明新园等13个跨越几千年历史时空、汇聚南北地域特色的影视拍摄基地和两座超大型的现代化摄影棚。经过十多年的建设，横店影视城已经是集影视、旅游、度假、休闲、观光为一体的大型综合性旅游区，并以其厚重的文化底蕴和独特的历史场景而被评为国家5A级旅游景区，中国唯一的“国家级影视产业实验区”，被美国《好莱坞》杂志称为“中国好莱坞”。横店影视城的价值链结构，基本活动包括从题材策划、作品生产到发行、售后以及市场管理等环节。支持活动包括人力资源、作品研发以及若干专业团队等（图8）。这些产业链环节经过长期行业积累，都有可能在某个专业领域横向放大，不仅面向横店影视城服务，还将市场放在全国甚至全球，形成多个行业跨界融合的专业化规模企业集群（图9）。

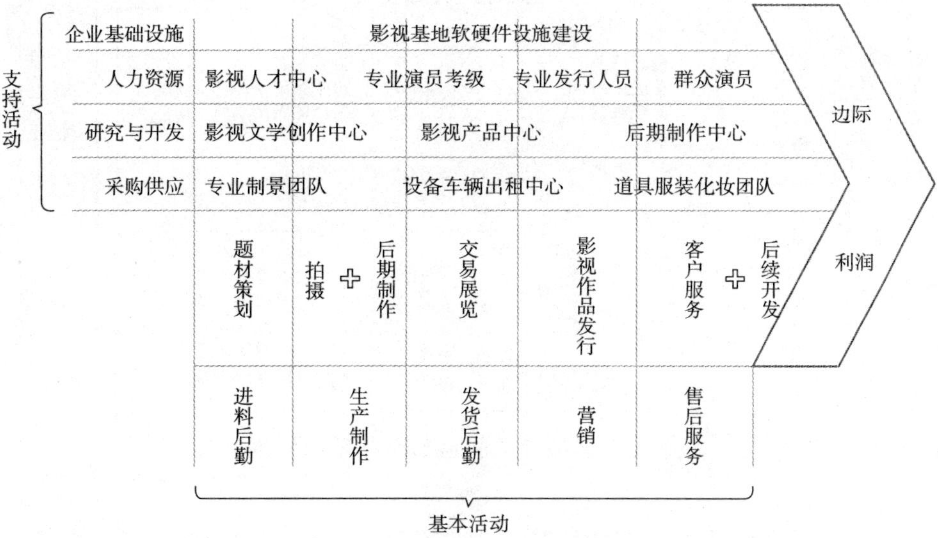

图8　横店影视城价值链结构

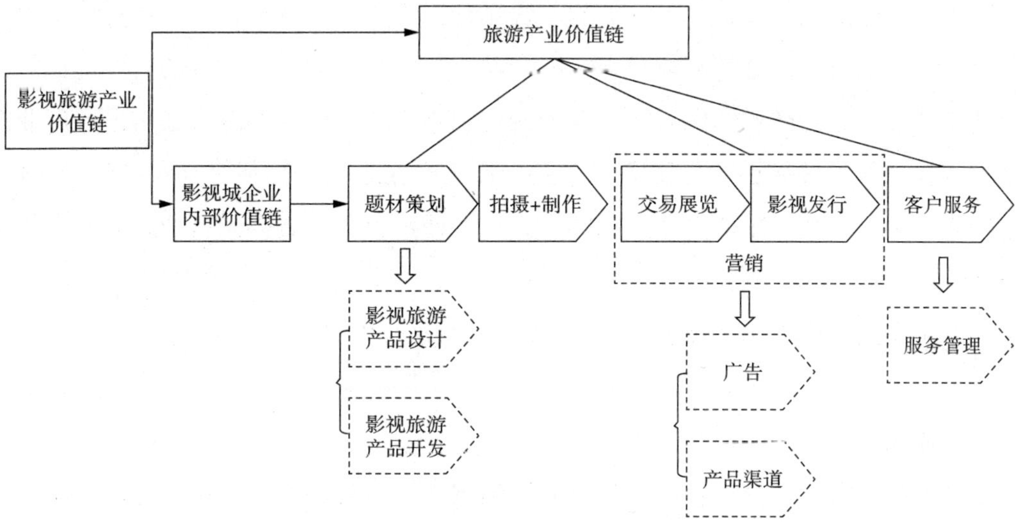

图9　横店影视城产业链结构

如果把产业融合放在国民经济一二三次产业结构，以及地方产业体系包括新兴产业、新技术产业中，再对接其他相关行业，如教育、医药卫生、运动体育等，结合市场需求，通过多样化融合模式，可以形成若干新的业态或新的领域（图10）。

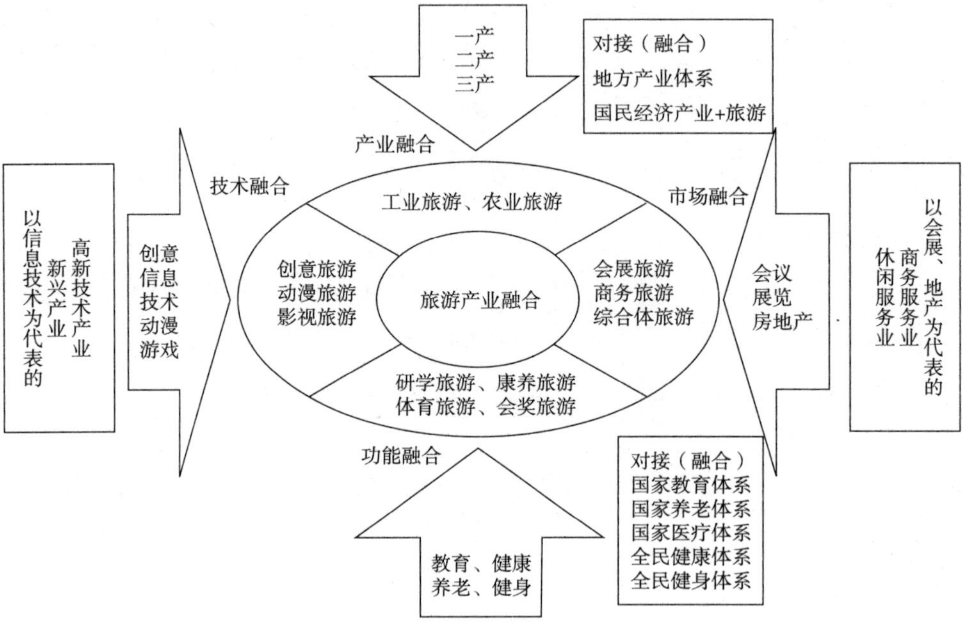

图10　区域产业融合形态与领域结构

作为一种扩散性的技术创新，其作用是通过突破原有的产业边界，降低传统行业间的进入壁垒，为市场发展开拓更多的空间，并形成开放性的产融体系。产业融合有利于资源的优化整合和产业结构的优化升级。通过产业融合，从产业缝隙中寻找新的经济增长点，延长产业链，拓展产业空间，是产业提质增效的有效途径。旅游产业融合可分为产业间融合和产业内融合两种类型：产业间融合通常采取产业渗透的方式，即通过旅游业与工业、农业、文化产业之间的功能互补和延伸来实现；而产业内融合则往往采取产业重组的方式，即通过旅游业内不同行业之间的功能互补或要素重组来实现（图11）。

下面按照旅游融合的重点行业与重点领域做进一步说明：

1. 旅游 + 农业

旅游业与农业融合比较早，从农业田园观光、乡村旅游与休闲农业以及旅游商品农副产品、旅游扶贫等都可以看到二者融合的影子。首先，旅游+农业需要的是深

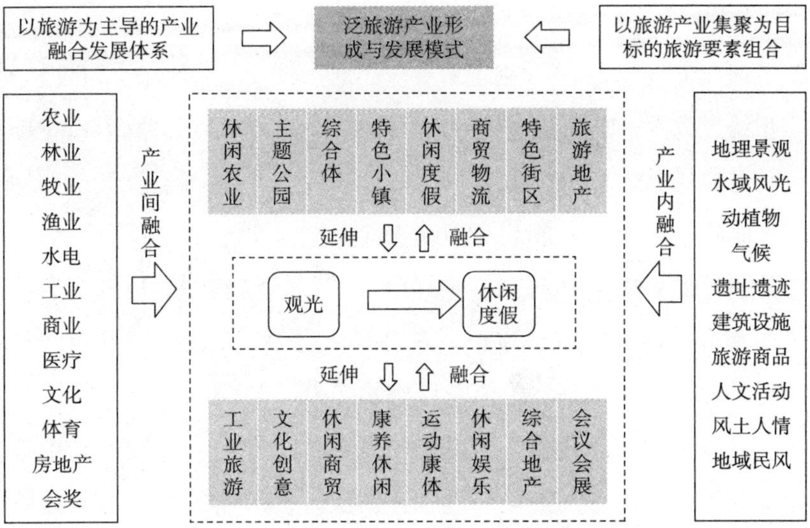

图11　泛旅游产业形成与发展模式

度融合，保证农民受益；通过创新经济作物种植、果林培育、畜牧增产等，着力培育多元化经营主体，向集约型、规模化方向发展。其次，要拓展乡村旅游内涵，城市之外的旅游都是乡村旅游。强调“域”的延展：突破“乡村”局限，构筑“大乡村体系”；强调“域”的协同：乡村旅游集群跨域行政“域”的合作联动；以“旅游+”与任何产业经济单元、社区单元、文化单元、政府单元的融合互动，如旅游+农场=休闲农庄，旅游+历史遗迹=古镇，形成乡村旅游产业集群跨行政“域”的合作与联动局面。第三，在产业融合广度上做文章。2017年中央一号文件提出“要大力发展乡村休闲旅游业”，并首次提出“田园综合体”的概念，利用“旅游+”“生态+”，推进农业、林业与旅游、教育、文化、康养产业深度融合，壮大新产业新业态，大力发展乡村休闲旅游业；培育宜居宜业特色村镇，打造田园综合体和产业融合示范园。第四，要引导休闲农业和乡村旅游走向可持续的未来，将其发展成为生态良好，促进与支持地方经济，欣赏与尊重多元文化与自然遗产的产业。同时，建立健全农业农村发展用地保障机制，重点支持乡村休闲旅游养老等产业发展。通过绿色发展，使休闲农业和乡村旅游成为资源消耗低、环境友好型、生态共享型的新增长点；成为消费潜力大、消费层次多、持续能力强的新增长点；成为带动农村经济全方位开放的新增长点；成为优化区域布局、统筹城乡发展、促进新型城镇化的新增长点；成为促进农民脱贫致富、实现共同小康的新增长点；成为农村新的经济社会组织方式，是有助于提高农业资源配置效率的新增长点。

2. 旅游 + 工业

工业旅游最早起源于法国，目前在国外工业旅游已发展得较为成熟，以工业遗址旅游和工业观光为主，欧美发达国家有15%以上的大中型工业企业都在开展工业旅游。例如宝马博物馆BMW Museum（科技）位于德国慕尼黑北部，宝马全球总部慕尼黑宝马品牌体验中心始建于20世纪70年代初。宝马博物馆，按照不同年代和时期，展示出历年来所产的各类宝马汽车、宝马摩托车、轻骑和一些特殊用途的车辆样品，并运用现代声、光、电、多媒体等高科技手段及图片音像资料，提升产品展示的艺术空间，全面演绎了宝马汽车公司的成长与发展史。

相对于世界发达国家，我国的工业旅游目前尚处于萌发阶段。新中国成立以来，经过六十多年的工业化过程与建设发展，我国已经形成了完整的工业体系，现有262个资源型城市、145个国家级高新技术开发区和219家国家级经济技术开发区，工业旅游空间广阔，潜力巨大。我国的工业旅游萌芽于20世纪90年代，2004年国家旅游局公布首批工业旅游示范点后，它正式作为旅游新资源出现在中国旅游市场上。结合工业产业，把工业旅游与工业技术普及、工业成就展示、工业产品宣传结合起来；把研学、科普、观光、休闲、要素引入工业旅游中，形成工业旅游产品体系。根据国家旅游局在2016年11月28日公布的《全国工业旅游发展纲要（2016–2025年）（征求意见稿）》，到2020年，工业旅游主要发展指标在目前基础上实现翻一番的目标，年接待人数达到2.6亿人次，旅游年收入达200亿元，直接就业13万人，间接就业600万人。在全国创建10个工业旅游城市(以传统老工业基地为依托)，100个工业旅游基地(以专业工业城镇和产业园区为依托)，1000个国家工业旅游示范点(以企业为依托)，初步构建协调发展的产品格局，成为我国城乡旅游业升级转型的重要战略支点。

我国也有一些工业旅游成功的典范。如溪桥“提琴之都”。溪桥的大街小巷密布170多家乐器厂，全社区有2.6万人从事乐器制造行业，累计出口各类提琴700多万把，占全球30%以上的提琴产量。一座蜚声中外的中国“提琴之都”，正不断崛起成为享誉世界的“提琴王国”。当地还利用特色文化来提升企业内涵及产品“附加值”。在政府鼓励引导下，溪桥社区在中小学开设提琴艺术课，提升当地青少年提琴文化素质教育水平；举办“小提琴文化艺术节”，每年邀请各国提琴师和琴艺爱好者前往考察；开办提琴文化网站，吸引国内外乐器厂商开展订货贸易合作……一系列创新举措使溪桥乐器产业快速融入全球文化市场，打造出一张享誉全球的亮丽名片。

3. 旅游 + 文化

旅游与文化的融合，即以“具有普遍意义的文化”为核心，通过某种方式或从某种角度对主题文化形式及内涵加以产品化体现，构成为旅游者提供旅游经历的一种现象（图12）。

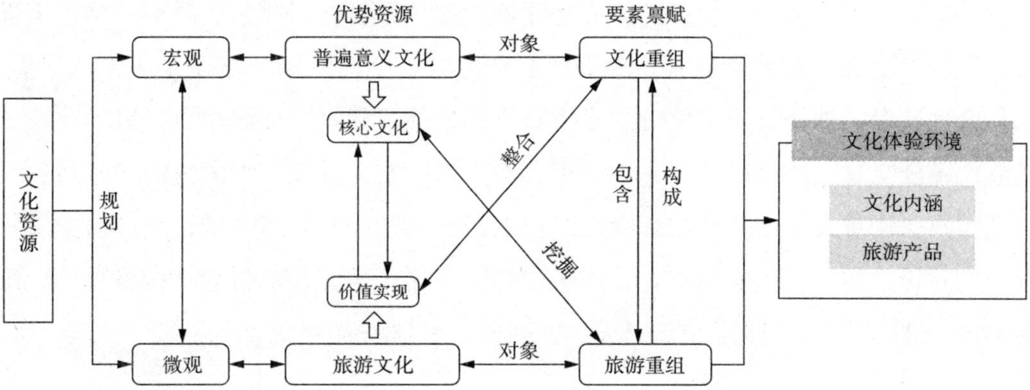

图12　文化旅游资源融合开发的一般模式

以民族文化与旅游开发为例，可以根据目的地开发的层次和规模、目的地与其他旅游目的地的空间关系以及目的地民族文化资源与其他旅游资源的组合方式，采用不同的打造模式：①在区域中心节点，往往城市功能齐全、旅游网络完善（枢纽位置）、旅游活动层次丰富，这些地区一般采取深层次开发模式，积极响应市场需求，集本地区民族文化于一身，成为民族文化景观荟萃地，成为向外界展示各民族文化的大舞台和塑造区域旅游形象和旅游宣传的窗口。如北京的中华世纪坛。②在一些民族文化富集区，采取集聚开发模式，挖掘区域民族文化资源的特色，结合旅游市场特点，开发具有吸引力的旅游资源，形成完整的旅游产品体系。如云南的丽江、新疆的吐鲁番、青海的坎布拉等。③对于一般的区域，存在民族文化元素，但非独占或是非强势资源，采取耦合式开发模式。因为民族文化在区域旅游资源中处于辅助性地位，旅游开发中重点考虑民族文化旅游与主体旅游资源的配合，进而确定民族文化旅游产品开发在区域中的地位及开发的方式。④对于资源品位高，但经济欠发达、可进入性差的区域，采取保护型开发模式。尽量减少人为干扰，以保护原生民族文化为主，针对特殊需求客源市场为主，发展专项旅游，如民族研学型，与地方居民共同居住深度体验民族生活。也可以发展户外旅游，在猎奇探险的同时体验独特的地方民族文化。

另外也可以根据旅游产品类别，对应不同开发方式：①原生型开发。一些传统的民族村（寨）多采用这种方式，保留原汁原味的活态化文化。旅游项目设置和旅游产品的开发要强调资源的原生状态，要注重民族文化的保护和挖掘。②复原型开发。对于精神类的民族文化旅游产品，如神话、故事、传奇、民间文学等，还原或部分再现当时的历史风貌或传说中的状态场景，吸引游客无限遐想进而形成吸引力景观。③提升型开发。一般以民族文化建筑为主体，餐饮、演艺、活动、精神类以及文化类商品多采用此种方式，强调原有资源状态下的发掘、整理、筛选、升华。④集合型开发。选择民族文化资源比较富集的地区，建设民俗旅游点，集中反映该民族的民族文化。围绕民族文化中心点，数个地区联合开发，形成民俗旅游线；与自然生态、历史文化结合形成综合性民俗旅游区。在一些城市区域，通过历史文化项目的建设，传承优秀文化；开发城区中的特色文化街区；加强业态调整和环境综合整治；鼓励民众参与文化旅游开发，激活民众参与积极性。

4. 旅游 + 康养医疗

习近平总书记在2016年8月全国卫生与健康大会上强调，没有全民健康就没有全面小康，要把人民健康放在优先发展战略地位，努力全方位全周期保障人民健康。李克强总理要求，要引导和支持健康产业加快发展，尤其要促进与养老、旅游、互联网、健身休闲、食品的五大融合，大力推进面向基层、偏远和欠发达地区的远程医疗服务体系建设，推动公共体育设施向社会开放。我国《“十三五”旅游业发展规划》提出：“十三五”期间要促进旅游与健康医疗融合发展。鼓励各地利用优势医疗资源和特色资源，建设一批健康医疗旅游示范基地。发展中医药健康旅游，启动中医药健康旅游示范区、示范基地和示范项目建设。发展温泉旅游，建设综合性康养旅游基地。制定老年旅游专项规划和服务标准，开发多样化老年旅游产品。目前健康产业已成为全球最大的新兴产业。统计数据显示，美国的健康产业占GDP比重超过15%，加拿大、日本等国健康产业占GDP比重超过10%。而我国的健康产业仅占GDP的4%–5%，中国的大健康产业才处于起步阶段。

对于旅游与康养融合，除了做好老年人医疗保障之外，还需要通过旅居生活、亚健康修复以及生态旅游体验等产品实现融合。要更多地策划生态养生体验旅游线路，打造新型观光旅游；塑造生态康养旅游品牌，打造若干“生态康养休闲城市”；建设休闲养生养老旅游基地，丰富旅游产品体系。

5. 旅游 + 体育

“旅游+体育”是2016年中国旅游产业投融资促进大会上大热的词汇，现场国家体育总局和国家旅游局签署了《关于推进体育旅游融合发展的合作协议》，“旅游+体育”的发展模式已成为市场中的一股新生力量。马拉松比赛、远足、极限运动等成为时尚。要做活做精山地运动体验项目，构建休闲度假产业链条；做强山地运动，打造户外生态康养旅游产品；延伸高端休闲体育运动，发展商务休闲旅游。

如贵州的国际山地旅游暨户外运动大会，是经中国国务院批准的中国唯一以山地旅游为主题的国家级、国际性高端峰会。自2015年起已在贵州持续举办了三届，成为展示贵州乃至国内外山地旅游资源、户外运动发展水平、旅游扶贫经验及成果的重要窗口，以及打造山地旅游和户外运动国际交流合作的高端平台。“贵州发展山地旅游、开展户外运动具有得天独厚的条件。”贵州省委书记、省长孙志刚介绍，贵州全省17.6万平方公里国土面积中山地和丘陵占92.5%，随处可见高山、峡谷、飞瀑、溶洞、湖泊、温泉；全年无寒暑，夏季平均气温23℃；森林覆盖率超过52%，森林山水融为一体，是山地旅游和户外运动理想场所。

6. 旅游 + 房地产

倡导一种新的生活方式。在我国，很多大都市的雾霾、异常气候等问题已经给人们的生产和生活方式带来极大困扰。据预测，在未来的5–10年间，我国大城市将迎来一波迁移和迁居的热潮。旅游地产成为投资风口，大量依托知名旅游景区而建成的融合“休闲、度假、康养、文化教育、居住”为一体的置业项目涌现。旅游与地产的结合不但是互补关系，更是一种互惠关系。旅游带动了地产项目的人气，促进了地产项目的价值上升，地产项目弥补了旅游的资金缺口、实现了短期盈利同时又借助了旅游的自然资源。我们需要做的是，在严格控制土地供给的前提下，打造旅游地产创新示范区；通过旅游地产实现旅游业与地产业协同发展，带动地方经济结构转型升级；实行养生地产开发、复合旅游地产开发等发展模式，紧密结合城市发展。

四、案例：广东惠州“旅游+产业”融合发展思路

下面分享博雅方略团队在惠州旅游产业融合发展规划中的一些做法。惠州旅游+

产业融合发展的总体思路，以“+旅游”“旅游+”为理念，向关联产业渗透，叠加融合多产业要素，打造丰富多元的旅游产品、旅游空间和旅游新业态，实现旅游产业多元化、特色化发展，提升关联产业附加价值；发挥旅游产业的纵向带动作用，通过上游产业供给侧改革，实现旅游产业的转型升级、提质增效，从而提供品质更优的旅游要素、旅游装备及旅游服务。具体而言：

1. 一产结合“旅游+”调整结构

推动旅游产业与第一产业有机结合，以旅游开发促进第一产业结构调整。以农业生产为重心，以休闲旅游为手段，一方面推进农产品标准化、品牌化发展，推动农产品向旅游商品转化，实现农产品高值化利用，提高农产品附加价值，另一方面，大力发展休闲农业、乡村旅游，扩大乡村旅游综合消费，推动乡村创新创业，增强乡村产业振兴新动能；以林业产业为基础，在推进生态文明建设的同时，发展林业休闲主体，释放生态效益，变“绿水青山”为“金山银山”；立足海洋渔业，培育休闲渔业、邮轮游艇、海岛旅游等新型业态，促进海洋经济和现代渔业提质增效，助力惠州海洋强市建设。

2. 二产结合“旅游+”打造产品

推动旅游产业与第二产业有机结合，围绕工业、能源等产业文化，打造特色产品。厚植工业产业发展根基，建设工业主题园区，积极发展工业旅游、游览体验，弘扬工业文化，发展旅游装备制造业，培育新的经济增长点；以能源产业为依托，整合利用能源资源，将能源集群景观与旅游景区（点）、乡村旅游景观等进行串联，设计特色游线。包括以下几个方面：

（1）工业+旅游，描绘“工业4.0”蓝图。探索工业化与信息化融合发展，走工业4.0发展道路，借助大数据、云计算之力，提高工业智能化水平。做实、做大、做强、做优电子信息和石油化工产业，加快发展新能源汽车、环保新能源和新材料等战略新兴产业，培育发展中高端先进装备制造业，促进传统产业提质增效。推动工业发展扩量提质，突出产业优化，大力发展生态产业，推动产业绿色发展。发展与工业转型升级相配套的生产性服务业如旅游业等，以产业基地、重大项目建设为依托，形成技术创新能力强、竞争优势突出、示范带动作用强的产业集群。转化能源产业发展模式，强化生态建设和环境保护工作，依托自然和文化遗产资源、大型公共设施、知名院校、工矿企业、科研机构，建设一批研学旅行基地，开发新型旅游资源，打造融合创意创业、技术孵化、养老、旅游等多种业态的高端平台。

（2）推动工业资源旅游化。对工业资源进行旅游化改造，推动工业资源向旅游资源延伸。活化利用工业遗产资源如东平窑址、西枝江惠州造船厂遗址等，变废为宝，打造工业主题体验园区如东平窑陶瓷文化园。以现有产业园区、工业企业如广东伊利工业园区、TCL 集团股份有限公司、广东太古可口可乐惠州有限公司等为依托，建立“参观车间+企业展馆+产品展销+教学体验”发展模式，打造观光工厂、工业博物馆、工业文化创意基地等项目，将封闭的工业区转化为开放的旅游区，促进二、三产业互动发展，站在工业文明、科技文明、生态文明的高度拓展旅游内涵。

（3）发展旅游装备制造业。重点发展海上游艇、轻型水上飞机、房车、越野和户外运动装备、潜水设备等旅游装备制造业，鼓励发展大型游船、山地赛车、景区索道、游乐设施等旅游装备制造业，积极培育具有自主品牌的休闲、登山、潜水、露营、探险等各类户外用品。依托园洲镇服装制造业、黄埠镇、吉隆镇制鞋业、秋长街道吉他制造业，研发加工制造旅游商品，引导文创产品的开发，搭建文创商品平台，通过政策支持和资金支持鼓励惠州本土企业开发。

3. 三产结合旅游 + 升级服务

以文化、康养、教育、体育、互联网、交通、物流、金融、通信等产业为重点，拓展产业链条，提升旅游品质，升级服务体验。具体措施包括：

（1）“文化+旅游”融合升级，弘扬“岭东雄郡”人文精神，将东江文化、东坡文化、东樵文化、东纵文化等文化优势转化为发展优势，将文化内涵贯穿在旅游产业各环节和发展全过程；开发文旅精品项目，促推文物资源变旅游景点、名人故居变文化窗口、工艺非遗变精品业态、居民建筑变创客民宿、地方民俗变旅游节庆；以民俗文化、非遗文化、演艺文化等为依托，发展文创娱乐产业；推动古村镇、古遗址的保护修缮、改造提升工作，结合民间工艺，孵化一批文旅产业基地；利用文物古迹、文化遗产、古驿道等资源，建设惠州历史文化游径，积极融入粤港澳大湾区文化遗产游径系统构建之中；推动博物馆、文化馆、图书馆等公共文化场所的旅游开放，结合科技手段，开展常态化文化旅游活动。

（2）“康养+旅游”融合升级，充分整合医疗资源，积极培育具有科技含量的健康旅游产业。

（3）“医疗+旅游”融合升级，发挥中医药、温泉、生态等康养资源优势，开发多元化康养旅游产品，打造“康养惠州”旅游品牌。

（4）“教育+旅游”融合升级，顺应研学旅行市场趋势，围绕乡村、民俗、非遗、古驿道等板块，深化研学旅行内容，打造精品游线，开展系列活动，通过政策手段鼓励研学市场的发展。

（5）“体育+旅游”融合升级，完善体育设施及服务体系，通过打造优质项目、开展精品赛事、建设体育小镇等方式，培育产业新增长极。

（6）“互联网+旅游”融合升级，完善智慧旅游公共服务体系，建立智慧旅游数据资源中心，积极发展旅游电子商务平台，以互联网为手段，提升旅游消费体验。

（7）“交通+旅游”融合升级，对接“丰”字交通主框架，启动旅游公路示范工程和旅游驿站建设，构建综合性自驾游服务平台，打造路景融合的旅游风景廊道，构建“交通+旅游”发展新格局。

（8）“物流+旅游”融合升级，积极引导旅游物流行业发展，完善旅游物流网络体系。

（9）“金融+旅游”融合升级，强化金融对旅游产业的支撑，升级旅游金融服务特色产品。

（10）“通信+旅游”融合升级，完善通信基础设施建设，推动智慧旅游发展。

高铁时代来临，我们准备好了吗?

本文系作者2015年9月四川广元旅游高峰论坛、2019年3月
江西吉安高铁论坛上发言整理

当前，我国旅游产业面临高速、高铁发展时代机遇，供给侧改革与科技进步丰富了产品业态创新与产业商业生态系统。2019年政府工作报告中明确要求“发展全域旅游，壮大旅游产业”。文化和旅游部雒树刚部长表示“通过文化和旅游的融合发展，文化可以更加富有活力，旅游也会更加富有魅力”。可以说，文旅产业走向高质量发展、释放综合效能的新时代。那么，面对快交通、文旅融合机遇，我们准备好了吗?

一、快速交通休闲时代，改变了什么?

1. 大交通格局催生文化旅游新的空间

我国《“十三五”现代综合交通运输体系建设发展规划》提出，我国要建设完善的“国道（高速公路）+高铁+民航”快速交通体系。国家高速公路由包括7条首都放射线、11条北南纵线、18条东西横线，以及环线、并行线、联络线等组成。高铁包括“四纵+四横”，“四纵”即京九、京沪、京哈、沪深；“四横”即徐兰、沪昆、太青、沪蓉。民航包括航线+机场。可以说我国快交通体系已趋向完善，大交通格局催生文化旅游新的空间。

今天会议主题是讨论高铁开通的应对策略。四川广元已经成为中国西部综合交通枢纽、西部经济发展高地，主要表现在：一是区位优势，广元地处大西北与大西南的交会处，周边消费人口近亿，西边近临世界自然遗产地九寨沟；京昆、兰海、万广、包茂等高速连接全国大中城市，广元与周边四省八市州处在“三小时”旅游圈内，西成高铁的建成将大大缩短各城市之间时空距离。广平高速的建成，将成为

四川进入九寨沟最便捷的旅游通道，广元已经成为九寨沟的东大门！

2. 最后一公里接驳，做好了么?

习近平总书记多次在讲话中都提到，要积极主动解民难、排民忧、顺民意，解决好联系服务群众的“最后一公里”问题。西成客运专列开通，西安到成都往返，将由目前的15小时缩短为3小时。将有利于广元与西安、成都两大都市间便捷交流，使广元成为重要的交通中间站。广元高铁站会迎来旅游高峰客流。那么，落地交通集散做好了么，区域内部旅游集散做好了么，旅游产品与宣传推介做好了？快速交通体系中，自驾游集散做好了么?

3. 旅游综合服务，达标了么?

快交通休闲时代，市场消费行为已经从“慢旅快游”向“快旅慢游”转变，这是一种新常态，由此带来的是，旅游业转型升级的必然选择是“软服务”管理与提升。服务设施的现代化是旅游的中心环节，但它必须与热情周到的服务态度、服务方式相匹配，且对于许多基本具备现代化服务设施，服务设施大体类同的各类景区，主要应靠富有特色的软服务取胜。旅游发展突破需要在两个环节构筑“软服务”：一是营造“亲新和美”的服务环境；二是建立健全立体的旅游集散系统，后面我会重点展开。

4. “互联网 +”的时代，新的渠道与平台做好了么?

互联网正不断与越来越多的传统行业融合，“大数据＋云计算”成为连接一切和智能化的根基（图1）。区域旅游营销主体与营销渠道都在发生变化，传统媒介、旅游电商平台、自媒体等媒体都在发力，营销方式可谓日新月异。这就要求我们思考在高铁站以及游客进入地区的“第一接触点”如何做好应对。

5. “大众创业、万众创新”——全民参与了么?

全域旅游时代，游客与居民并不是非此即彼的关系，其市场主体也不再局限于外来的基于旅游目的的游客，也包括内在的基于休闲需求的居民。居民可以从休闲中享受高品质的生活，休闲中的居民本身也是游客体验的兴趣点。旅游不仅要为外来游客提供优质的服务，也要充分考虑“生于斯，长于斯”的本地居民的利益。李

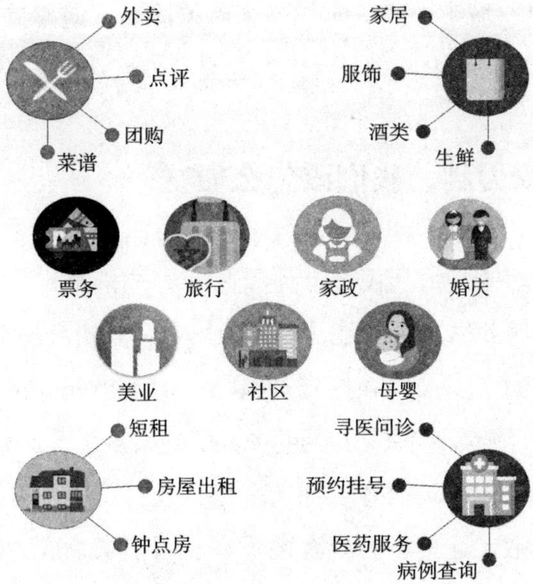

图1　互联网时代的业态变化

克强总理在出席夏季达沃斯开幕式并发表致辞时说，大众创业万众创新的热潮正在中国大地蓬勃兴起。参与的不仅有大学生、农民工、留学归国人员，也有企业科研人员、技术和管理骨干，草根与精英并肩。创业创新的不仅是小微企业，很多大企业也加入其中。在高铁时代，需要思考如何发挥本地居民旅游创业的积极性，从小微企业到龙头企业，细致入微地做好产业链的每一个环节，做到高质量产品与服务全域覆盖。

6. 如何看待高铁时代新区域旅游格局下的分工与合作？

高铁发展使得中国区域经济一体化、同城化不断加剧，旅游景区相对集中度不断加强，旅游组织线路内涵和外延进一步丰富，旅游者出游空间范围不断扩大。与此同时，中国高速铁路的发展，大大缩短了区域及城市之间的时空距离，从北京到全国绝大部分的省会城市8小时内可以到达，相邻省会城市间形成一到两小时内的交通圈，省会与周边城市形成半小时到一小时交通圈，城市交通圈的密集发达，助推环高铁旅游圈层出现，国内旅游一日游和过夜游也因此得以重组，空间范围以及旅游内容得以空前壮大。

同样，川西三角经济圈将重庆经济圈、成都1小时经济圈和陕西关中经济圈联合起来形成的经济圈，成为全国第四增长极。涉及区域面积约为22万平方公里，人口约1.18亿，包含了47座城市。高铁时代带来新的区域旅游格局重组，我们在其中的定位如何？如何进行区域分工与竞争合作？这是我们应该回答的问题。

二、高铁开通是双刃剑，我们该怎么做？

高铁站的开通，对于地方居民社会无疑是利好的消息，大家都欢呼雀跃，对旅游业来说，也是发展的助推器。但是，冷静地思考，其实高铁开通是“双刃剑”。有利的是能够带来更大的市场：1小时经济圈、3小时城市圈，带来更多的客流量、更多的接待量。但同时，游客来得快走得也快。来的人多了，旅游接待工作会更繁杂，集散工作做不好，会出现人满为患、拥堵现象，以至于给游客更差的体验、更快的逃离。所以，做好集散，让更多的游客慢下来、留下来，成为高铁开通后工作思考的焦点。

下面我以四川广元和江西吉安为例，重点讨论如何发挥高铁开通优势，做到慢游留客。从四个方面展开。

1. 让更多的人知道你

高铁开通使远程市场成为近程市场，游客进入区域更加便捷舒适安全。为此首先要做好旅游营销。要求地区旅游部门及景区从“产品营销”转向“品牌营销”。

例如，吉安启动“超级IP+全媒体”营销计划。首先在营销理念上，“打世界的牌，做全域的文章”，形象口号确定为：红色摇篮，山水吉安。营销策略上开启吉安全域旅游整合营销模式，全面推广吉安旅游“人人都是旅游形象，处处都是旅游环境”的全域营销理念（图2）。

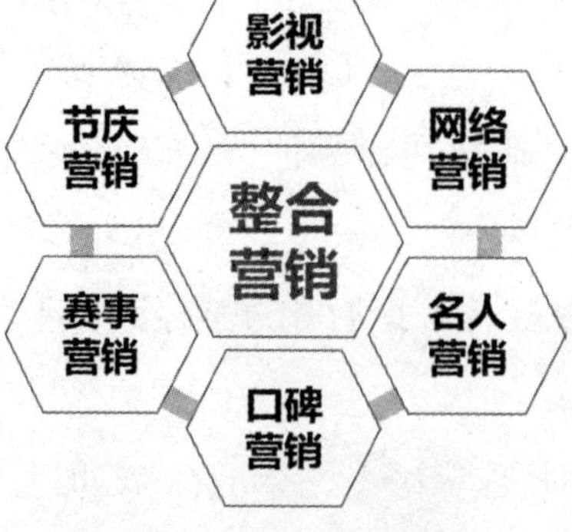

图2　吉安整合营销模式

在吉安·井冈山超级IP塑造上，通过四个手段实现：一是主推一大文化IP——井冈山景区，挖掘超级IP旅游附加值，二是建设一批与超级IP相关的旅游吸引物，三是拓宽超级IP营销广度，四是整合超级IP市场渠道。通过上述手段最终实现超级IP的价值放大。具体营销实践操作中，采取旅游营销与城市营销结合的方式，通过立体式营销、新媒体营销、细分市场营销、主题营销，多维度进行宣传促销。

吉安旅游营销解决路径有四大战略：①大视野：以世界的眼光看吉安、以全国的眼光看吉安。出台一系列的策划、规划、计划、谋划，全面立体全域打造。②大品牌：整合全域资源，根据全域旅游示范区创建标准，采取创A升级提升，补短板，景区提升品牌意识。③大产业：着重产业融合，将资源→资本→优势→产品→产业→支柱，进行产业链条提升。④大市场：从市场营销的角度，加大资源整合，加大旅游市场的营销，通过节庆会展等进行宣传，通过创A、节庆提升知名度。

与此同时，通过一系列的节庆活动，进一步烘托主题、营造氛围，主要有：吉安生态旅游文化节，主题重走革命路，重上井冈山，吉州窑文化节，以及“主题小镇”“魅力乡村”等系列活动。

又如广元，在旅游营销上通过塑造区域旅游品牌，联合开展市场宣传营销。①共同塑造区域旅游品牌和主题形象。设计区域旅游形象LOGO标识，统一运用于各市州旅游宣传中，提升区域在国内外旅游识别度和影响力。②互为客源地与目的地，相互推介宣传。相互推荐对方旅游产品及线路，实施精品景区客源互送计划；支持区域内其他地市在本地的旅游宣传活动，互相为对方在本地开展宣传营销提供优惠政策，创造便利条件。③营销一体化，联合开拓国内外市场。建立区域旅游营销联盟，共建区域旅游营销网络，共同推介跨区域精品旅游线路产品，联合开展国内外旅游营销活动，共同编制区域旅游交通地图、自助游手册，共同拓展国际、国内旅游客源市场，联合推出川陕甘区域旅游一卡通。

与此同时，广元还加强旅游营销自媒体体系建设，包括：①五大智慧旅游服务：“广元锦囊”移动终端服务；“畅游广元”公共信息服务；“数字广元”信息推送服务；“助力广元”互动评价服务；“广元在线”在线预订服务。②四大智慧旅游基础建设工程：“Guanyuan Free”无线网络覆盖工程；“广元旅游大数据”旅游数据库建设工程；“广元自由行”旅游一卡通工程；“码上有元”二维码识别普及工程。

2. 做好最后一公里交通集散，做到“舒适、安全、便捷”

旅游“最后一公里”，是指游客到达目的地（景区或旅游区）之前的“一公里”，通常的服务包括：①公共交通体系网络的集散接待服务，游客抵达高铁站（机场），有没有便捷的方式到达景区旅游目的地。服务包括：有无游客集散指引服务，是否有自助游服务，能否快速打到出租车，或有无公交、地铁直达线路，是否可以快速提供租车服务以方便“自驾”，等等。②从高速进入的自驾游客的接驳服务。游客自驾车进入目的地，有没有便捷的导航服务及定制化引导服务：有无明晰的道路标识系统，按照指示能否便捷地找到接驳服务点，车辆综合服务（加油、维修、便利店）是否便利，停车场方便与否。③旅游目的地及其周边的“吃住行游购娱”+“商养学闲情奇”服务，要求做到便捷、无障碍。

如何做到上述服务的全域覆盖？在全域旅游体系构建中，要求有如下几个方面的内容：

构建立体交通体系。一方面要破除城乡交通分割，打通全域旅游脉络 ，提高全域旅游的通达性，满足区域发展和旅游建设的双重要求。现实中，快交通体系做得十分充分，很快从出行地到达目的地。另一方面，要实现从外部大交通，通过中转、直达/专列/交通接驳、专线，快速无缝实现到慢游：内部畅游交通（图3）。

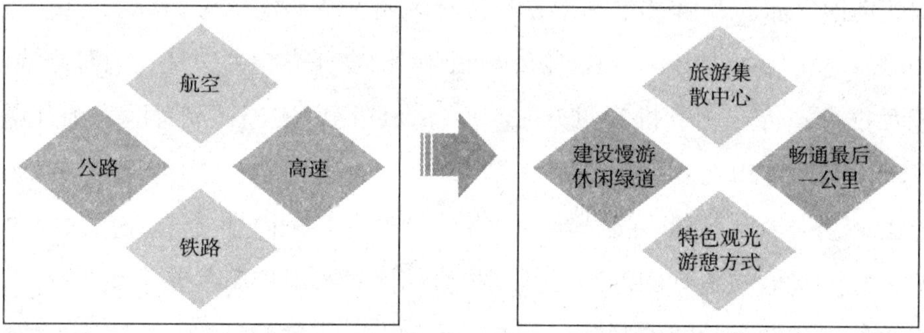

图3　从外部大交通快速无缝到区内交通体系的转化

例如，吉安在全域旅游规划中，努力全力打通旅游交通“最后一公里”，实现全域畅行。打破吉安旅游的空间壁垒，联通道路，建设重点景区与城市主干道之间的连接道路。到2020年，实现全区2A级以上旅游景区全部由国、省干线公路连通，开展吉安主干道路大整治大绿化工程和全国百佳示范服务区、收费站微笑窗口创建活动；到2025年，实现吉安全区全旅游景区全部国省干线公路连通。

在全域旅游网络体系建设中，要发展多元化、特色的休闲交通“产品体系”：

①建设旅游景观干道：将国道、省道陆续改造提升成景观道路，布局自驾服务点。②建设“美丽乡村”自驾车风景道。结合旅游景区、旅途城镇村建设，改造提升乡村公路。③开拓沿河流的旅游交通系统：开辟相关旅游区等旅游交通及河流未开通旅游航道。④大力发展慢行绿道系统。在自驾景观道配置自行车服务点，打造“骑车公路”；依托现有道路，逐步改造及新建标准化自行车慢行绿道。⑤引导发展“新奇特”特色交通工具：旅游专列、马车、摩托车、有轨电车、旅游小火车、低空直升机、热气球、景观大桥等。⑥逐步发展景区步道系统。提升各旅游区步道，串连成长线步道，布局“驿站”，提供餐饮购物及户外露营服务。

同时，构造六类旅游交通节点网络：①旅游集散服务中心网络：构建多层级旅游集散服务中心，提升全省旅游综合集散能力。②旅游营地网络：依托各重要旅游区建设旅游营地，打造自驾车、房车集散服务基地网络。③赣江沿岸旅游节点网络：依托赣江沿岸开发旅游公共码头，衔接水陆游线，并建设综合服务区。④临空旅游服务区网络：在机场服务区导入旅游服务功能，增强旅游信息、换乘、食宿、购物等功能。⑤公路服务站网络：完善高速公路服务站、旅游公路加油站的旅游服务、自驾车服务功能。⑥慢行驿站网络：建设多功能的绿道、国家步道旅游“驿站”网络，为自行车与徒步旅游者提供良好的休憩与补给节点。

广元在旅游集散中心体系建设中，广元市城区为区域旅游一级集散中心、各县区城区交通枢纽和大型景区服务中心组成二级集散中心、乡镇及景区为三级集散中心，三级集散中心通过网上旅游信息中心串接，较好地做到了快速进入到区内慢游的全域无缝接驳（图4）。

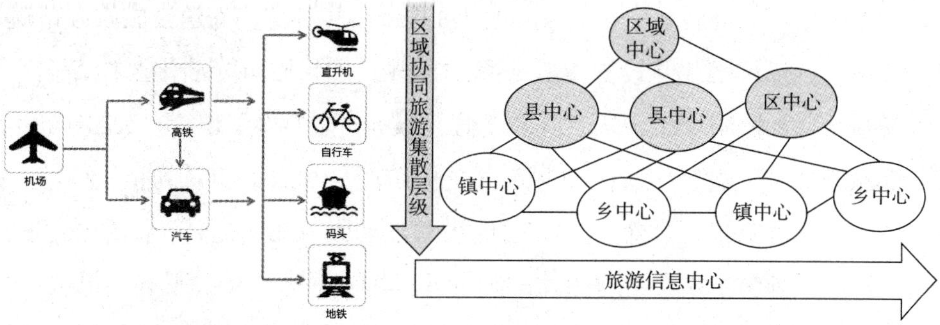

图4　从外部快速交通到内部三级旅游集散中心的接驳

3. 产品创新，提升产品品质，做到服务精致

旅游高质量发展一个重要的特征就是产品服务的性价比高，所谓的“人无我有，

人有我优”。面对高铁时代快旅慢游以及消费者更加“挑剔”的市场挑战，全域旅游网络中景区产品提升是重要的环节。作为旅游活动的主要场所，景区是聚集人气的核心载体，引发消费的关键环节，是一个区域旅游发展的基础和前提。全域旅游的综合开发与发展，必须依托全域景区的跨越式发展。

例如，博雅方略规划团队在吉州窑景区5A创建规划服务中，提出了景区提升思路：首先要树立一个大目标——不仅仅是从4A升5A，更为重要的目标是要成为世界遗产地与非遗传承地。二是要做到三个结合，即景区旅游产业纵向结合、产品横向结合（红、绿、古）、与周边核心景区结合。为实现上述目标，执行21字方针，即政府主导、主管先行、社会参与、企业经营、市场化运作。在提升计划中要实现：①统筹考虑，全面规划，为红线内片区量身打造一套完整的提升规划。②在原有景区的基础上，根据游客的满意度和体验性，策划核心旅游产品。③对景区内部重要节点做出提升规划方案。④完善游览体系，打造多元旅游产品。在实施方案中，提出“硬8软4”提升计划。其中“硬8”是指硬件完善与优化，“软4”是指服务提升与创新。目的就是依据调研报告，按照国家5A景区的三个评分细则，对各个景区的不足和缺分项提出切实可行的整改方案。具体有五大体系，包括：具有国际影响力的吸引物体系、系统的交通游览体系、完善的标识指示体系、细致化的服务配套体系、健全的运营管理体系。

在广元的全域旅游规划中，博雅方略规划团队提出旅游服务品质提升计划：第一，以观念更新引导广元旅游服务品质提升。牢固树立全面的旅游质量观，强化“质量强旅”的旅游质量意识，以品质服务彰显广元软实力，以品质服务推动广元旅游走向世界。培育一批展示广元形象和实力的旅游“强企”，为建设旅游强市奠定质量基础。第二，以标准化建设支撑服务品质提升。加强旅游标准化工作，拓宽旅游标准覆盖领域。加快制定《广元市旅游度假区服务管理规范》《广元市旅游电子商务规范》等旅游标准。鼓励旅游企业制定完善旅游产品和服务质量的企业标准，编制质量手册，完善服务流程。第三，以创优活动推动服务品质提升。围绕旅游品质提升要求，推出系列旅游质量主题活动，确定近三年分别为“品质服务主题年”“诚信旅游主题年”和“品牌旅游主题年”。第四，以精细管理促进服务品质提升。实施全方位、全过程、全员化、精细化的旅游服务质量管理，加强旅游质量培训和监管，不断改进服务设施、提高人员素质、规范服务流程，推动全市实现旅游服务设施现代化、服务人员专业化、服务方式标准化和服务内容人性化。

4. 准确定位，丰富留下来的理由

作为旅游目的地能够吸引游客留下来，有多方面的因素。除了高品质的产品体系之外，最为重要的是，区域整体旅游环境打造与多样多层次的吸引物体系，这些要素又与区域旅游战略定位、旅游要素整体布局与发展战略举措相关。

吉安市为了更好地迎接高铁开通，落实全域旅游构建，特别注重做好核心吸引物。开发的旅游产品覆盖春夏秋冬四季，带动全市旅游向“四季游”演变：春秋产品以红色旅游造势，乡村旅游添彩，都市旅游增姿，会展会奖加分。夏季产品主推红色旅游胜地，同时组织多彩生态旅游，依托日趋完善的公共服务设施，大力发展自驾游旅游线路。丰富夜间旅游产品，打造过夜游吸引物系列产品。冬季产品：对冬季红色旅游产品进行创新开发，积极发展冬季民俗旅游，发展高端冬季运动旅游，大力发展冬季节庆旅游，丰富完善冬季娱乐旅游。同时，为了实现四季全域旅游目标，政府主抓全景吉安工程：文化活化工程、品质提升工程、康养乐活工程、产业融合工程、标准植入工程、夜游产品系列化工程。

四川广元将区域旅游主体定位为中国蜀道生态康养地——世界旅游目的地；川陕甘结合部旅游集散中心、中国西部生态康养旅游城市、世界级的蜀道文化体验地。这个定位充分考虑了广元旅游发展的资源优势，抓住经济新常态及“一带一路”国家战略机遇，坚持“文旅兴市”发展思路，以厚重的三国历史文化和良好的自然生态环境为背景，突出剑门蜀道、女皇故里、温泉之乡、红色文化的特色，以剑门蜀道为龙头，以休闲度假、文化体验产品开发为导向，促进旅游产品转型升级，将广元打造成集川陕甘结合部旅游集散中心、中国著名的生态康养城市、世界级的蜀道文化体验地于一体的中国蜀道生态康养旅游目的地。

在空间组织上，突出中国蜀道文化主题，以中国蜀道为文化灵魂，以“中国蜀道”申请世界文化遗产为突破点，以剑门蜀道文化旅游带为龙头，以米仓道、阴平道为两翼，构建“一带两翼”的大蜀道旅游发展格局。为促进旅游资源整合，建设四大精品旅游区：以建设大景区的理念，整合旅游资源，重点打造四个接待容量大、旅游项目多、功能配套完善、吸纳能力强的旅游大景区，即剑门蜀道旅游区、大唐家河旅游区、大米仓山旅游区、嘉陵江旅游区，通过四大精品旅游区的龙头带动，促进全市旅游发展。①剑门蜀道旅游区：以剑门关、昭化古城、翠云廊、栏马墙为核心，整合旅游资源，加快休闲度假产品开发，提升旅游服务标准，建设成国家5A级景区、世界自然文化遗产、国家级旅游度假区。②唐家河旅游区：以唐家河及青

溪古城为核心，整合东河口地震遗址公园、阴平村等周边资源，按照国家5A级景区标准，提升旅游服务设施，建设国家5A级景区。③米仓山旅游区：整合鼓城山、苍王峡、七里峡、御龙洞、鹿亭温泉等旅游资源，凸显米仓山旅游品牌，重点突出地质奇观、红叶观赏、温泉养生特色，打造全国生态旅游示范区、国家地质公园。④嘉陵江旅游区：以虎跳湖、亭子湖、苍溪湖为核心，以嘉陵江为纽带，形成“一江三湖”的发展布局，重点开发游艇观光、水上运动、滨湖休闲度假产品，建设成国家级旅游度假区。

广元要建设成为中国蜀道生态康养地，旅游产品必须由观光向休闲度假转变。为此要打造五大旅游核心产品：①蜀道三国文化体验产品：以蜀道为发展纽带，以三国文化为依托，打造古城休闲、峡谷观光、文化演艺等特色体验项目。②女性文化旅游产品：通过节庆活动、温泉养生、休闲街区、文化展示、商品展销等特色体验，将广元市区打造成中国女性文化旅游之城。③嘉陵江滨水休闲产品：做活嘉陵古蜀水道，树立滨水旅游品牌，打造水上运动、休闲度假、养生养老、民俗旅游等精品项目。④红色旅游产品：联合广元红色文化资源，构建红色旅游产品体系，发展红色文化研学追忆旅游。全面提升完善红色旅游景区（点）基础设施及配套设施，提高接待水平和能力。⑤乡村旅游产品：合理利用乡村旅游资源，打造田园观光、休闲农业、乡村度假等乡村旅游体验项目，构建“慢活乡村休闲旅游”服务体系。

为了进一步吸引游客留下来，在新业态引入上下工夫。全市培育十大专项产品与旅游新业态，包括低空飞行旅游、温泉休闲旅游、邮轮游艇旅游、养老养生旅游、自驾营地旅游、节事会展旅游、休闲街区旅游、演艺演出旅游、户外运动旅游、园区体验旅游。

同时，通过特色街区的体系化建设，做足休闲旅游文章，依托商业街区丰富夜游产品与活动。①古堰路餐饮文化特色街区：加强古堰路特色街区建设和管理，完善城市功能和提升中心城区品位，塑造城市形象，打造古堰餐饮文化特色街区；同时，制定系列优惠政策，引入剑门豆腐宴、曾家山粗粮府、女皇凉面店、白龙湖鱼庄等特色百年餐饮店，逐步挖掘广元特色菜系、特色食品加工、航空食品等衍生产品；统筹规划餐饮大排档设置区域、街边点位，实施餐饮文明经营承诺制，统一制作安装景观通透式围栏设施，统一设置标准的篷伞设施。②花都休闲步行街：完善步行街的购物消费环境，进一步美化步行街的市容面貌；提升步行街商业档次，成为知名商业品牌载体，促进知名品牌早日落户；丰富商业业态，各区段商业错位发展，形成互补，促进步行街商圈消费的多元化；提升公共活动密集区的防灾能力，综合利用地下空间适当配建部分服务设施，使空间立体化、运作集约化，加强商业中心区的集聚作用。③万源特产商贸街：改造万源老街，营造和谐的历史文化氛围，融入现代设计元素，强调购物的舒适性，形成“人气+文化+旅游=商业旺铺”的格局，展现商贸街区的繁华景象；通过“扩大规模、调整布局、拓展空间、优化结构、提升档次、完善功能”，形成具有复合功能的梯形多层次的产业结构；充分发挥现有专业商品批发行业的优势，成为业态齐全、设备完备、商业街区特色鲜明、具有较强辐射能力的商贸区，打造商贸、购物、餐饮、住宿一体的商贸街。

文化旅游与交通运输融合发展的重点

本文源于两次讲稿整理：品质旅游下的文化旅游交通融合发展——世界交通大会2018年6月，旅游＋交通托起国际旅游目的地新格局——2017年11月中国交通年会（海南博鳌）

党的“十八大”以来，特别是近几年，旅游行业按照党中央、国务院的决策部署，深入贯彻落实“515战略”、全域旅游发展战略和“三步走”战略，由旅游大国向世界旅游强国迈进，呈现出全面发力、多点突破、蹄疾步稳、纵深推进的良好态势，给广大游客以及旅游从业者带来了看得见、摸得着的“获得感”。我国旅游业正在奋力迈向文旅融合、优质旅游发展新时代。

一、文化与旅游融合对“交通体系”提出新要求

旅游业是国民经济重要的战略性支柱产业，交通运输是旅游业发展的基础支撑和先决条件。近年来，我国综合交通运输体系不断完善，交通运输与旅游融合发展已经成为旅游业转型发展的新趋势。

习近平指出，“十三五”是交通运输基础设施发展、服务水平提高和转型发展的黄金时期，要抓住这一时期，加快发展，不辱使命，为实现中华民族伟大复兴的中国梦发挥更大的作用。我国《“十三五”现代综合交通运输体系建设发展规划》（2017年2月）提出建设完善的“国道（高速公路）＋高铁＋民航”快速交通体系。其中，普通国道由12条首都放射线、47条北南纵线、60条东西横线、81条联络线组成，总长度约26.5万公里。国家高速公路由7条首都放射线、11条北南纵线、18条东西横线，以及环线、并行线、联络线等组成，总长度约11.8万公里。高铁包括“四纵＋四横”，“四纵”即京九、京沪、京哈、沪深；“四横”即徐兰、沪昆、太青、沪蓉。民航包括航线＋机场，截至2016年底国内航线约2652条，2020年预计国内机场数量超过260个（图1）。

国道——普通国道+国家高速公路	高铁——四纵+四横	民航——航线+机场
普通国道 12条首都放射线 47条北南纵线 60条东西横线 81条联络线组成 国家高速公路 7条首都放射线 11条北南纵线 18条东西横线 以及环线、并行线	四纵 京九、京沪、京哈、沪深 四横 徐兰、沪昆、太青、沪蓉	航线 国内航线2652条（2016） 机场 国内机场数量260个（2020年） 集中在华北、中南和华东

图1　综合运输大通道和综合交通枢纽示意图

大交通格局催生文化旅游新的空间，特别是在优质旅游时代，文化旅游对交通运输提出新的要求，要求建设集约型旅游交通体系。2017年3月由交通运输部、国家旅游局等六部委联合下发《关于促进交通运输与旅游融合发展的若干意见》提出，到2020年，基本建成“结构合理、功能完善、特色突出、服务优良”的旅游交通运输体系，通过建立健全交通运输与旅游融合发展的运行机制，基本形成“快进”“慢游”旅游交通基础设施网络。主要的举措包括：完善基础设施网络化布局、加快运输服务一体化进程、提升交通发展智能化水平、促进交通运输绿色化发展 、推动交通运输安全发展等。

2017年7月10日，国家发改委、财政部、体育总局、旅游局等八部委联合印发《汽车自驾运动营地发展规划》提出，依托快交通，打造“三圈三线”新版图，所谓“三圈”，即以北京为核心的京津冀经济圈、以上海为核心的泛长江三角经济圈、以广州为核心的泛珠三角经济圈；“三线”即北京—深圳、南宁—拉萨、北京—乌鲁木齐—伊犁。

总的来说，文化旅游和交通融合发展成为趋势，表现在以下几方面：①新供给—需要盘活地区文化、旅游、交通资源，提升服务水平，加强优质供给；②新产业—可能催生出文化+、旅游+、交通+、产业+等新的行业或业态；③新活力—诸如风景道、汽车露营地、体育健身步道、自行车骑行道等新型“道路”会如雨后春笋出现，也可能引发如立体交通等交通方式的创新；④新空间——城乡一体化、“最后一公里”交通集散是旅游基础设施建设的重要着力点；⑤新体制——文化旅游与交通融合体制机制创新，以及相关行业的国企如何深化改革；⑥新格局——文化旅游交通的国际话语权。

二、文化旅游与交通融合催生新的功能

1. 从基础运输功能到旅游吸引物的转变

我国早在氏族部落时就已使役牛、马为人类运输而形成驮运道。相传，中华民族的始祖黄帝发明了车轮，于是以“横木为轩，直木为辕”制造了车辆。故尊称黄帝为“轩辕氏”，继而产生了行道。因此，交通运输最原始的基础功能，即是满足人们出行的要求。在此之后，随着生产技术与物质生活水平的提高，人们对交通运输产生了的新的需要，即满足人们的物质交易、文化交流的需要，这就构成了交通必须通达的社会属性。我国古代的秦直道、丝绸之路、京杭大运河等，在中华民族文化融合和社会发展中起到了举足轻重的作用。

当前我国干线交通网络较为发达，以京广、京沪、京九以及陇海兰新等南北互动、东西融通的大动脉为基础，基本实现了从首都辐射全国、省际多路连通，地市高速通达、县县国道覆盖。1000公里以内的省会间当日可达，东中部地区省会到地市当日往返、西部地区省会到地市当日可达；区域中心城市、重要经济区、城市群内外交通联系密切，形成多中心放射的快速交通网格局；沿边、沿海公路连续贯通，形成环绕我国大陆的沿边沿海普通国道线路，有效连接国家陆路门户城市和重要边境口岸，形成重要国际运输通道，与东北亚、中亚、南亚、东南亚的联系更加便捷。近年来得益于高速、高铁等交通建设的快速发展，国内旅游出游形式已悄然嬗变，由过去的慢旅快游演变成快旅慢游。

现代旅游是从铁路交通发轫。因为交通运输本身的体验强，其旅游功能又使交通通道或设施成为新的旅游吸引物（图2）随着一个地区国道、高速、高铁等交通网络的逐步完善，交通通道及其沿线设施、景观，作为新吸引物的旅游功能逐步显现。比如世界著名的66号公路（Route 66），被美国人亲切地唤作“母亲之路”。从伊利诺伊州芝加哥一路横穿到加利福尼亚州洛杉矶圣塔莫妮卡（图3），全长2448英里（约3939公里）。其发展经历了从修建、兴起、衰落到复兴的过程。由于66号线跨越了许多著名景点，如画布沙漠（the Painted Desert）、大峡谷(Grand Canyon）以及亚利桑那州的陨石洞等。因此，“二战”过后的五十年代，从原以运送物资为主，摇身

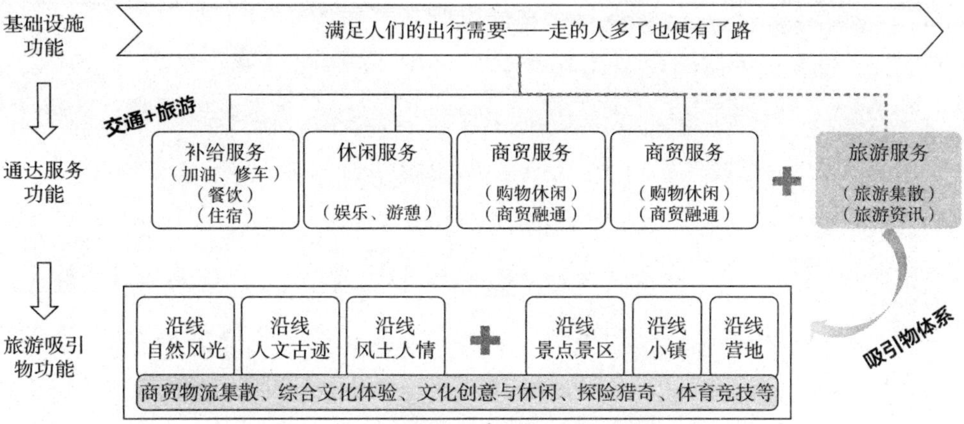

图2　从交通运输功能到旅游吸引物

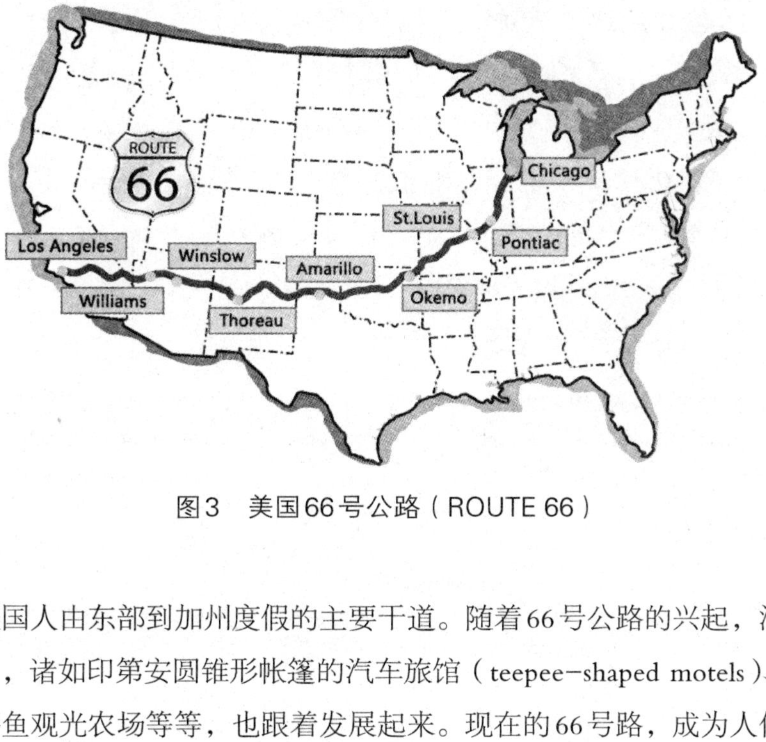

图3　美国66号公路（ROUTE 66）

一变成为美国人由东部到加州度假的主要干道。随着66号公路的兴起，沿途一些地域性的景点，诸如印第安圆锥形帐篷的汽车旅馆（teepee-shaped motels）、印第安文物小铺、鳄鱼观光农场等等，也跟着发展起来。现在的66号路，成为人们体验西部的梦想之路，更是化身流行文化精神的象征。现今，国内的318公路由川入藏段、河北坝上草原天路、新疆独库公路等，也以其独特的美景吸引无数游客前往体验。

2. 新时代“旅游＋交通”催生出旅游交通的多重功能属性

（1）旅游交通要求交通通达性进一步强化，交通网络的覆盖进一步扩大。因为各景区（点）分布较为分散，交通体系由原来的由“点”到“点”，即城市至城市、城区到郊区、城市到乡村、乡村到乡村，变成城市到景区、乡村到景区、景区到景区之间的连线，即交通网络由“点”到“线”，再到“面”的逐渐完善。

另一方面，一个地区核心城市因为交通条件的改善，使其在地区旅游格局的定位发生质的变化。例如，我在四川广元全域旅游规划调研中，发现因为高铁、高速公路的大交通格局完善，改变了广元市的交通经济区位，重塑地方旅游经济发展模式，原来主导的观光产业逐步被休闲度假产品替代。同时，广元利用其空间上距离九寨沟近、由此进入九寨沟时间短、出入更为便捷的区位优势，一跃成为九寨沟的东大门，以休闲度假旅游产品为龙头，联络周边南充、绵阳、巴中、达州、陇南、汉中等城市，充分拓展“三横两纵”立体交通门户，进而盘活东大门旅游资源，实现区域旅游经济腾飞。

（2）旅游集散要求加强“最后一公里”接驳的功能，即成熟发达的立体交通体系需要和旅游目的地各节点之间充分融合，无缝覆盖。“最后一公里”，实际是指区际接驳、区内接驳。区际接驳包括城市节点与高速出口、高铁站点、民航机场、邮轮河海码头以及转乘接驳，区域内部接驳包括城市与乡村、景区与城市、景区与景区以及旅游线路转乘。要求做到“进得来、出得去、散得开”。

下面列举了一些区域旅游集散中心、汽车露营地、港口、临空、服务区及慢行驿站构筑的多维度的服务节点（图4）。

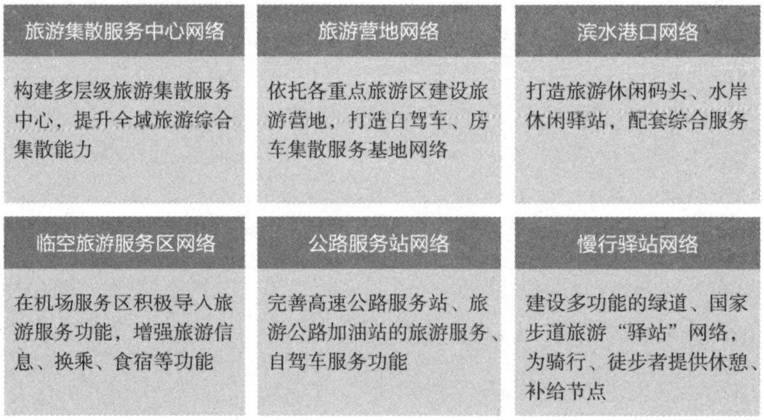

图4　旅游交通网络中各类型的服务节点

（3）旅游交通强化旅游服务功能，既有经济价值也有社会属性。首先，需要从顶层设计开始，谋划旅游交通网络体系。旅游交通的带状属性要求其规划不是一个地域单元的事，而是若干地域单元的联动协同，需要统筹规划、科研、建设、投资、运营等环节。博雅方略规划团队在2012年编制《湘江流域带发展规划》时，就是采用这种思想，从全流域的角度整体规划，作为基础设施重要的组成部分，旅游交通设计与旅游产品、景观廊道、产业要素、公共服务充分融合，形成“旅游发展、文化传承、生态治理、产业转型”四位一体的湘江发展模式（图5）。

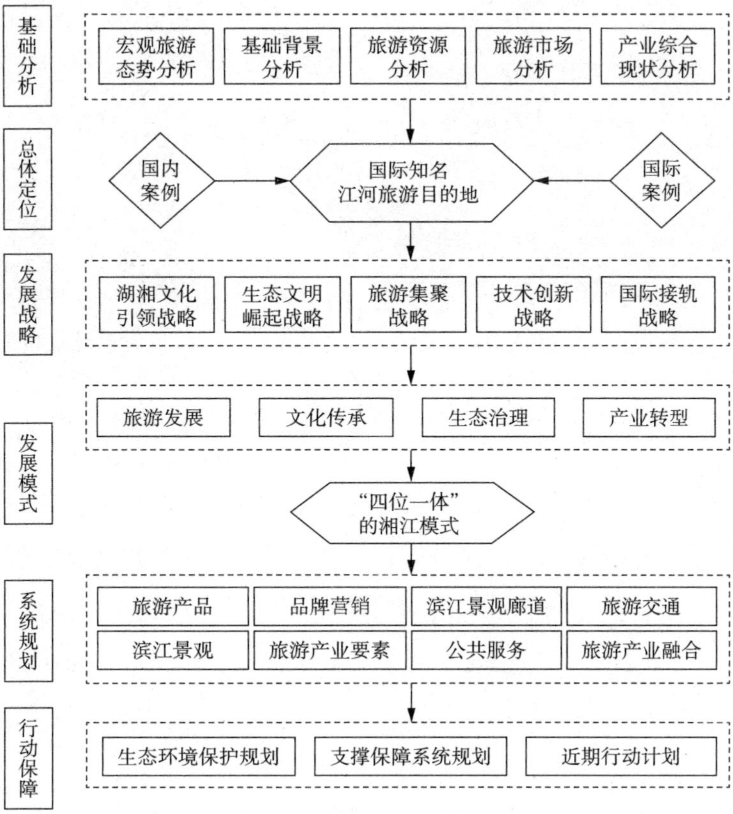

图5　湘江流域带发展规划编制技术路线

其次，用综合交通经济系统的思想，处理好交通运输功能、社会功能、产业功能、旅游休闲功能之间的关系 。博雅方略在2016年编制《海南省全域旅游建设发展规划》时，按照“全区域、全要素、全产业链”的要求，把全域作为一个大景区来规划建设，通过旅游“点、线、面”结合，实现“日月同辉满天星，全省处处是美景”的目标，“日月同辉”是指海南省在“多规合一”改革中推进“海澄文”、“大三亚”区域一体化，打造辐射带动全省发展的龙头；“满天星”是指通过首批打造 100 个特色产业小镇、1000 个美丽乡村，使美丽村镇成为宜居宜游的景点，遍布全省。在此基础上，通过“五网覆盖全域”（旅游交通网、水电网、信息智慧网、公共卫生网、安全网），做好跨区旅游基础设施和配套服务设施建设（图6）。

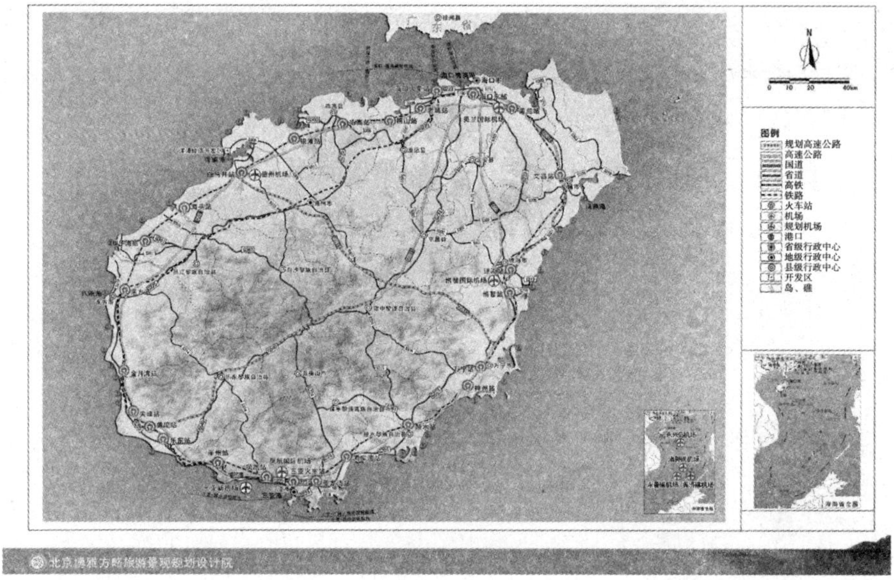

审图号：GS（2019）3333号

图6　海南省全域旅游综合旅游交通规划图

（4）旅游交通网络具有非常强的客源市场组织功能。从区域旅游竞争与合作的角度出发，处理好交通通道与沿线旅游城市、景区之间的市场关联逻辑，通过分析旅游市场的需求变化趋势和沿途特色资源组合特征，促使沿线各个发展主体能够明确发展定位、设计差异化产品和拓展专项市场，最终在一定空间范围内形成优势互补、市场共享、和谐共赢的旅游发展新格局。通过合理的交通组织，做好交通网络覆盖区域的客源市场组织。对于交通干道沿线市场（A）而言，B、C、D既是A的核心客源市场（特别是1–3小时生活圈内），也是具"沿交通线"上的重要对外渠道，既有竞争也有合作（图7）。

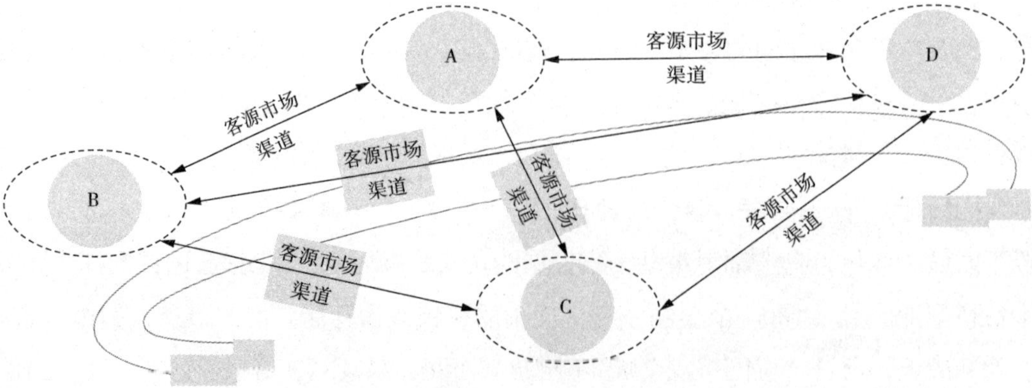

图7　旅游交通网络与区域客源市场之间的逻辑关系

（5）旅游交通具备生态功能，同时具备景观与风貌控制的功效。旅游交通通过生态学原理将交通道路、车辆、功能形态与沿途自然环境之间协调统一，强调纵向空间的可持续性和横向空间的一致性，注重沿线外部交通与周边环境、大景区内部交通的协调发展。从景观生态学的点效应、廊道效应和边际效应出发，引入景观生态网络的概念，即由点、线、网按照一定等级结构、功能分工和空间秩序组合成的生态网络体系（图8）。

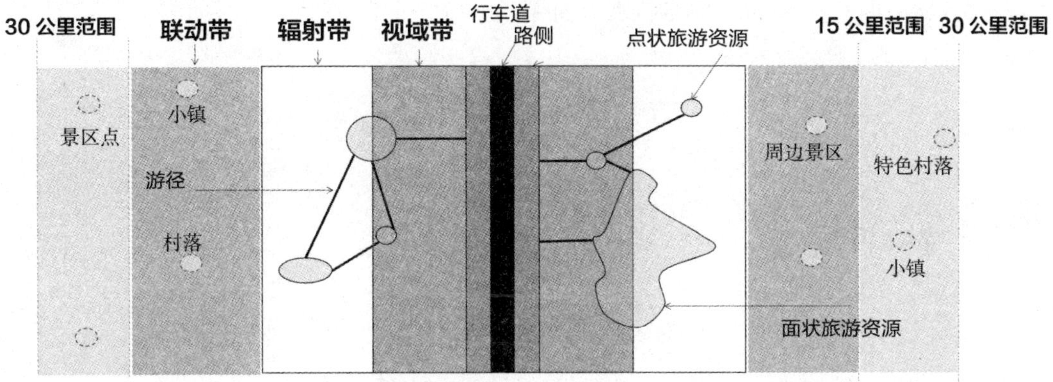

图8　旅游交通线路结构图

典型的景观风貌控制有五大类，即草原景观控制、田园景观控制、森林景观控制、湿地景观控制、村镇景观控制。草原景观控制采用简洁的设计手法，保持最原真的景观风貌，道路两侧景观不遮挡，通过色块的不同组合，营造丰富优美的路侧景观，与草原大景象融为一体。田园景观控制利用多彩多姿的农作物，通过设计与搭配，在较大的空间上形成美丽的景观，使得农业的生产性与审美性相结合，开发沿途农业观光功能，使农业成为生产、生活、生态三者的有机结合体。森林景观控制在尽可能保持原有道路风貌的基础上，对沿路的景观面貌进行改造和提升，沿线景观讲究层次和韵律节奏，并注意色彩搭配，不同季节形成不同的魅力景观；防护遮挡与绿化层次结合，局部提供休闲空间，尺度适当减小，增加景观细节。湿地景观控制则在保护生态的前提下，对道路沿线两侧进行低程度地开发与设计，遵循大自然湿地景观的原始风貌，保护湿地生物的多样性，规划合理的游线，设置适量的观景平台，在满足游客亲水、游水、嬉水和享水的同时，打造水生态、水景观、水文化和水经济的草原生态湿地的典范。村镇景观控制，道路沿途两侧村镇建筑高度控制在15米以下，建筑颜色、材质与当地民俗文化相统一；合理布局休闲绿地，适当布置休闲座椅等，设计步行道、骑行道，满足风景道旅游功能同时，为当地居民提供生活便利。

三、旅游交通融合新型业态

1. 风景道

风景道具备风景、历史、休闲、文化、考古、自然等六大品质。2016年《全国生态旅游发展规划（2016–2025）》提出要建设“国家风景道”，随后《“十三五”旅游业发展规划》更是明确提出打造川藏公路、大巴山、大别山等25条国家风景道，面向大众旅游时代将旅游道路建设与风景打造融为一体（图9）。

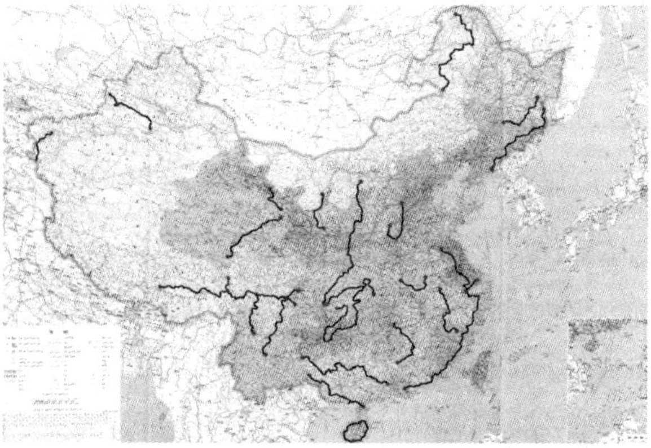

图9 “十三五”期间25条国家风景道分布图

国家一号风景道——河北坝上草原天路是博雅方略规划院风景道规划的经典案例。张北、崇礼、沽源、御道口围绕“一带、四廊、四大度假集群”，打造坝上草原天路，并通过差异化定位凸显沿途“张北、崇礼、沽源、御道口”的特色集聚（图10）。此外，陕西“榆林 韩城”沿黄公路的策划规划，串联4市12县72乡镇，50多个景点，更是正在兴起的大众旅游时代旅游精准扶贫的民心工程。

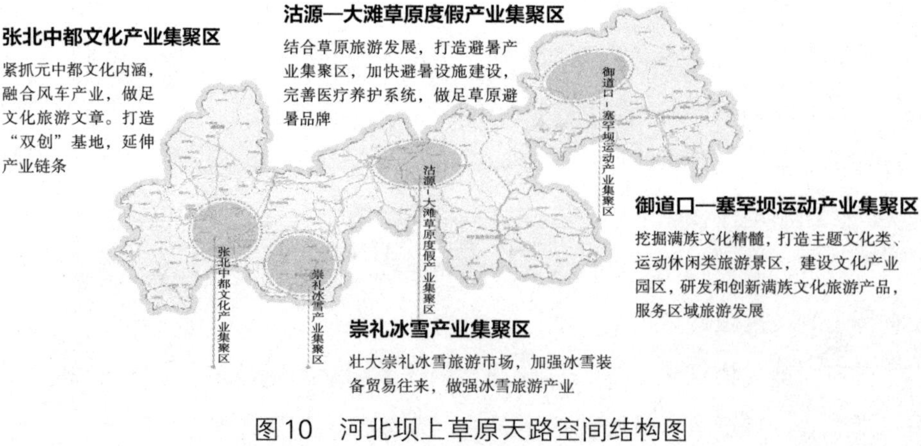

图10 河北坝上草原天路空间结构图

2. 露营地

露营地散布于道路、旅游公路及风景道沿途的串珠，包括驿站型、综合型及营地（小镇）型。“十三五”期间，我国房车旅游将呈现快速发展态势，构筑房车旅游产业，并推动房车制造业、房车营地产品、休闲度假产品的新发展，关联产业带动一批大企业、大资金进入露营旅游领域。按照目前每年50%到70%增长速度，到2020年，国内将拥有营地5000家左右。

从基础研究到规划实践，从产品设计到商业模式构建，博雅方略露营地业务取得诸多成绩。基础研究方面完成了《自驾车旅游规划理论与方法》专著的编撰出版和修编；规划实践方面，编制完成了中航工业在贵州的从江营地规划（图11）、新疆建设兵团营地系列规划；产品设计及商业模式构建方面，全程参与首旅华龙休闲金蜗牛标准营地产品开发与商业模式设计（图12）。

图11　中航工业贵州从江营地总体鸟瞰图

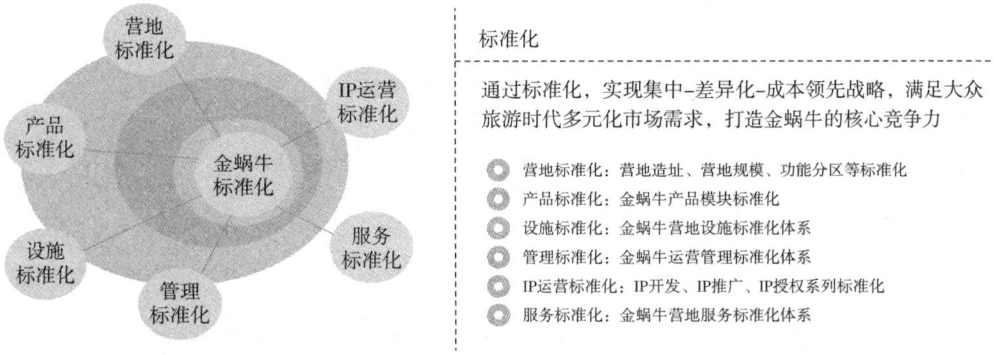

图12　金蜗牛汽车营地标准化规范（博雅方略）

3. 慢行系统

步行、自行车、公交车等慢速出行方式构成的慢行系统在全域旅游中有着至关全局的作用，其串联景区景点、文化集聚区、娱乐区、休闲娱乐区，是全域旅游人流组织的支线血管。博雅方略规划的阿勒泰全域旅游建设方案中，骑行系统依照地貌结构，形成湿地线、草原线、峡谷线，特色鲜明（图13）。

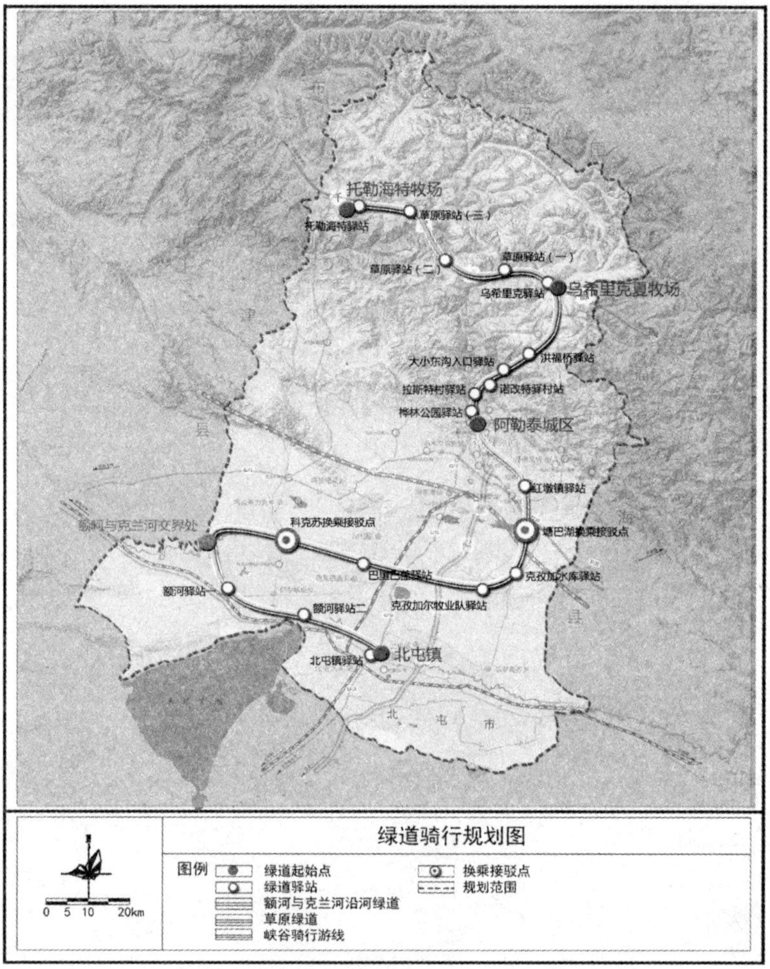

图13 阿勒泰全域旅游慢行系统规划图

4. 旅游小火车

旅游小火车以火车车厢为外观，若干节车厢自由组合，是大型旅游景区、旅游度假区的观光交通工具，分为有轨小火车和无轨小火车。作为特色交通工具，其在承担客运功能的同时，也是一种重要的旅游吸引物。

5. 邮轮游艇

邮轮游艇是水上交通的重要工具。2019年以中国为母港的邮轮共计15艘，总运力为44 874床位，其中仅有中华泰山轮以及鼓浪屿轮属于本土邮轮公司，运力占比仅为5.8%。中远海集团和中旅集团联合成立了星旅远洋运营鼓浪屿号邮轮，坐拥完善的船舶运营能力和畅通的旅行社销售渠道，可以发挥其在运营端和销售端的优势。招商局集团联合地中海邮轮，签署了邮轮产业合作谅解备忘录，建立了战略合作伙伴关系，未来合作范围将涵盖邮轮产业链上下游。中船邮轮致力于打造可持续发展的中国邮轮生态体系，通过与嘉年华集团和芬坎蒂尼集团的合作在邮轮设计研发、运营和供应链领域形成了齐头并进的局面。

6. 低空旅游

低空旅游是依托民航、通用航空器及低空飞行器，在1000米以下低空空域从事的旅游、娱乐和运动，主要形式为小飞机、直升机、滑翔翼、热气球等，如海南开通的低空旅游航线。

7. 特种交通

特殊交通包括沙漠越野、空轨、玻璃桥、无人驾驶、创意交通工具，其中玻璃栈道迅速蹿红，甚至成为山崖、峭壁、天堑类旅游景点的必备项目。

8. 太空旅行

太空旅行是基于人们遨游太空的理想，提供的一种观赏太空旖旎风光，享受失重味道，体验抛物线飞行的旅行方式。目前世界上的太空旅行项目，有俄罗斯的“伊尔-76”等飞机作抛物线飞行，费用约为5000美元；俄罗斯的“米格-25”和“米格-31”高性能战斗机，费用约为1万美元；美国私营载人飞船“宇宙飞船一号”和俄罗斯计划研制的“C-XXI”旅游飞船，费用约为每人每次10万美元。俄罗斯联邦航天署将美国富商丹尼斯·蒂托送上太空，让后者成为人类首位太空游客，花费了2000万美元。

9. 虚拟交通体验

利用VR技术，通过创建虚拟交通体验场景和实现人机交互功能构建的特种交通工具操盘体验，包括各种类型的汽车驾驶体验，各类飞机驾驶体验、高铁驾驶体验、游艇驾驶体验等。

“两高”下文化和旅游如何做到深度融合

本文系作者于2019年11月在湖北省文旅系统干部讲课整理

为增强和彰显文化自信，统筹文化事业、文化产业和旅游资源开发，提高文化软实力和中华文化影响力，推动文化事业、文化产业和旅游业融合发展，2018年国务院机构改革方案中将文化部、国家旅游局的职责整合，组建文化和旅游部，作为国务院组成部门。这意味着，文化和旅游业迈向诗和远方。文化和旅游部雒树刚部长在2019年全国两会第三场“部长通道”时指出：“文化是旅游的灵魂，旅游是文化的载体，文化使旅游的品质得到提升，旅游使文化得以广泛传播。通过文化和旅游的融合发展，文化可以更加富有活力，旅游也会更加富有魅力”。当下，我国旅游进入大众时代，在以人民向往美好生活（高品质生活）为导向的高质量发展的新形势下，文化和旅游深层次融合需要思考十个问题。

一、机构合并，但存在“合而不融”现象

文化和旅游部的组建是我国旅游业由高速发展转向高质量发展的重要里程碑。文化和旅游部的成立促使旅游回归“文化基础”，为旅游行业深化供给侧结构性改革探索实践指明方向，预示着我国旅游业进入黄金发展阶段。组建文化和旅游部，不仅在行政机构上实现文化与旅游的全面融合，还将有效扫除文化和旅游产业发展的机制障碍，进一步推动文化与旅游原有产业边界的消融，促进文化事业、文化产业和旅游业之间的深度融合。文化和旅游部的成立推动文化和旅游深层次的融合互动机制的确立，对于未来文旅融合发展的规范性建设、体制化改革奠定基础。

文化和旅游部的组建还将推动地方文旅产业格局的优化和协调发展。全国31个省（自治区）文化和旅游部门合并成立文化和旅游厅；四个直辖市北京、天津、上

海为文化和旅游局，重庆为文化和旅游发展委员会；海南为旅游和文化广电体育厅；西藏文化厅和旅游发展厅仍然分立。各地市情况比较复杂，根据特色和本地情况，有不同文化部门（如广电、新闻出版、体育等）和旅游局组合成新的机构。从实际运作来看，存在着机构合而思想不融、神形不一的现象。

文化和旅游部门的组合，既不是简单的机构相加、合署办公，也不等于真正意义上的文化旅游融合。新出台的文旅融合机制体制办法以及“三定”方案等，不是为了部门的组合，而是希望能够达到一种更深层次的融合。在组织架构与部门职能上需要做到：

一是思想上的统一。本次机构合并，对旅游部门而言是地位上的战略性提升，对文化部门来说是战术性上、功能上的转变。文化工作思维和旅游工作思维是不完全一样的。文化部门是生产导向，有好的作品才是王道，而旅游是需求导向，以游客为根本，以市场为基础。因此，每个在岗工作的同志，要从思想深处充分认识到，文化和旅游的合并不是“加法效应”，而是“乘数效应”，文化和旅游两个部门合并，是互补与帮衬，不是割裂的、非此即彼的。

二是职能调整到位。新成立的文化和旅游部，按照“推进文化事业、文化产业和旅游业的融合发展”的基调，其主要职责共13条，其中只涉及文化的有3条，同时涉及文化和旅游的共8条，包括方针政策、法律法规、发展规划、市场推广、公共服务、科技创新、行业信息化标准化、资源普查保护和利用、市场经营、行业监管、行业信用、市场综合执法、体制机制、对外及对港澳台交流合作和宣传推广等，涵盖了原文化部和国家旅游局的全部职责，并有补充。在部里机构设置上，对于内部一些职能职责相近的机构、业务部门如办公、政策法规、财务、国际交流与合作予以合并，除原文化部艺术司、非物质文化遗产司保留外，新成立的司如公共服务、科技教育、产业发展、资源开发、市场管理与文化市场执法监督等，均涉及文化和旅游的融合。因此，文旅部门内部机构的设置要以文旅融合为主线。

二、文化和旅游资源禀赋不同，开发模式有所不同

从资源、产品到产业，这是一个三级跳，资源是基础。资源禀赋不同，开发的模式也必然不同（表1）。

表1 文化资源与旅游资源属性决定开发模式

资源	属性	开发标准	表现形式	开发模式
文化资源 文物资源	公益性	文物保护法	博物馆、展览馆	集聚开发
旅游资源	营利性	规划通则	景区（点）、度假区	综合开发

文化文物资源，它的公益性属性决定其集聚开发模式；而旅游资源的营利属性，要求其有综合效益。如北京宋庄，许多艺术家聚集在这里，形成集聚化的特色文化旅游空间。其他如城市特色街区、艺术一条街、综合园区等都是这种具备上下游产业链的空间聚合体。对于旅游开发来说，根据其资源禀赋，会涉及到“点线面”的结合。如博雅方略在哈尔滨全域旅游规划中，根据资源空间分布，通过打造将形成“一核－两廊－一带－四片区”“点、线、面”相结合的全域旅游发展格局。

伴随文化产业、旅游产业的发展，文化和旅游在资源层面将充分融合，二者呈现互为资源、资源共享的趋势特点。比如最能够彰显地域文化的歌舞、戏曲等资源，文化产业下的演出演艺产品、旅游产业下的旅游演艺产品，都将其作为自身发展的核心资源进行业态打造和产品开发；同时，文化演艺软性上植入文化元素，硬件上以旅游形式体现，这一过程也是文化和旅游互为资源的过程。

三、注意文化产品与旅游产品的生命周期不同

文化产品和旅游产品的产品生命周期是不同的。文化产品的生命周期长，且“越是古董越值钱”。而旅游产品生命周期较短，旅游产品从“探索－发展－成熟－衰退”也不过数年光景（图1）。

一个国家、民族或地域独有的文化特征，具有连续性、唯一性和不可替代性，形成地方文脉，并且贯穿古今，彰显个性。如捷克的CK小镇，围绕最美中世纪童话小镇，经过500多年持续经营和特色打造，成为“世界自然和文化双重遗产（1992）”。又如我国陕西秦始皇兵马俑博物馆、承德避暑山庄等，都是文化资源开发的成功案例。

中华民族5000年的历史，形成了非常厚重的文化沉淀，旅游产品总是能表现这地区的历史长河中的某一段或者是某一个主题。同时，旅游景区或旅游城市往往

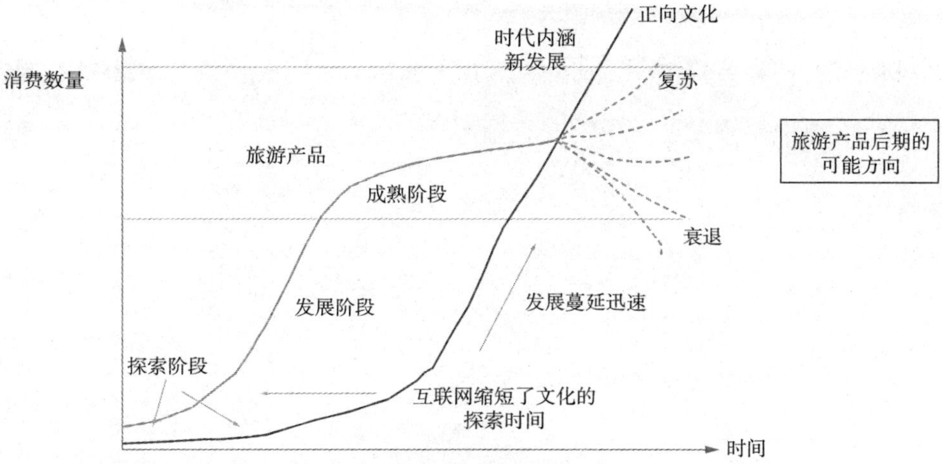

图1　文化产品与旅游产品的生命周期

涵盖多个文化历史时期，旅游产品开发需要充分挖掘这些文化历史时期的特质，并形成旅游项目独有的表达。地方文脉是旅游项目创新源泉，如何选择成为难点。如博雅方略在开发山西云竹湖景区时，通过对不同时期的地方文化梳理，可以开发形成不同类型的文化旅游产品，如农耕文化、将相兵文化、佛教文化、五行文化等（图2）。在开发实践中，更需要解决如下问题：以哪种文化作为主导产品，开发时序如何安排，如何表现。

成功的文旅产品有哪些特质？一个成功的文旅产品，首先应该具有最基本的美感，人类发展的过程就是追求真善美的过程，一个文旅产品，先要有颜值，才能够成为吸引消费者的基本条件，立足于市场；其次应该具有体验感，文化旅游由传统观光转向休闲度假，游客与文旅产品的关系也由单向的人到景区，转向了通过文化活动、科技展示形成的人与景区双向互动，具有体验感的消费更能符合大众多元个性需求；最后，一个成功的文旅产品，应该具有使命感，即要具备一定的科普、教育功能。文化的内涵便是"文以化之"，自古便有"读万卷书，行万里路"的认知，都说明文化旅游需要有一定的内涵，具备教育功能，不能肤浅地以文化旅游的名义单纯追求经济利益，文化旅游绝不能是娱乐至死。

一个文旅产品成功与否，关键在于是否建立了"文化－旅游的内生增长"模式。从人本角度，一个文旅产品的成功要看其是否满足人们对美好生活的需要，是否为人们提供了愉悦舒适的体验，是否陶冶了情操；在政府角度，一个文旅产品成功与否表现为是否承担了相应的社会责任，如为当地带来多少经济价值、社会价值、生

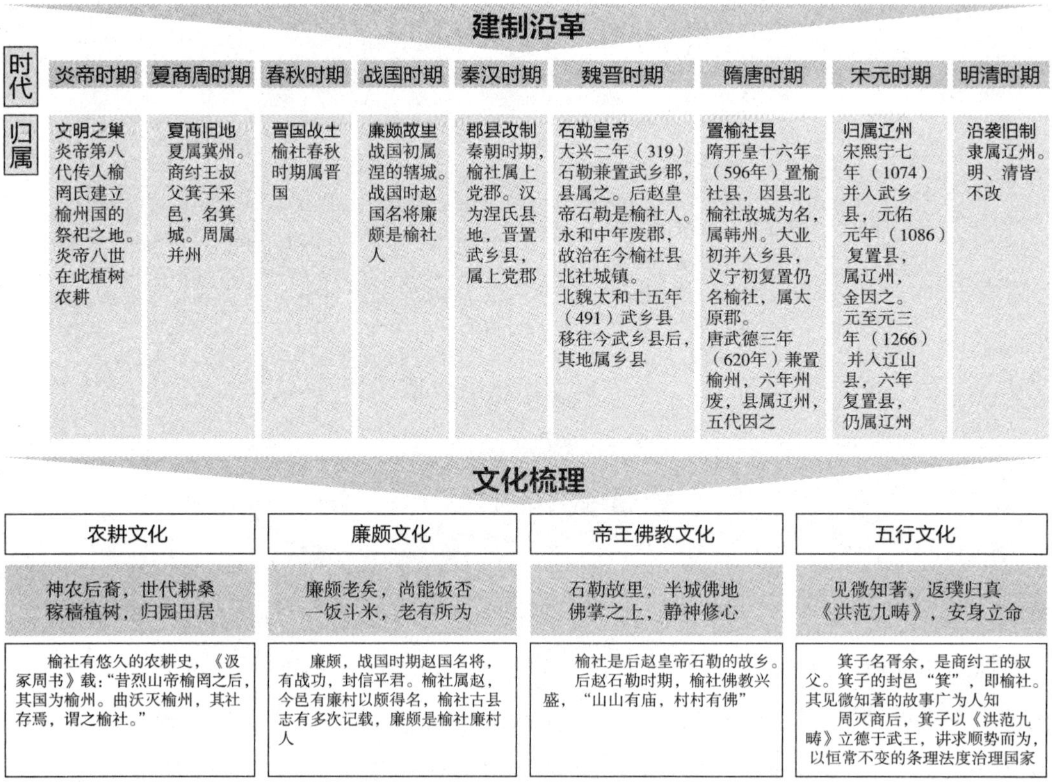

图2 山西云竹湖度假区文化资源与旅游产品开发

态价值，带来多少扶贫效益，提供了多少就业岗位等；从整个行业的角度，要看其是否能够为行业提供值得借鉴的经验，推动行业的优化升级；从企业角度，一个文旅产品成功与否直接表现为是否盈利、是否具有增长性。

四、正确认识旅游产业与文化产业属性的差异性

从产业概念内涵看，文化产业与旅游产业是两个不同类型的行业。根据国际行业划分标准，文化产业包括核心层（新闻、出版版权、广播电视与文化艺术等）、外围层（网络文学、文化休闲以及广告、会展、文化商务服务等）和相关层（文化用品生产与销售）。旅游产业是与旅游活动有关的服务活动的集合，包含7大类21中类46小类等；以及与旅游活动相关的辅助活动和管理活动的集合，包含2大类6中类19小类。二者既有不同又有相同，要考虑旅游要素如何与文化元素融合。

文化产业与旅游产业相互依存，交叉互动并衍生出新产业、新业态。旅游作为

休闲服务和文化内容服务，通过主题表达、旅游体验、休闲娱乐以及IP衍生等，延展了文化产业集群的外围产业集群；文化作为旅游的价值基础和核心吸引物，通过文化创意、文化艺术服务、传媒出版以及文化内容服务和文化休闲服务，不断丰富放大旅游价值网络。因此，深层次的文旅融合要以市场为主导，文化和旅游互为主体。

其中“市场主导”要求围绕文化、旅游及文化旅游产业链价值节点和相关要素的多环节深度融合，构建市场主导的泛文化旅游产业集群。“旅游为主体”，即以旅游为中心，将文化地标、文化遗产、文化艺术以及历史遗迹等实体文化融入旅游产业，通过景观化创意表达转变为旅游项目。“文化为主体”，即以文化为中心，通过文化产业生产可供游客参观、游览、鉴赏和购买的商品，将文化气息渗透于旅游的各个环节。“以市场为主导，文化旅游互为主体”，通过产业链各环节上的商业价值倍增，实现“文旅产业真正融合”（图3）。

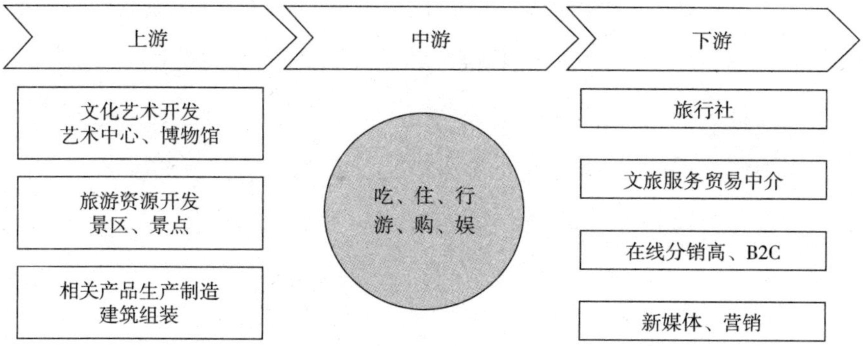

图3 文化产业与旅游产业在产业链上的融合

文化和旅游部门的合并，将两个产业从外部变量变为内生变量，形成内循环式的“内生增长”模式。文化和旅游的“合体”，使旅游在产品建设、产业发展、产能体系和供给侧改革上，把握旅游的价值导向，明确旅游应表达的核心文化内容，自觉成为国家文化战略的具体切入点。同时，伴随科学技术的突飞猛进，诸多文旅项目开始向科技化、体验化发展，如文化演艺、博物馆展览展示开始引入VR、AR等技术，旅游目的地开始引入智慧旅游技术等。目前市场上已经涌现出了很多文化与旅游产业成功融合的案例，如张家界景区引入阿凡达IP，迪士尼依托IP打造的主题乐园等。此外，文旅产业其自身的高关联度，还引导着自身与一、二、三产的紧密融合，进而催生出旅游特色小镇、乡村旅游、工业旅游等诸多新兴业态。

五、"让文物说话"，将文化遗产融入文旅发展新格局

作为文化体系的重要组成机构，文物局在文旅融合中位置极其重要。本次机构调整，在31个省市文化与旅游厅机构改革方案中，多数省（市）明确了文物局的位置，其中天津、内蒙古、辽宁、吉林、黑龙江、江西、山东、广东、广西、重庆、四川、云南、宁夏13省市区明确提出，在文旅厅（局）下面加挂文物局牌子。其中天津市文化和旅游局不仅加挂市文物局牌子，还加挂市广播电视局的牌子。浙江省文物局改为浙江省文化和旅游厅管理的副局级机构。河南省、甘肃省提出，省文物局由省文化和旅游厅管理。

习近平主席更是多次强调"让文物说话"。国家文物局机构设置中有博物馆与社会文物司（科技司），在科技司指导下5000多家文博单位通过文创产品，走出了一条"文旅融合"的新时尚道路。文物承载了一个地方的历史文化，文化（文物）活化可以从七个方面着手：思想是文化的基础，展示生产过程的场景再现可以传承历史文化，记载本地寻常生活的一些艺术作品（如民间舞蹈、民间谚语、民间工艺）是文化的具体体现，地方志等资料可以记录地方文化，利用科技手段可以更好地表现文化，而建筑与美学作品（如戏剧）成为一种文化符号与标志（图4）。当然，活化的前提需要脉络衔接，融于自然，围绕地方文化生态，可以从地方文化故事与人物两个维度进行展示，通过史脉、地脉、情脉、人脉以及传承地方文化的价值观、地方人物情感的表达方式来呈现（图5）。

文博单位要依托"文化创意旅游产业"四位一体模式，通过文创产品开发与互联网技术的应用等方式为传统的文物带来全新的活力，实现文化传播与旅游产品的

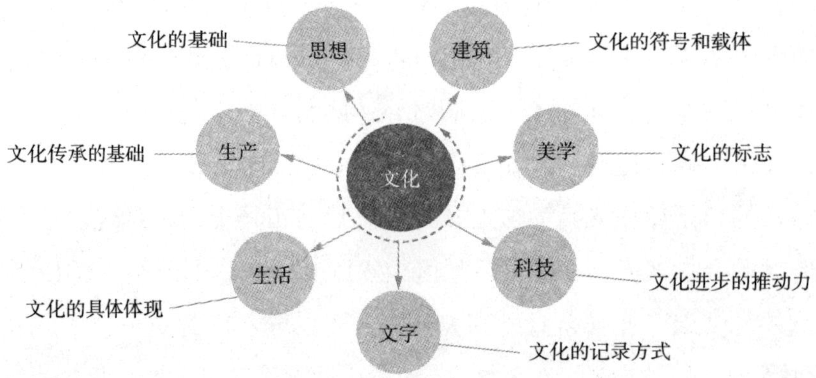

图4　文化（文物）活化的七大要素

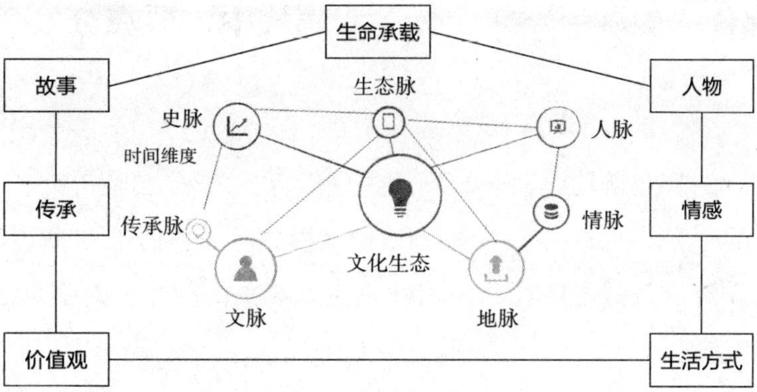

图5　传承地方文化生态的六脉

双赢发展。如偃师通过打造商城与夏商断代工程“大型博物场馆群”，通过文物、图版、浮雕、沙盘、VR体验等丰富多样的展陈形式，寻找失落的年代表；又如开封将张择端的《清明上河图》拓印在今日汴梁城中，重现繁华景象；又如故宫，通过《我在故宫修文物》等系列文创衍生，600多岁的皇城正在成为年轻人追捧的“网红”。

在文物活化展示过程中，随着活化与展示的方法和手段多元化，按照技术构面可以分四个层次递进：①传统实物的展示展览形式。常见的是静态展示，这种方式需要在保护与传承并重的前提下，不断梳理挖掘，并增加互动联想。②声光电介入的展示展览。这是一种比较接地气的表达，运用的科技含量增加。如敦煌动态壁画，运用现代科技手段，回溯了千年的光阴，让壁画上的人物风景都“活了起来”。③立体具象的展示展览。实物的是立体的可触摸的真实表达，如蜡像、雕塑。也可以用VR、AR影像技术，通过全息技术进行复原或模拟，这是一种沉浸式的体验过程，游客通过全过程的参与形成互动。如苏州名人馆，综合运用多媒体、超大环幕大屏、电解屏、情景雕塑等手段展现名人风采和主要事迹。整体展陈充分展示出苏州味道，并大胆创新，融知识性、欣赏性、教育性、趣味性、参与性于一体。上海虹桥球幕影院的故宫博物馆，利用4D动感影像，用讲故事的形式讲述《清明上河图》。游客坐在仿真的船上，感受宋代繁华的日与夜。④文化演艺实景演艺。这一般以演艺、影视、动漫、游戏等形式对作品加以衍生和扩张，通过文化创意形成作品，强调的是主动互动，剧情带入。如山水实景演艺类，像《印象·刘三姐》《鼎盛王朝·康熙大典》《长恨歌》《文成公主》；又如话剧、舞台剧，如《苏东坡》《商鞅》《昭君出塞》《再见徽因》。也有要求演员在身边的360°沉浸式体验，如《法门往事》《又见平遥》《不眠之夜》，等等。

六、文旅融合“旅游+”“+文化”双螺旋中，要充分发挥其他部门的作用

文化和旅游的产业链均比较长，产业关联广泛。未来文化和旅游深度融合，将是创新驱动下的“旅游+、+文化”的双链驱动模式，通过创新驱动（文化链创新与旅游链创新）循环交互效能的释放。因此，在本次文化和旅游机构合并之后，新的领导班子更应该放眼全域，与“志同道合”的部门一起，发挥作用。

一方面加强文化旅游产品创新，通过精炼文化旅游产品内涵，丰富产品表现形式，活化静态文化，如通过“创意+、设计+、科技+”，推动博物馆、展览馆、主题公园等“+旅游”服务功能，让更多的游客直观触摸到文化精髓；又如通过“文化+”盘活城乡资源，围绕传统村落、古镇打造特色小镇、民俗村、精品民宿等等；又如响应“生态安全”“全民健身”“大健康”的号召，拓展森林康养小镇、康养聚落、康养度假产品。另一方面“旅游+”推动文化旅游业态持续创新，逐步形成多方位、多层面、多维度的泛文化旅游产业整体发展格局，如全域旅游示范区建设、特色小镇、田园综合体等等。

博雅方略规划的“中国五常·山水稻香旅游目的地”，抓住全域旅游发展机遇，着力打造“五常大米”超级IP品牌，通过农业带动旅游路径，实现农业资源/农业渠道/农业市场向旅游景区/旅游营销渠道/旅游休闲市场的融合与转变。这也为其他区域实现“文旅+现代农业”发展提供了思路与典范。

博雅方略参与的“吉州窑陶艺小镇”建设项目，从吉州窑陶瓷特色产业切入，以文化为魂、产业为核、旅游为媒，通过旅游提升文化和产业的融合度，促进产业的转型升级和文化内涵挖掘，打造引领陶瓷产业发展的科创平台、交流平台和服务平台，建设国际性、生态化、文化型的国际生活美学陶瓷科创园区。

作为文化+、旅游+的重要空间拓展，以及区域旅游发展的重要抓手，全域旅游依然是文旅融合发展重要的引擎。博雅方略深耕文旅产业，在全域旅游规划领域形成了自己独特的思路与理论，率先完成国内首批两个省级全域旅游发展规划，即海南和宁夏，在2018年为洪洞县编制的《洪洞县全域旅游发展总体规划》助推洪洞县入选首批国家全域旅游示范区名单。

七、公共服务共建共享机制纳入城乡系统统一管理

文旅融合大背景下，公共服务是极为重要的一环，建议建立公共服务共建共享机制，将其纳入城乡系统统一管理。面向小康社会，我国的城乡公共服务体系基本完善，在服务社会、城市发展、运营管理等方面颇有成效（图6）。

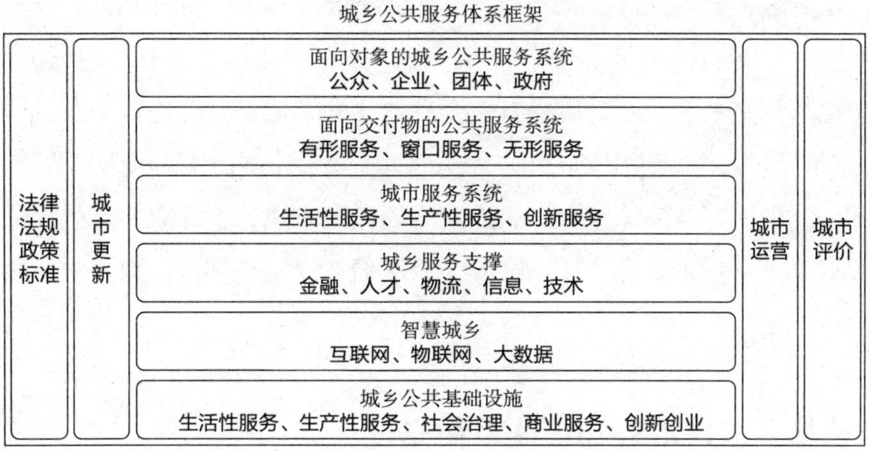

图6　城乡公共服务体系框架

无论是旅游公共服务还是文化公共服务，都是城乡公共服务体系的重要一员，不能割裂开来。特别是贫困地区、扶贫项目中，应当充分考虑“公共服务系统的共建共享”，减少资源浪费。其中，文化公共服务包括图书馆、博物馆、剧院、电影院、体育馆、展览馆、书店等；旅游公共服务体系包括旅游信息资讯、旅游安全保障、旅游便捷交通、旅游惠民服务、旅游行政服务等旅游“最后1公里”相关公共服务体系。

文化旅游公共服务体系融合和共建共享表现为，将文化公共服务体系打造成为“旅游核心打卡点”，或为旅游公共服务体系加上“文化”翅膀，成为文化的汇聚地、展示窗口、交流交汇地等。如英国伦敦大英博物馆，是去英国旅游的游客一定要去打卡的景点；德国斯图加特的奔驰博物馆，现代陈列展示了汽车工业以及工业文明；纽约百老汇成为艺术和娱乐的殿堂、文创的活跃地。又如，上海的大赞光合以设计为主题的书店走出了文化展演的“社交风”，集合咖啡、美食、零售、展览及活动体验等多种模式于一身，提供启发寻找一种生活方式的场所；东京池袋的BOOK AND BED TOKYO书店变身旅馆，开启“可以住的书店”新空间。

八、旅游与文化市场品牌需要统一

众所周知，原文化系统、旅游系统分别有一系列的牌牌并对其进行监管督导，诸如文化系统的“国家重点文物保护单位、国家级文化遗产、国家级文化产业示范园、历史文化名城（镇、村）等”，又如旅游系统的“A级景区、国家旅游度假区、旅游改革试验区、全域旅游示范区等”。面向共同的“融合”文旅市场，这些牌牌要考虑如何整合与统一。

从文化市场上来说，要对市场有一个专业化的考量，是覆盖整个市场的“大众市场”，还是针对某个利基市场的单一细分市场、定制化的市场，针对不同的市场会有很多不同的做法。从品牌整合、渠道融合的角度来说，要建立多元化渠道并避免渠道冲突，如进驻线上平台、成立区域文旅联盟、锁定长期合作客户、和旅行社合作等。

九、文旅从业工作者的知识体系补充

我国政府机构各部委司局分别有各自的教育培训系统。2018年文化和旅游部组建，原文化部党校（中央文化管理干部学院）更名为“中央文化和旅游管理干部学院”，然而其课程体系中“文化教育培训”内容丰富，而旅游知识模块却零散不成体系。文旅产业是一项综合性极强的产业，文旅融合发展，对于原来的从业人员、干部等也提出了更高的要求，要加强相关人员的培训“补课”。

培训体系亟需整合“文化、旅游、经济、商务、艺术、产业、管理、金融”多领域、多专业课程体系，以适应文旅融合后大产业的高质量发展。鉴于此，博雅方略商学院隆重推出文旅融合课程班、博雅云课堂等，致力于行业专业化、高端化的文旅人才培养。

十、创建国家文旅融合示范单位

像全域旅游一样，文旅融合也需要形成“文旅融合的示范单位”，以助推文旅融合的优质高效发展。这里就“文旅融合示范单位”创建提三个原则：

①突出资源整合，强调产业融合、产品创新、旅游服务等方面的新业态、新模

式，积极推动文化旅游产业的转型升级、提质增效和高质量发展；②在资源要素整合、产品服务创新的基础上，积极推动文化旅游工作各领域、多方位、全链条深度融合，实现资源共享、优势互补、协同并进；③立足区位条件、资源禀赋和产业特征，因地制宜，走特色化、差异化发展道路，探索符合当地实际、形式多样、各具特色的文旅产业融合模式，形成可复制、可推广的经验。值得肯定的，山西、山东纷纷公布了“首批省级文旅融合示范单位”名单。

文旅“两高一融”需要复合型高级专业人才

本文系作者在2016北京丰台国际文旅人才交流会大与2019人社部在吉林松源文旅人才高峰上发言整理

我国旅游市场需求正在由观光向休闲度假过渡，人们的旅游需求特征从单一性、区域性、季节性向全域性、多样性、集中性、全天候发展，相应的旅游线路组织、旅游主题、旅游出行方式及相关旅游产品、服务过程都发生重大变化，旅游企业对旅游人才不仅仅是数量的需求，更多的是人才质量、技能结构方面的要求。

一、未来文旅人才需求的“语境”发生很大的变化

当前，我国文旅人才需求与人才服务的语境与场景发生了质的变化，机遇与挑战并存。第一，我国正处于由“中等收入阶段”向“高收入阶段”迈进的关键时期。按照世界银行分类标准划分，低收入国家人均GDP低于1045美元，中低收入国家人均GDP1064−4125美元之间，中高收入国家人均GDP在4126−12 735美元之间，高收入国家人均GDP12 736美元。根据国家统计局资料，我国人均GDP呈现快速增长态势（图1）。在国民经济“十四五”中预计我国2022年人均GDP将达到11 500美元，2023年将达到12 100美元，标志着我国实现全面小康水平，旅游产业进入成熟的度假经济时代。相应地，我国社会经济发展进入工业化后期，即将进入全新的人工智能制造时期；我国将由“制造大国”进入“消费大国”，进口需求与出境消费激增。同时，城市化水平进入后期，国家政策催生城市有机更新，城乡人口双向流动（图2）。

第二，从社会政治环境上讲，我国市场化进入深度改革期，国家治理体系逐步成熟，法律法规与社会管理制度进一步完善。社会治理现代化全面推进，进入法治国家、法治政府、法治社会一体建设和确保国家安全的新时期（图3）。当今世界处于百年未有之大变局，进入全球治理体系的大变革时期。随着“一带一路”倡议的

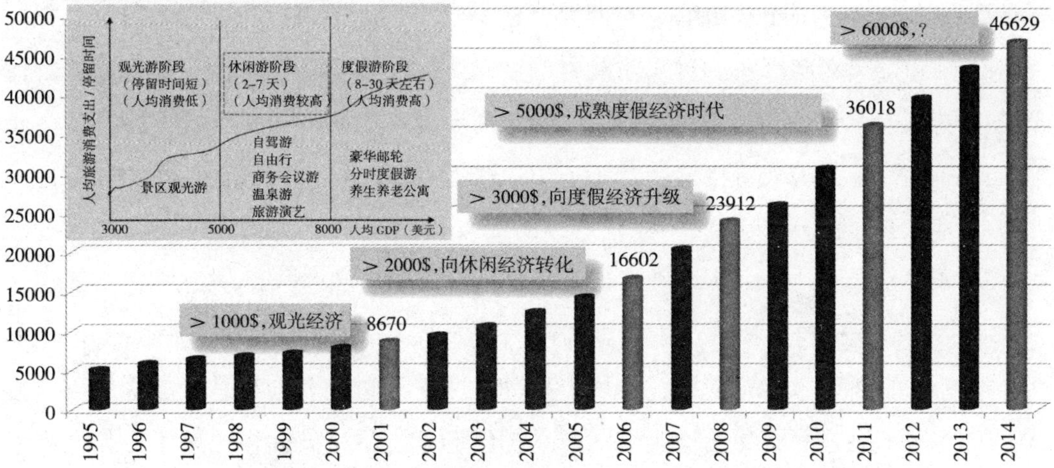

图1　我国人均GDP快速增长

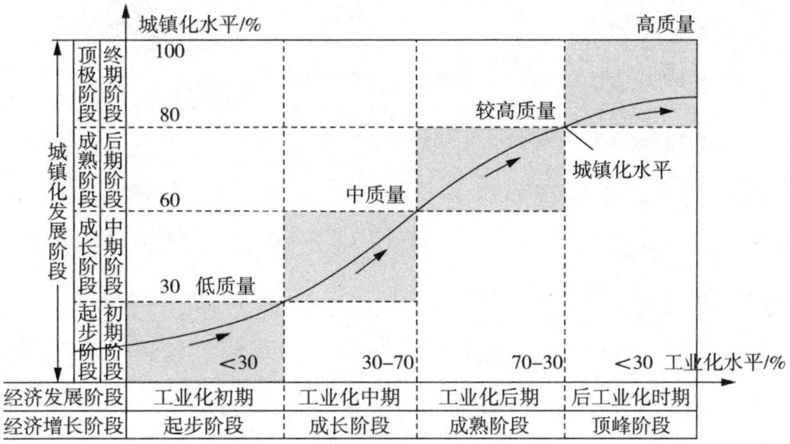

图2　我国城市化发展阶段

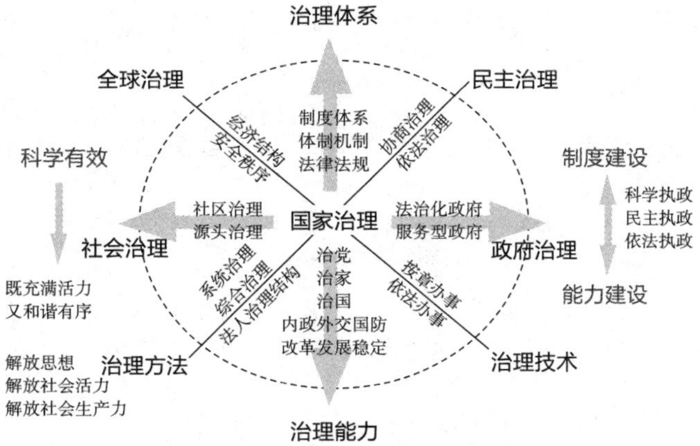

图3　国家治理维度与内容

逐步深入人心，我国正从边缘走向世界舞台中心，国际话语权和影响力提升，抓住国际化机遇发展文旅产业，对人才能力的要求进一步提升。同时，我国人口老龄化问题凸显，进入应对老龄化和鼓励生二胎的交会期：国家统计局最新数据，2018年末中国60岁以上老龄人口将超过2.5亿。中国社会保障学会专家预测，2035年末这个数据将突破4亿。全国老龄委专家估计，2050年中国老年人口达到4.8亿，约占亚洲老年人口的2/5。

第三，信息化与科技进步进一步加速，进入新一轮变革周期。未来3–5年以5G为主要标志的新技术将得到广泛应用，移动互联、万物互联、智慧智能成为主流技术。科技进步一方面给文旅行业带来产品创新源泉，另一方面也诱发了更大的人才需求缺口。

第四，我国生态化进入关键期，进入生态环境保护修复与破坏恶化并存的胶着期。大量的生态建设、生态保护、生态修复项目产生，生态环境工程技术人才、生态产业人才、生态旅游人才、生态规划人才等需求越来越旺。

我国人力资源服务业市场规模有望在2020年达到3700亿元（图4），我国灵活用工市场规模在2025年将达1700亿元（图5）。随着产业转型升级，高级人才向价值曲线两端靠拢（图6），各行业对于人才的竞争将更加激烈，特别是技术驱动的企业之间的竞争将最终升级为对核心人才的竞争。

综上所述，随着产业发展呈现出向新科技、国际化、创新型、高端化、融合化与空间集聚发展的趋势，企业用工需求的“语境”发生了很大的变化，对文旅行业人才技能也提出了更高的要求。

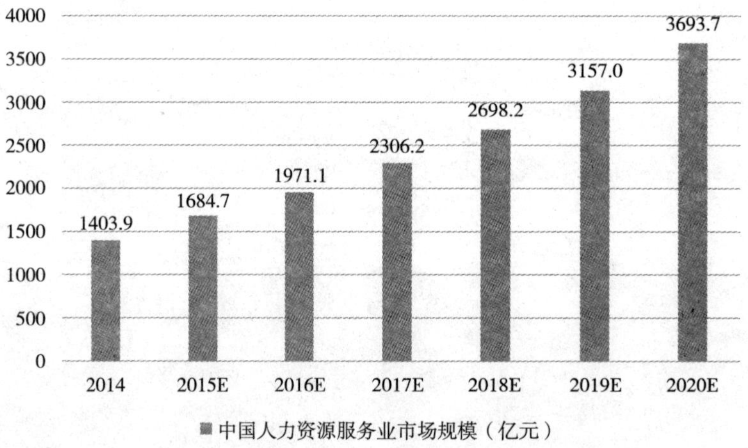

图4　我国人力资源服务业市场规模

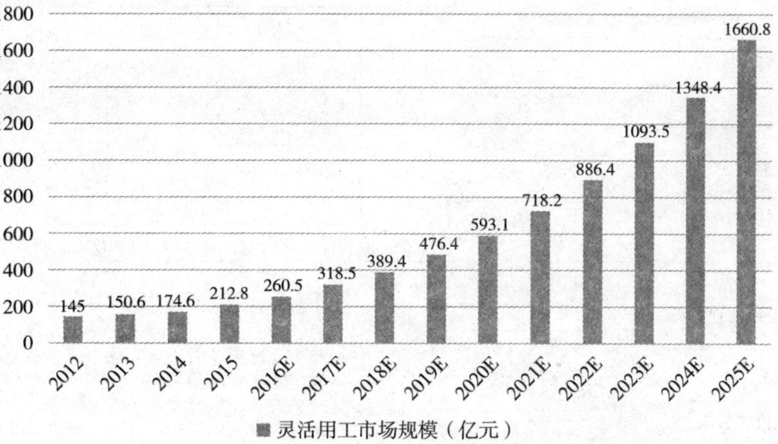

图5　我国灵活用工市场规模

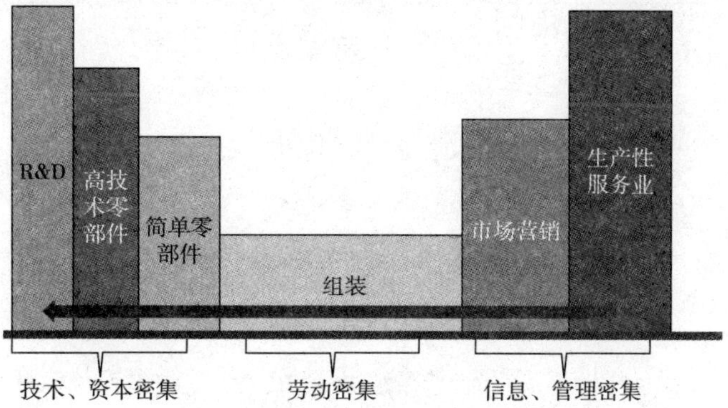

图6　产业发展趋势对复合人才的需求

二、文旅产业发展要求人才供给与之相匹配

文旅融合、高质量发展与高品质生活对行业人才提出了新的要求。一方面为满足人们日益增长的美好生活需要，文旅行业要求高质量发展。另一方面，文旅融合、旅游业与其他行业的跨界融合，诱发“多领域、多技能”复合型人才诉求。泛文旅时代，文旅业与多产业交叉融合形成“大文旅”体系，文旅业对于人才的需求产生了质的变化（图7）。具体有如下表现：

（1）旅游业与展会、运动、康体、养生、娱乐等“大文旅”内容的多元要素融合发展，形成复合产业价值网络，亟需大量拥有多领域技能，能够服务于专项旅游的专业人才。以运动旅游为例，包括低空飞行：滑翔翼、跳伞等；探险运动：攀岩、蹦极、拓展训练等；陆地运动：体育竞技、高尔夫、滑雪等；水上运动：体育竞技、

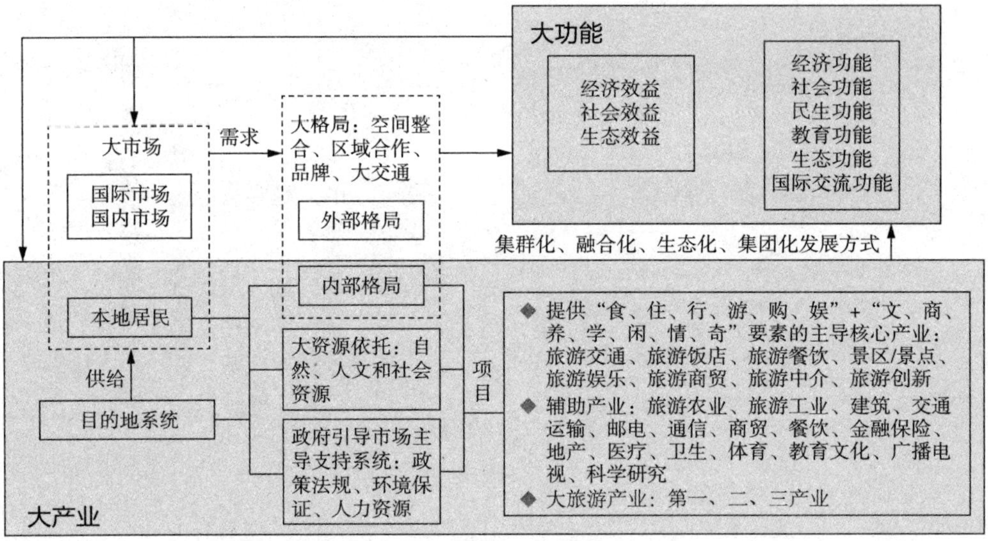

图7　泛文旅时代的产业功能体系

快艇、邮轮等。这些项目既具备旅游属性，但更多的是运动属性，因此要求专项领域专业人才。

（2）旅游业与工业、农业、服务业等跨界融合，构成综合产业，亟需大量拥有多产业知识，能够服务于旅游工业生产、休闲农业等交叉产业发展的复合型人才。以休闲农业为例，从过去自发零散到现在成规模求规范。包括：休闲农庄如酒庄、茶庄等；科普体验如农业科技基地、未来农业；农业观光：特色大地景观；乡村旅游如农家乐、民俗村、采摘园；等等。因此，仅仅依赖农村、农业的产业人才延展很难满足市场需求的变化，要求“交叉”“复合人才”。

（3）“互联网+文旅”，最缺乏高端具备“大文旅”综合知识技能的复合型人才。“互联网+文旅”拓展了文旅界限，“做好景区”不等于“做好旅游”，亟需更多的“大旅游”信息化领域的综合人才。

目前我国国文旅人才结构存在以下问题：一是文旅高层经营管理人才及文旅复合专业技术人员所占比例过小；文化、旅游的专项服务技能型人才数量虽多，但高水平“文旅融合型”服务技能人才却明显不足。二是涉及广泛的文旅策划、会展、传媒、商品设计、营销管理、投融资及高新技术应用等新型文旅复合人才更是严重缺位。三是旅游企业人才流失严重，中高层管理人才竞争激烈，初级人才（毕业生）从业时间短，行业技能严重不足。旅游企业可谓“（初级）用不上，（中高层）留不住”。

据国家旅游局在2015年8月的一份报告，从人才的交叉性知识、基础理论知识与一岗多能的角度分析全国旅游职业经理人职业基本情况，被访者中，旅游管理类专业的占比35.95%，经济学类专业占比18.62%，工商管理类专业占比12.17%（图8）；调查对象在13种工作角色的时间分配上相对比较平均，占用时间最多的三个工作角色分别为“运营管理、降低运营成本”“参加公司内部会议解决问题”“主动参与产品创新过程”（图9）。

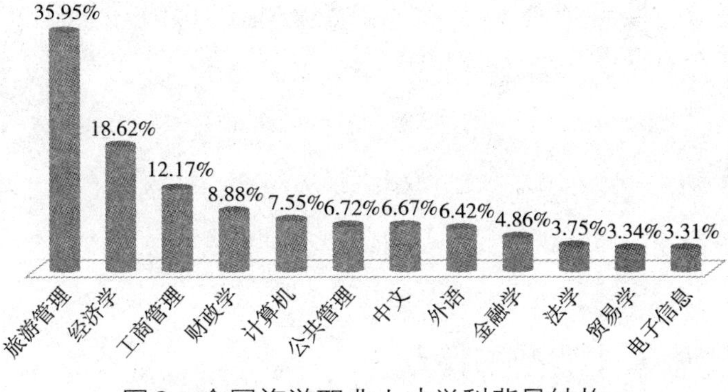

图8　全国旅游职业人才学科背景结构

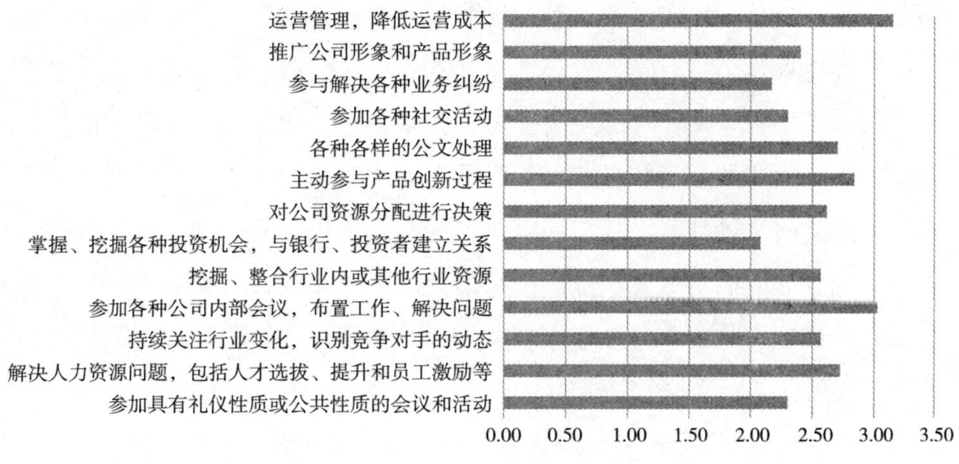

图9　工作角色中工作任务时间占比

从我国人才总体分布情况来看，存在非均衡分布的特点。东部地区以北京、上海、广东、山东为第一梯度，中大专以上人才各均达400万左右；陕西、湖北、湖南、四川、重庆等省各达到200万以上，而黑龙江、吉林等省份该类人才数量各均不足 80 万。同样的，高等教育毕业生包括本硕博毕业人数，北京、上海、江苏、湖北各达25万以上，四川、陕西、辽宁、吉林等也各达到15万人以上。毕业就业流向表现出明显的空间集聚，高校毕业生就业流入大都集中在北、上、广以及武汉、成都等城市。

以吉林省为例，全省人才基础条件优越，人均教育水平排在全国第四，超过很多较强的经济大省，儿其是在高校分布数量上，吉林省的“211”“985”以及“双一流”高校数量较多，高层次人才培养总量位居国内前列。但是，吉林省是人才培养大省，却不是人才使用强省，人才结构不合理，表现在：①人才培养以文科性质人才较多，企业家、工程技术类人才占比较少；基础性学科人才多，应用型人才少；专一领域或方向的专业人才多，复合型人才较少；生产管理型人才多，而经营、营销类人才少。②高层次人才大量外流。1993年以来，每年流出人才是流入的3倍。从国外、省外引进硕士学位以上、副高职称以上的优秀人才与流失的优秀人才比例1∶12，而流入的人才90%集中在大专院校和科研院所，生产一线亟需的技术性专家非常少，仅占12%。流失的人才大多数是吉林学科带头人或国家和省科研项目主持人。

三、复合型文旅人才类型与特点

旅游学科本身是公认的综合性和边缘性学科，与旅游业交叉融合最多且最深入的学科涉及到物理学、材料学、电子信息技术、金融经济、管理学、心理学等众多的基础和实践性学科。文化或旅游人才是指具备一定文化或旅游基础知识、熟练的专业技能、良好的职业道德和操守，能为旅游业或文化产业的发展起到一定推动作用的从业人员。狭义地理解，我们通常讲的旅游人才是指直接为游客从事旅游服务的人员，如导游、饭店从业人员等。更广的范围来讲，文旅人才是指在旅游要素或文化产业各个岗位上从事服务工作的从业人员，涵盖行政、服务、技能、管理、销售、设计、客运、会展等各个工作种类。

文旅融合发展亟需多领域复合型人才。因为多元产业要素融合发展，形成复合产业价值网络，亟需大量拥有多领域技能、能够服务于专项文旅的专业人才。文旅业态创新更是需要更多的复合型人才。何为“复合型人才”？①复合型文旅人才必须首先是精通旅游或文化某个领域的专才，能够专业化地将该领域的知识技能应用于所在职位的具体工作。要求精通各个学科，是不现实也不必要的。②复合型文旅人才还要具有行业交叉与跨界融合的特点。复合型文旅人才不仅要有交叉性的知识基础，还要有融会贯通，将其他学科的知识应用于旅游业的能力。③复合型文旅人才还要求具有职业道德，诚信实现服务价值；在岗位上能够充分发挥创意，不断创新。

复合型旅游人才产生于旅游产业大融合的阶段，以旅游业为例，目前主导旅游新业态发展的新型高端旅游人才主要为：旅游信息技术方面的人才、旅游科学技术方面的人才、旅游金融经济方面的人才、旅游高级管理方面的人才、旅游医疗康体等专业性比较强的人才。下面我们从这几个专业领域谈谈人才类型与特点。

1. 旅游信息技术方面的人才

旅游信息技术方面的人才，需要兼具旅游业专业知识与电子信息技术知识，了解旅游产品在线营销、销售、管理的特点，旅游政务、营销等网站的创建与管理，旅游各类电子数据库的创建与维护等工作的能力。其工作岗位主要职责是旅游电商技术与管理、旅游政务部门信息管理。更高的要求需要其做到：①能够预判互联网应用的方向及趋势，从而决定企业的发展方向和企业利用电子商务平台的比例，从而使得我国旅游产业走向网络化、高效化。②能够充分了解旅游者的心理需求，利用计算机网络环境及通信技术搭建企业及旅游产品的电子商务平台框架，决定整个电子商务平台的构成。③能够利用信息技术科学、客观的竞争信息，为企业的发展决策提供有力参考。④能够利用信息技术全面、即时掌握旅游人才的信息，对拥有的旅游人力资源进行高效的调配。

例如途牛旅游网创始人于敦德，其创业理念就是“把这个行业变得简单”。他23岁担任博客中国的技术总监，25岁创立途牛网，33岁时企业在纳斯达克上市。作为80后创业者，于敦德把“要旅游，找途牛”的广告语打入千家万户，旅游达人们被他“惯”得有点懒，习惯了点点鼠标，打打电话去选择、定制各式旅游路线。于敦德说：“创建的时候，觉得中国的旅游市场比较复杂，要报名还要冒着严寒酷暑到线下去寻找门市，我们希望通过我们的努力，把这个行业变得简单。”

2. 旅游科学技术方面的人才

旅游科学技术方面的人才，即兼具旅游业专业知识与物理、化学、生物、材料等科学技术知识，了解旅游项目、商品与装备的独特需求，具有旅游装备制造、旅游区微气象控制、创新型旅游项目与旅游商品设计生产、旅游交通工具创新开发等工作的能力。更多地要求其：①能够应用其理工科知识及能力设计专业化的旅游用品，为户外运动、勘探修学等专业性较强的专项旅游提供保障，为我国旅游业优化产业结构、提高产业收入提供更大的可能。②能够通过对气象、地质环境、空气质量等旅游环境的保障和提升，为旅游目的地营造安全、健康的旅游环境，使我国成为更受欢迎的旅游目的地国家。③通过开发安全、多样化的旅游游乐、交通等设施，丰富旅游参与的形式，增加旅游盈利能力。工作岗位职责主要是：旅游装备单位的装备设计、旅游游乐设施单位游乐设施设计、旅游景区交通工具开发、科技型专项旅游产品开发、景区气象预报等。

例如，深圳华强文化科技集团股份有限公司（以下简称华强文化科技）刘道强总裁。1995年刘道强毕业于空军导弹学院，是自动控制专业硕士研究生。在华强文化科技任职期间，主导在中国投建运营10个“方特欢乐世界”“方特梦幻王国”品牌的文化科技主题公园，成为国内的旅游热点，并将自主品牌的主题公园输出到伊朗、南非、乌克兰，其主持的环幕4D电影系统已经出口到全球40多个国家和地区。从研究导弹到创造“中国的迪士尼”，刘道强的人生转舵发生在短短的16年间，可以说“每一次飞跃，都是因为创新”。正是在刘道强等高级复合型团队的带领下，华强文化科技集团从2010年起，连续五年蝉联“中国文化企业30强”。从最初的一家影视科技设备提供商，到形成包括动漫、电影、主题演艺、文化衍生品、文化科技主题公园在内的全产业链，打破了国内“主题公园＋地产”的常规，探索出一条“文化＋科技”的主题公园发展模式。

3. 旅游金融、经管方面的人才

旅游金融经济方面的人才，即兼具旅游业专业知识与金融学、经济学专业知识，了解旅游业金融经济的特点，具有旅游机构投融资管理、旅游保险的开发与管理、旅游企业证券与股票分析、旅游市场数据收集与分析等工作的能力。工作岗位职责主要是：旅游企业投融资管理咨询师、保险公司旅游保险设计师、旅游企业证券经纪人、旅游管理部门及景区的市场分析师等。更多的要求：①帮助欲上市的旅游企业成功上市，从而改变目前我国旅游企业普遍偏小、散、弱、差的局面。②帮助旅游机构进行投融资的管理，为旅游机构发展壮大吸纳和管理资金。③能够帮助企业正确作出投资决策。

4. 旅游高级管理方面的人才

旅游高级管理方面的人才，即兼具旅游业专业知识与管理学专业知识，了解旅游企事业单位的特点，具有旅游行政部门、各类旅游企事业单位工作中所需的能力。

工作岗位：旅游行政部门管理人员、旅游景区管理人员、旅行社行政管理人员、其他各类旅游单位管理人员。工作岗位职责要求：①能够掌握旅游产业发展趋势，科学决策企业战略，同时合理配置企业人才，最终引领企业向着顺应产业升级的方向发展。②能够科学管理行业企业机构和行业人才，引领中国旅游产业向着合理、高效、有序的方向发展。

例如，华侨城公司刘平春总裁，长期从事旅游产业战略规划、大型旅游项目投资开发与经营管理，以及上市公司运营等工作，拥有20多年的管理工作经验。刘平春主导了中国第一套主题公园企业管理标准的编制，推动中国主题公园运营管理与国际先进水平的接轨；积极探索创新旅游业特别是主题公园产业的发展模式，参与了近20年来华侨城主题公园产业发展壮大的全过程，特别是参与并推动了中国第一个自主创新的主题公园连锁品牌欢乐谷的策划建设、运营管理以及全国布点布局。

5. 旅游国际化方面的人才

旅游国际化高级管理方面的人才，即兼具旅游业专业知识与管理学专业知识，了解国际旅游企事业单位的特点，具有旅游行政部门、各类旅游企事业单位工作中所需的能力。工作岗位包括：旅游行政部门管理人员、旅游景区管理人员、旅行社行政管理人员、其他各类旅游单位管理人员。

6. 旅游医疗康体方面的人才

旅游医疗康体方面的人才，即兼具旅游业专业知识与医学、护理学、营养学、心理学等领域专业知识，了解旅游者对康体、养生、舒压的需求及自身特点，具有康体旅游产品设计、旅游者的健身指导、营养指导、心理调节等工作能力。更多的要求：①利用专业的医学、护理知识充分挖掘旅游康体接待地区的独特资源，帮助各类企业建立起更多专业、科学的疗养基地、养老基地，从而不断优化我国康养旅游产品的结构。②利用对于全球医疗资源和环境资源的了解和掌握，设计专项的治疗、疗养、养生等专题旅游产品。③利用专业的医学、营养学知识开发具备疗养功效的旅游商品，提高我国旅游商品特别是旅游食品的层次与质量。工作岗位包括：度假区疗养机构的医疗人员、度假区心理咨询师、度假区养老社区医护人员、旅游康体项目设计及管理人员、旅游餐饮部门营养指导师、医疗旅游产品的设计师。

当然，在传统岗位上，需要从业者树立牢固的为游客服务意识，在岗位上不断进取提升自我，改进服务品质，做到无限创意，是文旅行业复合型人才培养的基础条件。如曾经作为导游的"感动中国人物"文花枝，在2005年一次导游旅程中遇到车祸，她不顾自己严重受伤，在危急时刻喊出"挺住！加油！"的鼓励声。这个声音虽然微弱，却透着一股沉稳、坚定，像黑暗中的一线光束，让受伤、受惊的游客从死亡的噩梦里看到生的希望。其实，在这起重大交通事故中，文花枝是伤得最重的一个，但重伤的她一直牢记着自己的神圣职责。当施救人员一次次向她走过来，她总是吃力地摇摇头说：我是导游，我没事，请先救游客！在长达两个多小时的救援时间里，她多次昏迷，但只要一醒过来，就不停地为大家鼓劲、加油。由于延误了宝贵的救治时间，医生不得不为文花枝做了左腿截肢手术。在生命攸关面前，文枝花的客户至上的服务意识得到完美的释放。又如世博园上桂林芦笛岩的讲解员杨娜莎，她在一个平凡的岗位上充分发挥创意，做到了从纯讲解到与游客互动体验的全过程服务转变。

四、"复合型"文旅人才的引进与培养

1. 如何引进复合型人才

文旅企业人力管理是一项系统工程，包括从人力资源规划到招聘、岗位职责、工作流程、绩效考核、持续培训到解聘等各个环节。其目的就是要发挥每个个体的工作能动性与潜力，高效高质量地完成企业设定的既定战略目标。现代企业人力资源有一套完整的管理流程，对于人才引进也有许多解决方案（图10）。主要的工作包括以下四个方面：

（1）做好与专业人才公司的热线连接。一般专业化的人才招聘公司，特别是一些猎头公司，都建设有专门的行业人才数据库，对于高级人才都有长期持续的跟踪联络，如日本Recruit公司，长年对旅游、美容、汽车、教育等行业人才持续关注。与专业的人才服务公司保持密切沟通，一方面通过咨询方式可以解决公司面临的人力资源问题，及时做出岗位评估及相关人力解决方案，另一方面可以快速找到企业所需高级人才。

（2）做好人力资源服务外包工作。在人才资源管理工作中，招聘工作相当繁杂，企业人力资源岗位一般人手不足，可以通过外包服务的方式，降低招聘成本。如国际知名的人力资源公司ADP（Automatic Data Processing Inc.），其业务包括雇主服务、

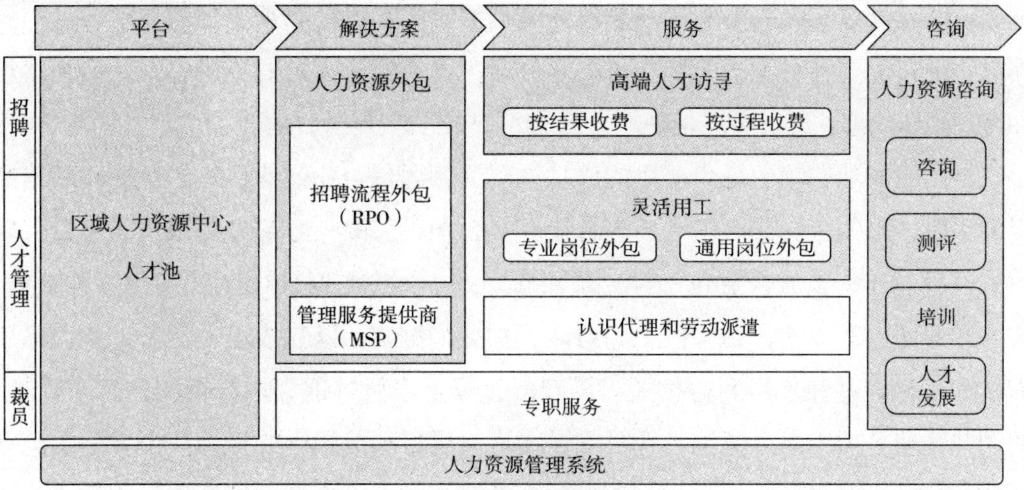

图10　人力资源管理系统与解决方案

专业雇主服务（PEO），也有大中型企业人力资源外包以及人才派遣服务，业务量逐年增长。

（3）对于一些临时性流动性大而成本又极高的高级岗位，可以采取灵活用工的形式。例如，科锐国际人才资源公司，其业务包括高端人才寻访、招聘流程外包、传统劳务派遣、以及灵活用工等，而灵活用工服务收入占比不断扩大，体现了各个企业的人力资源招聘工作的方式走向。

（4）组织专场招聘会。针对不同的区域市场或著名高校，举办专场招聘会，定向招新纳才，也是人才引进的常规做法。

2. 如何培养复合型人才

复合型人才的培养，是一个不断探索的过程。我们需要找到一种方法，这种方法既能为员工提供一种有效的做事方法，又能为组织打造执行力，实现组织的战略目标。这种方法就是“项目管理”。实际上，现代文旅产业在产品创新过程中，就是以一套独特而相互关联的目标或任务为前提，通过项目管理，能够有效地利用资源，为实现一个特定的目标所做的努力。例如：举办一场大型主题展会从策划到实施本身就是一个项目管理与实施的过程，展会本身就有一个明确界定的目标（Objective），这个目标有一个期望的结果或产品。项目目标通常按照工作范围、进度计划和成本来定义。项目的执行要通过完成一系列相互关联的任务——许多不重复的任务以一定的顺序完成，以便达到项目目标；项目需要运用各种资源来执行任务；项目有具体的时间计划或有限的寿命——它有一个开始时间和目标必须实现的到期日。与此同时，项目需要针对不同的客户，面对许多突发或隐含一定的不确定性，而为了增加客户的体验感，项目可能是独一无二的、一次性的努力。

企业的成功有赖于每个项目的成功。项目管理是企业商业目标的达成和战略实现的手段，跨国公司如西门子、惠普等在其公司运营的核心部分都采用了项目管理模式进行运作，文旅企业也一样。项目管理是由一个临时的团队，运用各种工具、技术和方法，有效地计划、组织、协调、实施和控制，以完成项目任务，实现项目需求和目标，并使项目利益相关者满意的过程。项目管理利用获得的信息来计划、协调并管理各项承诺，通过实现时间、成本、质量和范围内的目标获得客户的满意（图11）。从理论经验上讲，项目管理给企业带来的益处包括：缩短项目周期，一般都能缩短10%以上；降低成本，大约可以降低10%–20%以上；减少风险，增加价值；提高企业的应变能力。

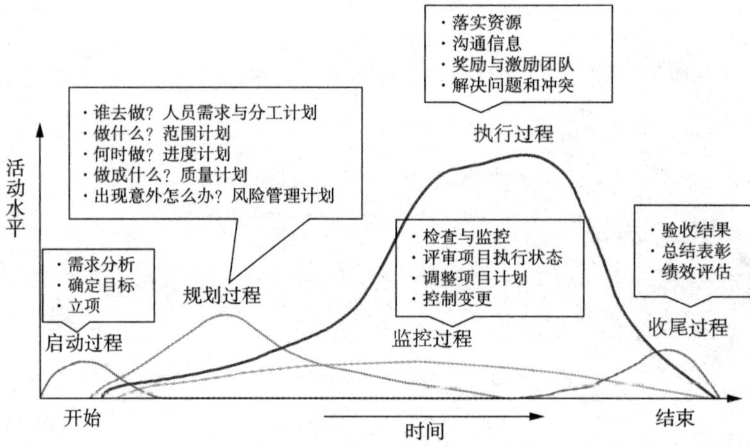

图11　项目管理过程与任务

例如知名餐饮企业海底捞，就是以项目管理为蓝本，把服务做到极致。有人说，人类已经不能阻止“海底捞”了！为什么喜欢海底捞？ 因为这里服务很变态。在这里等着有人给擦皮鞋、修指甲，还提供水果拼盘和饮料，还能上网、打扑克、下象棋，全都免费。还因为这里跟别的餐厅不一样：吃火锅眼镜容易有雾气，他们给你绒布，头发长的女生，就给你猴筋套，还是粉色的；手机放在桌上，吃火锅容易脏，还给你专门包手机的塑料套。

如何将服务做到细致，方法就是项目管理（图12）：海底捞考核店长是以顾客满意度和员工满意度为指标，而非营业额和利润；海底捞店员收入同行中中等偏上，

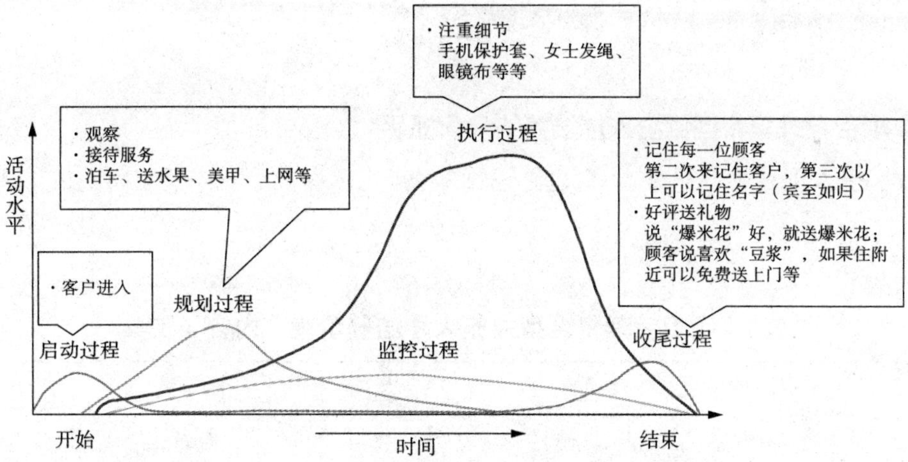

图12　海底捞项目管理执行过程

但福利比绝大多数饭馆都要高；为了让客人满意，海底捞员工可以超越流程和制度，对不同客人实行差异化服务（打折、送菜和免单）等，其他诸如等位时送水果、做美甲、上网等均免费。

现代旅游服务促使旅游组织“扁平化”，为了让游客满意，旅游服务人员需要一定的权限超越流程和制度，对不同游客实行差异化服务。项目管理型的复合型人才应具备哪些能力？一般来说，有以下三个核心能力：

（1）概念性技能：包括分析问题的能力、正确决策的能力、解决问题的能力、灵活应变的能力。

（2）人际关系能力：包括沟通能力——在口头沟通方面必须具备“听”和“说”两个方面的能力；在书面沟通方面需要具备能够读懂，并会使用各种书面文件的能力。影响他人行为的能力——运用职权去影响他人行为的能力；运用个人权力去影响他人行为的能力。人际交往能力——与游客、同事、酒店及其他旅游组织和政府打好交道。处理矛盾和冲突的能力——协商的能力、调停的能力、妥协的能力、搁置争议的能力以及激励的能力。如全国优秀导游吴剑兰，她认为导游人员应把“成就游客完成最美好无憾的行程”为己任，遇事要像朋友一样商量解决。在她撰写的《用我的服务让旅途更美好》《我有什么？我要什么？拿我有的换我要的》等文章中，倡导导游人员不要急功近利，应在提高自身素质、提升服务能力上下工夫，用诚信、高质的服务，给游客一个快乐行程，从而实现自己的服务价值。

（3）专业技能，所属专业领域技术问题的能力，这包括：所属专业的相关知识、所属专业的技术技能、所属专业的管理技能。

3. 项目管理复合型旅游人才培养的几大抓手

（1）引入项目管理思维，将文旅人才培养作为项目在组织内甚至行业内统筹规划并执行（表1）的工作。

表1　项目管理复合型文旅人才培养阶段、内容与工具

	活动前			活动中	活动后
阶段	研究策划	计划	发布	培训	后续工作
内容	概念构想 人才需求 组织岗位与人才缺口 可行性分析 撰写人才培养计划报告	人才培养计划 资源计划 进度计划 质量计划 人员组织计划 风险与控制计划	数据库管理 学员（培训比例） 教师 时间 地点	开班 现场服务与管理 餐饮/交通 结课	数据库更新 培训评估 学员分析 其他善后工作 准备下一个培训
工具	调查表 SWOT分析 费用估算	WBS 关键路径法 甘特图	网络图 责任矩阵 数据挖掘	风险管理	鱼骨图

（2）结合当前我国旅游人才教育体系，积极组织或参与多级教育及培训体系。例如，北京联合大学旅游学院曾推行“具有解决酒店经营与管理实际问题能力的高级应用型专业人才”（本科）培养计划，由北京联合大学旅游学院、北京旅游局、中国全聚德餐饮集团、北京北方佳苑饭店等参与，这是一种产学研合作培养模式。又如宁波城市职业技术学院与开元国际酒店管理公司合作开办的“开元班”，这是一种以企业为主的校企联合培养模式——订单式人才模式。广州大学中法旅游学院理事会参与方多达14个，覆盖广东省旅游局、广州市教育局、法国教育部、法国蔚蓝色海岸地区旅游委员会、广州大学昂热大学、尼斯大学、广州花园酒店、广之旅国际旅行社、雅高集团、广州市贸易促进会，学生的综合竞争力得到提升，培养效果评价上更加多元化、更为客观。这是一种院校、政府、旅游组织等联合培养模式。

（3）注重能力培养，组织参与经验交流式的“行业内训”，重点包括职业素养、管理力提升、生产管理、人力资源、市场营销以及领导力提升等（图13）。

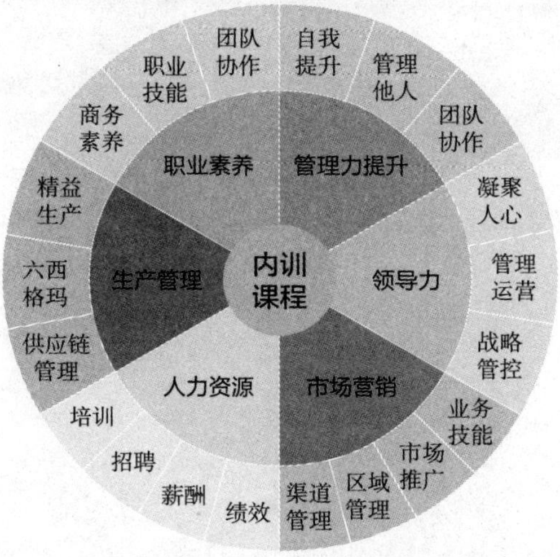

图13　注重能力培养的内训课程

第四篇

品牌与市场

旅游品牌营销导向是获得垄断竞争优势和溢价特权

本文系作者于2015年1月应凤凰网旅游之邀，在《中国旅游品牌营销价值时代》栏目接受时任频道主编、凤凰城市与旅游研究院高级研究员孙小荣采访而成。本文经过修改，已收录在孙小荣编写的《中国旅游营销新价值时代》第二章品牌传播访谈

旅游是个关联性大，涉及面广的综合型产业，作为顶层设计的旅游规划编制人员，究竟需要怎样的学问素养？

如今，旅游品牌营销已经成为推动区域旅游产业发展的第一抓手。那么，旅游营销究竟要解决什么问题？打造旅游品牌的最终目标导向又是什么？

当“一带一路”倡议成为国家未来发展最重要的导向，“美丽中国——2015丝绸之路旅游年”已正式开启，强大的舆论造势与氛围营造，会不会引起“一带一路”旅游发展热？在此背景下，旅游投资又会呈现出怎样的新格局？

近几年来，边境旅游成为热点。边境旅游究竟处于一种什么样的真实状态？游客的猎奇需求与政府的管理服务应如何平衡？

本期《中国旅游品牌营销新价值时代》走近北京大学教授、博士生导师、北京博雅方略旅游景观规划设计院首席专家窦文章博士，听他为我们解读以上疑问。

一、品牌传播就是一种创造溢价行为

凤凰旅游：我之前对您的背景资料有些了解，发现您是多学科出身，比如您刚开始学地理学，后来学城乡规划、区域经济学，之后又在北京大学应用经济学博士后流动站做企业战略研究。我知道城市和旅游规划需要有庞杂的学科和经验做支持，这是不是您做规划的优势？

窦文章：这个跨度现在看来的确有些大，但是我觉得不同学科最后都是殊途同

归的。做旅游研究与规划对我而言，刚开始只是一个爱好，目前却成为我的专业研究的主要方向之一。这中间是一个慢慢转化的过程。多学科跨度的学术背景使我能在做旅游规划的时候，考虑到区域发展的方方面面问题，这就有利于完善规划战略和决策过程与方法。因为不管是做城市规划，还是做旅游规划，它们都是关联性比较强的一个领域，多层次、多领域学科指导下所做的规划，务实性、综合性和落地性会比较强一些。

凤凰旅游：能不能举个例子，比如说现在大家都重视的旅游品牌营销，很容易做虚，投入了很多，效果往往效果不佳。

窦文章：我在北大讲企业战略管理和管理经济学课程，这些课程讨论的一个基本问题，就是企业为什么活的，客户是谁，提供什么样的产品服务？核心问题是产品和市场是否匹配。品牌营销就是要解决把产品卖给谁的问题。讲营销，必须把产品说明白，必须把消费者行为了解明白，这是营销最基本的切入点，后者就是要抓市场需求，要把握消费者消费行为的变化。

现在消费者年龄结构分化比较明显，市场细分与市场定位变得多样化，也就是说消费需求越来越个性化，越来越不满足于大众化的产品。比如老年人追求休闲、文化体验性强的产品，年轻人走到哪里都需要wifi，要体验刺激。在这种情况下，产品供给需要多元化，多种力量参与下的旅游开发会更能迎合市场的变化。

凤凰旅游：那么产品和市场如何有效对接，如何建立品牌号召力和吸引力？

窦文章：首先，营销渠道的选择很重要，现在的营销渠道有三驾马车，一是传统媒体，平面媒体．电视媒体，我个人认为它的市场份额已经在下降；第二个是旅游电商服务平台；第三是自媒体，即旅游目的地的多个组织或社团基于移动互联网技术，通过移动手机的客户终端实现景区营销。这种模式年轻消费人群容易接受。综合起来我们叫它线上线下结合的模式，

什么是品牌营销？按照经济学说法，可以理解为品牌营销是在一个特定的市场结构条件下的一种传播机制。一般教科书中，将市场结构分为四种类型：完全竞争、垄断竞争、寡头和完全垄断。在这四种市场结构中，品牌溢价只有在垄断竞争的市场结构中才是有效的，其作用效果是最明显的！

垄断竞争市场结构是张伯伦博士发现的一个市场结构，这个市场中包括两个部分的企业群，一是品牌厂商，另一类是边缘厂商。从边缘厂商到品牌厂商，就是一个建立品牌的过程。所以说，品牌能对消费者产生一个溢价效应，品牌传播就是一

种创造溢价行为。我国目前的旅游产品供给市场是一个典型的垄断竞争市场结构。那么，如何成为品牌厂商，也就是你所说的“产品和市场如何有效对接，如何建立品牌号召力和吸引力”，有几个途径：一是依靠景区的资源稀缺性，如著名的名山大川、历史遗迹。二是通过自身努力，通过市场开发与产品开发，建设成为著名景区，如许多知名的主题类公园，这类景区产品生命周期较短，要想保持持续的垄断优势，需要不断进行产品升级和提供优质的客户服务；三是通过集中区域资源，将区域内的景区进行整合，积极申报4A或5A景区、国家部委授牌，或是世界文化自然遗产等，这是依靠行政手段而形成的垄断优势。总的来说，景区使自己成为品牌（厂商），就是要争取到一个溢价的权利。

凤凰旅游：品牌的垄断属性是资源赋予的，还是市场经济属性赋予的？我理解的旅游品牌垄断，有些是属于先天性的，比如您刚才提到的自然山水，有些是后天创造的，比如说迪士尼乐园等项目。

窦文章：这个问题与上个问题实际上是一个问题。进一步分析，垄断竞争的形成其实是很多要素促成的，比如说经济属性、自然属性、政府管控属性等，还有创新专利，都会形成垄断。简单说垄断就是要比其他同类产品有绝对优势，有独特性。比如我们过去讲“三山五岳”，这的确是大自然造就的独一无二的资源，是不可能模仿，无法创造的，它的自然垄断性决定它的市场垄断性，它也就具有垄断定价的权利。

另外就是你刚才说的，创造性的垄断竞争优势，就是无中生有的创造，比如迪士尼乐园它是靠后天创意而产生的一种基于市场、基于规模经济的垄断项目。从20世纪初，迪士尼开始做Mickey（米奇老鼠）、做电影的时候，经过很多次创意尝试，最终给大众形成一个固定的印象，也就是品牌。慢慢地又扩展到空间上的，逐渐向世界扩张，产业延伸形成了规模的垄断。

凤凰旅游：您认为像迪士尼这样的项目，它是一种创意垄断，还是一种规模垄断。包括万达集团的文旅项目，它是不是也是一种基于创意成功后的规模扩张？

窦文章：像迪士尼这种项目，它更多地是规模垄断，并不是创意垄断，也就是你说的基于创意成功后的规模化垄断。就国内而言，我认为华侨城是基于创新的，尤其是华侨城的娱乐项目，是基于创意和创新而产生的一种“创新垄断”，并通过创新垄断形成了品牌。还有方特集团，它在全国规模布局并没有房地产，而是纯粹的娱乐科技创意项目。我现在正在主持甘肃省嘉峪关大景区规划的编制工作，在调研中发现，方特在西北地区布局的第一个欢乐世界和方特梦幻王国，就是在嘉峪关市。先不说方特为什么会布局在嘉峪关这个城市，而不是西安或兰州，我们只说它的项目和产品的研发过程。据当时的现场负责人讲，方特许多针对儿童的项目，在开发过程中很多是由儿童参加开发，而不完全是成熟的规划师纯粹的经验或搞什么消费者行为的理论分析完成的。方特与它的消费者一起搞创意，这一点值得规划界学习。我认为这就是一种品牌塑造的创新模式，也是从边缘厂商向品牌垄断厂商升级的一种创新行为。

再重复一下，怎么去塑造旅游品牌这个问题，我认为有四个方面。第一个是基于天然垄断获取品牌溢价；第二个是基于创新产生规模垄断；第三个是基于效率快速抢占市场；第四个是基于市场规模让竞争对手无法赶超。你刚才提到的万达的文旅项目，其实就是基于市场规模的一种竞争垄断，它有钱，它就任性，别人没法赶超它。这几大动因都推动了品牌塑造的过程，其实每个方面在景区品牌塑造中都有所反映。所以说品牌就是在市场竞争格局中，在多种利益相关者共同参与下而产生的一种市场力量。

凤凰旅游：我是不是可以理解品牌营销的价值导向，最终是为了获得某种市场垄断特权？

窦文章：对，品牌就是要形成独一无二的行业的定价权，以及对整个产业链、价值链的支配权。比如5A级景区，这是人为创造的品牌，是通过政府行政手段而造就的品牌，一方面通过打造5A景区，提升了景区品质和服务水平；但另一方面，在某种程度上赋予了景区一个冠冕堂皇的门票涨价特权。许多景区一旦评上5A，门票马上从百元以下上升到120元，甚至更高到160元。

二、“一带一路”旅游投资热将是一种理性热

凤凰旅游：我们来谈下“一带一路”旅游的发展，从区域经济的角度，您是怎么解读这个战略构想的？

窦文章：国家提出“一带一路”战略，根本是基于地缘政治的国际协同发展思维。因为现在中国正在崛起，成为真正的世界大国，那么中国在国际政治经济中所扮演的角色将发生根本的变化。所以，我所理解的“一带一路”它不仅是一个空间的概念，更多的是涉及社会、经济、文化、政治等多维度的国家战略。通过实施这

个战略，对外可以开放，把相邻的国家和地区组织起来；对内可以进一步深化改革，使沿线城市和地区分享中国崛起的发展“红利”，进而提升中国在国际上的大国地位。

中国区域发展的战略演变过程，早在建国初期，毛泽东《论十大关系》里就已提到沿海和内地的关系，之后有东中西三大地带划分。改革开放后，开放了沿海、沿边城市，实施西部大开发战略，振兴东北老工业基地，之后是中部崛起战略。在期间，建设了很多工业开发区、经济开发区、高新技术园区。近年来，我们国家在深圳、浦东新区之后，又提出建设天津滨海新区、重庆两江新区、兰州新区等等。本届政府提出了建设“自由贸易区”，上海自由贸易试验区之后，又扩大到天津、重庆、广东等地区，可以预见不远将来会有多个自贸区获得审批。这些都是在中央政府主导下的区域发展战略。

所以我认为，“一带一路”战略是中国这么多年来在区域开发成功经验的基础上所做的一次放大，要把它放到全国一盘棋的角度去思考。就是要打破区域壁垒，推动发展要素的自由流动，也是解决在新常态下，中央和地方、中国和周边国家新型关系的一种新的体系，它比过去的区域战略具有更高的顶层设计内涵。

凤凰旅游：在国家层面这种大力地推动下，“一带一路”会不会兴起一股旅游投资热？另外就是“一带一路”旅游怎么去开发的问题，因为这两个区域都有独特性，比如资源、文化、经济基础等，都有特定的优势和劣势。

窦文章：从旅游的角度来说，“一带一路”特别一带沿线，最大的特点就是在空间上它是呈线状的，地域幅度太大，很难形成集聚，这是最大的难度。所以在东南沿海地区比较成功的“大投入、多项目、高强度开发”的模式，可能不适合“一带一路”的旅游开发。可以从两个方面去考虑。

第一个是资源整合型集聚。最近我注意到国家旅游局在总结、推广“贵州模式”，它就是一种资源集聚的发展模式。比如甘肃也正在做大景区，全省共谋划了20个大景区。就是说要让优势资源在局部集中，能够让游客实现比较集中的一种旅游体验。

第二个就是市场投资型集聚。李克强总理在讲到政府投资时，提出一个“微刺激”的概念，也就是说，以后不会出现像过去那样有4万亿的政府投资。那么“一带一路”要发展怎么办？就是要激活市场潜力，发挥社会投资的力量。现在民间资本很活跃，全国资本流动性民间资本约占一半。如果给予适当的政策支持，民间资本会很快转向“一带一路”的旅游开发。

凤凰旅游：政府不盲目、不冲动了，在“一带一路”舆论的引导下，民间资本会不会产生盲目、冲动的投资？

窦文章：民间投资一般都比较冷静，我在前面说了，企业为什么生存？就是要盈利，就是要有回报，没有充足回报把握的项目，民间资本一般不会去投，是非常理性的。我最近也接触到很多来自青海、新疆、甘肃的企业家，他们现在明显的感觉就是比过去好融资了，他们来北京与招投资商洽谈，哪里需要开发，有个什么好项目，北京的投资商都比较感兴趣。所以我觉得“一带一路”的投资热应该是一种理性热，这对于西北和西南部的开发是有好处的。

当然，政府政策会放宽，会有些政策突破。这个也是符合国务院31号文件精神的，要改革发展，要给旅游企业松绑，尤其涉及土地、融资、金融等方面都会放宽政策。另外就是“一带一路”舆论造势，会引发市场对这两大区域旅游的重新认识，也会激发大家对中国历史的热爱，特别是会让年轻一代对两大区域产生一种向往和追求，培养爱国情怀和民族文化自豪感，这对“一带一路”旅游市场的培育会产生积极的推动作用。

三、不是所有的边关城市都适合开发边境旅游

凤凰旅游：我看你们在做《吉林旅游产业发展规划（编修）》时，专门做了一本《边境专项研究》。这几年边境旅游业已形成一股热潮，您怎么看待中国的边境旅游开发？

窦文章：有两点。第一，边境旅游是在边境贸易的基础上产生的一种休闲观光体验。边境旅游比较火的原因是随着中国的经济发达，人民富裕，边贸交易越来越活跃。这种基于商贸的观光旅游，可以说这是一种边贸引发的自然状态，就算政府不引导，它也会自发成长。我们往大了说，因商贸而产生的客源本来就属于旅游的范畴。

第二，就是异域体验。就是内陆地区的游客渴望到边境去体验异国风情，就是不出国也能体验到的异国风情。比如中国人到黑河、到满洲里、到丹东等这些边关城市旅游，它既能体验到本地的民风民情，又能体验到异域的民族风情。但是，边境旅游容易出现一些无序状态，会给边防管理带来一些困扰甚至是冲击。比如，边

境一些城市的旅游基础服务设施如果较差，一旦大量的游客涌入，就容易引发一些问题。

凤凰旅游：边境旅游除了您刚才说的商贸带来的游客外，可能更多地是一些特种旅游，比如说自驾游客、探险游客，甚至骑行、徒步的游客比较多一些，他们就是想去人少的地方体验“苦中求乐”的新鲜刺激。

窦文章：特种旅游还是比较小众的游客，现在边境旅游大部分游客还是观光游。我上周去丹东考察，发现很多观光客去那里，就是想远远地望望对岸的朝鲜人民，朝鲜对口岸管得很严。

另外一个，边境旅游的基础设施、服务设施为什么上不去？就是因为边关城市旅游受两国政治关系的影响较大，波动性较大。关系好了，大家可以去玩；关系一紧张，一方面会管制不让游客去，另一方面，游客自己也不敢去。这样的话，政府和企业都不愿意投入太多资金去开发，也不会投入太多精力去实现规范化的管理经营，所以现在很多边境旅游基本上还是原始状态，开发积极性不高。

凤凰旅游：旅游本身就特别敏感，尤其安全因素是摆在第一位的。您觉得政府层面该不该主导推动边境旅游的开发？

窦文章：从理论上来说，政府应该支持推动边境旅游的发展，因为只有民心相通，才有睦邻友好。比如说“一带一路”战略，如果沿线各个国家和地区都能达成共识，共同来做这个事情，那么边境旅游一定会得到空前的发展。

其实对于地方政府特别是公安机关而言，他们放开边关旅游的动力不足。我前年承担“上海过境72小时落地免签”研究课题时，曾经做过一个调研，去过广州、海口等城市，发现他们最大的压力和负担就是外来游客的管理问题，中间可能会混杂走私的、偷渡的、赌博的等，鱼龙混杂。所以，维稳是边境城市政府部门的第一要务，而不是发展旅游，人越多就越容易出事儿，这个道理大家都懂。所以，我认为边境旅游的开发，局部可以尝试，但不是所有的边关城市都适合大规模开发边境旅游。

文旅行业市场营销的十个重点

本文系作者于2018年12月20-21日在江西召开的中国旅游协会旅游营销分会成立大会暨2018首届中国文旅营销高端峰会上的发言整理

《全域旅游示范区创建导则》明确指出，“做好景点景区、饭店宾馆等传统产品推介的同时，进一步挖掘和展示地区服务，将商贸活动、科技产品、文化节庆、体育赛事、特色企业、知名院校、城乡社区、乡风民俗、优良生态等拓展为目的地宣传推介的重要内容，提升旅游整体吸引力”，足见文旅行业市场营销的重要性。今天来自全国各地的文旅营销专家学者，从旅游营销的渠道与内容、旅游营销的形象与品牌、文旅融合时代旅游营销趋势以及旅游营销协作与影响等方面，深入探讨当今文旅行业市场营销的有关问题。下面我重点谈谈景区营销产品营销的十个痛点也是难点。

一、旅游营销从产品营销走向品牌营销

随着区域旅游竞争加大，客户细分市场与挑剔程度不断加大，旅游景区的营销工作显得越来越重要，营销部门的压力也越来越大。实际上企业经营的基本逻辑，就是产品与市场的匹配。旅游供给侧改革，通过产品创新、旅游+，以及全域旅游、文旅融合等，将旅游发展推向高质量发展的模式，优质旅游成为产品与服务的标准。同样，旅游营销工作也需要改革与创新。当前旅游营销工作表现出以下几个特点：

（1）营销手法变化多端，营销策略层出不穷，表明近年来，我国旅游营销理念与营销模式不断升级，由过去的产品营销转向现在的品牌营销。过去旅游以观光旅游为主，“白天看庙、晚上睡觉”是常态，传统营销以产品营销为主，经营者主动投放广告，可以说是单向营销，属于粗放式营销。现在进入休闲旅游时代，旅游方式以休闲体验、参与互动为主，政府与旅游企业经营者更加注重目的地和景区的品牌管

理，充分利用游客的口碑营销，以及病毒式多向营销方式，对细分市场进行精细化管理，属于智慧营销时代。

（2）伴随着科技进步，营销工具显多元趋势，旅游营销版本不断升级。经历了三个版本：旅游营销1.0，以报纸、杂志、电视广告投放为主，许多大型旅游企业如华侨城早期投放的广告属于此类；旅游营销2.0，营销媒介增加了户外广告、车体广告、电梯广告等，营销趋向分众化、碎片化，如黄山、庐山最早投放的车站广告，以及现在高铁座位上等投放的旅游广告等；旅游营销3.0，以网络电商平台和自媒体营销为主，市场更加趋于分众化、碎片化，也有植入影视、综艺、曲艺，入驻微博微信社交平台，注重“线上+线下”的互动，例如三亚蜈支洲岛的营销。

（3）更加关注营销的效果与营销效率。过去程式化广告投放、大型节庆类营销活动投入巨大、缺乏创新等问题逐渐凸显，越来越多的景区(目的地)深感以往的市场营销手法逐渐失灵，市场消费者以脚投票、并不买账，以致效果不佳。而营销方案策划与执行团队越感力不从心，旅游营销似乎已经走进死胡同，无法可解或者只能靠“碰运气”。

今天讨论的话题涉及旅游市场营销创新的相关问题，我们的目的就是通过系统的市场营销理论武装头脑，在实践中整合各种创新资源，寻求最优的广告密度，取得最佳的营销效果。

二、旅游营销的十大痛点

1. 找准目标市场

旅游营销的基础工作就是分析市场，决定产品卖给谁。在全域旅游框架下，旅游消费行为包括了旅游者旅游的全过程，受空间、个人收入、闲暇时间、社会文化等因素影响，旅游消费者消费的需要存在差异性。但同时，景区资源有限，提供的产品也有限，这就产生了旅游营销过程中存在的第一个难点，如何正确识别细分市场。通过细分市场来正确地选择旅游景区的目标市场和产品定位，既是旅游景区营销的基础也是核心。

一般来说，景区会面对五种不同类型的细分市场。首先，从旅游整个市场范围来分存在两个极端，其中一极是没有细分市场完全是大众市场，面向所有消费者提供一种体验产品，即大众市场产品；另一极是全部定制，针对不同的消费主体提供定制化产品，被称之为完全多元市场产品，表现出多项目、多层次、多视角的特征。接着，在这两个极端中间，出现了多个多元化的细分市场产品，有三个概念：利基市场、区隔化市场、多元化市场。

利基市场就是小众市场，是高度专门化的市场需要，表现出狭小的产品市场，宽广的地域市场；区隔化市场是对依不同的需求、特征分成若干个不同消费群体的进一步细分，其中一小部分存在另外的消费或者因为产品策略的不同会导致这部分消费群体流失，这个小部分市场被称之为区隔化市场。这个市场是竞争者之间主要争夺的市场，也是景区进一步扩大市场规模需要认真研究的一个市场。多元化市场就是服务于两个及以上不同需求的客户细分市场，是指某一类旅游消费者可以在不同的细分市场出现，从而消费不同的体验产品。

市场细分分析的难点在于分别主要产品的细分市场，排列优先次序。了解主要的细分市场之后要进行消费者行为的研究，以确定将来景区品牌塑造时差别消费者对于景区产品的感觉，并根据这些体验的感知，实施不同的销售策略。面向一定的利基市场，寻找景区能赚钱的细分市场，通过一系列的营销策划活动在“子利基市场”达成共鸣，情感宣发。

前几年战略管理有个热词“蓝海战略”，实际上就是对细分市场研究的进一步深化，也是对企业商业竞争策略的一种新的启发。因为细分市场越来越多，每个景区都紧盯自己的利基市场，市场被分割得七零八落。如何避免这种现象，要求从垂直营销走向水平营销。转换一些市场细分的思维就会有新的突破。如吉林查干湖策划冬季旅游捕鱼节庆，将传统渔业活动与旅游相结合，但是景区通过全国转播并进行网上竞拍，就是水平营销的一个体现。再如贵州紫云格凸河建立攀岩基地，这里生活着一群“特殊”的人群，他们以攀岩为生，陡峭的岩壁对他们来说如履平地，被称为“蜘蛛人”。这里成了攀岩爱好者的福地。基地在2005年至2011年成功举办了多期山地极限挑战赛和攀岩挑战赛，直到最后承担世界攀岩交流大会，引起全国市场轰动。

再如，长隆面向亲子市场，借助《爸爸去哪儿》热潮推出一系列“欲爸不能”产品，营销重心在“爸爸亲子”方向聚焦。爱彼迎用两个视频打动了一半去旅行的年轻人。一群大学生入住爱彼迎的视频，宣发“没想到，会有入学报到的感觉”，恰同学少年的心声；一个萌娃在爱彼迎的视频，抒发“一眨眼，她就长大了”的父母亲子情怀。

我国康养旅游是一个新兴的市场，根据需求不同分为许多细分市场，其中老年人旅游市场就是一个主要的细分市场，老年人收入高、可支配资金自主性强；老年人有闲出游时间比较自由。针对老年人的消费特点，比如喜欢闲散性旅游、喜欢结伴出行，景区除了设计出针对性的产品和旅行服务之外，还要做好针对性的旅游营销宣传。根据研究分析，老年人出行决策更多地受到外在因素影响，如朋友出游经历、景区旅游促销或节庆类活动等等。这要求景区首先要了解目的市场老年人获取旅游资讯的主要渠道，以符合老年人的思维习惯和阅读习惯，进行营销宣传活动，同时运用好口碑宣传效应。

2. 了解要做什么产品

景区就是一个产品集聚的空间，其本身就是一个产品。根据主要细分市场确定目标市场后，景区产品定位就是确定景区主打产品，确定景区用什么产品实现与市场的联系，这是构建景区核心力的关键因素。这其中至少涉及三个层面：一是提供差异化产品，二是产品组合，三是产品服务和与消费者行为的匹配，即消费者行为模式。第一个与产品生命周期、产品创新和商业模式创新有关，我在许多地方都讲过这个话题，今天不再展开。我想分享的是后面两个话题。

产品组合是景区能够提供的全部产品或服务的功能结构或结合方式，是一个景区在产品形态从单一向多个产品延展后面临的选择。面对越来越细分的市场，一些大型景区必须根据实际存在的差异化需求来选择不同的组合，动态化管理，模块化组合，以吸引更多的区隔化市场客户。如黑龙江五大连池的火山矿泉疗养产品组合，围绕“金、木、水、火、土”五行资源元素，建设旅游小镇，引导沿湖发展花卉产业、果蔬农业、康疗矿泉、火山矿物化妆系列产品等。

下面再分享几个国外有关湖泊产品组合案例：（1）瑞士琉森湖疗养度假，作为SPA疗养和瑞士联邦发祥地，其产品组合以观光、滑雪、夜游、避暑、购物、疗养为主，并以登山列车、徒步小径、蒸汽船、旋转缆车水陆空交通串联环湖游线。（2）位于城市远郊的美国太浩湖，是加利福尼亚州和内华达州边界上的湖泊，可谓北美最大的高山湖泊，其主打品牌是高山滑雪，除此之外，还把豪华度假、野营、汽车旅馆、度假公寓等多样化度假产品，以及水上运动、高尔夫、山地运动组合进来。（3）意大利米兰科莫湖，位于城市远郊区，是意大利阿尔卑斯山脉的冰川湖。该景区以水上休闲运动著称，成功举行过湖泊航行大赛、国际钢琴大师班培训，其产品体系包括航行训练与比赛、博彩、顶尖钢琴培训、立体化观光、水上运动、农业休闲。（4）匈牙利巴拉顿湖紧邻城市，围绕本地化产品葡萄酒以及温泉资源，打造温泉康养产品体系，包括节庆活动、温泉康疗、葡萄酒深度体验、野生动物与鸟类观光、水上运动。（5）法国安纳西湖，紧邻城市，发挥本地人文资源优势，成功打造了环法自行车赛、国际动画节、威尼斯狂欢节等著名品牌，以之配套的节庆休闲产品组合体系有农场和葡萄园休闲、水上休闲、节庆活动、滑翔伞运动、环湖自行车运动、美食旅游、购物等。

关于产品服务与消费者行为的匹配一致，本质上就是产品是否匹配消费者的体验习惯、体验偏好等。在消费景区产品过程中具体验行为和实际支付费用，是旅游者消费者行为的具体体现。消费者行为分析具有跨学科特点，研究有一定的难度。在运营实践中，简单的办法就是做消费者行为调查和满意度调查，注意这是两项不同的工作，前者强调消费者消费意愿，后者强调体验后的满意程度。

在产品研发中，人们往往会忽视消费者的消费心理，也不重视旅游者行为。比如景区服务设施布局，常见的做法是根据物理空间的位置来布置设施，不会考虑不同年龄、性别的行为模式，更不会考虑不同旅游目的、不同文化背景、不同社会阶层的消费行为差异。在一些主题游乐园，特别是涉及串线路旅游过程，孩子、老年人与年轻游客对厕所、休息椅、遮阳伞的需求不同，对饮料、食品、咖啡等的消费也有差异。例如，博雅方略在贵州青岩古镇的大景区规划中，从顶层策划、总体规划、修建性详细设计，一直到业态布局、服务网点规划布局，始终做到了思路理念的一贯性、连续性和落地性。其中，项目组做了多次消费者行为测试，选择不同年龄段、不同旅游目的的游客，对他们在体验过程中的消费心理需要和实际消费需求实进行跟踪分析，并通过聚焦小组实验方式，按照调研结果进行服务设施的优化布置工作。再如，博雅方略在进行北京丰台“第九届中国国际园林博览会”举办地“园博园”展后利用规划中，也用同样的方法并结合数学拓扑建模，对园区内的游览线路进行了优化，做到人流量合理控制与瞬间流量的峰值管理。同时，对沿线的服务公共设施重新进行了优势调整。

3. 合理的定价策略

产品定价是景区经营中的重要任务，定价高低、定价合理性决定着景区的利润高低，也影响产品组合设计与营销组合策划的效果。按照需求法则，定价水平决定了景区的市场规模，在一定程度上反映了旅游消费者对景区价格变化的敏感程度，也是景区价值的市场认知与游客支付能力的具体体现。合理的定价策略目的就是寻求一个正确的价格水平或价格组合，以通过压缩消费者剩余来实现企业利润最大化。利用差别定价特别是价格歧视是思考的方向。

如在产品生命周期中，采取不同价格的定价方法，有渗透定价、价值定价、限制定价、利基定价等。①渗透定价是指在产品生命周期中采取不同的定价方法，景区新产品进入市场初期采用较低水平定价吸引游客，在短期内加速市场成长，牺牲高毛利以获取高的销售量和市场占有率。②基于竞争市场的价值定价，是指在有一定市场份额的时候往往转向市场导向定价，保持市场占有率，并以合理的价格提供合适的质量和良好的服务组合。③限制定价是指达到垄断性市场份额（绝对占有率）时采用垄断定价，牺牲销售量和市场占有率来保持景区的垄断毛利率和利润率（高现金回报）。④利基定价是指完全占领某个细分市场时采取边际收益定价，通过专业细分市场的经营占领市场，最大限度的获取“高收益”。

以驴妈妈对上海著名旅游景区（点）定价为例，不同景区产品实行不同的销售价格；对于具有一定的垄断性产品，采用价格歧视办法。同样，青海的知名景区茶卡盐湖现在实行的价格策略见表1。

当前最常见的是以渗透低价吸引游客，以限制定价（捆绑定价）完成销售，甚至直接将“价格”作为营销事件，如西湖免门票、张家界“11.11”对单身群体实施免票，玩出了价格营销新模式。

表1　茶卡盐湖的价格策略

	游客类型	特征条件	价格策略
1	儿童	（1）1.2米以下	【免费】
		（2）1.2米-1.4米儿童（含1.4米）	【半价】
2	老人	（1）70岁以上	凭有效证件【免费】
		（2）60-69岁	凭个人有效证件【半价】
3	学生	全日制统招在校大学本科及以下学历学生	持本人学生证的【半价】
4	残疾人	凭1-4级伤残证	凭证【免费】
5	军人	现役军人、残疾军人、军队离退干部	凭证【免费】
6	青海居民	持青海省海西州有效身份证证件	凭证【半价】

4. 营销活动与方式不断推陈出新

文旅营销活动不断进行创新，是一件比较头痛的事，既需要创意智力上的支持，更需要企业运营资金上的保障，有一个良性循环的过程。我曾在许多地方都讲过有关产品创新与产品生命周期的话题，实质上，随着产品生命周期的变化，景区的游客人数也会发生倒U型的变化。旅游产品具有周期性，营销也具有周期性，不断的营销创新尽量延长产品周期迭代，保持生命力。

（1）营销主题的不断创新。景区不断推出新的产品或服务业务，营销活动的主题也会自动调整变化，不断推陈出新。如千岛湖景区，产品业务不断丰富延展，为营销活动主题的变化提供了大量的基础素材。又如主题公园类（迪斯尼、方特、长隆）的四季营销，不同时间段推出不同的营销主题。有时营销活动的主题会随着市场或行业的变化而变化。如我国旅游宣传主题年从1992年“友好观光游”开始至今，十几个旅游宣传主题和多个宣传口号，非常清晰地勾画出我国旅游业发展的历史演变过程和产品升级脉络。

（2）借助品牌内容营销方式，不断扩大景区影响力。内容营销又称植入式广告，通过透析产品特性、品牌理念，将其内涵有策略性地融入到节目内容，使目标受众主动、多层次、立体化地进行品牌体验，以实现营销宣传的目的。如山西皇城相府景区，通过赞助拍摄电视剧将景区的内容巧妙地植入进去，再如山西祁县乔家大院更是将场地用于拍摄电影场地，起到了很好的宣传效果。河南栾川借助《青云志》以取景地展开“奇境栾川”营销，老君山、鸡冠洞吸引大批影迷探寻奇境美景。

内容营销方式最近比较流行的做法就是事件营销。景区或企业通过策划、组织和利用具有新闻价值、社会影响以及名人效应的人物或事件，吸引媒体、社会团体和消费者的兴趣与关注，以提高企业或产品的知名度、名誉度，树立良好的品牌形象。如最近各地举办的马拉松体育活动，以及赞助世界著名体育比赛等，都是内容营销创新的典型例子。又如，利用北京故宫文创产品火爆态势，腾讯公司发起“Next Idea × 故宫”的创新大赛，又促发了新一轮的营销高潮。

（3）通过营销塑造品牌，实现景区与旅游目的地的关联，使品牌价值更具有生命力。景区营销的核心就是将品牌价值与市场活动互动互连。充足的市场营销投入能够打造景区品牌，品牌能够使市场活动更富有价值。重要的是，品牌的市场承诺不能辜负游客的体验。糟糕的旅游体验对于品牌形象有致命的打击。反之，通过在景区的旅游体验，游客会使目的地的品牌价值得到加强。全域旅游时代，游客与目的地或景区的接触特别是在“顾客切入点”或者“关键时刻”都对游客有价值，这包括从游客抵达到离开的消费路径的全过程。支撑关键的“顾客切入点”价值的单位包括商业服务提供商、公共基础设施与服务设施部门。

5. 落实旅游 IP 为王

IP（Intellectual Property）是知识产权的英文首字母缩写。旅游IP是一个具有品牌内核、独特价值体系与历史文化内涵的知识产权体系。为什么在旅游景区营销中提旅游IP？因为一个景区或旅游目的地在长期的发展中会形成一些有较高知名度或辨识度，能够给游客留下深刻印象的鲜活主题或核心价值观。因此，在旅游营销体系中，旅游IP实际是景区或目的地的核心和引领，似乎像一个深夜航海中发光的灯塔，其本身能给市场带来快速的冲击波。围绕旅游IP的营销活动，能够快速提高市场辨识度，当一系列好玩有趣、个性鲜明的产品推向市场时，会很快售卖一空，实现景区的可持续变现。同时，旅游IP背后又隐含有许多多元地域文化和伴生资源，通过对这些文化资源系统地挖掘整理，既能形成目的地或景区的综合体价值支撑体系，又能精确把握营销过程中的文化价值内核与旅游化、商业化的关系。

旅游营销进入IP为王的时代。博雅方略曾在延安全域旅游规划中引入文旅IP开发框架概念（图1），通过分析研究，我们认为旅游是一种生活方式，所游的是山川河岳，更是历史文化，旅游具有天然的场景感。最终规划确立了以延安旅游超级IP红色文化为核心的“四大品牌”战略和“三层结构的核心旅游产品体系”的规划思路（图2）。

实际上，文旅IP营销活动由来已久，诸如2008年北京奥运会、2010年上海的世博会等都是城市营销的重要IP。以乌镇为例，这座中国首批历史文化名镇凭借“江南六大古镇IP之一”的旅游名镇，以“凭什么人们记住你、凭什么人们选择你”营销理念为指引，推出了宣传口号“来过，便不曾离开”。接着又凭借“乌镇戏曲节IP”、“世界互联网大会IP”等系列产品的引入，最终成就“乌镇大IP体系”，成为旅游景区营销成功的一个经典案例。徐州将名人IP与创意新媒体融合，成功举办了“刘邦穿越代言旅游节”，整个旅游节线上曝光量约2亿人次，树立了城市旅游节庆营销新典范。阳澄湖景区，利用美食与“舌尖上的阳澄湖”IP的组合优势，围绕“美食文化节”，形成了“吃货天堂、高端度假、水产观光”等产品产业链体系（图3）。

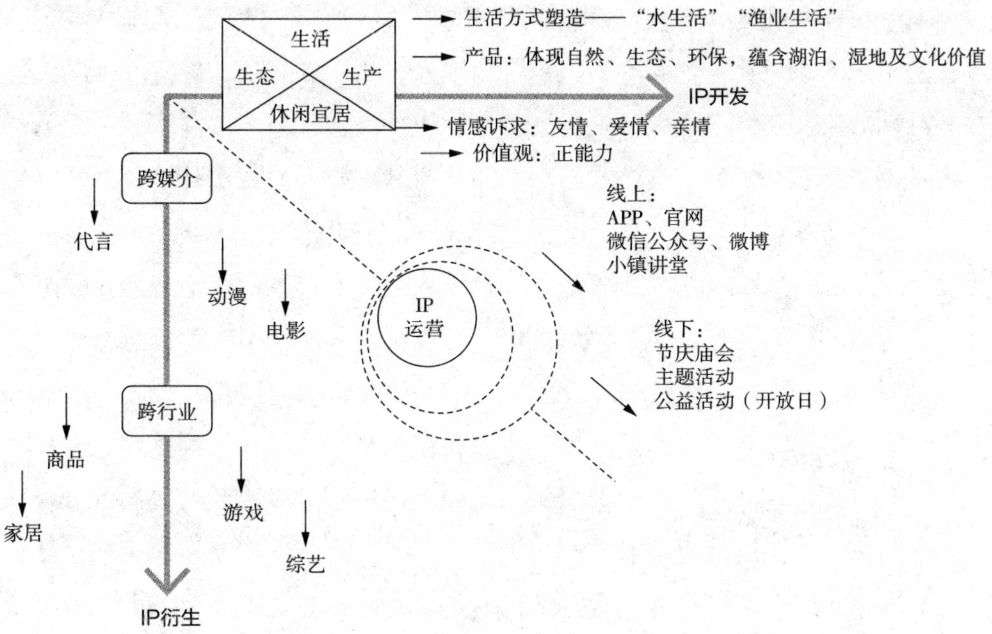

图1　IP开发的二维框架

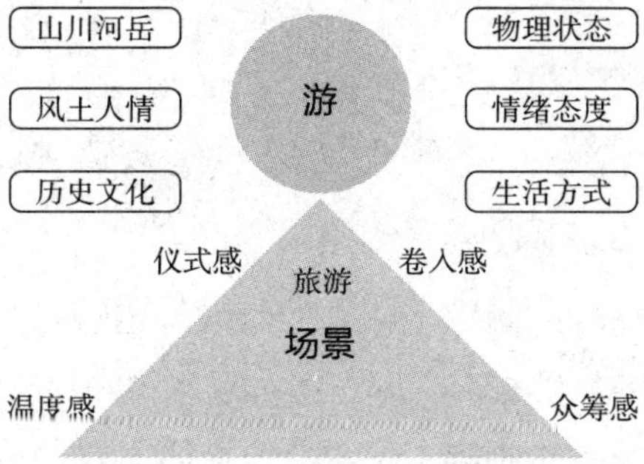

图2　文旅IP在景区开发中的引领作用

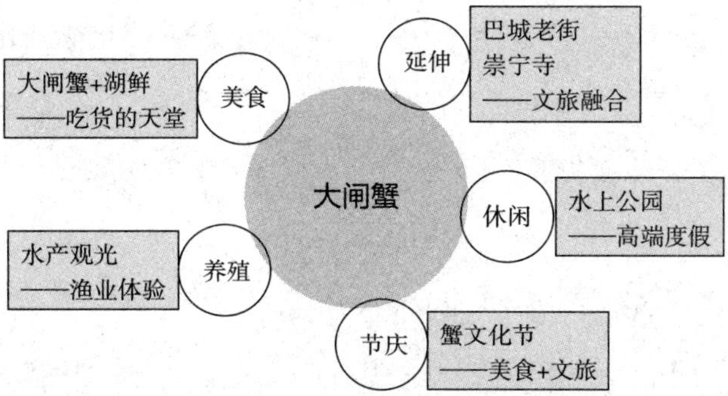

图3　舌尖上的阳澄湖IP文旅产业链

在国外比较成功的IP营销案例，当数日本“疯狂的熊本熊”。熊本县本与熊无关，就是利用了本地建筑色彩的“黑色”与地名里的“熊”字，经过本地元素创意组合、品牌形象加工，再加上文化创意活动，成功塑造了一个“胖笨而可爱”吉祥的“熊本熊”形象。例如，县政府与熊本熊一起制定疯狂的营销计划，县政府聘任熊本熊为临时公务员，作为熊本县的营业部长。县知事（县长）蒲岛郁夫将“在大阪分发1万张名片，提升熊本县知名度”的任务交给了它。不料在去大阪的出差途中，被大都市的魅力所迷住，熊本熊竟然下落不明。蒲岛知事为此紧急召开记者发布会，希望有知道熊本熊消息的人通过推特平台（Twitter）告知县政府。消息一出，引来无数网友互动参与。其他活动如熊本熊丢腮红事件、参加冰桶挑战、登上减肥杂志封面但因减肥失败被降职为代理部长等等，每一项活动都牵动了熊粉的心。

疯狂的熊本熊让低调的熊本县走向全球，成为文旅IP营销的经典。来自日本银行的数据显示，熊本熊在诞生后的短短两年多时间就给当地带来了超过1200亿日元（约68亿元人民币）的经济效益。《朝日新闻》2015年的报道则称，2014年熊本熊衍生品的销售额高达643亿日元（约35亿元人民币），是2013年的1.4倍。

6. 更经济低成本地粘住游客

如何降低获取游客的成本？有两层意思，一是在后大众传播时代，如何迅速打造成功品牌；二是在移动互联网时代，如何用最低的成本粘住用户。

处于科技进步飞速发展的时代，旅游新媒体营销的作用毋庸置疑，借助互联网技术特别是诸如自媒体精准传播的优势，低成本获得轰动效应并赢得客源市场的眼球。所谓新，是相对于电视、广播、报刊、户外四大传统媒体而言。新媒体包括很多，既包括传统媒体的数字化形式，又包括依托互联网、无线通信网技术等各类信息媒介平台，如网站、网络搜索引擎、手机APP等。

当然，如果展开讨论新媒体传播会有许多话题，如对未来营销的洞察分析、如何发动游客积极参与互动、如何创新新媒体营销传播测量与评估的方法。限于时间和篇幅，下面仅列举一些案例：

①白石山景区位于河北涞源县，是国家地质公园、5A级旅游景区。因山多白色大理石而得名，山势雄奇险峻，有“北方小黄山”之称。2014年在华北市场推出1元游“白石山人间仙境，挑战高空玻璃栈道”的活动，引发市场火爆。②西安在清脆的“摔碗声”中“一抖成名”，吸粉无数。③杭州借G20峰会，邀请杭州客人去黄山

欣赏绝妙风光，体验灿烂文化，品尝“舌尖上的徽州”。G20首日2.7万余杭州人畅游黄山。④新世相与航班管家联合推出“逃离北上广”营销活动，带来近1500万曝光，新世相公众号涨粉11万。⑤浙江裸心谷针对上海和杭州工作的台湾同胞们，在ELLE的台湾版投广告。这些软文引发大陆媒体争相报道，迅速将“裸”概念炒热。

这里值得一提的是，要注意利用高铁旅游传播优势，做到有效营销。近年来我国高铁飞速发展，给经济社会和人们的思想观念都带来了巨变。高铁站人流集中、受众面大，高铁车厢里，又具有空间密集游客注意力集中的特点，是一个很好的立体传播平台。加上高铁旅游的兴起，高铁已经成为旅游宣传的优势媒体。如云南省与携程旅游合作，针对贵阳、长沙、南昌、杭州、上海五省市客源市场，联合推出的“坐着高铁去云南——开往春天的列车”活动，起到了很好的宣传效果。

7. 面向重要客户，积极维护“回头客”

这里的“回头客”是指景区的VIP客户，包括景区的利基市场客户和提供公司收入现金流的客户。产品在市场营销过程中有三个度，即知名度、美誉度、忠诚度，前二者是营销的前段，让市场知道你，通过体验感知景区价值获得较高的满意度，形成口碑，这就是美誉度。而忠诚度是希望重要的客户能够多次重复性地消费，形成粉丝效应，进而对景区产生情感共鸣和依赖感。

（1）产品“品质＋特色＋创新”是保持“回头客”的秘诀。例如，华侨城景区通过景区产品创新与品质提升，吸引“回头客”（图4）。又如，2012年在日本大阪新开的一家“杂货店”，首日就有400人在门口排队，创下开业3天就卖光所有货品，最后只能暂停休业的记录。一家10元小店开遍了27国，年入30亿，下雨天买杂货都要排

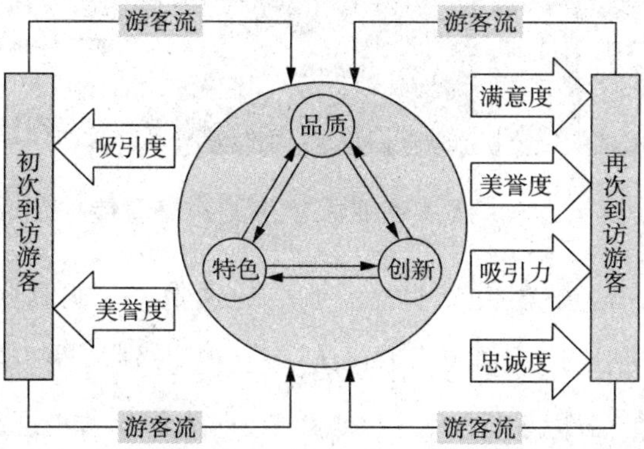

图4　华侨城获得“回头客”的铁三角

队，为什么？就是因为这里的每一件产品都极具创意，让人们看到都忍不住想要得到它。同样的案例就是Flying Tiger店里的商品，至少有一半是自己设计的，并且都出自名家之手，而且还屡获日本优良设计大奖（Good Design Award）、IF设计奖和视觉设计专业杂志Communication Arts颁发的视觉传达艺术奖。Flying Tiger产品的更新速度快，每个月都会新上300款产品，不仅保持了店面的活跃度，而且保持了顾客的新鲜感。同样产品都极具创意性。如“巧克力”便签纸、“铅笔刀”式蔬菜削皮器、“汉堡”式厨房定时器、“废杂志”做的竹篓、厕所“高尔夫”、鼻子样的铅笔刀、桌子上的手指足球、情侣雨衣，等等。

营销活动的特色创新前面已提到，如山东百万悬赏大神玩咖，参加“好客山东”旅游攻略大赛，通过“全国征集+省市县企业分级众筹+线上游戏+自媒体宣传”的方式，进行“线上+线下”联动营销，征集“创意游戏微攻略+专业达人精品攻略”，引发了全域联动、全民参与的高潮。又如方特乐园、万达、长隆植入“极限挑战”“奔跑吧兄弟”“爸爸去哪儿”等综艺节目，创造一轮又一轮的“吸引物”，吸引游客持续参与。而澳大利亚更是把大堡礁岛屿的看护员宣传成为“世界上最好的工作”，吸引国际游客把这里当成工作理想地、休闲生活目的地城市，起到非常好的效果（图5）。

图5　澳大利亚大堡焦的网络宣传

（2）如何分辨哪一类游客更重要？二八法则表明80%的利润来自于20%的游客。我们可以借助大数据制作用户画像（图6），从无忠诚到习惯、到情感再到忠诚四个阶段培养游客忠诚（图7）。如美国洛杉矶市针对中国市场的营销。洛杉矶旅游局于2006年、2013年和2015年分别在北京、上海和广州设立办事处，成为全美第一个在

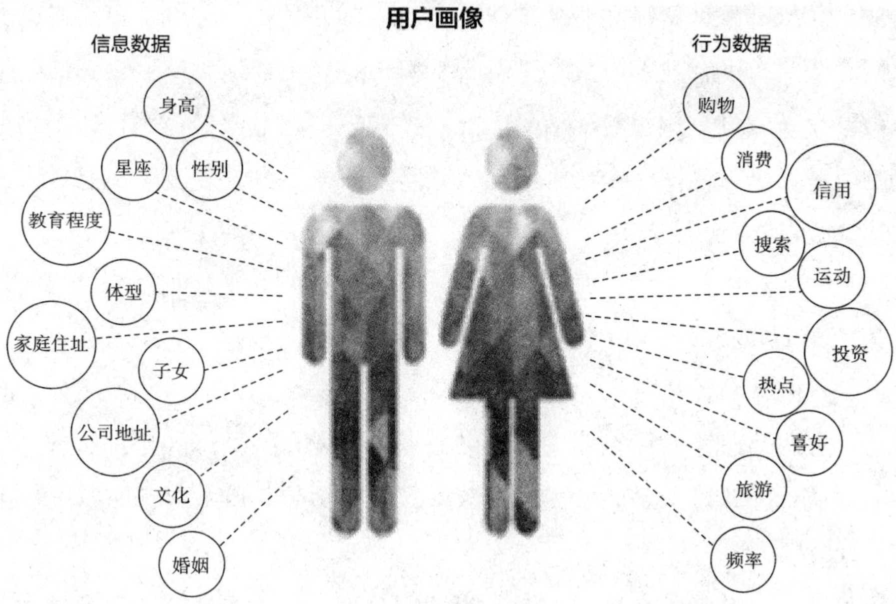

图6　客户画像的指标与要素

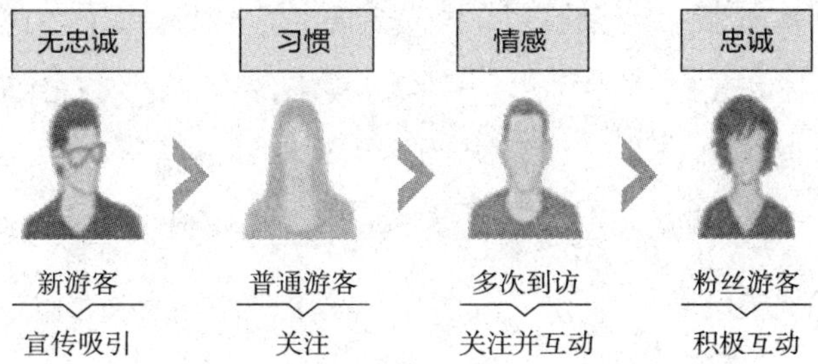

图7　培养忠诚度的四个步骤

中国开设全职办事处的市级旅游营销机构。多年的积累使其能够精准地瞄准北京、上海、广州的高端客源市场。近期推出以“Hello LA”为主题的旅游促销，很好地借用三地每天有多个航班往返的便利，取得了不错的效果。

（3）通过目的地品牌情感，增加游客的归属感，也是低成本粘住客户的常见手段。品牌情感是指游客在游览过程中与品牌目的地或景区所建立的一种独特而亲密的纽带关系，表达出游客对景区的一种情绪感受。这种情感关系建立的主要原因在于二者之间自我价值有共鸣，或者体验互动产品过程中人与人交往产生一种情绪感染，或者景区的情境氛围能够使游客有怦然心动的心灵感触。凭借情感营销，很容易促进旅游产品的销售、提升顾客满意度，从而带来良好的口碑效应，有利于培养游客的忠诚度。通常的做法有：一是设计情感旅游产品。二是加强认同内化，维系情感忠诚，如提升本地居民和服务工作人员对本地文化的自豪感，也可通过办理会员卡、授予荣誉市民称号等方式增进游客认同。三是依托新媒体，举办情感增进活动，如微信好友圈分享旅程有奖活动、有奖投票等。四是服务设施打造增加情感关怀，如厕所革命、无线网络全景区覆盖，对特殊人群设施的完善等。五是情感场景主题设计，增强体验感染力。六是注重情感公关，特别是要做好危机公关。

8. 避免渠道冲突

渠道是景区产品销售过程中所涉及的各个环节和推动力的总和。因为旅游景区与游客之间存在信息不对称，通过渠道供应商可以发布传播景区产品信息、说服并组织游客形成产品买卖交易、分担或分散景区经营风险，以及解决旅游过程中一些附加性服务事项。

从旅游全产业链框架看营销渠道，需要传统渠道与“互联网+”渠道并举，自媒体营销与渠道营销并重，“互联网+、大数据+、自媒体+、社交+”开启全域营销新格局（图8）。具体到某个文旅项目，首先通过建立自营销平台（网站+APP+公众号）主动营销展示核心价值，进驻线上平台（如携程、途牛、驴妈妈、爱彼迎），加入文旅联盟抱团发展提升潜力，锁定长期合作客户（如学校及培训机构、企业、社区、非营利团体），与旅行社等传统渠道合作包团薄利多销（图9）。

例如，苏州全域旅游营销中，采取多渠道方式，非常准确地传递了“上有天堂，

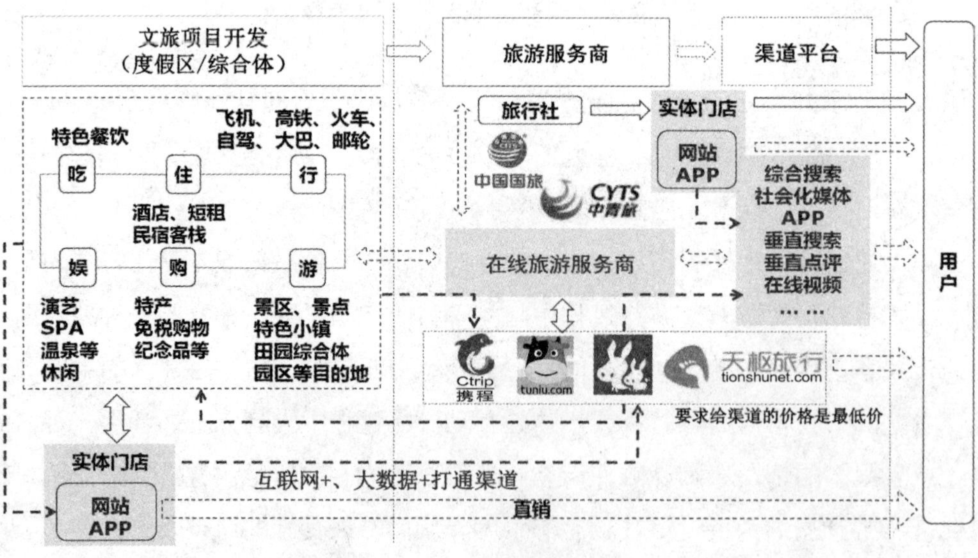

图8　全域旅游营销新框架

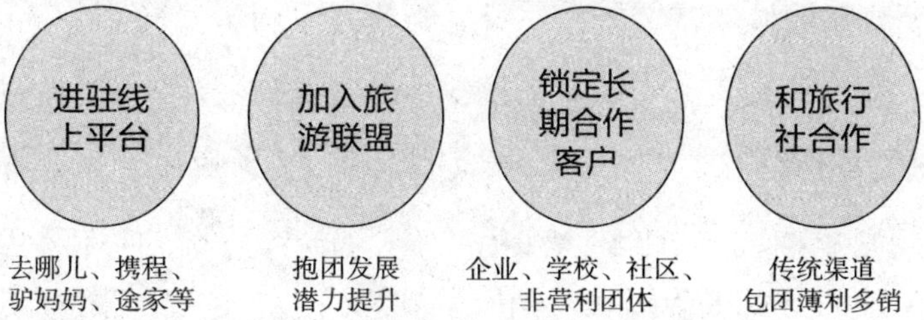

图9　旅游景区的多元化渠道

下有苏杭”的品牌形象。首先，通过大数据行为分析，实现精准营销，通过海外社交媒体迅速引爆市场；接着，线上大量信息冲击，结合线下宣传，“双剑”合璧引发“苏式生活”热点；公开邀请纽约时尚达人，亲身体验“苏式生活”；最后，独家内容传播让亿万网友为苏州证言。再如，新媒体（网红）景点宛若故里，通过“众筹+民宿”的方式，引发市场的关注。宛若故里在众筹网站“开始吧”发起了一个名为“在12个最美的地方，用12个月，建12个美宿的筑梦之旅”的股权众筹项目，不到半天时间项目超募，最终众筹完成度是444.19%，一共募集到444万元。

9. 整合营销资源，正确评估营销对自己的切实价值

整合营销实际上就是通过对景区所拥有的各种资源综合利用后，通过对各种营销手段和营销因素的系统化结合，使供需双方实现各自价值的营销理论和方法（图10）。实际上，许多景区或旅游目的地大都没有制定系统的景区营销方案或营销规划，包括营销战略、旅游营销形象设计、传播方式的战术组合甚至营销预算安排，出现品牌塑造长期不够重视，热衷于短期促销，追求短期销售目标等现象。通过前面的讨

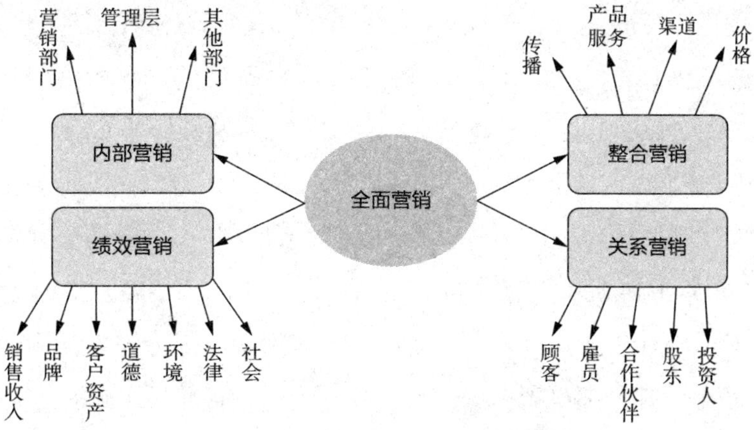

图10　全域旅游的全面营销管理

论，我们可以看到系统性的营销工程，对文旅项目成功起到至关重要的作用。

我们分析一下“韩流”营销对韩国旅游经济的影响和作用。在座的各位应该有不少是韩粉，至少应该看过《大长今》《冬日恋歌》《蓝色生死恋》等场景剧。旅游营销最高的境界就是强化游客的娱乐情绪和参与程度，这种借助文化体育、娱乐活动，通过轻松活泼的方式来传播和营销旅游品牌，当然是“神来之笔”。据统计，在《大长今》的“感召吸引”下，当年前往韩国的中国游客增加了25%，去韩国游玩的日本游客也达到创纪录的240万人！韩国通过影视剧形成“韩流”，带动旅游、游戏、服装、化妆品等各个领域的发展。“韩流”从最初韩国的歌曲、音乐、戏剧、舞蹈、电影、电视剧、足球，进一步扩展到韩国的游戏、服装、化妆品、餐饮、电子产品和汽车等各个领域。可以说，“韩流”蕴藏着巨大的商机。

10. 市场营销模式不断创新

在商业模式创新的构成要素中，市场管理创新是重要组成部分。在实践中，根据景区资源产品特点，结合多变的市场条件，因地制宜进行营销方式的组合和创新，会形成许多营销模式。比较成熟的有创意广告模式、客源地聚焦模式、本地化模式、“文化作品+媒体推广”模式、高端定位模式等等。

下面分享张家界创新营销模式的成功经验。首先，张家界在旅游营销全过程中，始终坚持“创新是旅游营销的灵魂”这一理念，将旅游营销当作一个系统工程来抓，各级党政一把手都高度重视，企业管理层主动组织营销，并将营销工作渗透到旅游产业的各方面各环节。具体的营销创新体现在以下六个方面：①资源创新，拥有绝品，不断拓展，形成“三星拱月，月照三星”的全域旅游发展格局，形成山水旅游资源与历史文化、民族文化、红色文化、民俗文化旅游资源交相辉映的资源互动互补格局。②产品创新，敢想敢干，出奇制胜。不断开发的产品成为市场营销新的主题。③品牌创新，精确定位，超越自我。张家界根据旅游产业的发展，提出“国内外知名旅游胜地”“湖南旅游发展龙头”等目标，积极争取到各类世界级、国家级字号品牌，并提出宣传口号“绝版张家界，惊艳全世界”和“走遍全世界，还是张家界”，进一步彰显了向国际化迈进的决心和自信。④活动创新。海阔天空、无拘无束。旅游营销年年有新意，月月有活动，天天有精彩。⑤传播创新。以小博大，借势借力。大家知道有一部电影叫《阿凡达》，有一个地方叫“张家界”。“潘多拉太远，张家界很近”，有一种胆量叫“玻璃栈道”，有一种玩不坏的桥叫“张家界玻璃桥”。⑥机制创新。全面整合，全员营销。在多年的营销实践中，张家界按照“政府主导，企业跟进，全面整合，全员营销”的原则，充分调动各方面营销的积极性，形成了一套良性互动的旅游营销机制。

冰雪旅游产品与目的地营销策略

本文根据作者于2016年在国家人社部举办的冰雪旅游市场营销培训班上的讲稿整理

当前，我国冰雪运动产业已经初步形成了以健身休闲为主，竞赛表演、场馆服务、运动培训和体育旅游等业态协同发展的产业格局。冰雪旅游是区域旅游产业重要的组成部分，也是发展全域旅游、四季旅游，突破季节瓶颈、激活冬季市场的重要抓手。而2022年北京冬奥会的成功申办，将进一步推动我国冰雪旅游产品的市场知名度，更大范围的推动冰雪旅游长足发展。加强对国内冬季旅游资源和目的地的营销推广势在必行！

一、冰雪旅游市场发展与产品模式认知

1992年，国家旅游局将“冰雪风光游”列入14个专项旅游产品线路中对外推介。2006年，冰雪旅游已系统完整地纳入《中国旅游业十二五规划纲要》，2013年，国务院总体指导下的《黑龙江和内蒙古东北部地区沿边开发开放规划》中提出要突出冰雪特色，重点开发以牡丹江—哈尔滨—呼伦贝尔为主的冰雪旅游带。2016年，《冰雪运动发展规划（2016–2025年）》与《全国冰雪场地设施建设规划（2016–2022年）》，以及国家体育总局等23部门联合印发《群众冬季运动推广普及计划（2016–2020年）》相继出台，特别是自北京、张家口联合成功申办2020年冬奥会以来，冬奥会催生了冰雪产业发展的黄金时期，进一步推动我国冰雪运动赛事、冰雪产业、冰雪度假和冰雪旅游发展。同时，要让更多的群众参与冰雪活动，实现习近平总书记提出的“3亿人上冰雪”、到2025年我国冰雪产业总规模将达到10 000亿元的战略目标，可以说我国冰雪产业进入了新的发展阶段。

按照《冰雪运动发展规划（2016–2025年）》，未来我国冰雪旅游要全面推进冰雪运动“南展西扩”战略，形成“引领带动、三区协同、多点补充”的发展格局。京

津冀地区要建设一批能承办高水平、综合性国际冰雪赛事的场馆；东北地区要在现有基础上扩大规模、提高质量，稳步推进冰雪场地设施建设；华北和西北地区重点建设一批以健身休闲为主的冰雪场地设施；西南和华东地区要利用区内冰雪资源修建冰雪场地设施；南方城市地区要建设一批室内滑冰场地。在《全国冰雪场地设施建设规划（2016–2022年）》中也提出，到2022年全国滑冰馆数量将不少于650座，滑雪场数量将达到800座，雪道面积将达到10 000万平方米，雪道长度将达到3500千米。鼓励有条件的学校建设滑冰馆。鼓励城区常住人口超过50万的城市根据自身情况建设公共滑冰馆，有条件的城市至少建设1片61m×30m冰面的滑冰馆。在《群众冬季运动推广普及计划（2016–2020年）》中指出，要以京津冀为引领，以东三省提升发展为重要基础，发挥新疆、内蒙古等地区的后发优势，带动南方地区协同发展，点线面结合布局群众冬季运动生态圈（带）。

传统上认为冰雪旅游主要包括三部分内容，即观光、运动、娱乐。随着冰雪旅游在世界城市范围内的推广，以及在与现代元素、经济贸易元素等时代元素融合过程中，冰雪旅游的内涵在不断深化，并且不断延伸出关于冰雪旅游开发的模式。一般的冰雪旅游产品包括基础产品和核心产品。基础产品由冰雪体育竞技、教育培训、节庆活动以及商贸会展组成；而核心产品由冰雪观光旅游、冰雪休闲度假、冰雪主题娱乐以及冰雪乡村旅游等特色主题产品组成（图1）。

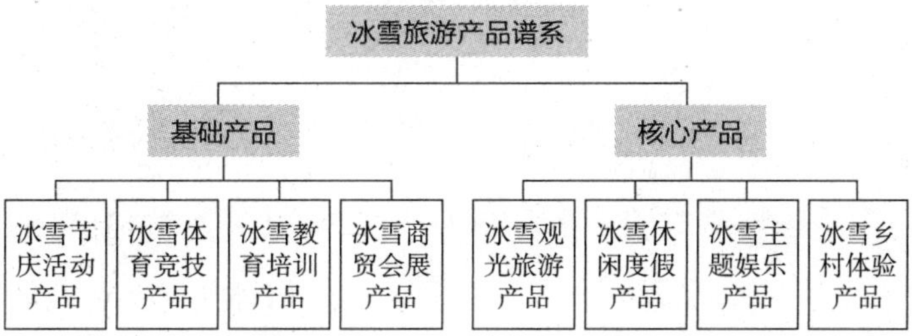

图1　冰雪旅游产品谱系构成

在我国，冰雪旅游资源主要分布在北方地区，受自然地理条件与交通条件的制约，各地冰雪旅游开发的可能性和规模都不尽相同，从空间和产业集聚上来看，形成了东北地区、西北地区、华北地区是国内几大冰雪旅游资源集聚区（图2）。东北地区：以黑、吉、辽为代表，雪质最好、雪期最长、冰雪旅游产品最丰富，市场知名度大，入境市场处于垄断地位，是中国冰雪旅游的先导区和成熟区。华北地区：以北京、河北、内蒙古为代表，雪期短、雪质较差，以人工造雪为主，但临近京津

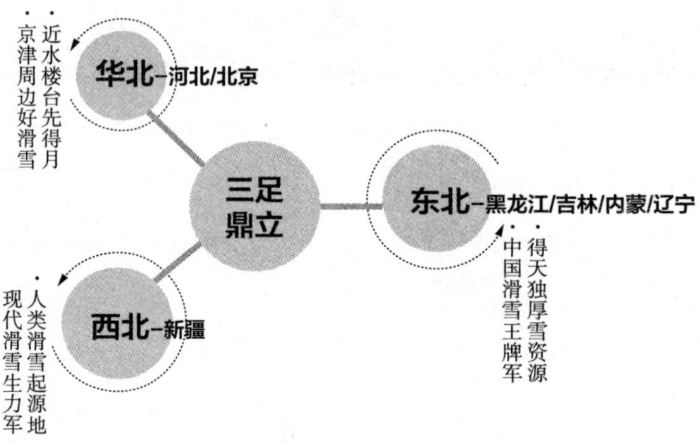

图2　我国冰雪旅游三足鼎立格局

等国内主要客源市场，区位好，冰雪旅游配套设施较为完善。西部地区：以新疆、四川为代表，以天山、阿尔泰山、四川峨眉山为主，雪期及雪质都较好，滑雪与地方民族民俗风情特色结合，文化魅力强，但交通与区域经济条件较差，制约了冰雪旅游的发展。因此受地域性资源与城市经济发展水平等因素的影响，目前我国冰雪旅游出现了四种基本发展模式：东北模式、西部模式、华北模式以及人工冰雪模式。其中，人工冰雪模式是指依托声光电等现代技术、室内人工创造出的冰雪主题产品，这类产品以冰雪乐园的形式出现在经济水平较发达、人口密集的东部或中西部大中城市。

从传统冰雪旅游产品市场的系统理论体系认知，到冰雪产业实践中的零星的感性认知，最后到冰雪旅游开发模式的探索与总结，我们对于冰雪旅游产品的认识早已经不限于“赏雪滑冰”基本的概念。图3列出我国主要冰雪旅游目的地的一些基础特征。限于篇幅，有关产品开发模式，我们将在分析冰雪节庆营销模式、冰雪体育赛事营销模式中，通过案例分享的方式详细论述。

二、用营销理论知识武装头脑，做好旅游营销实践

现代市场理论的核心概念就是营销。营销是现代组织和个人的一项重要的功能活动，是个人和组织创造产品和价值并与他人交换，以满足市场需求和实现自身目标的过程。营销的起点是个体或组织的需要与需求，终点是交易市场。营销的目的，是通过满足市场需求实现个人或组织的产品目标。

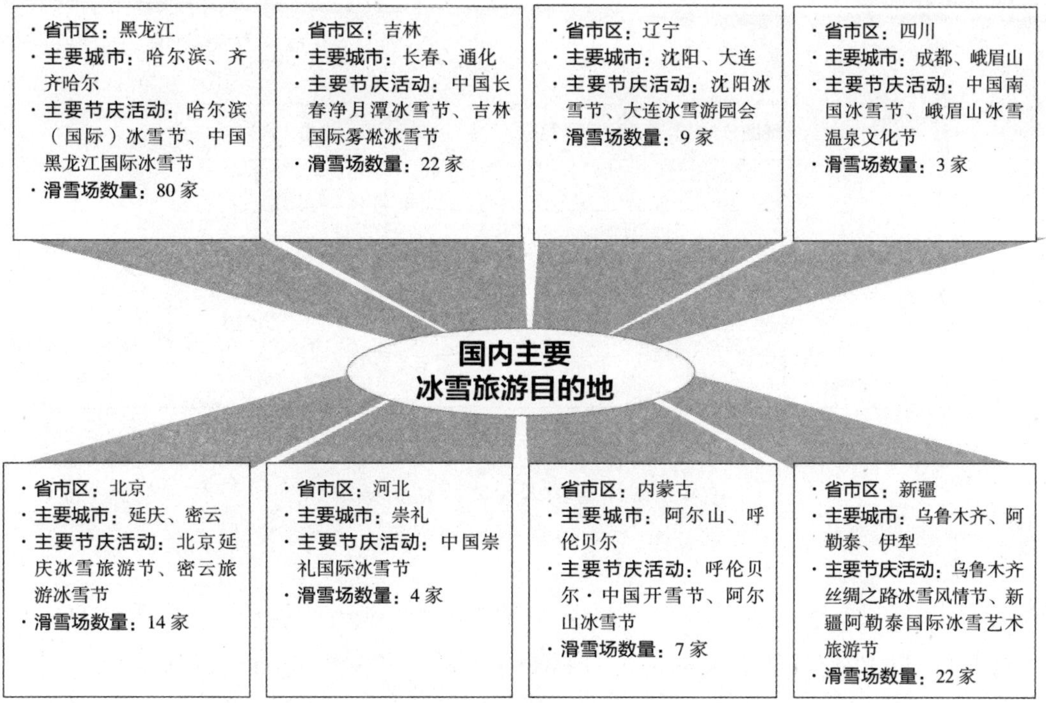

图3　我国八大冰雪旅游目的地特色特点

市场需求包括三个概念：一是个体（组织）需要。这是一种未得到某些满足的感受状态。二是购买欲望，即想要得到某种具体满足物的愿望，即人类需要受文化和个性影响后所采取的具体形式。三是需求，一种有购买力支持的欲望。

营销循环体系的第二环节是产品供给。针对市场需求，厂商通过生产与之匹配的产品或服务并提供至市场，能够满足某种需要的东西。供给通常包括实物产品、服务和观念三大组成部分。然后，需求和供给双方在价值、满足和质量等方面达成一致，实现了交易。交易是双方之间价值的交换，是交换的基本度量单位。最后，买卖双方形成交易市场。在一个既定的行业中会有若干个产业链环构成，而每个链环都是一个交易市场。在营销理论体系中，有关市场可以有许多概念。如由某种产品的实际的和潜在的购买者形成潜在市场或有效市场、合格的有效市场。一个产品会有既定的服务目标人群，称之为目标市场。产品通过某种渠道进入一个成熟市场，并通过某些手段挤占竞争对手或在位厂商的市场份额，使原来厂商的消费者认知自己的产品并产生购买行为达成交易，叫作渗入市场，等等。

在具体的市场营销传统实践中，形成了从STP到4P的操作框架（图4）。随着理论和实践的进一步发展，营销体系又出现了从4P到4C、4R、6P的演进。4P，是

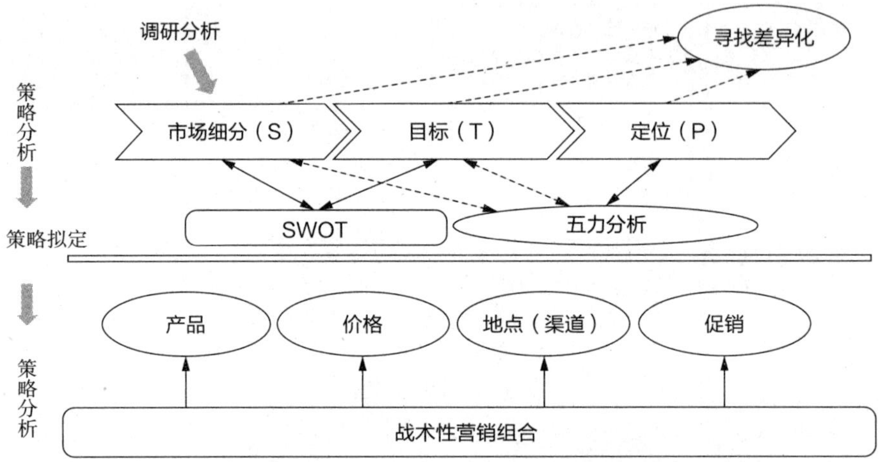

图4　现代营销理论体系知识结构

Product（产品）、Price（价格）、Place（渠道）、Promotion（促销）的简略代称。6P在原来4P基础上，又增加了Political Power（政治权利）和Public Relations（公共关系）。4C，指的是Customer Solution（顾客解决方案）、Customer Cost（顾客愿意支付成本），Convenience（便利）、Communication（与顾客沟通交流）。4R是Relatedness（关联）、Response（反映）、Relationship（关系）、Return（回报）。

旅游营销是一个旅游从业者都躲不开的问题。我们经常遇到的是以下情况：①不知道谁是竞争对手：不知道你在和谁打仗。处在同一区域的景区，会抢走你周边的随机出行短途游客；不同区域的同类型景区，会抢走远途游客。②不知道游客在哪里：需要仔细地分析客源在哪里，景区的主要游客处于何种年龄段，其消费水平如何。③不知道自己是谁：需要不断地为自己贴标签，贴游客喜欢的标签，才能找准自己的位置。④不知道专业是什么：专业的人做专业的事。需要仔细地思考产品的营销理念是什么，市场定位在哪里，如何塑造品牌形象，如何讲好品牌故事。⑤不知道渠道感兴趣的是什么：做到供应链各方与分销商、承包商的共赢、共赢、共赢，重要的事情说三遍。⑥不知道散客感兴趣的是什么：要抓住客户的兴奋点，教他怎么玩。只要玩法好，不在乎你的产品是否存在不足。⑦不知道销售的核心是什么：如何勾起人们的购欲望，游客并不会理性购买。

因此，考虑以上实际操作中的问题，营销观念一直在发展演变中。最初营销就是生产观念，假定消费者会接受任何买得起和买得到的产品，管理的主要任务是提高产量和降低成本。这个观念往往会忽视消费者的需求多样性。二是产品观念，认为消费者会选择品质、功能和特色最佳的产品，企业必须不断致力于产品的改进，这种观念依赖专家对最佳产品的看法，忽视用户的意见，可能导致产品不被市场接受。三是销售观念，认为消费者不会主动购买某产品，企业必须主动推销和积极促销。四是营销观念，要实现营销者的目标，关键在于了解市场需求，然后想方设法以最有效的方式满足市场需求，为顾客创造价值。五是社会营销，企业把商业运营模式放到公共领域，运用社会公益价值展开营销活动从而获得良好效果。六是整合营销，强调与消费者的沟通和将广告、公关、促销等各种工具相互配合，整合成一体，以发挥最佳效果。

下面通过分析一些省市的旅游营销案例，使大家能够更深入地理解营销相关概念和理论知识。

（1）有关市场细分与定位。例如：浙江德清裸心谷。最早是几个国外朋友骑车到“三九坞”游玩，本来打算租下几间空闲的农舍供自己度假，后来发现如果用来做农家乐非常有市场。因此，针对在上海和杭州工作的外国人，作为“洋家乐”的目标市场。目标市场的客户偏好表现为原汁原味的感受，以裸家族、裸生活为主导，所以为了满足这些客户对自然风光、清新空气及远离尘嚣的需求，裸心谷将其产品定位为“一裸到底”。后面的广告投放也有针对性，通过ELLE的台湾版投软文广告。这些软文又被国内的媒体二次传播，迅速将“裸”概念炒热。

（2）产品策略：产品策略包括产品定位、产品组合策略、产品差异化策略、新产品开发策略、品牌策略以及产品的生命周期创新策略。首先要明确企业能提供什么样的产品。从一定意义上讲，企业成功与发展的关键在于产品满足消费者的需求的程度以及产品策略正确与否。例如，“北京礼物”成为首都旅游商品的响亮品牌。“北京礼物”是北京市政府在北京奥运会后，为进一步规范旅游商品消费市场，促进旅游商品市场消费，通过政府注册“北京礼物”商标，以特许经营的模式，并以展示北京优秀历史文化及代表北京城市文化形象为核心，聚集优秀的产品，实现多企业合作和多产业联盟。为此，北京市旅游发展委员会联合有关部门组织发起了以“北京礼物”为主题的旅游商品征集大赛。“北京礼物”旅游商品大赛为推动旅游商品设计创新、促进旅游产业发展做出了突出贡献，已成为具有全国影响力的品牌活动（图5）。

（3）价格策略。市场需求法则决定了产品价格是影响消费需求的重要因素。定价决策对营销目标的实现起到决定作用，涉及消费者消费剩余的挖掘、现期利润最

图5　北京礼物logo图标

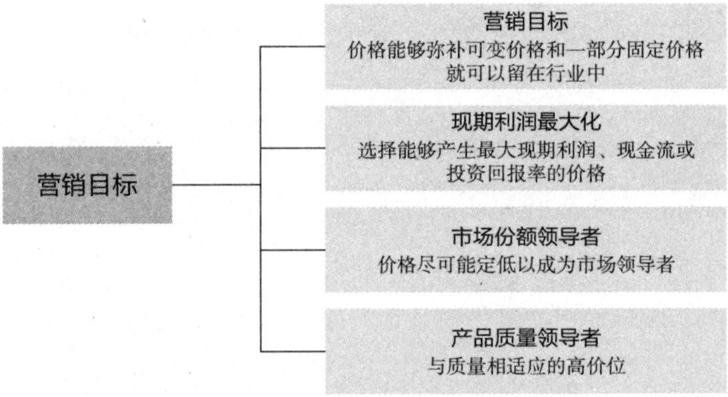

图6　影响定价决策的营销目标

大化以及市场份额和行业产品标准的领导力等方面（图6）。例如，世界著名的创意产品厂商Flying Tiger，其营销的核心理念就是“让你觉得自己是有钱人”。其成功不仅仅是卖廉价又独特的商品，更重要的是在做满足。满足顾客内心的那份探索欲、好奇心、童真心态、自尊心等等，满足顾客对一种生活方式的期待。而Flying Tiger恰恰是通过这些独特的产品，通过价格优势将这些充分体现了出来。Flying Tiger更像是在打造一种生活观念，它希望通过创新的商品增加顾客的探索欲望，激励人们尝试新事物，体验创新给人们生活带来的乐趣，并分享给家人和朋友。店是10元店，但在这里却没有廉价的感觉。虽然Flying Tiger出售的都是些非常廉价的小商品，但是购物的顾客大部分是富足的中产阶级。正因为这份对顾客心理的把握与满足，Flying Tiger将每一件商品都当作艺术品来对待，这又促使其保持源源不断的创新活力，设计出更多独具风格的产品。商品本无贵贱之分，全靠创制人赋予它的标签与含义。所以，10元店也能让富人流连忘返，让众人甘愿在雨中排队。所以，10元店也能年入30亿美元，在全球关店潮中一枝独秀！

（4）营销渠道与渠道管理。营销渠道构建有分销和直销两种方式，营销渠道构建是现代营销体系的重点工作。一个景区或区域需要建设一套完整的网络通道，如多级的分销商、旅游中间商、经销商、代理商等，确定渠道长度与宽度（图7）。在区域旅游营销上，也可以形成多个区域的联合营销，互为客源市场、互为销售渠道。

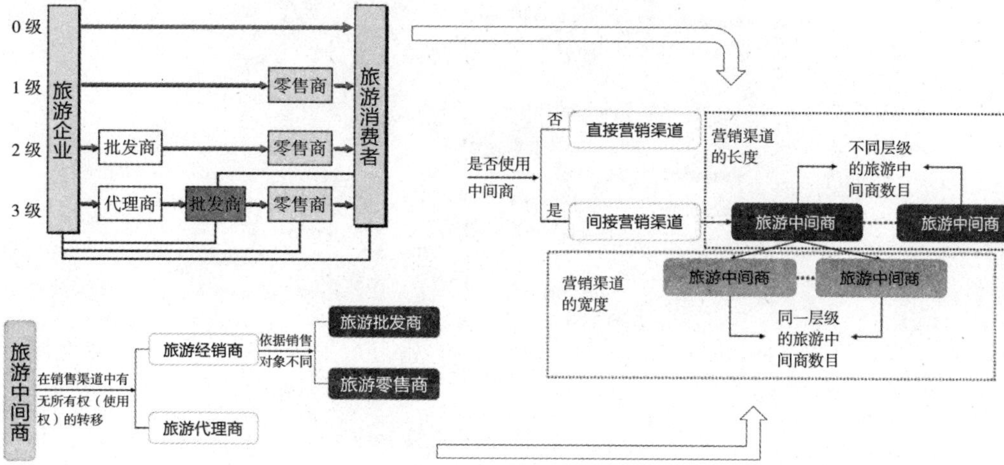

图7　渠道层级结构与渠道管理

如京杭大运河旅游带的沿线城市，形成旅游推广联盟。为了加快京杭大运河旅游带的开发，特别需要一个跨行政区域的合作机构，形成一个全员参与的联合营销网络。为此，2014年6月24日，由北京、天津、沧州、衡水、德州、聊城、济宁、泰安、枣庄、宿迁、淮安、扬州、常州、无锡、苏州、湖州、嘉兴、杭州等18个城市旅游部门，组成京杭大运河城市旅游推广联盟，目标在未来的3–5年内分阶段实施区域市场联合推广“十个一”工程：一个联盟、一本画册、一组旅游线路、一组运河美食、一部形象片、一组旅游节庆、一个专题网站、一本通关文牒、一组特色纪念品、一名运河形象代言人。由于这个联盟的成立以及高效运转，消息传播与品牌知名度大幅提升，促使“大运河国家文化公园”成为首批国家三大文化公园之一。

在营销渠道管理中，在线旅游营销平台是直销模式的主要形态，它与传统媒介、自媒体营销构成现代旅游渠道的三驾马车。在线旅游营销平台是一个复杂的系统，它以消费者为核心，通过移动互联网技术、大数据技术、云存储技术等，实现旅游多功能的目的地、旅游产品的营销目标（图8）。目前我国已经建立有多个知名品牌的在线旅游平台（图9）。

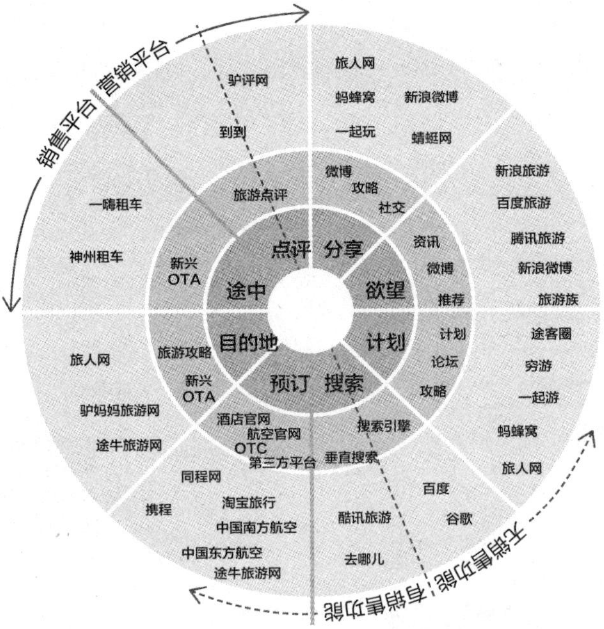

图8　以消费者为核心的营销平台

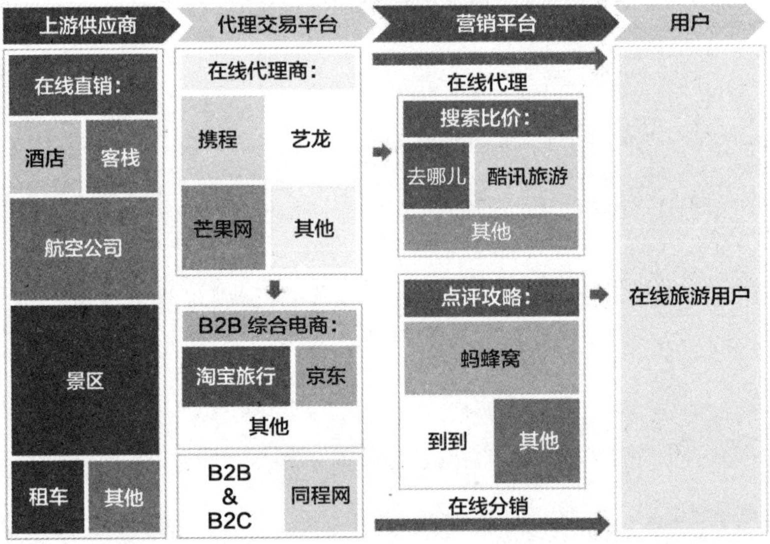

图9　国内知名旅游平台与品牌企业

例如贵州旅游海外营销。针对入境游市场，贵州省2015年后陆续开通贵阳至香港、台北、日本大阪、日本名古屋、泰国甲米、泰国曼谷、韩国济州、韩国仁川，遵义至香港9条国际直航，以及贵阳至越南岘港、韩国务安、印度尼西亚巴厘岛3条旅游包机航线。韩国、日本分别为贵州入境市场第二、三位。抓住这个机遇，贵州分别在脸谱（facebook）、推特（twitter）、拼趣（pinterest）、油管（youtube）四大海外社交媒体上，设立贵州旅游官方账户，2015年1月15日正式同步上线。据贵州旅游官方账户统计，自上线之日至2015年12月17日，脸谱主页粉丝共计204 820人，共投放44个广告系列，覆盖海外受众近500万人次。推特旅游专页粉丝累计5307人。拼趣旅游专页共发布图文1081张，创建主题拼板21块，累计粉丝1010人。油管旅游专页频道订阅人数累计1064人，上传视频371部，视频观看总量515 581次。另外，猫途鹰旅游专页实现广告累计点击4 966 490次。取得了非常好的营销效果。

（5）营销沟通组合，也称促销组合，是由广告、促销、公共关系、直接营销和人员推销等沟通手段所组成的组合。营销沟通组合有许多具体方法，如采取低价策略或降价、利用传媒宣传产品、参加各种展览会和博览会、针对核心市场进行主题推销、利用政府和社区进行关系营销，等等。图10是清明上河园的营销渠道组合。又例如甲午海战纪念地营销活动，刘公岛始终把宣传营销作为景区树品牌、拓市场、增效益的重要引擎，创新形式、精心策划，收到了良好效果。一是坚持高端媒体宣传树品牌：利用CCTV《朝闻天下》《走遍中国》《山东新闻联播》等国家媒体，宣传“刘公岛不仅仅是个岛”主题形象，日益深入人心；二是坚持创新营销拓展市场，组织首届刘公岛二次消费项目交流会，积极参加国内外旅交会推介。三是坚持活动策划扩影响，拍摄动漫连续剧《刘公岛之约》《1894——甲午大海战》《铁甲舰上的男人们》；协助完成《百家讲坛》《历史文化名人》《船政学堂》甲午战争选题。四是搭建平台挖掘新亮点。官网+微博+微信+平台形成刘公岛大旅游圈营销组

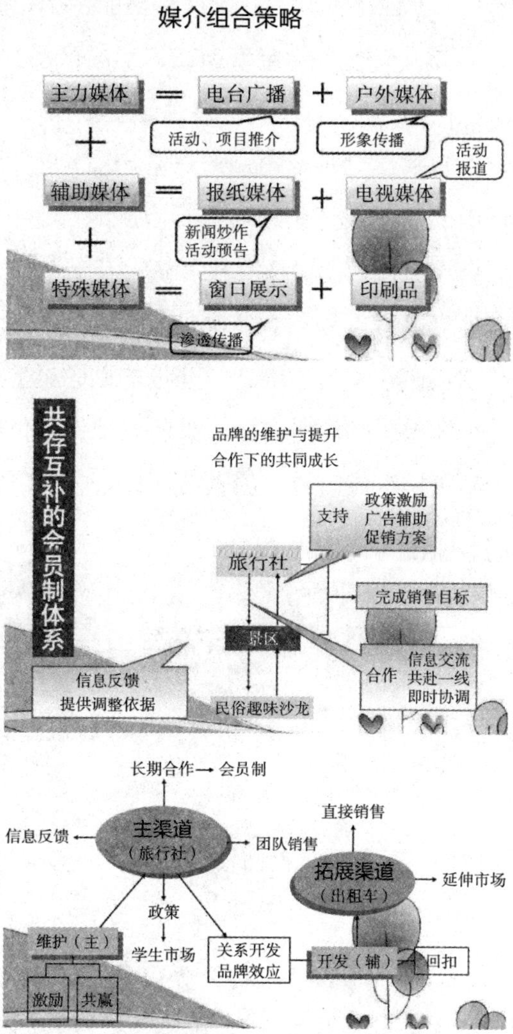

图10　清明上河园的营销组合策略

合拳，与携程、艺龙、同城、美团等合作，开展网上推介。

（6）营销创新，许多创新做法，可谓十八般武艺样样出彩。例如，综艺节目《爸爸去哪儿》的营销，捧红了许多旅游景区或旅游目的地。《爸爸去哪儿》第二季所播的地方有：重庆武隆、浙江建德新叶古村、湖南省怀化市靖州县及靖州县三锹乡地笋苗寨、四川都江堰虹口乡、呼伦贝尔大草原、甘肃景泰黄河石林、台湾花莲、新西兰。第三季有：陕西省榆林市、子洲县瓜园则湾乡王阳洼村、绥德县城、云南省西双版纳傣族自治州勐景来、福建省漳州市南靖县书洋镇河坑村、新疆维吾尔自治区吐鲁番地区火焰山、乌鲁木齐乌拉斯塔伊利牧场、湖南邵阳绥宁县关峡苗族乡大园古苗寨、江西吉安青原区富田镇陂下村、浙江金华东阳市横店镇横店影视城、澳大利亚西澳大利亚州珀斯玛格丽特。

（7）塑造产品与市场IP，形成产品品牌组合，这是目前比较流行的市场营销做法。例如“七彩云南”，通过建立多元化产品品牌集合进行整合营销。七彩云南品牌旗下包括：七彩云南翡翠珠宝产业、七彩云南茶产业、七彩云南房地产产业、七彩云南酒店餐饮产业和七彩云南旅游产业。七彩云南是由昆明诺仕达企业（集团）有限公司依托云南民族文化和资源优势，打造的翡翠珠宝品牌、茶叶品牌、旅游品牌、房地产品牌、酒店餐饮品牌等的品牌集合。七彩云南品牌是该集团将云南民族文化和现代产业发展相融合，建设的面向世界发展的产业品牌。“七彩云南”商标为诺仕达集团旗下的注册商标，具备法律保护依据。另外，各个省市都在通过旅游IP塑造，创新营销宣传口号、创意设计Logo符号（图11）。

图11　省市旅游主题形象与logo

三、实施冰雪旅游营销新策略，塑造冰雪IP，做好“三力”营销活动

冰雪产业是一个既老又新的行业，一些发达国家或地区如欧洲、北美、日本经过多年冰雪活动的发展，已形成了一套完整的营销体系。我国发展冰雪产业，首先，要树立一个总体目标，努力成为世界最佳的冰雪旅游目的地。然后针对特定的客源地和细分市场，打造特色品牌形象。最后通过不断创新，整合冰雪旅游资源，延长产品链与产业链条，形成地方完整的四季冰雪产业生态圈。

在产品创新方面，一般的做法是：①完善冰雪旅游产品谱系，整合提升冰雪旅游产品品质。②建设一批具有示范作用的冰雪旅游重点项目，如冰雪度假区、冰雪乐园、冰雪休闲基地、冰雪小镇、冰雪精品游线、大型冰雪演艺项目等。③冰雪旅游特色产业培育，构建四季冰雪产业生态圈。在产品与产业创新成果的基础上，构建系统完整的营销传播体系：如哈尔滨在“十三五”期间，通过“1311”营销传播体系实现营销目标：一个网站、三大节庆、一张宣传CD、一个微电影。即建立一个冰雪旅游网站，打造哈尔滨国际冰雪节、太阳岛雪博会、亚布力国际滑雪节三大旅游节庆，制作一张冰雪旅游宣传CD，拍摄一部哈尔滨冰雪主题微电影。

在营销传播体系中，宣传主题口号是一个核心，主题口号反映了地区冰雪旅游开发的理念基础。如我国许多省市通过“冰雪旅游”口号的策划亮相，吹响全民“冰雪产业”的号角。2016年黑龙江，以“冰天雪地，劲游寒冬”为主题；吉林：雾凇冰雪，真情吉林；长白胜地，雪暖吉林；辽宁：激情冰雪，浪漫温泉；内蒙古：自然大冰雪，风情内蒙古；长春：激情冰雪，魅力长春；燃情冰雪，惠游长春，全民乐游；乌鲁木齐：天山飞雪韵，丝路舞风情。

为了更大范围地进行冰雪旅游宣传，要丰富宣传推广的手段，充分利用电视、报纸、媒体、网络等高新科技宣传手段，提高宣传营销效果，扩大宣传群体覆盖面，挖掘潜在市场。通过在客源地举办专场冰雪主题活动推介会，邀请国内外旅行社、个人前来参会，并进行现场合作签约。现场定团，实时推出优惠游线，吸引游客前往宣传目的地进行冰雪活动及休闲度假。

这里，我们通过“创意+、设计+”融合发展的营销策略，通过“三力”提升冰雪旅游市场知名度与影响力。“三力”即以冰雪节庆为原动力，以竞技体育为影响力，以冰雪商贸为催化剂。①冰雪节庆既是旅游产品，也是营销宣传活动。以冰雪节庆为驱动，推动冰雪文化产业的发展。以日本为例，通过雪祭、灯展、新年祭等

传统节庆的塑造，成功将日本冰雪旅游推向国际市场。②竞技体育与大众冰雪旅游结合，通过滑雪竞技体育的示范作用，在滑雪度假区将冰雪自然风光、刺激的户外运动、良好的度假环境相结合，进一步激发公众的参与和体验热情，在举办多届国际冬奥会的同时培养冰雪竞技人才，推动冰雪体育产业的发展，形成冰雪基础旅游产业核心。③冰雪商贸产业展会，培育特色冰雪产业。以美国为例，每年举办大型的“滑雪用具设备展览”，吸引美企及国际企业参加，促进美国冰雪旅游产业发展，为冰雪装备制造企业提供了展示和学习的机会，推动装备制造业的发展，促进冰雪旅游产业发展。

1. 冰雪节庆活动营销

冰雪节庆活动营销是指通过举办以冰雪为主题的节庆活动，利用节庆的轰动效应，对旅游者产生吸引力，以促进冰雪旅游业发展的模式。其依托于冰雪自然和人文资源，再融合开发区域的地方特色，经过包装策划后，向社会推广并由此产生经济和社会效益（图12）。世界各国多地都采用节庆活动进行营销。下面分享一些国内外比较知名的冰雪节庆活动。

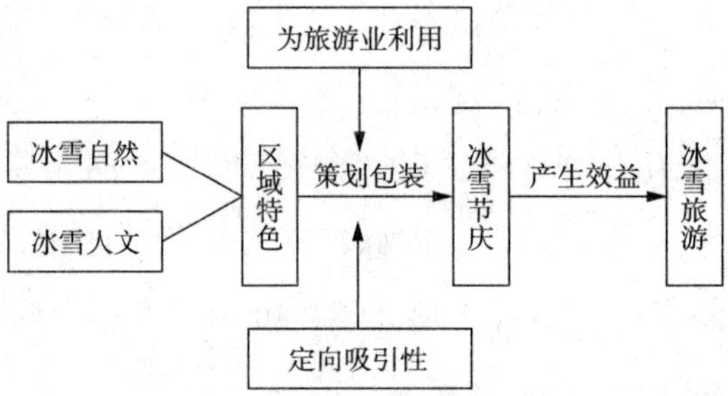

图12　冰雪节庆营销活动与冰雪旅游关系图

（1）在冰雪产业发达的加拿大，主要的节庆活动有魁北克冬季狂欢节（世界三大狂欢节之一）、渥太华冬令节。其中，魁北克冬季狂欢节是魁北克市第三大产业，全世界最大的冬季狂欢节，全世界第三大狂欢节。节庆开始时间是每年2月份的第一个周末，持续时间10天。最初以庆典为目的，传承100多年，规模盛大，活动内容奇特多彩，将浓郁的法兰西传统与现代生活、文化与民俗、娱乐、美食完美结合，以独特的魅力每年吸引全球近百万人参与。①丰富的特色活动项目：魁北克城冬季嘉年华、雪浴、冰球、雪橇板比赛、冰雕宫殿、国际雪雕展、夜间游行、冰河独木舟比赛、冰酒店等。②亲和可爱的吉祥物：头戴着红帽、腰系红白相间腰带的博纳

(Bonhomme)笑容满面，胖胖的模样很有亲和力，走到哪里都很受欢迎，大人、小孩都喜欢和他热情拥抱。③别致的主题邮票：2004年加拿大邮政以这个冬季狂欢节为主题发行旅游美景系列邮票，发行量为150万枚，这是加拿大旅游美景系列的第4枚邮票。

(2)韩国主要节庆活动有太白山雪花节、大关岭雪花节。其中，太白山雪花节最具代表性。节庆不靠高门票创收，而是通过丰富多彩的活动，不仅给韩国民众带来最佳的冬季回忆，更直接拉动了内需。时间是每年1月25日-2月3日。依托韩国东北部的江原道占82%面积的山林资源，针对特定的目标人群儿童与家庭、朋友、情侣，打造滑雪度假圣地。活动项目有：①大型展览项目：活动由雪花车游行揭开序幕，并举办雪雕竞赛、攀登大会、家庭堆雪人大会、裸身马拉松大赛等多种竞赛活动。呈现各种造型殊异的大型雕塑，雪花隧道、冰屋咖啡馆等设施。②多元趣味活动：韩国传统游艺、狗拉雪橇、垂钓冰鱼等多元活动，亲身体验吉尼斯纪录“大规模打雪仗”比赛、雪花隧道、雪滑梯、雪上漂流等。③其他设施配备：电影院有韩国传统歌舞表演，也有西式歌舞与魔术表演；小朋友则可前往冒险游乐场，有4D电影、赛车。④周边节庆配合：除雪花节，江原道地区还有其他庆典活动，最具代表性的包括在结冰的北汉江上凿洞垂钓山川鱼的“鱼节”等。

(3)日本有札幌雪节(世界四大冰雪节之一)、北海道冰雪节等。其中，札幌冰雪节不仅是久负盛名的国际冰雪盛宴，同时也是一次很好的文化展演、日本艺术家盛会。举办时间在每年2月，时间持续一周。冰雪节在札幌的三个地方同时举办：大通展区、薄野展区和萨托兰托公园展区。大通展区位于札幌市中心1.5公里的大通公园，展出冰雪节最有名的大型雪雕。其宗旨是国际性、艺术性、大众化。主题通过民间征集，有关艺术创新则面向全世界征集方案。策划的冰雪项目与本土文化结合，虽然在多个地区举办分场，但是功能分区明显，配套设施完善。

(4)北欧冰雪王国挪威奥斯陆滑雪节，从1892年始，每年3月的第一个星期六在奥斯陆市霍尔门考伦山举办奥斯陆滑雪节(世界四大冰雪节之一)，这是挪威全国仅次于国庆节的第二个盛大节日，也是一次皇室与民众的集体狂欢、一次世界滑雪爱好者的盛会。节庆亮点是国际跳台滑雪比赛。滑雪是挪威冬季的第一运动。挪威人几乎拥有无限的滑雪和滑冰的机会。在保护良好的自然景色中，专门的滑雪用道蜿蜒曲折长达3万公里。即使在拥有40万人口的首都奥斯陆，滑雪道也总是近在咫尺。挪威的山区也有滑雪道。滑雪的乐趣可以享受到5月份。

在我国也有许多知名的冰雪节庆节，较为成功的有：

（1）中国·吉林国际雾凇冰雪节，成功举办多年。一是活动年年出彩有亮点，活动出彩出新：癸酉冰灯游园会、冬季龙舟赛、征文活动等。融入时代发展元素：逐步融入商业元素、冰雪文化、现代元素等。二是主题紧跟社会发展，如2006年长春亚冬会、2014年离雾霾、2008年爱国主题等；同时，紧抓雾凇主题不放，形成凇情雪韵“真情吉林”“魅力江城”“欢乐吉林”等一系列与“雾凇”相关的主题活动。

（2）2015年12月22日至23日，呼伦贝尔冰雪那达慕暨第三届根河冷极节举办。一个节庆，活动辐射整个市域范围，真正实现了节庆的全域化联动发展，且活动体现了地域性与民族性，越冷越火热。活动特色：发掘民族资源，形成区域联动活动。文化发掘：俄罗斯民族餐饮文化，鄂温克狩猎驯鹿文化等。文化专攻与系列化：如由骆驼文化衍生出俊驼比赛、驯骆驼比赛、纺驼线比赛等。全市活动大联欢：冰雪那达慕活动几乎覆盖呼伦贝尔市的各地级市、区、自治旗、以及若干景区（点）、活动中心等。活动影响跨越国界：中俄蒙冬泳邀请赛暨全国冬泳日（海拉尔站）开幕仪式、中俄蒙羽毛球邀请赛等。

（3）峨眉山冰雪温泉节。峨眉山景区整合景区、市区旅游资源，山城一体，为游客奉献上丰富的冰雪体验。一方面景区与节庆之间形成互动，冰雪节期间景区进山门票和索道票价将执行淡季优惠价格。通过成绵乐城际铁路以及以峨眉山为核心的高速公路网络，让一场“说走就走”的峨眉山冰雪旅行成为现实。同时，智慧旅游城市建设超前发展：大峨眉官网、官方微博、微信公众号、识途旅游网电商平台、CNTV景区网络在线视频、壹旅游随身导，景区众多智慧旅游建设成果，让景区“吃住行游购娱”全方位服务智能化。通过16年的连续举办，节庆名声蜚外，共吸引超过1000万游客到峨眉山冬游。节庆融合阳光、冰雪、温泉、祈福、美食、武术、度假等多个冬游要素，成为四川十大民间节日之一，峨眉山作为“中国冬游新霸主”的一张名片，开创了“北有亚布力、南有亚龙湾、西有峨眉山”中国冬游三足鼎立的格局，形成了峨眉山“旷世奇观＋休闲度假”的独有冬游特色。

（4）乌鲁木齐丝绸之路冰雪风情节。2016年1月10日至2016年2月底，冰雪风情节在白云国际滑雪场、维斯特滑雪场、阳光滑雪场同时进行，5万张冰雪游体验卡开启“政府惠民、全民参与”的冰雪时代。节庆包含四大主题——冰雪论坛、冰雪旅游、冰雪文化、冰雪体育，开展50余项冰雪活动。活动参与采取“互联网＋”的形式，网友只需要关注“乌鲁木齐市旅游局”微信公众号，打开“冰雪节”的菜单，点击“冰雪游体验卡”选项，就可以参与活动。优惠项目有可凭体验卡享受在活动期间单日一人次体验滑雪、冰上运动和教学服务。具体体验包括持卡可到丝绸之路国际滑雪场、白云国际滑雪场、维斯特滑雪场、阳光滑雪场、雪莲山高尔夫灯光滑雪场5家3S级以上滑雪场滑雪，还可去天山大峡谷景区体验冰雪娱乐项目。

综上所述，冰雪节庆对于提高旅游目的地的知名度、传播冰雪文化、塑造目的地旅游品牌、促进对外经济合作、带动区域经济的发展发挥了重要作用（图13）。最后，在进行“冰雪节庆旅游”营销过程中，要注重几个方面：一是注意通过节庆活动加强国际交流合作。二是努力探索政府策划、合理投入、企业运作、社会参与的新模式，改变以往的纯官办的模式。三是在市场经济条件下，冰雪节的举办，既要考虑到社会效益，也不能忽视经济效益。四是实施冰雪品牌战略，树立区域特色旅游形象。五是增加冰雪文化性和民俗活动内容的比重。

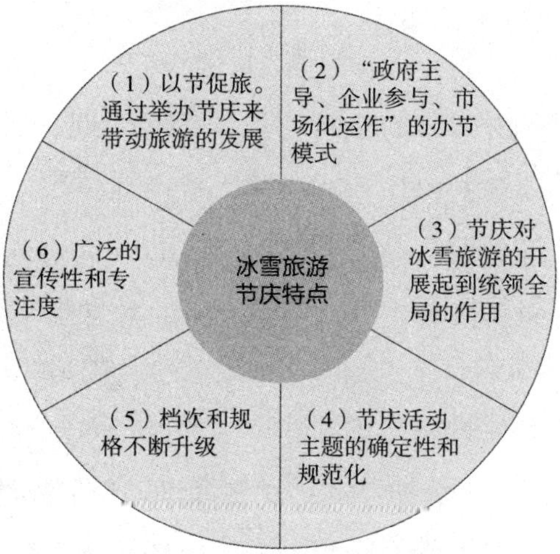

图13　冰雪节庆活动营销特点

2. 冰雪体育赛事营销

冰雪赛事旅游就是借助于冰雪资源，开展体育赛事活动，吸引游客参与或观看冰雪运动赛事的旅游形式。冰雪资源的开发内容包括开展冰雪比赛、训练的观摩旅游；组织旅游者对冰雪运动项目进行亲身体验；观赏冰雪运动设施与人文景观等等（图14）。下面我们分享几个国内外比较成功的冰雪体育赛事的案例。

（1）第十五届中国・崇礼国际滑雪节。在密苑・云顶乐园滑雪场举办，从2015年11月5日开始，至2016年4月5日结束，为期150天。各大赛事轮番上场，串起时

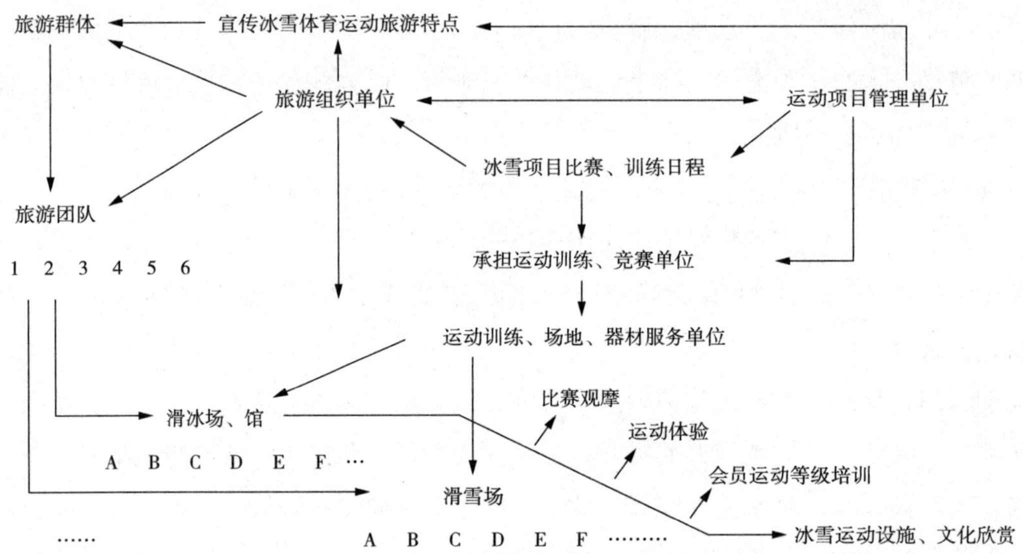

图14 冰雪体育赛事营销与冰雪旅游关系图

尚、动感、刺激、浪漫的冬日狂欢盛典。赛事宗旨：国际性、创新性和实效性。其战略依据：“冬奥引领、旅游立县、产业富民、科学发展”，将崇礼打造成为中国冬季冰雪运动中心和世界知名旅游胜地。赛事与活动借鉴：国际专业性赛事，如积分赛、远东杯、所罗门比赛等。基于冰雪体育赛事，开展群众性滑雪活动：如瑞士圣诞夜–Laax风尚、“世界滑雪日”暨国际儿童滑雪节、由ISPO品牌组织雪上体验、学校锦标赛等。另外，在长城岭高原训练基地举办首届冰雪季活动，举办全国大众滑雪比赛、国际性世界雪日百万青少年冰雪比赛活动。度假区比赛活动有太舞四季等，并承办红牛杯、体拓杯等各类滑雪比赛。其他比赛活动：摄影图片品鉴会及电影节等分活动。

（2）第十三届全国冬季运动会，乌鲁木齐丝绸之路冰雪风情节同期进行。2016年1月20日至1月31日举行，属于综合性全国冬季运动会，这是新疆第一次举办全国综合性运动会。十三冬会将由乌鲁木齐、阜康、阿勒泰、石河子4个赛区联合承办。正如时任国家体育总局局长刘鹏所指出的，“冬运会本身是一个竞技比赛，但是更大的功能在于通过这个比赛来推动群众性冰雪运动的开展”。大会取得了较好的赛事效应：一是新疆冰雪产业园区发展提速：加快冰雪运动基础设施建设，加大各类冰雪运动人才的培养力度，推进冰雪运动进校园、进公园、进商业园。二是新疆冬季旅游获“红利”：到2020年，乌鲁木齐市将形成以冰上运动中心为核心的冰上运动产业园，到2025年，形成以乌鲁木齐县、水磨沟区、米东区为重点的一批雪上运动产业园。三是加快实现500万人上冰雪的战略目标：力争使全疆四分之一人口也就是500万以上群众上冰雪，为“三亿人参与冰雪运动”作贡献。

（3）2014年索契冬奥会。2014年索契冬季奥运会（2014 The winter Olympics in Sochi），第22届冬季奥林匹克运动会，简称“索契冬奥会”，已经于2014年2月7日-23日在俄罗斯联邦索契市举行。索契奥运会设15个大项，98小项。这是俄罗斯历史上第一次举办冬季奥运会。赛事效应：索契冬奥会营销收入达13亿美元已成定局，这一数据是4年前温哥华冬奥会的1.5倍，创造了冬奥会历史之最。观看索契冬奥会的观众达1.9亿；转播时间索契超越温哥华；特许商品收入5亿美元；索契冬奥会打好“政治牌”、打赢“经济牌”，无疑是最大的成功。

（4）万科松花湖2016冰雪马拉松。由深圳市登山户外运动协会、万科松花湖度假区主办，深圳市山之巅体育发展有限公司承办，于2016年1月16日在美丽的吉林市政府松花江畔广场、万科松花湖度假区举行。极寒越野-冰雪马拉松是一项考验人体能极限的运动，是爱好者勇于挑战大自然、热爱生命、克服一切困难的意志品质的体现，马拉松将在极寒气温下完成。其发展特点：一是冰雪节名称直接由企业冠名，进行商业化运作；二是开设赛事官网网页、微博、微信等新媒体，在微博上与网友进行适时互动。三是积极进行招商引资工作，与多家支持媒体和企业达成合作意向。

值得提出的是，冰雪体育赛事旅游不仅与冰雪比赛活动有关，也与冰雪体育研学扩大参与群体有关。例如，法国比较重视冰雪科研教育产业的发展，值得学习借鉴。法国是欧洲区域冰雪旅游产业发达的代表国家，依托围绕阿尔卑斯山所拥有的丰富的冰雪观光和自然资源，形成了以“冰雪度假旅游产业+冰雪科研教育产业+冰雪体育产业”为主导的产业体系。早在1857年，法国就创立了法兰西阿尔卑斯山俱乐部，经过多年发展法国已经成为拥有全世界最多、最长滑雪道的冰雪旅游强国。伴随着经济复苏，法国开始有针对性地采取一系列措施使冬季项目得到有组织地发展。在先后成立了针对竞赛者的滑雪联合会和针对日益增多的业余爱好者培训的法国滑雪学校后，还在1946年成立了ENSA国立滑雪登山学校，其使命是培训职业教练和向导，从而安全地指导那些热爱滑雪和登山的度假游客。

总体来说，冰雪体育赛事营销通过“眼球效应”来提高冰雪目的地的影响力和知名度，一方面促进了冰雪体育教育在民间的普及，另一方面也可以提高游客的参

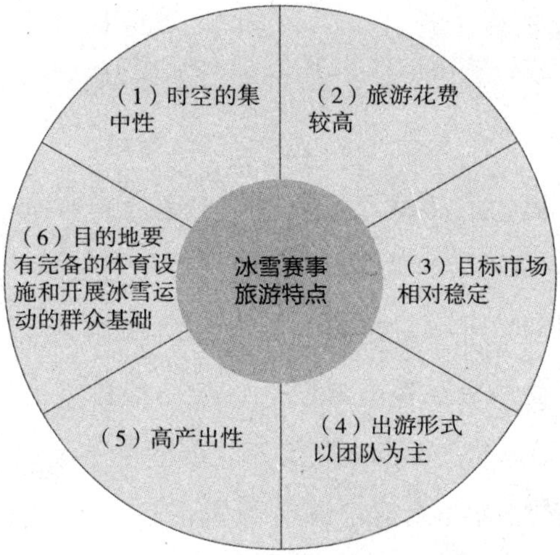

图15　冰雪体育赛事营销特点

与性和目的地自身吸引力（图15）。在利用"冰雪体育赛事"进行旅游营销中，要把握几个原则：一是最基本的，就是做好冰雪赛事的组织工作，成立专门机构统一管理和协调赛事活动，以提高组织效率和接待质量。二是搭建立体化多元化的营销平台，进行强有力的宣传，营造赛事气氛，力促比赛与旅游的互动与融合。三是成立专业的体育运动专业队伍，并经常性地举办本省体育比赛或表演，吸引本地和外地游客。四是积极申请承办各类冰雪体育赛事，借由赛事契机完善场馆建设，做好冰雪旅游营销推广工作。

最后，冰雪商贸产业展会是营销宣传的催化剂，冰雪产品更是地方旅游品牌的媒介与载体。既有主题性的滑雪装备展会，如美国"滑雪用具设备展览"，也有依附于同期的冬季冰雪旅游活动，作为其重要组成部分而举办的冰雪装备会展，也是冰雪旅游营销活动中较为出彩的内容。限于时间与篇幅，不一一展开。

坚持文化特色与市场化运作，打造国际旅游节庆

本文系作者于2011年9月27日在《中国旅游报》高端对话上的发言

对话嘉宾：

鲁　勇　北京市旅游发展委员会主任

郭洪昌　河南省洛阳市人民政府市长

窦文章　北京大学教授，博士生导师

节目主持人：

高舜礼（《中国旅游报》社常务副总编辑）

刘思敏（《中国旅游报》社经济编辑部主任）

问题一：毫无疑问，现在全国的旅游节庆越来越多，很多地方政府的举办热情也很高。那么，旅游节庆对于旅游发展和经济社会的作用究竟体现在哪里？

从概念上来看，节庆是“节日庆典”的简称，其形式包括各种传统节日以及各种创新节日。在国外的“事件及事件旅游”的研究中，常把节日和特殊事件合在一起作为一个整体来进行探讨。国内有学者将其简译为“节事”，同时也有专家把各种节日界定为“狭义的节庆”，而把各种节事界定为“广义的节庆”。国外知名学者将它们划分为八个大类：①文化庆典，包括节日、狂欢节、宗教事件、大型展演、历史纪念活动；②文艺娱乐事件，包括音乐会、其他表演、文艺展览、授奖仪式；③商贸及会展，包括展览会/展销会、博览会、会议、广告促销、募捐/筹资活动；④体育赛事，包括职业比赛、业余竞赛；⑤教育科学事件，包括研讨会/专题学术会议/学术讨论会、学术大会、教科发布会；⑥休闲事件，包括趣味游戏和体育、娱乐事件；⑦政治/政府事件，包括就职典礼、授职/授勋仪式、贵宾观礼、群众集会；⑧私人事件，包括个人庆典、周年纪念、家庭假日、宗教礼拜、社交事件、舞会节庆、同学亲友联欢会等。

国外的一些城市节庆活动举办历史较长，周期持续稳定，富有传统特色，获得了极高的知名度，比如法国戛纳的电影节、巴西里约热内卢的狂欢节、西班牙潘普洛纳的奔牛节、德国慕尼黑的啤酒节、奥地利维也纳新年音乐会等。这些节庆活动已经发展得十分成熟，成为城市象征品牌和旅游文化产品。

旅游节庆活动作为目的地的吸引物、目的地除旅游之外的其他方面发展的催化剂、目的地形象的塑造者、现有吸引物和整个目的地地区的鼓动者，它所创造的经济效益和社会效益是非常可观的，已经成为许多城市发展的抓手：因为旅游节庆可以作为旅游产品，带来了直接经济收入；旅游节庆通过资源整合，提升了城市品牌；旅游节庆通过要素聚集，带动了城市的宏观经济乘数；同时，作为旅游吸引物，增强了国与国之间的文化交流与经济合作。

下面举几个世界比较著名的旅游节庆例子，更详细说明其对于旅游发展和经济社会的作用：

第一个例子是美国加州帕萨迪纳市的玫瑰花节，距今已举办了121届。该节不单有全美各地人赶来参加，更甚有全世界150多个国家和地区参加过，盛况可想而知，该节不仅有世界影响最大的花车大游行，更有马队、乐队表演及体育竞赛等等，同时还通过广播电视卫星每年向60多个国家和地区传播，每年全球的收视观众超过4亿，“玫瑰花节”组委会不仅不向政府索取任何资金，相反，每年还支付州政府为此出动的警力以及清扫街道的所有费用，每年给加州的商业、旅馆业及其他行业带来经济收益超过1.5亿美元。

第二个例子是中法文化艺术节，即“中法文化交流之春”。这项活动是中国与法国之间举办的一项经常性的文化交流活动。该活动是中法两国元首倡议，由国家文化部牵头、众多部门和省市参与，与法国政府合作举办的特大型文化活动，始于2006年，至今已成功举办了六届，活动旨在通过视觉艺术和舞台艺术等表现形式全面推进中法文化的交流和互动，是新中国成立以来我国与外国开展的规模最大的一次文化交流活动，被誉为中欧文化交流史上的创举。中法文化年影响之大，盛况之空前，不仅全面提升了中法两国的关系，把中法以至中国与欧盟的伙伴关系推向了新的高度，而且对周边国家产生了示范作用，俄罗斯、意大利、西班牙、德国、希腊等国已相继提出要与我国举办文化年。同时，通过一系列“走出去”的大型对外文化活动，在国际上掀起了“中国文化热”，扩大了中华文化在国际上的影响。

第三，中国昆明国际文化旅游节。该节是国家旅游局和云南省人民政府共同主办的一项旅游节庆活动，是2000年中国“神州世纪游”活动的重要内容之一，也是中共云南省委、省人民政府为加快旅游等相关产业发展，带领全省各族人民顺利实现世纪发展目标而采取的一项重要举措。云南省经济和社会发展相对滞后，要发展旅游及相关产业，单纯依靠政府投入是有困难的，该省以“政府引导、社会参与、市场运作”的模式，通过提高大型国际活动的市场化运作水平，真正让企业成为了会展节庆活动的主角，形成“政府搭台，企业唱戏”的机制。如今的中国昆明国际文化旅游节更加具有国际性、群众性、市场化，表演队伍也从省内各地州、东南亚拓展到了美洲，同时市民参与性也更强。同时更有台湾土风表演队伍的加入，进一步增强海峡两岸的文化交流。通过更多项目更大平台，也充分展示云南的历史文化、民族风情和旅游活动，通过中外表演、民族文化与国际文化的碰撞交流，进一步推动区域合作发展，同时也将云南打造成为国际性民族文化旅游节品牌，让云南文化走出国内，走向国际舞台。

第四，南宁国际民歌艺术节。1999年11月，首届南宁国际民歌艺术节成功举办了大型广场文艺晚会《大地飞歌》、99中国(南宁)民族服饰博览会、广西民族风情展演等系列文化活动。《大地飞歌》一炮打响，在国内众多大型的广场晚会中脱颖而出，反响强烈，南宁国际民歌艺术节因此一炮走红。它以浓郁的民族风情、开阔的国际视野和强劲的现代气息，赢得了社会各界人士的赞誉。至今，南宁已成功举办了十二届国际民歌艺术节，活动日益系统化成熟化。歌节期间还同时举办了民族服装服饰博览会、壮族节日联欢、全国少数民族孔雀奖声乐大赛、旅游美食节、《节庆文化与城市经济发展》国际主题会、中华民歌大赛、中国戏剧节、《民族荟萃》系列活动、广场文化活动、广西山歌擂台赛以及经贸洽谈会等活动。并于2004年开始每年于国际民歌节同期举办中国—东盟博览会及中国—东盟商务与投资峰会。南宁国际民歌艺术节已成为中国与东南亚国家文化艺术交流的重要平台，在国内外受到了广泛赞誉，影响不断扩大。吸引了更多海内外游客的参与，带动了相关产业的繁荣和发展，促进了中外文化的交流。节庆旅游带来的品牌效应，推动了南宁市经济社会的发展。以2002年为例，民歌节期间南宁市共接待游客22.84万人次，全市旅游收入1.19亿元，形成了第四个旅游黄金周。至2003年，四年中南宁市共签订577个正式合同项目金额达240.58亿元，还签订了214.97亿元的商品成交合同。而2007年的歌节，参会的客商人数达到1100多名，全市将签订内外资合作项目115个，项目总投资804.1亿元（其中内资项目86个，总投资279.92亿元；外资项目29个，总投资69.93亿美元）。歌节活动之一的广西投资贸易洽谈会已成为全面推介南宁市投资环境，推动南宁市经济建设与发展的重要舞台，成为在国内外有重要影响的经贸盛会。

第五，青岛国际啤酒节。青岛国际啤酒节始创于1991年，每年在青岛的黄金旅游季节8月的第二个周末开幕，为期16天。节日由国家有关部委和青岛市人民政府共同主办，是融旅游、文化、体育、经贸于一体的国家级大型节庆活动，是亚洲最大的啤酒盛会。自举办以来，历届都有数十个国家和地区及国内的啤酒厂家参加，来自全国各地的游客达百余万人。2005年，在中国节庆活动国际论坛上，青岛国际啤酒节凭借广泛的知名度和参与度、独特而浓郁的节庆氛围，被国际节庆协会评选为“中国最具国际影响力十大节庆活动”之一，被誉为“为中国节庆活动组织树立了典范”和“为世界节庆事业的发展与进步作出贡献”的节庆活动之一。2007年第三届中国节庆产业年度评选中，青岛国际啤酒节从参选的6000多个节庆活动中脱颖而出，荣登“2007年中国节庆产业十大影响力节庆”“2007年中国节庆产业十大品牌节庆”榜首，其获奖理由是：具有“高度的影响力和参与性”，是“真正意义上的体验旅游的代表作”。

除此之外，还有上海旅游节、哈尔滨国际冰雪节、大连服装艺术节、清河国际羊绒节、潍坊国际风筝会、中国海南岛欢乐节、中国吴桥国际杂技艺术节等节庆活动都已成为经过市场化有效运作而创造巨额经济效益、带动经济发展的实例。

总的来说，我国通过举办大规模的旅游节庆活动，不仅向国际传递和平友好的信息，更加强了城市形象与市场推介，增强当地旅游的吸引力。具体而言：

（1）节庆经济促进了要素集聚，推进了城市化进程，提供了经济发展机遇。要素集聚推动区域发展的实质是由于集聚经济的存在。德国经济地理学家阿尔弗雷德·韦伯在《工业区位论》中指出企业或工业的空间集聚会带来规模经济，从而产生经济效应。实际上，集聚的经济效应不仅仅局限于企业，任何经济活动或要素的空间集聚都会产生经济效应。例如人口的聚集会增进人们之间的交流与合作，形成特色文化，同时促进人力资本的提高，这无论是对企业的发展还是人自身的自由发展都是非常有利的。隆重而喜庆的节庆活动，像一个巨大的磁场吸引海内外朋友的到来，给区域内外各界人士提供了结识、交流的机会，这就产生了正的外部效应，比如很多客商往往借节庆之机考察当地的自然资源、人文环境、投资环境、民俗风情等，进行经营决策，同时也给本地企业、商家与国内外客商的合作创造了机会。节庆经济带动了现代服务业，尤其是旅游、商贸、会展等新兴产业的发展。

（2）节庆活动将产品、服务、娱乐、设施、人力等众多因素围绕某一主题进行组织、整合，并配以大量的媒体报道，迅速提高了举办地的知名度和旅游竞争力。成功的节庆活动可以成为举办地的代名词，这就积累了巨大的无形资产。同时，利用节庆文化将原有的旅游资源进行整合开发，这就丰富了旅游产品的结构，增强了旅游产业的竞争力。节庆旅游一方面具有文化传承和文化营造的功能，另一方面由于旅游活动的关联性很强，具有明显的经济拉动效应。节庆活动能够在短时间内吸引较多的游客，这样就带动了当地住宿、餐饮、商贸、交通、广告、通讯、娱乐等相关产业的发展。

（3）节庆经济促进了投资与消费，扩大了本地就业，驱动了经济发展。一个城市在举办节庆活动之前，都会加强基础设施的建设投资，完善交通通信等设施，优化旅游环境。同时还会加大管理力度，建立健全规章制度，完善相关服务功能，这些投资与改善推动了当地经济的发展。在节庆活动举行过程中，由于吸引了大量的人流，这就增加了"住、行、食、购、游、娱"等配套方面的消费，促进了本地就业。

问题二：一些知名的旅游节庆越来越重视世界视野和国际化程度，那么，您认为，目前中国旅游节庆整体的国际化程度如何？

谈国际化，节庆的影响力就应该成为一个重要参考标准。既然标榜国际性节庆，那么就要在国际上具有持续性反响，国外的媒体也应该热衷参与报道，而不能是我们关起门来自我吹嘘。节庆的国际化也应该指向办节水平上，国际化本身是和市场化、专业化相互依存的，流程安排、策划水准、通行惯例等都要有所体现。国内一些成功的国际性旅游节庆都与此密切相关。例如前面提到的大连国际服装艺术节、青岛国际啤酒节、哈尔滨国际冰雪节等都具有颇高的办节水平，形成了机制化常态化，在市场历练中逐渐实现了国际化。

问题三：新形势下，旅游节庆如何向国际化迈进？

节庆的规模和开放程度是衡量节庆国际化的一个重要标准。国际化，直观来看，要体现在游客量和多国参与度上。旅游节庆的国际化要求与当地经济区域经济一体化和经济全球化相吻合。在开展节庆活动时，应注意区域合作和国际联动，具体来说：一是在节庆活动的组织和宣传上既要注意区域合作，又要充分引进、利用国外相关机构带动节庆活动走向国际化；二是在节庆活动的内容创意上既要体现区域的共性特征，又要具有域外风情，以促使节庆活动走向国际化。

问题四：在迈向国际化的同时，是否也存在着“中国特色”问题？如果有，如何平衡国际化和本土化之间的关系？

在迈向国际化的同时，肯定存在着“中国特色”的问题。我们更赞成中国节庆的国际化与“中国特色”并存。我认为：中国的旅游节庆要想真正实现国际化，方式、方法上要借鉴国外先进经验，而内容、精神上更要凸显本民族自身特色。

（1）“越是民族的就越是世界的”。简单从市场开发角度来看，吸引一个国际游客的成本要远高于国内游客，而收益也不一定成正比。而对于节庆本身而言，很多时候，越是民族的就越是世界的。

（2）旅游节庆并不都适合走国际化道路。有些节庆有着独特的文化、地域、民族特点，就应该坚持本土性，这才是其精华所在，也是最能吸引各国游客的亮点。这就要求我们在旅游节庆策划过程中考虑平衡国际化和本土化之间的关系。

（3）节庆的国际化是一个大目标，应该得到坚守。我国的旅游节庆就要有高远的眼光，敢于担当，要有与国际知名节庆品牌竞争的勇气。节庆的国际化不应该作为目标预设，而是发展的顺势结果。

事实上，一些著名的国际节庆最初也确实仅是地区性的。例如西班牙的潘普罗那奔牛节，原本就是一个区域性的民众狂欢，后来经过数年的沉淀，形成了自己的特色，最终走向了世界。保加利亚的玫瑰节最早也是当地庆祝丰收的一种方式，随着自身不断地发展，逐渐吸引了世界眼光，以至其每年评选的“玫瑰皇后”和“玫瑰谷小姐”都成了国际盛事，也为国际游客所津津乐道。

问题五：在旅游节庆的国际化进程中，政府和市场应该各扮演什么角色？

旅游节庆应该在政府部门的支持下，走资本运作、公司化经营的道路。政府应该将节庆活动的权利交还给市场，遵循市场规律，逐步培育一批具有经济实体的专业性节庆经营公司，使其依法自主经营、自负盈亏，具体实施节庆活动的市场化运作。政府在旅游节庆的举办中退出节庆活动的具体操作，主要从产业规划保障、法律制度保障、后勤保障三个方面给予宏观服务和主导调控，为节庆品牌化发展提供完善的保障。

问题六：国外的一些著名旅游节庆最开始也都是些不起眼的地方性节庆，只是后来越做越大，走向了国际化。如果梳理它们的历程和经验，那些成功之道可以带给我们哪些启示?

我们从这些案例中，至少可以得到一些启示：

（1）成功的旅游节庆必须是站在带动和促进区域社会与经济发展的角度思考这个活动究竟是否具有地域特色，与地方资源嫁接紧密与否，如何体现对地方社会与经济发展的促进作用，是否坚持可持续发展等深层次问题。同时要把握好这项活动的主题定位、活动内容、市场运作切入点、活动组织、活动推广，进行高品位、高质量创意策划。唯有真正跳出那种“为办节而办节”的局限性思路，才能使旅游节庆逐步发展成为区域的特色名片和特色旅游产品。

（2）一个成功的旅游节庆，一开始就应该考虑市场！从各地成功的旅游节庆来看，单纯为节庆而节庆的旅游节是没有生命力的。只有具有可持续发展的，真正能够带动当地旅游及其他经济发展的节庆才是有意义的。

这就要求：一是规范化、市场化、产品化是旅游节庆发展的必由之路。只有走市场化的道路，旅游节庆才不仅不会成为当地政府的负担，同时可以为当地创造经济和社会双重效益。二是节庆活动必须有广泛的参与性，这是节庆凝人气、造影响、树品牌的有效手段。没有参与性的旅游节庆注定是要失败的。旅游节庆的参与性表现在两个方面：一是业内人士的参与，二是普通游客的参与。慕尼黑啤酒节的参与性是不言而喻的，同时加上组委会精心策划的各种活动更是强化了这种参与性。三是节庆活动要与商务运作有机结合。旅游节庆除吸引大量游客外，吸引各类旅游机构、旅游企业以及与旅游相关的行业参与同样是其重要目的。旅游节庆可以利用商家赞助、项目冠名权、演艺门票、旅游商品开发进行有效的市场策划，使节庆活动内容与商务运作有机结合，扩大延伸节庆的内涵，为商务经营拓展平台。四是节庆活动必须坚持常办常新。成功的旅游节庆一定是具有可持续性的，而可持续性必须根据社会的发展变化，在维持旅游节庆基本宗旨不变的前提下，在内容和形式上不断变化，坚持创新：一是策划有“亮点”的主题活动，提高大众关注度，避免每届大同小异；二是策划有“热点”的主题活动，形成社会焦点；三是策划有“卖点”的主题活动，增强商务运作能力，以吸引全球的眼睛。

问题七：从各地的一些情况来看，在国际化打造过程中，中国的旅游节庆发展中

出现了一些问题，您认为最值得警惕的问题是什么？

我认为最值得注意的是重经济效益轻文化植入。旅游节庆兼具文化现象载体和经济现象载体的双重属性。任何一项旅游节庆活动，一旦离开了文化内涵，节庆就成了无源之水，无本之木，则经济效益最终将成为空谈。我国很多的旅游节庆在发展过程中具有很强的功利性，重视经济效益，忽视文化内涵，在这种思想误区的指导下，旅游节庆很难发展壮大，成长为品牌旅游节庆。西方发达国家在办节的理念上和我国有很大差别，他们追求的是通过旅游节庆为人们提供审美愉悦、精神享受和文化熏陶，而将经济回报作为旅游节庆活动的附加价值，在这种思想观念引导下，西方的啤酒节、狂欢节、斗牛节无不走过一段漫长的发展历史，最终成长为世界知名的旅游节庆活动。因此，要想将旅游节庆做大做强，做出品牌，必须走出“重视经济、忽视文化”的误区。

后记

2020年初突如其来的新型冠状病毒疫情，打破了往日繁忙紧凑的行程安排，迫使我有充分的时间停下来思考与写作。自己从大学毕业到现在工作期间，除了在大学里从事教学科研之外，还不时受邀参加各种论坛会议、项目评审会，接受媒体采访以及承担社会培训工作，其中以文旅主题最为常见。三十多年弹指一挥间，我从两年前就开始希望能把近年来的一些发言稿整理成文章并汇编成册。通过这些文章，大致能映射出我对文旅行业发展的一些见地与系统思考。然而受频繁差旅以及碎屑事务所累，一直拖延着，今终完稿，甚为欣慰。

总体看来，本书有几个特点。第一，时效性。本书所收集的文章大多源于我的讲稿，显然文章所提到的观点是基于当时的理解和认知，演讲内容应对现实场景，在文章选编时对“当时”给予充分的尊重。第二，实践性。文旅业是一个实操性很强的行业，本书囊括大量国内外实践案例，有多数是博雅方略文旅集团近十多年承担的策划规划与设计项目，其中也有一部分是我亲自主持参与的项目，所收编文章具一定的针对性。第三，逻辑性。在评审项目、会议发言以及培训班讲课，一方面要尽可能做到逻辑清楚，分析说明深入浅出，另一方面强调观点明确论据充分。这样做带来的一个问题就是，所讲主题不能面面俱到，也做不到知识体系系统全面。第四，跨界复合。四十多篇文章涵盖了旅游管理、区域经济、运营管理、产业经济、市场与品牌、城乡规划、社会管理、历史文化、科技创新等多个学科领域。

本书成稿过程中得到了我的学术助理赵玲玲的帮助，许多讲稿都是我们讨论思考的结晶，由她整理资料制作PPT。本书也得到博雅方略研究院谢雯、白墨、吴春玲、刘丽娟、岳帅等同仁们的帮助。本书正文收录了几篇采访稿，感谢媒体朋友特别是《中国旅游报》记者们的辛苦劳动。本书在编写过程中，参考并引用了中外学者的研究文献以及相关案例资料，因为书稿体例所限，没有一一列举，如果涉及误引或侵权，请随时与本人联系，我们一定会及时纠正，因为本书的成功出版，离不开前人同行的研究积累与实践总结。本书能够如期出版，还要感谢旅游教育出版社赖春梅。在此，对他们的付出表示深深的感谢！

跋

文旅融合在“乘风破浪”中起航

这是一本“特殊”时期的书籍，同时也是一本极具纪念意义的书籍，它收录了我多年来数十次的主旨演讲、项目培训以及博雅方略团队的典型、特色案例，是一册“含金量”极高的书籍。

正确的方向，前瞻性的格局，对一个旅游目的地甚至整个文旅产业发展来说具有重要的意义。在本书中，以“文旅融合创新高质量发展”为核心话题，分别从旅游发展战略、全域旅游合作与目的地建设、文化旅游产业融合、品牌与市场四方面等宏观的视野与角度来展开探讨，重点在于区域、景区与目的地的“区域整合与提升”。这个“整合”，既是区域间不同目的地的资源与管理整合，更是文旅融合各项业态的整合，如交通+旅游，体育+旅游，冰雪+旅游等。在本书中，我们将从理论研究与经典案例结合的多个不同的角度，感受到“整合”对于文旅融合大格局形成的重要意义。

本部图书的最大的特点在于系统性，瞄准整个文旅产业涉及的方方面面，既有经典的理论研究与探索，又有博雅精品实践案例来印证，是我个人及博雅方略团队理论与实践精华的凝聚。

2020年无论如何是一个特殊的年份，一方面，文旅融合已经初具成效，在人民消费水平提升的客观背景下，在VR/AR等5G技术的推动下，文旅产业逐步趋向品质化与高质量化，可谓前景大好。然而，一场突如其来的疫情打破了人们正常的生活，文旅产业也遭受极大的冲击。恰是在这样的背景之下，我编纂出版此书，不仅仅是对于自己深耕文旅近三十年的思考与总结，更是表达了对于文旅产业在“乘风破浪”中创新发展的信心，希望能够带给业内同行一些启示与启发。